心印

我的教育人生手记

刘道玉 著

湖南教育出版社

HUNAN EDUCATION PUBLISHING HOUSE

目　录

序　言

这是一本手记，原想以我的书斋"寒宬斋"来命名，定名为《寒宬集》。这是因为收集到这个集子中的文章，都是我在这个寂静的书斋中，要么是挑灯夜战而写就的，要么是忍着病痛的感言，它们记下了我的寒窗苦求的心路。为什么我要用寒宬二字作为我的书斋名呢？在本书中收入了"我想有个书斋"一文，对它的寓意作了解释，此不赘述。

但是，当我向朋友们征求书名的意见时，他们认为这个书名不太通俗，建议我另外选择书名。几经考虑，最后我就选定"心印"作为书名。这并不是为择名而择名，它是顺理成章的选择，因为这本手记中的内容都是我的思想的印证。

何谓心印？此语乃佛教用语，出自于《六祖大师法宝坛经》："吾传佛心印，安敢违于佛经。"在《黄蘗传心法要》中也说："自如来付法迦叶以来，以心印心，心心不异。"意思是说，不是以语言而是以心印证佛法，这是出家人皈依佛法的最高思想境界。

我之所以选用了"心印"这个书名，是因为在这本手记中，所收入的文字都是我真实感情的流露，是我思想的见证。也就是说，我是本着实话实说的态度，写出了我之所想，我之所见，我之所爱，我之所痛。无论它们是对或是错，那些都是我的经历，都是我的历史，任后人予以评说。

在本手记中，有几篇文章是回忆我的老师的，其中有大学的启蒙老师，有科学研究的指导教师，还有那些不是老师但胜似老师的人，他们以不同的方式给予了我智慧和力量。俗话说："才高八斗，蒙育有师"，余非八斗之才，亦非生而知之，在个人成长道路上的每一点进步，都是与老师的指导分不开的。因此，我写这些文章，正是要表达我对恩师和挚友难忘的情怀。

就教师而言，古人有经师与人师之分。袁宏在《后汉记·灵帝纪上》中曰："盖闻经师易遇，人师难遭。"这就是说，传授具体的知识、技术的教师是很容易遇到的，而真正能够为人师表的人师是很难遇到的。古人历来十分重视道德文章，这就是说为师的既要有高尚的品格，又要有精深见解的文章。我们通常所说的才高为师，身高为范，也就是指德与才完整统一的教师。这是我最崇敬的教师，也是在新时代每个教师应当努力的方向。

俄国大文豪高尔基曾说过："书籍是青年人不可分离的生命伴侣和导师。"这就是说，书籍也是人们的老师，所以古人总是以"开卷有益"，"读万卷书，行万里路"这些箴言来告诫人们要多读书，多实践。但是，书有好坏之分，如果要把图书比喻为良师，那当然是指能够启迪人们心灵与智慧的好书，因此，读书不能不加以选择，这正如德国大诗人、剧作家歌德所说："读一本好书，就是和许多高尚的人说话。"同样地，读了不健康的书不仅不能受益，反而还会受其所害。这又正如英国小说之父菲尔丁所说："不好的书也像不好的朋友一样，可能把你戕害。"正是这个原因，一些尚缺乏辨别是非能力的青少年，在读了不健康的书以后，走上了犯错误甚至是犯罪的道路，这是颇值得我们当教师和家长的人警惕的。

我从实践中体会到，除了人品文品高尚的教师和优秀的图书堪为良师以外，社会历史发展和人们改造自然以及人生经历中的有益经验，也都可以成为人们的良师。《战国策·赵策一》上有言："前事之不忘，后事之师。"这就是说，以往的经验教训不应忘记，它可以作为以后行事的借鉴。一部《资治通鉴》，就是记录了1362年间政治、军事、经济、文化等方面历代治乱兴亡的鉴戒。毛泽东也十分重视总结经验，他说："人类总是不断发展的，自然界也总是不断发展的，永远不会停留在一个水平上。因此，人类总得不断地总结经验，有所发现，有所发明，有所创造，有所前进。"经验当然是宝贵的，但教训未必就一定是坏事，毛泽东也曾说过："错误往往是正确的先导。"这就是说，错误同样也可以成为我们的良师，问题是我们要善于汲取教训，这就是"失败乃成功之母"所蕴涵的积极意义。

无论是古代或是现代，交友都是人类社会生活中必不可少的组成部分。当然，交友也有不同类型和层次之分，我们所提倡的是交真正的知心朋友，志同道合的朋友。我国自古就十分重视交友，南朝梁文学家刘峻在

《广绝交论》中，感叹曰："于是素交尽，利交兴，天下岂岂，鸟惊雷骇。然则利交同源，派流则异，较言其略，有五术焉。"他所说交友的五种流弊是：势交，为追求权势而相交；贿交，为贪图钱财而相交；谈交，崇尚清谈，为攀附谈辩而相交；贫交，同病相怜，因同陷贫困而相交，然机遇一旦改变就分道扬镳；量交，以衡量轻重得失而相交。这些都不是真正的朋友，正因为如此，所以刘峻才提出要绝交。历来人们所赞美的是，如春秋战国时代俞伯牙与钟子期之间"高山流水识知音"的知心朋友，晋代朱晖与陈楫之间的"千古一朋"的无私友谊。但是，像这样的朋友，无论是在古代或是现代，实在是太少了。难怪，杜甫在《贫交行》一首诗中感叹道："君不见管鲍贫时交，此道今人弃如土。"如果说交友中的五种弊端古代早已有之，那么今天这些流弊只可能是有过之而无不及，因为这是商业化社会带来的副作用。正是由于这个原因，我才出版这本手记，记载了我与良师和益友的一些逸事，并呼唤在未来社会出现更多的名师。同时，我也衷心地希望在人与人之间，建立更加真诚的友谊，因为未来的高技术社会需要高感情来平衡，失去了这种平衡，那就可能是一个畸形社会。

基于以上的认识，我在这本手记中，记叙了"教育忧思录"、"我的人生哲学"、"书斋里的精灵"、"思想的碎片"、"文前书后"、"没有忘却的纪念"六个部分。手记的特点，恐怕就在于杂，书中既有观察与感想又有读书的心得，既有对师友的回忆又有应朋友之邀写的序言。但是，杂而不乱，它们大都围绕一个主题，那就是记录了我的真实的思想和对师友的真情实意。在本手记中有一篇《也谈要说真话》的文章，既然我是信奉说真话的，那么在本书中是体现了我这一信条的，无论是赞扬或是批评，特别在思想的碎片那一部分中，我说的都是真话。奉献到诸君面前的这本手记，就是我对一些问题思考的心得，如果能够得到大家的共鸣或指正，我将表示万分的感谢！

作者谨识

丙戌正月初十

教育忧思录

"教育既有培养创造精神的力量，也有压抑创造精神的力量。"

"教育的更新要求进行实验，而实验就要冒失败的风险。"

——摘自联合国教科文组织：《学会生存》一书

一、大学生活琐忆

　　我离开大学生活已经二十六年了。每当回忆往事，我总是对学生时代的生活怀着依依之情。宁静的校园，沸腾的生活，勃勃的雄心，奋发的精神，蔼爱的师长，无间的同窗……这一切都常常使我沉醉于幸福的回忆之中。

　　大学的五年生活给了我什么呢？应当说，它给予了我很多很多。在那里，我受到了教育，掌握了为人民服务的初步的能力；我懂得了人生的真谛，成为一名无产阶级先锋战士；我获得了基本的知识和方法，这一切使我得以继续探索和前进。每当我忆起这些，总是抑制不住感谢之情，我万分感谢党的培养，感谢师长的教诲。

　　青春是美好的，可惜她不常在。每当我和大学生们在一起的时候，总是感到一种特别的快慰。青春逝而不返，但在精神上保持青春的活力是可以做到的。我认为，防止思想僵化的好办法，是接触青年，和他们交朋友，从他们中间汲取闪光的思想。同时，我也愿将往事的点滴回忆奉献给当代的大学生们，以互相勉励。

一

　　我出生在一个贫苦的农民家庭，小时候过着半饥不饱的生活，也尝受过辍学的苦楚。如果不是解放，我根本不可能上大学，更谈不上出国留学，当大学教师，直至担任大学校长。这并不是说，我才华出众；恰恰相反，在许多方面我不及同时代的人。如果说我有微小的进步，工作上有一点成绩，那全凭勤奋刻苦。

　　现在，我已年过半百，健康状况不算很佳，但在繁重的行政工作之余，我仍坚持学术研究，每日工作达十五小时以上。我的夫人曾关切地问我："你食量那么小，能量是哪里来的？"我风趣地对她说："我有核燃料。"我的确是这么想的。不过，我所说的核燃料不是放射性元素铀和钚，而是勤和韧。为什么说勤和韧是核燃料呢？因为它是一种精神力量，精神变物质，所以是一种无穷的力量。如果要问：这种力量是怎么形成的，那么我要说，这是在大学时代养成的。

我怀着强烈的求知欲进入了大学。刚开始，我们来自农村的同学，似乎显得思维不够灵活，知识面狭窄。但是我坚信，勤能补拙，韧能制胜，于是我十分注意这些素质的锻炼。

人们常说，时间是常数，不能增加，也不能减少。从物理学上讲，这当然是正确的。但是，时间是由人来掌握的，而人的主观能动性是可变的。从这个意义上说，时间也是变数。在大学期间，我始终用两句话来指导学习，这就是：在利用时间上，要化零为整；在学术研究上，要化整为零。我珍惜一分一秒，也厌恶浪费时间的行为。为了有效利用时间，常常是书不离手，把课前课后、会前会后、饭前饭后的零星时间都利用起来了。我的家在湖北农村，距武汉不算太远，但是十个寒暑假，我没有回去过一次。每年的假期，对于我来说，也就是第三个学期。假期中，或拜师求教，或专攻外语，或开展业余科学研究，或贪读各种课外读物。回想起来，所有这些，对我日后的学习和工作，确实起了奠基的作用。中国农民勤劳勇敢，也具有吃苦耐劳的美德。也许因为我是农民的后代，骨子里有一股吃苦耐磨的韧劲。大学生活是紧张的，对一个农家子弟来说，要想获得优异的成绩，不付出十二分的干劲是不行的。武汉是著名的"三大火炉"之一，三伏酷暑，不用说看书做工，就是静坐在房里，也会汗流浃背，闷热得喘不过气来。为了赢得学习的时间，同时也是为了磨练意志，我强迫自己适应酷暑学习。在大热天，我穿着长衣长裤，不扇扇子，不吃冷饮，坚持苦读。实在热狠了，就把湿毛巾顶在头上，蒸发干了，再浸上冷水，坚持不懈。由于我磨出了这个性子，所以同学们叫我"奈（耐）温将军*"。虽然二十多年过去了，但至今在三伏天，我仍然保持了不吹

---

* 20 世纪 50 年代缅甸的军人统治者。

电扇、不乘凉的习惯，而且照样每晚看书到深夜。

在大学时，我常常参加的运动是长跑和划船，还分别获得过这两个项目的冠军。说实在的，与其说是喜爱，倒不如说是强迫，不是别人强迫我，而是自己强迫自己。我参加这些活动的目的，主要的不是为了娱乐，而是为了磨练耐力和韧劲，为超负荷的学习增添支撑的力量。

二

农村的田园生活，冬去春来，雷电风雪，斗转星移，干旱水涝……这一系列的现象，使我从小就对宇宙的奥秘产生了好奇。高考的时候，我毅然报考南京大学天文学系。可是，不知为什么，我被录取到了武汉大学化学系。面对现实，是闹专业思想无所作为，还是调整自己的兴趣，使之尽快适应新的学习任务呢？国家的需要，强烈的事业心，不允许我犹豫和懈怠，我选择了后一条道路。

一个渴望学习的人，上了大学，是否应当知足呢？不，我从来没有满足过。上大学，只是成才的开始，而决非最终的目的。

摆在我面前的第一个问题，就是化学是搞什么的？有什么用途？在中学里，学过一些化学启蒙知识，但凭借这点知识要了解化学的全部意义，显然是不可能的。热爱是最好的老师，了解是热爱的前提，只有真正地理解了它的意义，才能更自觉地热爱它。老师的讲课，使我受到启迪，课余广泛的阅读，使我心旷神怡。我开始对化学产生了兴趣，原子结构、分子轨道，电子理论、新兴材料、奇异的变化……对我都产生了极大的吸引力。

我上大学的时候，正值实行第一个五年计划。沸腾的建设，工业化的宏图，无时不激励我刻苦地学习。我深深地知道，工业化离不开化学，发展冶金工业，必须开发矿藏，建立燃料工业，需要开采石油，制造新的合成材料，首先要发展重有机合成工业，研制原子弹、火箭，必须提供核燃料和高能推进剂，等等。那时的我，对化学的认识，已经不仅仅是科学上的兴趣了，开始把自己的兴趣同祖国的需要融合在一起了。我赞美过北疆的风光，想往过油城——克拉玛依，曾决心到那里去工作。尽管在毕业时，我的愿望未能实现，但它确实占据过我的心灵，激励我前进。

在大学里，我爱看科普读物、科学家的传记和故事。我不止一次地读过罗蒙诺索夫、门德列耶夫、布特列洛夫、诺贝尔、牛顿、居里、爱因斯坦等科学家的故事和传记。我崇拜发明大王爱迪生、炸药大王诺贝尔、合成大王伍德瓦尔得，发誓要作一个诺贝尔式的发明家。现在看来，那时的我，是多么幼稚呀！似乎是有些荒唐。不过，那时我确实是这样想的，也是极力朝着这个方向努力的。发明家不是幻想出来的，没有坚实而渊博的学问，缺乏开拓和献身的精神，不付出艰辛的劳动和汗水，那是绝然不可能获得成功的。虽然我还算勤奋，但因缺乏天资，根基浅薄，当然不可能有所发明，更不可能成为一个发明家。尽管如此，我并未灰心，更不悔恨。我认为，并不是每一个人都能成为伟人，但是效仿伟人，可以使人奋进。一个人不能没有目标，追求的目标越多，进取的动力就越大。回忆青年时代走过的道路，我深深感到，立志，对我整个人生的进步，起了巨大的推动作用。现在，我的发明黄金时代已过，但我仍然以青年时的立志为方向，不断鞭策自己，尽心尽力做好工作。

三

天才在于勤奋，知识在于积累。怎么才能积累知识呢？方法很多，前人也为我们积累了很多的好经验，例如写读书笔记、做卡片、广集博采，等等。不过，无论何种方法，都要建立在记忆的基础上。因此，增强记忆力，乃是积累知识之本。学生时代，我崇拜过记忆非凡的人。北宋文人刘贡文过目不忘，记忆惊人。三国魏诗人曹植对诗，出口成章，至今传为佳话。这些都给我留下了深刻的印象。著名的化学家曾照抡先生，是我的老师，他对化学工具书和有关文献了如指掌，每次向他请教，他总是解答如流，甚至连书名、作者、页码都指点得十分详尽。先师的治学精神，一直是我效仿的榜样。对于记忆，人们的看法似乎不同。平常，习惯把死记硬背的人说成是书呆子，似带有贬低之意。书呆子当然不好，但加强记忆力则是要大大提倡的。古今对比，我深深感到，现今人做学问的态度，远远无法与古人相比。我并非说今不如昔，但古人做学问之功夫乃是我们要学习的。记忆力与思维能力是相互联系的，记忆是思想的基础，而思维能力又帮助大脑记忆。用现代的语言来说，人的大脑就是信息存储器，而且存储的信息量与大脑的结构和记忆力成正比。人们的思维过程，也就是信息的加工过程。加工不能没有原料，大脑中存储的信息越多，供给加工的原料越多，那么加工的产品也就越多。俗话说，"熟能生巧。"所谓"熟"，就是掌握的情况多，存储的信息多，"生"是指加工过程，"巧"是加工的新产品。在正常的情况下，古今一切天才，同时也是记忆非凡的人，而一个患有健忘症的人多是不能成就大业的。一切立志成才的青年，要不断增强记忆力，扩大自己的知识面，培养创造性的思维能力。

根据生理发育的一般规律，二十岁以前的青年，是记忆力发育的重要时期，创造良好的环境，注意心理卫生，有意识地锻炼记忆力，对于人一生的学习和工作都是很重要的。有人认为，记忆力是天资，是先天注定的，是不可改变的。这种看法是不科学的。除生理发育不健全的人以外，人的记忆力与其他能力一样，是随着机体的发育和社会实践而不断完善的，并且通过锻炼是可以不断提高的。

在大学学习期间，我有意识地注意记忆力的锻炼，课堂上专心听课，课余大量阅读，通过各种方法汲取知识的养料。

我锻炼记忆的方法有：一是强迫（或突击）记忆法。所谓强迫记忆，就是在一定的时间内，以高度集中的注意力，把一定的信息输送到大脑中去，存储起来，并迅速地把它们再显示出来。这种方法，不仅可以锻炼毅力，而且还可以锻炼顽强的意志和思维的敏捷性。在大学里，学习外语和期末考试总复习时，我常常采用这种方法。古人云：一年之计在于春，一日之计在于晨。清晨，空气新鲜，大脑清晰，是锻炼记忆力的好时光。每日早晨，我全神贯注，或记忆单词，或背诵课文。在三十分钟的早自习内，我用强迫记忆法，可背会一百个以上的单词或千字以上的课文。为防止时过境迁，第二天再把头一天的内容重背一遍，以不断加深和巩固。考试总复习时，大脑就像放电影一样，用一个小时，把存储的几百页信息资料提取出来，并进行综合加工。要做到这一点，没有强迫记忆和高度的综合能力是不行的。

二是追述记忆法。所谓追述记忆，有别于当时听当时记，而是利用滞后现象再现的一种记忆方法。例如有时听报告，或听老师讲课，当时我有意不作笔记，事后力求把报告的内容复述一遍，或把它追记下来。这种方法很重要，可以检查信息滞留的时间和再现的能力。

三是类比记忆法。说起来，也很好笑，在大学里，我曾使用过笨拙的学习方法，即背《俄汉小词典》，背同学们的学号，背元素周期表等。有的同学惊奇地问过我："百余人的学号，你怎么能背下来呢？"说笨也笨，说巧也巧。这里有苦功夫，也有巧办法。苦功夫自不必多言，这里所说的巧办法，就是类比记忆法。这是一种科学记忆法，它是按照事物的颜色、形状和特征来进行类比记忆的。事实上，客观事物都是有序的，如词典是字母、字根为序，元素周期表是按元素的原子序数大小排列的，学生的学号也是由小到大递增的。掌握了这些规律，就掌握了科学记忆法，不仅记得快，而且记得牢。我们平时所说的看图识字、望文生义等，就属于这种类比的科学记忆法。

四是交叉记忆法。我不喜欢在一个单元时间内，单调的学习同一门功课或重复做一件事，总是交叉安排学习和工作。我们大学的课表，至今仍然是按照这个交叉原则来安排的。这是符合唯物辩证法的，也是符合大脑思维规律的。因为不同的科目，具有不同的内容和特点，对大脑功能的需要也不同。有的需要推理，而有的则需要记忆，有的需要分析，而有的则需要综合。我们都有深切的体会，当一个人在同一时间内，单调重复做一件事，那么他的兴趣就会下降，大脑的某一部分就会疲劳，工作效率就会下降。而交叉记忆，既可以调整兴趣，又可以调整大脑的功能，使大脑各个部分协调一致地发挥作用。

记忆力随着年龄的增长而下降，这也是符合生理变化规律的。但是，经常注意记忆力的锻炼，至少可以推迟或减少这种下降的速度。侥幸的是，我现在尚未有记忆力衰退的表现，这一方面是由于青少年时期锻炼记忆力打下的基础，另一方面也同我目前注意锻炼记忆力分不开。现在，我作报告、讲话，坚持不用讲稿，即便是有数十个统计数字，我也背读无误。听汇报，开座谈会，我边听边想，随时把大家的意见综合归纳出来，并且通过加工，从中总结出新的观点。

目前，我们正处在信息革命的时代，知识急剧地增加，信息的存储、加工和传输，比过去任何时候都显得重要了。计算机的发明和大量使用，人工智能研究的成果，不仅使人的手外延，而且也使人的大脑外延。一部巨型机的存储，可以暂时代替人们复杂的记忆，但不能最终代替人的记忆。一个智能机，在个体上可以超过人体的智力，但在总体上，是不能代替人的思维能力的。因此，无论何种先进技术，都不应当排斥人们的记忆力，而应当相互促进。我希望新时代的青年们努力学习，掌握最新的科学技术，使自己成为适应未来需要的创新人才。要做到这一点，不付出艰辛的劳动是不行的。青出于蓝而胜于蓝，这是人才成长的一条普遍规律。你们是幸福的一代，大有作为的一代。你们的生活比我们的更充实，更丰富多采。我期待着你们以更美的文字、更多的好经验、更丰硕的成果，写出新时代的《我的大学生活》来。

（本文原载于《我的大学生活》一书，天津人民出版社，1985年2月第1版）

二、无声的课堂，知识的宝藏

人类有文字记载的历史大约已有 5000 年了。自从文字与印刷术发明以后，图书与图书馆也就相应地出现了。图书馆是人类文明继承和传播的载体，同时又是创造未来文明和推动科学和社会进步的知识宝库。

学校教育与图书馆的关系至关密切，大凡新建一所学校，必须首先要建立一个相应的图书馆。无怪乎人们把图书馆看成是"学校的心脏"，没有高水平的图书馆，就没有高质量的教育。

我对图书馆有着特殊的感情，图书馆对我有着极大的吸引力。在大学时代，我喜欢在图书馆学习，为了占据一个位置，每天晚饭后，我们早早地来到图书馆门前排队。当时，我们把排队称之为"抢位置"。因为名曰排队，而实际上是"抢"，有时同学之间甚至免不了还会发生一些小小的摩擦。

在我当了教师以后，与图书馆打交道的时间更多了，对图书馆的认识也升华了，已经不单单地停留在把它看作是一个自习的场所了。对一个从事自然科学的教师来说，其学术活动的舞台，一是课堂，二是实验室，三是图书馆。除了授课和进行实验以外，我的主要学术时间是在图书馆度过的。据我统计，坐图书馆大概要占我全部学术工作时间的三分之一。

作为大学校长，随着职业的变化，我对图书馆的认识也就更深化了。考虑问题的角度，已不仅仅是自己如何使用图书馆的问题，更重要的是应当考虑如何建设好图书馆，如何充分发挥图书馆在培养人才和发展科学研究中的作用的问题。尽管我国的图书馆事业有了很大的发展，但仍不能满足教育、科技和生产发展的需要。当前，在图书馆工作中存在的问题不少，既有物质条件方面的问题，也有思想认识方面的问题。不过，我个人认为，思想认识和科学管理乃是影响图书馆发挥作用的主要原因。

要充分发挥图书馆的作用，应当从主体和客体两方面来努力。所谓主体，是指图书馆和图书馆的管理人员。一个大学的图书馆应当办成什么样的图书馆？这是一个关系到图书馆的方向、性质和任务的问题，也是广大师生至为关心的问题。在我与教师和学生的接触中发现，他们对图书馆提出的意见最多。这些意见主要有：一是开放时间短，使用效率低；二是新书编目慢，期刊装订慢；三是查书难，借书难；四是馆员服务态度差，管理水平低。我经常到国外开会和考察，每到一校，我总是要求参观图书馆，对比之下，我国图书馆的管理水平太落后了。要改变图书馆管理的落后面貌，最根本的还是要改革。在当前，至少可以从三个方面深化图书馆管理的改革：一是延长开放时间，充分发挥图书馆的空间与图书的效益；二是建立开放式的体制，面向社会，建立网络，资源共享；三是实行开架借阅，方便读者，启发思路。当然，图书馆管理改革，远不止以上几点，要做的事还很多。但是，如果我们抓住了这几个关键性的问题，那么就能够带动图书馆管理的全面改革，促进现代化图书馆的建设。

一个图书馆的作用发挥得如何，不仅要靠广大的读者配合，而且还要由他们来检验。所谓客体，也就是指读者。对于图书馆的管理人员来说，是如何办好图书馆的问题，而对读者来说是如何用好图书馆的问题。据我观察，并不是每一个馆员都懂得如何科学管理图书馆，也不是每一个读者都知道如何使用图书馆。因此，在进入信息时代的今天，无论是图书馆的馆员还是读者，都有一个重新学习的问题。

如何科学地使用图书馆？这是一个很大的题目，凭我的学识来回答这个问题，显然是有困难的。但是，如果是本着研究问题，我对此还是颇有兴趣的，愿意就以下几个问题与青年大学生们交换看法。

要有明确的目的

我们与图书馆打交道碰到的第一个问题就是为什么去图书馆？也许有人认为，这是多余的，难道谁还不知道去图书馆是为了学习嘛！这种回答太笼统，其实情况并不尽然。为什么有人到图书馆感到收获大，而另一些人觉得收获甚微，甚至没有收获呢？依我看，后二者，除了学习方法不当外，恐怕与目的性不明确有关。我们到图书馆去，犹如到百货商场去一样，如果没有明确的目的，那就好比是逛商场，只看不买，一无所获。

根据我的体察，目的不明的人有两种表现：一种是心猿意马。有些人也勤到图书馆去，但是他们没有一定的目标，好像不是去汲取知识，而是去消遣。他们东摸摸，西看看，或看看《参考消息》，或翻翻画报、《大众电影》等。另一种是节外生枝。有些人本来是带着明确的目的去图书馆的，但是在查阅文献的过程中，由于兴趣广泛，思想分叉，把握不住重点，其结果是该找的东西没找到，无谓地浪费了很多时间。

为了提高在图书馆工作的效率，应当排除各种干扰。一个善于使用图书馆的人，一定要树立明确的目的，制订严格的计划，不宜把在图书馆以外可以做的事情带到图书馆，要最充分地使用图书馆的资源。

要合理支配时间

现代人的特征之一是时间观念强，即信时、惜时和守时。一个有效的工作者，也必定是一位善于支配时间的人。美国统计过八万名化学家的时间分配，平均有三分之一的时间是用于查找文献情报工作，也就是在图书馆工作的。

一个人究竟什么时间应当到图书馆去工作，应当分配多少时间呢？这要根据各门学科的性质和各人的实际需要而定，但不管如何，一定要把去图书馆工作的时间纳入到自己的总时间表之内。六十年代初，我在苏联科学院元素有机化学研究所作副博士研究生。按苏联学位规定，副博士研究生需要通过三门学位课程考试和论文答辩，但对课程学习和做论文实验都没有硬性的规定，完全由自己灵活掌握。于是，我就统筹安排自学规定的课程和实验工作，采取平行作业的方法，凡节假日和实验室检修时，我就到图书馆去学习，其余时间安排实验。这样做，的确收到了良好的效果。

我国研究生培养办法规定，头一年半采用上课的方法学习课程，后一年半做实验和写论文。与苏联的做法相比，我感到我们有两个缺点：一是学生没有主动性和积极性；二是把学习与研究割裂开了，实际上等于缩短了科学实验的时间，对实验周期长的学科是不利的。

要专心致志

很多图书馆的大厅里都悬挂或张贴着一个"静"字，这是因为图书馆是一个公共学习场所，需要安静。每一个去图书馆工作的人员都必须遵守图书馆的管理规则，保持图书馆安静的文明环境。

图书馆不是接待室、学术会议室或答疑室，因此不能在那里接待来访者。不应高谈阔论地争论问题，一般也不宜把学生带到图书馆答疑。我并不反对这些活动，而只是说活动地点选择不当，不宜在图书馆进行。

每当我到图书馆查阅文献时，我最不喜欢别人干扰我的工作。我常常看到一些人，他们在图书馆闲聊，一谈就是半天，我真是感到痛心。这种做法，不仅影响了别人的学习，而且也浪费了自己的宝贵时间。

做学问要能沉得下来，要能钻得进去。什么叫沉呢？所谓沉，也就是专心致志。如果做到了像范文澜先生所说的"板凳一坐十年冷"的地步，那么也可算得上是沉下来了。

要善于使用工具书

要知道如何使用图书馆，首先必须学会使用工具书。如果说图书馆是知识的宝库，那么工具书就是打开这宝库的钥匙。

一个图书馆，一般都配备了较为齐备的工具书。所谓工具书，是指字典、词典、手册、文摘、索引、年鉴、丛书、百科全书等，是专门为读者查找字意、词意、典故、人物和史实等出处而用的。熟练地掌握工具书的使用方法，不仅可以随时解除你在学习过程中遇到的疑难问题，而且还可以扩充你的知识，指导你深入进行学习和研究。

现在的问题是，为数不少的大学生尚不会或不能熟练地使用工具书。据我分析，主要有三个原因：一是大多数的学生重视知识，不重视技术，忽视工具书的掌握；二是学生兴趣贫乏，阅读太少，缺乏实践的机会；三是学校没有把工具书教育纳入计划，图书馆也缺乏技术上的指导。

为了使广大学生能够掌握工具书的使用方法，充分利用"无声课堂"学习成长，大学应当开设"工具书使用方法"的课程，把它提高到同外语、计算机语言等同等重要的程度，使它成为全体大学生们必备的基础知识的一部分。

要熟悉图书馆的环境

图书馆的环境包括：图书馆的建筑与平面布局；书库与阅览室的分布；技术设备的性能与使用；图书编目与检索；图书的借阅与咨询，等等。了解图书馆不仅限于大的环境，而且还要了解微观的环境，例如新书的进馆情况，每一种杂志的特征、内容等。

了解图书馆环境的目的，是为了节约时间，提高工作效率。我曾经看到了两种截然相反的情况，有些人也常去图书馆，虽然也很忙碌，但由于对图书馆的环境不熟悉，所以事倍功半。而另一些人，对图书馆的情况很熟悉，能迅速找到自己需要的资料，常收到事半功倍之效。大学生在校的主要任务是学习，努力把自己培养成又红又专的人才。大学的学习方法不同于中学，如果说中学生主要是依靠老师的课堂教学，那么大学生除了课堂教学以外，还必须充分发挥"无声课堂"在学习成才中的作用。对于每一个新入学的大学生来说，应当尽快地完成学习方法的转变，学会利用图书馆进行学习和研究。

山东大学编辑出版如何利用图书馆的书，的确是一件十分有意义的事。它对于充分发挥图书馆的作用和培养学生的自学能力、研究能力和创造能力具有一定的指导作用。我希望青年大学生们，不仅要借鉴师辈们的经验，更重要的是要亲自实践，总结自己利用图书馆学习成才的经验。

（本文原载于《著名学者谈利用图书馆》，山东大学出版社，1990 年 9 月第 1 版）

三、新一代大学生的风貌

彩色故事片《女大学生宿舍》和广大观众见面了。作为和大学生朝夕相处的一名教育工作者，我怀着特殊的心情，观看了这部影片，它给我留下了深刻的印象。特别是，它作出了大胆的尝试，以影视的形式，通过一个女生宿舍小小的窗口，再现了当代大学生的风貌，填补了影坛的一个空白。这是十分值得庆贺的。

一部艺术作品，不管作者的意愿如何，它直接或间接地起着教育人的作用。一部思想性、艺术性强的电影，对传播社会主义精神文明具有重要的作用，可以激励人们对新生活的憧憬和对远大理想的追求。我认为，《女大学生宿舍》正是一部思想性、艺术性较高的影片。尽管影片的场面并不壮观，故事情节也不太离奇古怪，人物关系也不甚复杂，作者仅仅只是从校园生活中采摘了几束小花，然而正是通过几个一年级女生的学习生活片断，较好地再现了当代大学生的生活。

艺术的创造来源于实践，但又不是现实生活的机械复制。《女大学生宿舍》中所描写的几个女学生，虽然经过艺术的塑造，但我们对她们并不陌生，似乎从现在的大学生中，都可以找到她们的模特儿。匡亚兰虽有伤痕但很倔强，是个有进取心的姑娘；宋歌要求进步，工作积极，但对人苛求，方法简单；骆雪梅朴实无华，虚心好学，严以律己，宽以待人；辛甘热情任性，带着几分娇气；夏雨书生气十足，富有幻想。虽然她们都有着自己的个性，也有着各自的弱点或缺点，但她们之间的共性却是主要的，这就是：勤于思索，热爱生活，寻求友谊，团结互助，渴望成长。我想，这些共同点，正是当代大学生的新风貌。

大学是人才成长的摇篮。生活在这里的青年们，无疑是很幸福的。但是，大学也绝非世外桃园，大学生的生活，也不是风平浪静的。社会上的浪花，生活中的激流，都会冲击着她们的思想。在她们中间，有伤痕的泪水，也有欢声笑语；有迷茫、失败，也有进取和胜利；有忌妒、怀疑，也有信任和友谊；有磨擦、争论，也有谅解和团结。她们正是生活在这种和谐友爱的集体里。这是一种充满着社会主义温暖的集体。在这里，她们浴沐着党的阳光，互相激励，互相学习，茁壮成长。

青年是未来的希望。今天年轻的大学生，就是明天的栋梁之材。青年时代，是长知识、长身体的时期，是人生观、世界观和道德观形成的重要阶段。学校的任务，就是根据党的教育方针，把他们培养成为又红又专的人才。为了教育和培养他们，正确地认识他们是很重要的。在他们之中，虽然也存在着这样或那样的缺点，有的甚至是很严重的，但他们的主流是好的。对于他们，既要严格要求，又要循循善诱地引导；既要鼓励他们努力成才，又要坚持又红又专；既要倡导积极的思索，又要反对离开四项基本原则的胡思乱想；既要勤奋刻苦学习，又要防止死读书，注意智力的培养；既要生动活泼，又要清除和抵制资产阶级的精神污染。只有这样，我们才能看到他们的主流，调动他们的积极因素，采取恰当有效的措施，按照时代的要求，不断地引导他们前进。

我们并不认为这部影片是十全十美的，其中也确实存在这样或那样的不足。例如：个别人物的形象格调低了一些，内容还可以再深化一些，主题思想可以再凝聚一些。尽管如此，它仍不失为一部佳作。大学生是当代青年中的重要组成部分，是未来知识分子的新鲜血液。因此，全社会都要关心他们，了解他们，做他们的良师益友。在赞叹之余，深感反映大学生的作品太少。我们衷心地欢迎作家、艺术家来到他们中间，为他们创造和提供更多、更好的精神食粮，使他们健康成长，成为有理想、有道德、有文化、守纪律的新一代。

（本文原载于《电影与观众》1984 年第 3 期第 2 页）

四、做大学生的良师益友

自教育从家庭式的传授知识与经验分离出来以后，便产生了学校，随之也就出现了以教书为职业的教师。何为教师？我国唐代大文学家、教育家韩愈曾说："师者，所以传道、授业、解惑也。"这虽然是一千多年以前所言，但无疑是对教师和教师的职责最全面的诠释。

我国是有五千多年悠久历史的文明古国，历来有尊师重道的传统，也有着好客交友的美德。师有经师和人师之分，古人说："经师易寻，人师难得。"这就是说，做学问的老师是到处都可以寻求得到的，但为人师表、能成为人们楷模的人师却是不容易找到的。交友是社会化了的人类生活的一个组成部分，朋友有各种类型，南朝梁文学家刘峻在《广绝交论》中提出：势交（追求权势而相交）、贿交（贪图钱财而相交）、谈交（攀附谈辩而相交）、量交（衡量轻重得失而相交）和贫交（同陷贫困而相交），此五种朋友虽"流派则异"，但"利交同源"。杜甫在《贫交行》中也感叹："君不见管鲍贫时交，此道今人弃如土。"由此看来，良师益友的师，应当是那些既是经师又是人师的人；而益友则是那种真正志同道合、患难与共的朋友。

从根本上来说，教育是"人的建设"，这种建设包括向受教育者传授知识，培养他们的以创造能力为核心的各种能力，塑造高尚的道德品质。在这种建设中，教师无疑肩负着艰巨的任务。但是，就教育者与受教育者的关系而言，受教育者的学生始终应当是处于主体地位。这是因为，没有受教育者也就没有教育者，只有受教育者的成功才能检验教育者的成功。

我们无可讳言，直到目前为止，中国的教育并不太成功，其因素虽然是多种多样的，但教师却是主要的原因之一。美国著名教育家里欧·巴斯卡里雅曾说："我们的教育不成功，因为我们从来不帮助老师撕下教师的面具，平平易易地做人，从来不帮助他们认识到教师的作用在于引导。"如果说美国的教育是如此，那么中国教育的状况只会有过之而无不及。这是因为，中国有一个"师道尊严"的紧箍咒束缚着广大的学生。师道尊严与尊师重道和尊师爱生是不同的，它不仅要求对教师尊重，而且对教师所传授的知识、技能或道理也要尊重，这就必然导致对教师和书本知识的迷信。尊师并不错，只是在教师的威严之下，不能以平等的态度对待学生，这就必然会扼杀学生的主动性、积极性和创造性。陶行知先生在论教师时说："要人敬的，必先自敬，重师首先师自重。"依我看，陶行知先生所说的教师就是良师，但在我国学校中，像这样的良师实在是太少了。

孟子曾说："人之患，在好为人师。"据我观察，有为数不少的教师，一味地要求学生尊敬自己，认为学生不听课是对自己的不尊重，于是采取各种措施来惩罚学生，有的扣分，有的甚至取消考试资格。在中小学里，此类情况更为严重，有的羞辱学生，有的还打骂学生，甚至导致学生残废和死亡。请问：这是谁给他们的权力？问题在于保守的应试教育制度，在于"师道尊严"这道戒律。当然，这种人不仅不能成为良师，而且连教师的资格也丧失了。

有一则故事是讲孔子拜师，读后令我感叹不已。故事大意是：楚国项羽的后代中，有一个神童叫项橐，他聪颖过人。孔子周游列国时，到了楚国。神童问孔子："早上太阳离地面近还是中午离地面近？"孔子答是早上。项橐反问："为什么中午的太阳更烤人？应该是离地面近的更烤人嘛。"于是，孔子又回答是中午离地面近。项橐又反问："为什么早上太阳比中午要大呢？离得近的才大嘛！"孔子无言以对，遂拜项橐为师。故事的真实性已无从考证，但孔子是谦谦君子却是真的，所以他才提出了"三人行必有吾师焉"的至理名言。也正因为如此，孔子才成为至圣先师，成为古今教师的楷模。

虽然人类已经进入到 21 世纪，孔子谦恭下士的思想依然是有现实意义的。就连联合国教科文组织在《学会生存》一书中也指出："在驯化教育实践中，教育工作者只是受教育者的教育者。在解放的教育实践中，教育工作者作为受教育者的教育者必须'死去'，以便作为受教育的受教育者重新'诞生'。"由此看来，终身学习不仅是指受教育者，教育者也必须向受教育者学习，这是自古到今的一条教育规律。

教育者要向受教育者学习，那么从事教育领导的人，如部长、校长、局长，是否要向受教育者学习呢？当然要学习，因为我们的教育目的是一切为受教育者服务的，只有从受教育者出发的教育制度、政策和决定才能符合他们的需要，也才能是成功的教育。可是，现在我国教育的状况是不能令人满意的，许多教育部门的领导者，他们既不调查研究，也不抓"典型"，这大概是我国教育改革裹足不前的根本原因。

近日，我在翻阅过去的笔记本时，发现了我在1986年6月写的一则心得。我是这样写的："每当听到一些大学的书记和校长骂学生时，我就感到不是滋味。他们是不是以骂学生来是显示自己的正确和高明呢？每当学校处分学生时，我就感到难受，我们是否应当扪心自问：自己年轻时是否也犯过错误？自己对那些犯有这样或那样错误的学生的责任又到哪里去了呢？"这一段话，是我于1986年6月在北京参加高校政治思想工作会议期间写的。那时，在会议上、餐桌上都是谈论现在的大学生不如过去了，羡慕资产阶级的生活方式，自由化思想严重，恋爱成风，讲求吃穿，学习不刻苦……在他们看来，这些已经成为当前青年学生的主流，当代大学生已经是不可信任的一代。我坚决不同意这种观点。我认为当代大学生的主流是好的，他们热爱祖国，支持改革开放，反对官僚主义，痛恶腐败，提出了"振兴中华"、"从我做起"的响亮口号。他们之中，确实存在这样或那样的一些问题，但是前进中的问题，是可以教育好的问题。对于有缺点或小错误的学生，应当进行教育，但是要有足够的耐心；对于犯有严重错误的学生，不是不可以给予必要的处分，但是要有人情味。不过，有一点必须认定：当代大学生的主流必须肯定。如果我们不相信这一代青年，不依靠他们，那中国的前途还有什么希望呢？

青年是祖国的栋梁，是未来的希望。我始终认为，大学生既是受教育者又是学校的主人，是教育改革的参与者又是改革成效的检验者。所以，我在推行教育改革中，总是把大学生作为依靠的对象，实际上我的不少改革主张就是来自于他们。我乐于与大学生交朋友，经常倾听他们的意见，与他们通信，了解他们的需要，解决他们的困难。大学生也把我当作他们的朋友，他们许多人并不叫我校长，而是昵称为"刘道"，或"我们的刘道!"我不仅与校内的大学生交朋友，也关心社会上的青少年们。我曾与北京中关村小学的学生讨论教学改革；与天津的一个自称为"丑小鸭"的女孩讨论人生观；鼓励湖北荆州的一个回乡青年自学成才；与河北任丘油田的工人讨论创新；曾挽救了山东一个高考落第的女生走自绝道路；与安徽的一个农妇讨论儿童教育问题……我从实践中体会到：一个人要防止思想僵化和老化，最好的办法就是到青年中去，参加他们的活动，与他们交朋友，同他们通信，关心他们的疾苦，从他们中汲取新鲜的思想。现在，我已到古稀之年，自认为思想并不保守，甚至经常处于前卫思想状态。我的这种认识，后来被英国科学家的研究所证实。他们认为，老年和青年人结为推心置腹、无话不谈的"忘年交"，正是防止心理衰老的有效措施之一。

在中国，如果你的思想太前卫了，往往是要付出代价的。1988年2月10日，我突然被免除了校长之职，其原因恐怕也就在于此。但是，我感到无限的欣慰，当年应届毕业生一千多人，在毕业前夕，列队到我的住所辞行。我们互相签名、赠言、互赠相片，其情令我无比感动。这种感情已经超出了师生之情，而是志同道合的"忘年交"的友情。

应广大毕业生的要求，我在他们制作的毕业纪念册上题写了一段赠言，他们把它放在黑格尔的一段名言之后。现把那段赠言抄录于后：

"一个社会是否进步，是基于社会是否有革新风气；一个国家是否有活力，主要看青年人的聪明才智是否得到了充分的发挥。世界大也无限，小也无限，每一个青年人都会寻觅到英雄用武之地。

你要有所作为吗？那么，你就要不怕艰难困苦，不要怕竞争，不要怕转行，不要怕闲言碎语。对于创业者来说，绝对需要的是敢于向传统观念挑战，敢于向流行的时弊作斗争，敢于冒风险，敢于闯入无人涉足的禁区。

改革、创新有险阻，需要付出代价，甚至是几代人为之而奋斗。但是，我丝毫不怀疑，改革开放的方向是不可逆转的，中国的未来属于一大批有作为的年轻人！"

这一段赠言是有感而发，它既是作为教师和朋友对毕业生的临别赠言，也是我自己笃行的信条。从写那一段赠言到现在，已经15年了，我与许多学生仍然保持着联系，并没有因为时间的流逝而中断书信往来。逢年过节，我会收到他们的贺卡，我生病住院，他们总是要到医院探视。我60岁和70岁生日时，来自全国各地的学生代表，集聚到武汉给我祝寿，使我感到无限的快慰。我始终记得陶行知先生的两句名言："为师的最大的快慰是培养出值得尊敬的学生。为师的最大的幸福是培养出值得尊敬的学生。"现在，我当年培养的学生数以万计，在他们之中，已有很多人作出了巨大的成就，成为国家各重要战线上的骨干。对此，我感到无限的欣慰，我衷心地祝愿他们取得更大的成就！

五、我又回到大学生中来了

我在任大学校长期间，与大学生们保持着密切的联系，我认为他们是学校的主人，包括校长在内的一切行政部门和工作人员，都是为他们服务的。基于这种认识，我定期召开学生座谈会。参加者既有本科生也有研究生。听取他们对教育改革的建议和对学校工作的意见。"来者不拒、有求必应"，这是我为政的信条，凡学生求见的，我尽可能安排。哪怕是晚上或休息日，我也要接见他们；凡是他们的来信，我一律亲自回复。此外，我还经常参加他们的多学科讨论会、演讲会、樱花诗会，有时甚至参加他们的春游或秋日的野炊。凡此种种，使我的工作与生活过得很充实。与大学生们相处，不仅成为我工作的一部分，而且也是我生命的一部分。有时候，因为出差或生病，一段时间看不到大学生，我就会感到十分寂寞，甚至觉得生活中像缺少了什么似的。

自1988年2月10日，我突然被免除了校长职务，一晃八年过去了，但对大学生们的思念，一直没有中断。自1995年开始，校内有一个名曰"大同社"的学生社团，其中的一些学生不断与我联系，希望我去参加他们的座谈会，或者给他们作一个讲座。考虑到学校当局对我行踪十分敏感，加之当时我正在主编一套丛书，任务十分繁重，所以我一直没有答应他们的要求。这样一直拖延了一年，但那些学生仍没有灰心，还是不断地与我联系。

1996年11月24日，"大同社"的一个学生又一次打来电话，他说："刘先生，我们'大同社'最近举行了系列讲座，无论如何，请您给学生作个报告，我们盼望很久了。"他又说："您的座右铭不是有一句话'有求必应'吗？希望您不要让大家失望。"我说："盛情难却，好吧，就安排在本周末。"他说:"那就安排在星期三晚上吧!"我说:"不行,周三晚上我有另一个会,那是早已安排好了的。"他想了一下说:"那就安排在星期四晚上,您能不能给一个报告的题目呢?"我说:"题目就暂定为:'中国高等教育如何迎接 21 世纪的挑战。'"

11 月 28 日晚,按原定报告时间 19 点,我提前 5 分钟到达。同学们早就等候在教三楼 001 教室了,室内外挤得水泄不通,走道里、窗户外、阶梯教室的台阶上,全坐满了人,大约有五六百人。会议的主持人是詹明、胡奎。他们请同学们让出了一条通道,在经久不息的掌声中,我进入了会场。詹明发表了简单的致词后,请我作报告。我走到讲台中央,弯下身彬彬有礼地向同学们鞠了一个躬,并说道:"同学们,大家晚上好!"这时,同学们又报以热烈的掌声,这令我十分感动,许久没有见到这样的场面了。

一个同学拿来了一床红色毛毯,把它垫在一把靠背椅上,他们要我坐着讲,生怕我着凉。这是他们对我的一片好意,我向他们表示了感谢。我对他们说,作为一个教师,我习惯站着讲,同学们听我讲话,是对我的尊重,我站着讲也是对同学们的尊重,这就是讲者与听者的平等性。接着,我把垫有毛毯的椅子挪到了一边,正好还有同学没有凳子坐呢。

首先,我在开场白中说道:"今晚,我十分高兴,因为自 1988 年 2 月以后,尽管我经常参加国内外的各种学术活动与会议,也在其他大学作过报告,但是在武汉大学以作报告的形式与这么多的大学生见面,还是八年以来的第一次。我说过:'教育乃我生命,青年是我的朋友',因此你们可想而知,当我来到你们中间,我该是多么的高兴!"(热烈的鼓掌)

接着,我把话锋转到了报告的题目上。我说:"从现在到 21 世纪,只剩下 3 年的时间了。目前,世界各国的未来学家、教育家、科学家和政治家们,都在谈论着一个热门话题:'如何为进入 21 世纪作准备?'历史经验表明,每个世纪之交,无论是科学技术抑或是社会文化,都伴随着巨大的变化。应该说,现在我们已经进入 21 世纪之交了,我们应当以敏锐的眼光去洞察未来,以挑战者的姿态迎接未来"。

"近年来,对于迎接 21 世纪的问题,我也十分留心。我今晚的讲话,就想谈谈这方面的问题,如果要确定一个题目的话,那就是:'中国高等教育如何迎接 21 世纪的挑战?'围绕着这个题目,我想讲三点:一是僵化的教育观念必须彻底转变；二是必须彻底改革教学制度；三是 21 世纪大学生的素质。我打算只讲一个小时，然后用半小时请同学们提问，我尽可能地回答你们提出的问题，以便达到双向交流的目的。"

我一向不习惯念讲稿，所以我没有写讲稿，只准备了一个演讲提纲。不写讲稿，并不等于不作认真的准备，哪怕是 5 分钟的即兴发言，我也会认真地思考：听众想听什么？我的讲话是否有新意？讲话的重点和层次是否明确？经过深入思考的问题，我一般是不会忘记的，这就是文成于思嘛。由于我打了腹稿，所以我能够按照大纲细目，有条有理地阐述我对上面三个问题的看法。我的讲话有叙有议，有观点有数字，既无嗦语也没有语塞，这也许得益于教师职业的锻炼吧。不多也不少，整 20 点我的讲话落下了尾音，同学们再一次地以掌声给予了我鼓励。

会议主持人宣布自由提问，由我即席回答。提问者甚多，有一个同学走到台前，通过麦克风问道："刘校长，你在被免职以后的这些年里在做什么？听说你担任了一所民办学校的名誉校长，这是真的吗？"看来，同学们颇为关注我目前的状况，也很想当着我的面澄清外界的一些传说。于是，我也就直言不讳地告诉大家：我被免职已 8 年了，其间我并没有闲着，先后担任 5 项国家重点化学科研任务，在国内外发表学术论文 80 多篇，曾两次到英国和美国参加国际学术会议。此外，我还撰写和出版了 3 本教育专著，发表了许多教育论文，参加了大量的社会活动。

近年来，我把目标又转向民办教育，除了担任两所民办学校的名誉职务以外，还参与了创办一所民办基础教育学校。也许你们会问道："你长期担任大学校长，为什么要去领导一所中小学呢？"

"这并不奇怪，只要你们了解一下我从事教育改革的经历，就可以得出合乎逻辑的结论了。教育是立国之本，而基础教育乃教育之本，是教育的"母机"。教育改革必须从基础教育抓起，实施创造教育也必须从少儿抓起。我参与创办的这所学校，目的就是开辟一个教育改革的"试验田"，以推行'博爱教育、创造教育和成功教育'，培养跨世纪的创造性人才。"

在提问的同学中，很多人都从不同的角度，提出要我重新担任武汉大学校长。有一个同学这样问道："刘校长，假设要你再担任武汉大学校长，你会同意吗？"这是一个敏感的问题，或者说是一个犯忌的问题，但又不能避而不答呀。我接过话筒以幽默地口气说道:"我十分感谢你提出的假设。我是搞自然科学研究的,从科学的角度来说,假设是十分重要的,它往往是科学发明的先导。不过,假设有两种:一种是可以被证明的,那是因为假设所给出的条件是具备的,是符合客观规律的;另一种是不能被证明的,那是因为它所给定的条件是不能成立的。正如你关于我任校长的假设,其客观条件是不具备的,因为我现在已63岁了,如果允许我当的话,何必在我54岁时免除我的校长职务呢?"

紧接着,又有一个同学问道:"刘校长,你是功绩卓著的前校长,为什么武大的现任领导没有一个来参加今晚的报告呢?"我答道:"今晚的报告会是由'大同社'发起和组织的,这是一次民间的社团活动。我十分欣赏这种民间的活动,民间的氛围无拘无束,如果有什么在职的领导人来参加的话,那不是有点不伦不类了吗?"我的话音刚落,会议主持人接过话筒,打开一张纸条念道:"刘校长,你作为武汉大学的前校长,能否对武汉大学目前在国内外的地位发表一些看法?"看来同学们有点穷追猛打的架势,真有点哪壶水不开偏要提哪壶。我知道,这又是一个敏感的问题。我国政坛上有一个通病,后任总是踢前任的脚,似乎只有否定前任才能显示自己正确。然而,前任评论后任,这又是一个犯忌的问题。于是,我回答道:"毛泽东不是说:'没有调查就是没有发言权'吗?我现在是'两耳不闻校内事,一门心思著文章'。因此,对于你们提出的这个问题,我只好交白卷了。"同学们会心地发出了笑声,同时也表示了宽容,没有再追问下去。

这时,会议主持人连忙抢过话筒大声地说:"同学们!恰到好处,30分钟的时间已经到了。也许,大家还有许多问题要提,但是刘校长刚出医院不久,不能让他太劳累。今天的报告会到此结束,以后我们还准备邀请刘校长光临我们的讲座,再一次地与我们对话。现在,我建议大家起立,以热烈的掌声感谢刘校长给我们作的报告,并欢送他离开会场。"

我走下讲台,在两位同学的搀扶下,通过人们让出来的一条狭道离开会场。当我回头挥手向同学们告别时,他们仍然伫立在那里使劲地鼓掌。这时,我的心碎了,眼眶湿润了。我喃喃地自语:谢谢同学们,我很高兴又来到你们中间,我永远是青年们的朋友!

六、惟有改革才能真正"减负"

新年伊始，国家教育部发出紧急通知，要求全国各中小学采取切实措施，减轻学生课业的负担。于是，"减负"这个新词，便一下流行起来了，并且成为整个社会议论的热门话题。许多地方和学校闻风而动，纷纷出台了各种具体"减负"措施，如减少课时、严格控制教辅资料、控制作业量、减少考试次数、不准乱办班等。应当说，这些措施对于本来已经超负荷的中小学生来说，的确是必要的，部分缓解了他们身上过重的负担。

但是，到底要不要减轻学生的负担？用什么方式"减负"？怎样才能达到真正"减负"的目的？对于这些问题，社会各方面仍然是众说纷纭，莫衷一是。学校处于两难境地：不减不行，怕上级检查；减也不行，又怕"教育质量"滑坡，于是出现了明减暗不减的状况。对于教师来说，不少人感到迷惑，不知如何减。他们担心：现在不少学生本来就不想学习，螺丝不上紧行吗？不做作业行吗？不考试行吗？部分学生的反应是："减负"让我高兴让我忧，高兴的是平时玩的时间多了，忧的是怕升学考试过不了关。至于家长的反应则更为复杂：既怕累坏了孩子的身体，又怕他们少学了知识。总的说，他们对"减负"的担心多于赞成。

从"减负紧急通知"的内容来看，主要是在均衡课程与作息时间，限定教材和教辅资料的使用，不得占用节假日、双休日上课，限制周活动总量，控制作业量和严禁用增加作业的方式惩罚学生，严格控制竞赛活动等方面作了许多硬性的规定。总的来说，这些措施仅仅是量的限制，根本没有触及到教育观念、教育目的、教学制度、教学内容和教学方法的改革。因此，这种"减负"的方式只是权宜之计，只能治标而不能治本。

鉴于我国历来有"刮风"的习惯，所以有的教师担心："减负"的风声一过，应试教育又会"涛声依旧"。这种担心不是没有道理的。

那么，怎么才能真正达到减轻学生负担的目的呢？俗话说："查漏要找因，医病要治根"。因此，如果不弄清学生负担过重的原因，仅仅采取一些修修补补的措施，那是无济于事的。这正如联合国教科组织早就指出的："像今天这样零星地进行一些教育改革，而没有一个关于教育过程、目标与方式的整体观念，这已不再是可取的了。"我国基础教育的状况正是这样，不从整体上进行全面的教育改革，要真正达到减轻学生负担的目的就不可能实现。

首先，我们要认真分析一下造成学生学习负担过重的原因。在我国，这个问题既有现行政策上的原因，又有深远的历史根源。从现行政策上来看，主要是考试制度、升学制度、就业制度和设置各类重点学校等做法，这些都是导致学校对学生"加负"和学生"摆功"的直接原因；从历史根源来看，始于隋文帝的科举制度，一千四百多年以来，"以考择优"、"以考取士"的一套做法，代代相沿，影响深远，以致于形成了今日的应试教育，且有着深厚的社会基础。请问：在初中毕业升高中的"中考"和高中升大学"统一高考"激烈竞争的情况下，在以分数高低决定进入重点大学、高中或重点班的指挥棒还起作用的情况下，何以能"减负"？学生及其家长们又怎么能够接受"减负"？这就是："不断其源，何能截其流？"

其次，必须改革我国的教育模式。明确教育的目的，从传统的观念看，一个不被怀疑的教条是：教育等于学校，而学校是传授知识的场所。在这种思想指导下，"传授知识——接受知识"就成了一成不变的教育模式，教师的嘴就成了"知识的溪流"，而学生就成了"知识的容器"。由此我们不难看出，传统教学的目的是传授知识，所采用的方式是灌输，教师的任务是讲授和解惑，学生的任务就是记忆。于是，知识就成了学校教学的中心，随着"知识爆炸"现象的出现，课本的内容不断拓展，作业量也越来越多，这必然导致学生负担过重。这种旧的教育模式已经背离了时代精神，如果再不改革，不仅仅使学生的负担过重，而且将会扼杀一代青少年的创造性。

21 世纪教育的目的应当是培养创造力，教育方式是启发，教师的作用是启发学生的思路和指导研究，学生的任务是积极思考和学会学习。美国著名作家赛珍珠曾深刻地指出："教育的旨意并非知识的累积，而是心智上的能力的启发。"法国百科全书式的著名科学家笛卡尔也说："最有价值的知识是方法的知识。"总之，新时代的教育目的，应该是培养学生"举一知百"和"异想天开"的活泼的想象力，进而培养他们的创造力，这就是当今世界先进的教育思想，是我们进行教育改革的目标。按照这个思路，应当以"传授方法——学会思考"的模式代替"传授知识——接受知识"的旧模式，学生们在自由轻松的氛围中，除了学习"少而精"的内容和做少量的"举一反三"的习题以外，主要是学习科学思维方法和培养分析解决问题的能力。采用这种做法，不仅可以从根本上减轻学生的负担，而且还有利于开发学生的创造力。

再次，必须改革呆板的教学方法。当前，教学不得法已是一个很普遍的问题，也是导致学生厌学和逃学的重要原因之一。不知从什么时候开始，小学生上课，必须正襟危坐，要么把双手平放在桌上，要么交叉放在背后。每当看到这种情景，我的心都快碎了，真可怜这些稚气未脱的孩童。对这种摧残儿童身心的做法，不能再听之任之了，必须革除，把快乐的童年还给孩子们。

一个优秀的教师必须要有爱生如子的深情，只能以精湛的教学技能引发学生的兴趣，决不能以体罚和变相体罚的手段强迫学生学习。国外发明了一种"超级教学法"，要求学生尽量放松，不限于教室，不拘姿势，教师只有当学生开始想学习时，才开始授课。采用这种方法，无论是对课堂的理解和记忆程度都超过了传统的教学方法。因此，生动活泼的教学法，不仅可以使学生提高学习效率，减轻学习负担，而且还可以调动他们的学习的积极性、主动性和创造性，促使他们成为新时代所需要的创造性人才！

（本文原载于《人民日报》2000 年 6 月 1 日）

七、教育乃我之生命

生命是生物体所具有的一种特殊的能力，它是蛋白质存在的一种形式。它的最基本特征，就是蛋白质以新陈代谢的方式永远处于不停地运动中，一旦这种运动停止了，那么生物体的生命也就停止了。人的生命是人体细胞不停运动的形式，她是宇宙中一切生命体中万物之灵，最根本的特征是具有高级的语言和思维能力。借助这种能力的帮助，人类不仅可以改造自己赖以生存的物质资料和环境，而且还能够改造客观世界，创造人类所需要的丰富的物质文明。

人的生命除了本身的含义以外，还衍生出了其他一些专用名词，如政治生命、学术生命。前者是指人们在仕途上潜在的能力与竞争力，要么春风得意，前程远大，要么失意，政治生命受挫；后者是指从事学术研究的人，在研究和创作中的巨大的潜力，一个富有创造性且又不断进取的人，具有不竭的学术生命力。总之，生命就在于其生生不息的力量，她代表着前进的、向上的、新生的事物。因此，人们总是用生命力这个词来形容那些新生事物，所谓新生事物是不可战胜的，也就在于它的生命力。

由于人们的兴趣、爱好和价值观念的不同，所以各人都有不同的追求，这就是人各有志各有所求。在我国，历来有刮风和跟风的习惯，所谓的"下海热"、"出国热"、"从政热"、"考研热"等等。这些就是跟风的表现，是中国人同向思维的反映。我历来不主张人们一窝蜂地去赶时髦，所谓的"十亿人民九亿商，还有一亿待开张"的现象，显然是不可取的。同样地，也不可能大家都去出国或从政。最重要的是，每个人都要正确地设计自我，一个人适合什么就矢志不移地去追求什么，千万不要去追风，否则误了自己的前程。

摆在我面前的选择是多种多样的，可以作学术研究，因为我有从事这种工作的全部条件；可以从政，因为我已担任了一些领导工作，而且还有多次堪为要职的提升机会；也可以出国搞外事工作，因为有关部门已许诺派遣我出国。但是，这一切我都放弃了，竟然神差鬼使地爱上了教育工作，一生与它结下了不解之缘。这种情结的产生，大致有三个方面的原因：一是信奉孙中山先生"不做大官，要做大事"的箴言。"兴国之道，教育为本"，我理解的大事，就是教育事业。二是一些教育家对我有很大的影响，在中国有蔡元培、陶行知；在外国有古希腊的柏拉图、亚里士多德，前苏联的马卡连柯、克鲁普斯卡娅，美国的杜威、布鲁纳等。我之所以崇拜他们，是由于他们为了推行新的教育理念，坚持不懈进行改革的精神。三是我从小学到大学，对僵化的教学制度和方法一直不满，逐渐地使我对教育形成了一种反叛精神，并决心去尝试创建新的教育制度。

我热爱教育，但并不只是满足于做一个好教师，而是要致力于教育改革。我深知，教育改革是有阻力的，改革的道路也不是一马平川的，改革的成果是要以巨大的代价换来的。特别是在上个世纪 80 年代初，当时改革开放的环境并不宽松，清规戒律颇多，经费等物质条件也十分困难，甚至连一个人的调动权和一个美金的使用权都没有。因此，要在那种条件下进行改革，如果没有大无畏的精神，那是什么事也做不成。我曾在一篇文章中动情地说道："一个真正的改革者，不应是坐而论道，而要身体力行，应当把个人的安危与荣辱置之度外，要有佛教徒那种'我不下地狱谁下地狱'的殉道精神！"

虽然我不愿当官，但我却接受了让我担任武汉大学校长的任命。我不是把校长当官做，而是想营造一个教育改革的舞台，以实现我的教育理念。为此，自从担任校长以后，我就决心在荆棘丛生的改革道路上开拓前进。我决不瞻前顾后，也决不看着上级领导的眼色行事，凡我认定有益的改革措施，就义无反顾推行。我在 20 多年前试行的学分制、双学位制、主副修制、导师制（取消政治辅导员）、插班生制、转学制（允许系与系、文理和校与校之间互转）、贷学金制、第三学期制等，几乎没有一项改革措施是没有阻力的。有的是遭到传统观念的责难，有的是来自上级领导的指责。但是，我没有丝毫的犹豫，那些指责并不表明我做得不对，而是保守思想的反映。在 20 年以后的今天，有许多学校宣布他们实行转学制、导师制、第三学期制等，而且还信誓旦旦地宣布是他们率先实行的，这说明一些人不了解我国高等教育改革的历史。我不想与他们争夺首创权，只要大家认可了，都来实行这些改革的举措，我就感到心满意足了。

此外，我还通过调查研究提出了大学创造人才观，提出了新时代的教育方针，设计了大学实施创造教学的模式，建议实行大学校长职业化，呼吁整肃高校中浮夸、浮躁的学风，等等。这些论述不仅是直言不讳的，而且也是有创意的，但是看来我的观念又超前了，不一定能为人们所接受。我从自己改革的经历中痛感到，在中国改革是艰难的，因为像"出头的椽子先烂"、"枪打出头鸟"等传统的观念紧紧地束缚着人们的思想。坦率地说，如今在教育改革上，叶公好龙式的人居多，而真刀真枪的、身体力行的改革者太少。究问为何也？你只要看一看过去那些坚持改革的人，现在还有几个没有遭受到打击的？前车之鉴不得不使人们小心谨慎，于是不少人宁肯不改革，也不愿冒改革的风险。从本质上来说，改革是创新，是走前人没有走过的路，它像任何科学实验一样，也应当允许失败。胡耀邦同志曾经说过一句让我记忆犹新的话：允许改革失败，但不允许不改革，这话显示了一个卓越领导人的魄力。其实，我在进行改革中就失败过，例如我为进行改革试验而参与创办的一所民办学校，就因为投资人在经费上出了问题而被迫关门了。但是，我并不后悔，因为我的办学理念是先进的，教学改革也是成功的。

我是一个教育救国论者，又是一个教育危机论者。中国的教育要走出危机，惟有彻底改革，首先是改革大一统的教育体制，否则我国的教育是没有希望的。从根本上来说，教育改革不可避免地要涉及到政治体制改革，没有政治体制改革的突破，要彻底改变目前我国教育的状况是很困难的。例如，像真正的独立自主办学权、学术自由、言论自由、出版自由、批评与争鸣的自由等，都与政治体制改革有关。显然，政治体制是教育改革的瓶颈，我真诚地希望在不久的将来，能够突破这个瓶颈，开创我国教育改革的大好局面。

我现在已是古稀之年了，体弱多病，虽然过去的改革使我遭受到不少的麻烦，但是我至今不悔。既然教育是我生命的一部分，那么我就要倍加珍爱她；既然我崇尚教育改革，那么我就决不会停止对它的追求。今后，我将继续关心教育改革，要言其所想，写其所想，凡是有利于教育事业的事，我都将尽力地去做，把毕生的精力贡献给我国的教育事业。我要做到像屈原所说："亦余心之所善兮，虽九死其犹未悔！"

八、应当怎样庆祝教师节

世界上有许多国家都设立了教师节，这说明教师这个职业在各国都是受到尊重的。据报道，葡萄牙是世界上最早建立教师节的国家，早在1899年5月18日，葡萄牙的一所学校的毕业生，为了感谢教师辛勤的培养，纷纷向老师敬献彩带。后来，这一天被政府定为教师节。墨西哥政府的法令规定：教师职业是终身职务，不得随意撤换，中小学教师每五年晋一级工资。原捷克斯洛伐克也有不成文的规定，凡是取得某项成就的人，都要去看望自己的启蒙老师——小学教师。

1982年9月，我头一次访问美国，有机会目睹过去被批判的资产阶级"花花绿绿的世界"。可是，当我们在纽约唐人街参观时，却看到一尊高大的孔子铜像，令我吃惊不已。中国的圣人怎么到美国来了，而在他的故乡却消踪匿迹了呢？后来，又听说美国加利福尼亚州把每年8月27日定为教师节，这不仅表明他们对教师职业的尊重，而且还反映出美国人对中国的孔圣人也十分崇拜。

然而，我国作为世界文明古国，虽然有着尊师重道的悠久传统，却一直没有建立教师节。直到1931年，当时教育界的知名人士邰爽秋、程其保等人联络京沪教育界人士，拟定每年6月6日为教师节，但没有得到国民政府的承认，最后也就不了了之。1939年，国民政府教育部决定将中国教育家孔子的诞生日8月27日作为教育节，但当时未能在全国普遍实行。1951年，中华人民共和国教育部与中华全国总工会商定，把5月1日国际劳动节也作为教师节。但是，由于各种原因，这一决定并没有实行。

在十年文化大革命中，广大的知识分子被称为"臭老九"，不是被当作反动学术权威打倒，就是下放到工厂或农村接受工人、贫下中农的再教育。于是，出现了"教书倒霉"、"教书危险"、"教师无用"等思想。粉碎"四人帮"以后，经过拨乱反正，否定了强加在知识分子头上的"两个基本估计"（即文革前的十七年教育战线基本上是资产阶级专了无产阶级的政，十七年培养的知识分子世界观基本上是资产阶级的），确定知识分子是工人阶级的一部分，提出了"尊重知识、尊重人才"的口号。但是，教师的地位仍然不高，社会上流行的"傻得像博士、穷得像教授"，"搞导弹的不如卖茶叶蛋的"……就是那时真实情况的反映。

针对这种情况，社会各界纷纷呼吁要开展尊师重教的宣传活动，落实知识分子的各项政策，提高教师的工资待遇。也就是在这种背景下，教育界的不少有识之士，呼吁建立教师节，使尊师重教成为制度。据我所知，第一个正式提出建立教师节的是北京师范大学数学家王梓坤教授。1985年1月21日，六届全国人大第九次常务委员会会议，正式通过国务院关于建立教师节的议案，并决定每年9月10日为教师节。应当说，这个决议顺应了民心，适应了"教育立国"战略的需要，对提高广大教师的地位具有重要的作用。

在颁布教师节议案的最初几年里，围绕着教师节开展了不少的活动，例如宣传尊师重教的重要意义，落实知识分子的政策，为广大教师办实事。但是，随着时间的推移，人们对教师节的重视也逐渐地淡化了，教师节也慢慢地变味了。每年到了这个时候，学校象征性的发一点节日的慰问费，上级领导也下来看望几个德高望重的教授，以示关怀。社会上的服务单位，有时也到学校来开展为教师义务服务，如理发、修理用具，就这些单位的服务人员来说，这种精神是应当称道的。然而，还有一些商家，利用这个节日来学校推销廉价的甚至是处理的商品，造成了极不好的影响。这些情况表明，我们在庆祝教师节的时候，没有正确地选定主题，以至于使教师节流于形式。

1998年教师节时，我写了"教师节感赋"一首诗：

　　　　天下职业师为尊，

　　　　至圣先师集人成。

　　　　自尊自爱洁身好，

　　　　德才学识恒修行。

教书要旨在得法，

育人贵在献爱心。

伯乐甘当铺路石，

喜看后生超先生。

古人说：诗言志，的确这首诗表达了我在教师节时的情怀。虽然这首诗只有 56 个字，但是它包含的内容却是很广泛的，诸如教师职业的重要性、对孔子的评价、教师的品德、教师的学识和修养、教学方法、教书育人以及教师要有"青出于蓝而胜于蓝"的崇高的思想境界。实际上，这些内容正是我们教师节应当开展活动的好题材。总之，对于全社会来说，就是要宣传报道那些尊师重教的好人好事，坚决惩治极少数伤害教师的事件，使尊师在全社会蔚然成风。

陶行知先生说："要人敬的，必先自敬，重师首先师自重。"因此，对于教师来说，怎样过好教师节呢？我们不能一味地要别人来尊重自己，我们要问一问：自己是否有愧于教师这一崇高的称呼，自己是否真正做到了为人师表，自己是否培养出了值得骄傲的杰出人才。对于教师所在的学校来说，我们应当始终围绕着教师素质这个中心问题，开展多种多样的活动，如报告会、座谈会、经验交流会等。我们的目的就是，要使所有的教师以饱满的热情迎接新时代的挑战，使自己成为富有创造精神的新型的合格教师。

我想，如果我们扎扎实实地这样做了，那么教师节才不会流于形式。同时，教师节也是展现教师自己风采的最好舞台，让那些真正的名师通过竞争（不是按计划或比例推荐或指定的）脱颖而出，成为广大学子的楷模。

九、赠一位女教师

钱忠秀老师早年毕业于中南民族学院数学系，毕业后被分配到武汉市第十一中学教书。后来，她被提拔为该校教导处主任，在这所学校里辛勤耕耘了 30 多年。这是一所市属重点中学，以教学质量高而闻名全市。她是一位教学得法、工作十分投入、爱抚与严管相济、深受学生和广大家长欢迎的优秀教师和教育管理干部。

1995 年 8 月，她刚刚满 55 岁，按规定办理了退休手续。她站好了最后一班岗，以优异的高考成绩送走了她的最后一批毕业生。她刚离开考场，就被聘任到一所民办的学校工作，先是担任教务主任，后又提升为副校长。在这所学校，她又兢兢业业地工作了三年，她的敬业精神、领导能力和管理经验，赢得了全体师生的一致好评。1998 年 3 月，她与丈夫应儿女之邀，要到美国去探亲，大家都舍不得她离去，其实她也是依依不舍离开她所热爱的事业。

下面这首诗就是在欢送她的座谈会上即兴而吟咏的。

赠钱忠秀副校长

你

一个伟大的女性

把全部的爱和情

献给了你的孩子

还有那些不是孩子

但胜似孩子的青少年们

你

一个执着的教育家

用燃烧着身躯的热和光

照亮了无数青少年们的心灵

把他们引上了成才的路径

你

一个富有激情的人

有时你激动不已

甚至泪水沾襟

但那是你责任心的见证

你

一个事业型的强人

一脚离开考场

一脚又踏进了改革的"试验田"

在这里

留下了你的足迹

闪烁着你的身影

回荡着你那甜美的声音

十、高校学风亟待整肃

教育历来被称为是一片圣洁的净土，因为她是以高雅的校园文化陶冶青年人的情操，以高尚的伦理道德造就优秀品质的人才，以严谨的学风从事科学研究，探索人类社会和宇宙中的未知真理，以获得重大的发现与发明。在这些方面，高等学校尤其是那些著名的重点大学，应当营造具有本校特色的优良学风，造就精英人才，并且能够成为其他大学的榜样。

在60年以前，毛泽东在中共中央党校开学典礼上的演说中说道："所谓学风，不但是学校的学风，而且是全党的学风。学风问题是领导机关、全体干部、全体党员的思想方法问题，是我们对待马克思列宁主义的态度问题，是全党同志的工作态度问题。既然是这样，学风问题就是一个非常重要的问题，就是第一个重要的问题。"①从毛泽东的论述中，我们可以看到，学风的核心问题是思想方法和工作态度问题。所谓思想方法，就是唯物辩证法的方法；所谓工作态度，就是实事求是的态度。具体到学校来说，学风就是我们学校领导和全体师生治校和治学的风尚问题，也就是一个大学应当具有什么样的"大学精神"。总的说来，良好的科学学风应当是实事求是的学风，开拓创新的学风，这二者是辩证统一的。

汉语中有"纲举目张"一句成语，它比喻抓住事物的关键环节，就能带动一切工作。对于大学来说，学风就是纲，是"第一个重要的问题"，所以各大学都制定了自己的学风。据我看到的部分资料，许多大学的校训中，都有求实、求是、求真、开拓、创新、勤奋、严谨、朴实、忠

---

① 《毛泽东选集》（下册），人民出版社，1986年8月第1版，第489页。

诚、诚信等传统的美德。应当说，在过去较长的时期内，我们绝大多数学校的学风是健康的，恪守了自己的校训，学校的各项事业均获得了长足的进步。但是毋庸讳言，一个时期以来，在某些学校或某些领导人和教师中，滋生了一种不良的学风。对此，已有不少业内人士对我国高校存在的诸多问题提出了批评，他们尖锐地指出："高等教育面临浮夸风的严重威胁，学术腐败已成泛滥之势。"①这股风大概是从上个世纪90年代初开始的，国家教育主管部门以计划经济的思路，大搞"211工程"、"跨世纪人才工程"、"大学扩招工程"、大学合并营造"航空母舰工程"，等等。在这些工程的导向下，一下子刮起了一股瞎指挥、冒进、浮夸、攀比之风，而且至今似乎还没有降温之势。做为一个毕生从事教育的工作者，看到这些不良的风气，我感到万分的焦虑。问题是，对于这些可怕的不正之风，许多人还没有认识到它们的危害性。对于这些问题，我犹"如鲠在喉，不吐不快"。因此，我就本着实话实说的精神，谈谈这些不良学风的种种表现，希望有关方面把它当作逆耳的忠言。

表现之一是，相互攀比，求量不求质。自1999年大学扩招以后，我国高等教育就步入了快速发展的轨道。到2002年底，全国各级各类高等教育在校人数已达1600万人，毛入学率达到15%，其中北京市的毛入学率达到49%。据国家教育部负责人宣布，我国高等教育已经走向大众化。②值得存疑的是，马丁·特罗制定的标准是把适龄入学年龄设定为23岁，而我国是限定为高中毕业生，这中间差额是很大的。从西方国家高等教育发展的规律来看，他们从精英教育到实现大众教育大约花了25至40年的时间。按教育部制定的《面向21世纪教育振兴行动计划》提出的目标，要到2010年才达到15%的毛入学率。可是，现在居然提前了8年，真可谓是大跃进了。由于大学本科生的急剧增加，这就带来了一系列的问题，如教室、实验室、图书馆、师资、宿舍、运动场地等，势必不可避免地会影响到教学质量。与此同时，大学生数量的激剧增加，也为大量的毕

---

① 刘萍："痛感学风不正，直击学术腐败"，《中国改革》，2002年第1期，第10页。

② 董洪亮：《人民日报》，2003年10月20日。

业生就业带来了困难。在这样的情况下，他们不得不报考研究生，于是又引起研究生教育的大膨胀。据统计，在1600万的在校生中，有38.1万硕士，12万多博士。就在校博士生数量来看，我国仅次于美国和德国，位于世界第三，我看要不了几年，中国将成为世界第一博士大国。

值得指出的是，有不少学校以大力发展研究生教育来提升学校地位。于是，校与校之间，互相比教授的数量，比硕士点、博士点的数量。特别是那些有权自己评审教授和博士生导师资格的学校，为了不使博士点中断，他们降格以求，使得教授和博士生导师贬值。还有什么博士后流动站，不适当地把博士后视为一个学阶。有人发表署名文章，居然在名字前冠以博士后，以至于闹出笑话来。

当然，对于极少数的重点大学来说，加强研究生教育是必要的，这是建设研究型大学的重要步骤。但是，并不是每一个大学都适宜开展研究生教育，特别是博士研究生教育，更不可能都成为研究型的大学。有不少学校，尽管没有条件开展研究生教育，但是他们千方百计地要搞硕士点、博士点，甚至提出了要实现零的突破。没有条件，他们就用高薪挖墙脚，弄几个导师来申报学位培养点。研究生教育是高水准的学位教育，是为国家输送高质量的人才，决不能滥竽充数。开展研究生教育需要多方面的综合条件，不仅仅有几个导师就可以了，如高水平科学研究方向的选定，科学研究成果的长期积累，教师梯队的形成，科学研究条件的建设，科学学风的养成，等等。据我所知，有不少博士研究生的导师，不仅自己没有经历过研究生教育，而且连大学阶段的教育也不完备，英语也未能过关，这样如何能够培养出合格的博士来呢？难怪有人评论道："现在是硕士不硕，博士不博。"①从媒体上看到，一些有识之士对"博导遴选"制度提出了质疑，对博士教育的异化提出了尖锐的批评。②

2003年1月29日，《南方周末》以"东大校长卷入剽窃风波"为题披露：该校校长、中国工程院院士顾冠群的博士生李仕峰剽窃国外论文的

---

① 丁东："博士教育的退化"，《南方周末》2003年10月30日。
② 顾海兵："质疑博导遴选制度"，2003年8月14日。

详情。①一时间，国内学术界议论纷纷。其实，东大博士生论文剽窃风波，只不过暴露了我国博士生培养问题的冰山一角。就拿东大来说，该校现有在学博士生1445人，而博士生指导教师还不到200人，平均每个导师要指导8个博士生。一位资深的教授说："从前一个博士生导师只带二三个博士生，培养一个是一个，而现在多的带一二十个，蜻蜓点水，真不知道能教出什么来。"我的一位朋友，是某高校的教授，是绝对合格的博士生指导教师，她到国外访问，不敢告诉人家自己带了多少博士研究生，说出来怕把别人吓坏了。据说，一位不久前逝世的百岁教授，在病中还指导12个博士生，真不知道他是如何指导的？还有，一些大学的校长、党委书记、部长、主任们，也带了大批的研究生，有的甚至还是异地指导，也不知道他们是如何保证质量的？

另一方面，除了正式考试录取的研究生以外，还有什么博士导师攻博的，教授攻博的，厅局长攻博的，处长攻博的，老板攻博的，真是五花八门。在国外，获得博士学位，一般需要七八年的时间，而我国连硕士在内也只有六年时间，这样能达到博士的质量标准吗？那些兼职的"官员博士生"，姑且不谈他们的来路是否正当，他们又有多少有效的时间用于论文的研究上呢？总之，我国博士教育的"大跃进"，不仅使博士生教育质量大滑坡，而且也使大学的科学学风受到了破坏。

表现之二是，贪大求全，追求时髦。现在，全国高校出现了一股改名风、升格风、合校风，都要搞"航空母舰"，还美其名曰是为了建世界一流水平的大学。纵观世界著名大学，它们既非是超级航母，也不是包揽一切学科。例如，著名的哈佛大学就没有工学院，普林斯顿大学也没有医学院，而著名的麻省理工学院和加州理工学院并没有嫌弃"学院"而改名为大学。众所周知，美国的洛菲勒大学就是一所超小型的大学，而她却产生了多位诺贝尔奖获得者。可是，近几年，改名、换牌成风，昔日那些学院几乎都升格为大学了。从媒体得知，某地有一所市属商业服务学院，原是由一所商业服务学校升格的，现在又要改名为商学院，并声称要组建"航母级"商学院。就是在这个市，重点大学林立，已有多所财经大学、

---

① 翟明磊、伞虎军："东大校长卷入剽窃风波"，《南方周末》，2003年1月29日。

商学院、经济学院，在一个改名不久的商业服务学院的基础上组建"航母级"商学院，这不是吹牛又是什么呢？

在大学内部，追求升格、换牌、赶时髦的风气也十分盛行。系已经不吃香了，研究室的牌子太小了，系都改为学院了，研究室也都升格为研究所或研究中心，行政部门的科处也都改为部。文史哲本是同属文学院，但是觉得不过瘾，或者是为了调解矛盾，于是又分设文学院、历史学院和哲学学院。计算机学院本来就包括了软件和硬件，二者密不可分。但是，在强调软件重要性的声浪下，一个学校本已有计算机学院，但为了赶时髦，又成立了国际软件学院、网络学院、软件基地、软件科学园、软件工程研究中心。到底是握紧拳头力量大，抑或是分散的十指有力量呢？这是人所共知的道理，像这样分散力量，怎样才能协作攻关，又何以能够取得重大的科学技术成果呢？

在改革开放以前，恐怕很少人知道 MBA 为何物。后来，MBA 教育传入到我国，于是 MBA 教育热潮一浪高过一浪。从 1991 年开始试点到 2002 年，经国务院学位委员会批准开展 MBA 教育的学校就有 62 所。另外，同样经过国务院学位委员会批准的与国外合作的培养 MBA 项目还有 78 家，允许授外方学位。据说，还有不知其数的野鸡 MBA，这是指那些未获得国家主管部门批准的办学单位。除了 MBA 以外，还有 EMBA 和 MPA，简直是什么时髦就上什么。总之，我国的 MBA 教育又在搞大跃进了，用多和乱两个字来形容我国的 MBA 教育，我看并不过分。有些学校的 MBA班，拉了一大排国外著名经济学家，其中不乏诺贝尔经济学奖获得者。我真不知道，这些大权威们是否能够全职到位，即使能够到位，他们是否了解中国的国情，中国学生能够听懂他们讲授的内容吗？人们难免怀疑，这是不是为招收学生而作秀？其实，现在 MBA 报名已开始受冷落，也有业内人士呼吁报考 MBA 不要跟风。①这些现象和评论，应当引起国家有关部门和办学单位的深思，并应当迅速采取措施整顿已经乱了套的 MBA 教育。

为什么会出现 MBA 教育过滥呢？从学生方面来说，以为拿到了 MBA

---

① 张人锋："高校管理体制：MBA 之变让堡垒崩溃？"，《21 世纪经济报导》，2002年 10 月 30 日。

文凭，就等于拿到了金饭碗；从学校来说，不仅可以炫耀学校的地位，而且还有丰厚的学费收入，真是名利双收。但是，我们的办学者却忘了最基本的一点，那就是西方国家的 MBA 教育是他们百多年市场经济的必然结果，是市场经济管理经验长期积累的结果，他们的教授不仅有理论知识，而且还有从事工商管理的实际经验。更重要的是，他们不仅拥有独立的 MBA 教育监管机制，也有完备的容纳 MBA 毕业生的巨大市场。可是，我国市场经济并不完备，管理也依然落后。就教育环境来说，我国教育体制仍然不适应市场经济体制的需要，尚不具备大量培养 MBA 学生的条件。坦率地说，除了少数几所重点大学以外，恐怕许多大学里的教师不一定能够胜任 MBA 班的教学任务。因为他们大多都是政治经济学模式培养出来的，而且也没有亲身参加市场经济管理的实践经验，决不可能靠现买现卖奏效的。据说，在美国众多的 MBA 教育项目中，也只有 1/3 是合格的，最大认可的也只有哈佛、斯坦福和普林斯顿两三所大学，能够拿到高薪的也只有这几所学校的毕业生。因此，在 MBA 教育的培养上，还是用得着"少而精"、"宁缺毋滥"这样的老话，一旦条件具备和有了市场需要，再大力发展也不为迟。

表现之三是，急功近利，舍本取末。重点大学特别是那些准备建设世界一流水平的少数大学，主要的任务是什么，这个问题似乎应当明白，但是我觉得并不是每个当事人都明白。几年以前，我就说过现在有些重点大学是不务正业，做了许多本不应该是重点大学做的事。针对目前上大学难的问题，一些重点大学大肆发展成人教育学院，办分校，引资办二级学院。有些大学的成人教育并不是搞真正的成人职业教育，而是变相的本科学历教育，这种降格以求的做法，实际上使重点大学的文凭贬值。据说，有的大学已有了一所分校，还准备再办多所二级学院，而且许多投资亿元以上的投资者还排着队呢！他们为什么要这样做呢？说到底，就是功利主义所驱使的，为了利而忘记了重点大学的目标。对比，我国著名教育家潘懋元先生发出了呼吁："精英教育机构不应从事大众化教育。"①所谓精英教育机构，就是少数的知名大学，应当把精力放在培养少而精的理论型、

---

① 邵润："精英教育机构这应从事大众化教育"，《武汉晨报》，2003 年 10 月 11 日。

研究型的人才上，做出重大的科学理论和尖端技术的创造发明；而大众化的教育应当是普通大学和民办大学的任务，他们是培养职业性和技能性的专门人才。这里不存在孰高孰低的问题，而是多元化社会分工的需要，不应当发生错位现象，这是发达国家教育已经证明了的经验。

急功近利的思想，在科学研究上表现得尤为明显。重点大学特别是少数准备冲刺世界一流水平的大学，不应当把研究精力放在短期的应用技术研究上，要选择世界科学前沿的重大课题，做出重大的科学发现与发明。要做到这一点，就必须耐得住寂寞，要树立坚忍不拔的精神，敢于质疑，大胆创新。

关于威尔逊教授的故事，是值得我们中国重点大学的研究者们深思的。①他是美国康乃尔大学的物理学教授，由于选择了难度很大的研究课题，以致于他在任职期间，连续 4 年没有发表过一篇引人注目的论文。对此，校方鉴于他"没有造就，不堪任用"，准备解聘他。在一次校董会上，绝大多数的人都同意解聘他。在决定他学术命运的关键时刻，著名物理学家、1967 年诺贝尔物理学奖获得者贝德发表了不同的意见。他认为，威尔逊学识渊博，科学思维敏捷，富有创新精神，他的研究课题难度较大，一旦获得突破，那将是震惊世界性的成果。他不仅建议继续留用威尔逊，而且还要求大力地支持威尔逊的研究。由于贝德德高望重，他言之一出，别人也就不再说什么了。令人欣喜的是，威尔逊的研究被贝德言中，第二年他就获得了突破性的研究成果，名至实归地获得了 1982 年诺贝尔物理学奖。

在中国，我们也有这样的例子，例如陈景润研究哥德巴赫猜想，长期没有成果，但是他最后却解决了哥德巴赫猜想中 1 + 2 的问题，这是世界领先的成果，被世界公认为陈氏定理。如果威尔逊在中国或者陈景润活到现在，他们恐怕都要被解聘了，因为我国目前许多大学考评教授是看发表的论文数量，如果达不到标准，要么降职要么扣发岗位津贴。在这种急功近利思想指导下，一些大学的研究者们宁肯选择周期短、难度小的课题，不敢冒失败的风险。大学中原来的研究室，现在都升格为研究所（或研

① 邓用："差一点被解聘的教授"，《光明日报》，1999 年 3 月 17 日。

究中心），有的甚至是研究院，但是却很少见到有世界顶尖级的成果。从媒体报道中看到，许多原创性的重大发明，都是国外那些著名大学的教授们完成的，包括众多的获得诺贝尔奖的成果。例如，英国剑桥大学的分子生物学实验室（前身是 19 世纪后期建立的卡文迪许实验室），虽然她没有中国大学中的研究所名称气派，但她已有 100 多年的历史，而且已经涌现出了 12 个诺贝尔奖的得主。对比之下，难道不应当检讨我们的研究方向，反省那种华而不实的学风吗？

表现之四是，攀联校史，"老字"第一。我从长期的观察中发现，中国人喜欢充老，而西方人更愿意年轻。正因为如此，中国俗语中有很多都是褒扬"老"的，如"姜还是老的辣"，"嘴上没毛、办事不牢"，"老马识途"，"老成见到"，"老谋深算"，等等。总之，老就意味着老大、老资格、老经验……于是，人们都喜欢充老，商家争抢"百年老字号"，学校争抢"百年老校"，似乎谁最老，谁就是第一。在这种思维方法的导向下，许多学校花了不少的人力、财力去研究校史，有的溯源到古代书院、学堂，不管是国立或是地方的，也不论是公有的或是私塾，有的从校址上攀联，有的把大学溯源到前身的中等专科学校。总之，只要是对延长校史有利，哪怕是牵强附会也好，尽量去攀联。于是，一时间，在全国出现了许多百年老校、千年老校，甚至还出现了拥有 2135 年校史的中学。可是，其中有多少是可信的呢？这不能由自己说了算，需要制定校史的规范标准，由专门的史学家们去考证，历史必须实事求是，谁都没有权力篡改历史。

其实，老并不意味着强，更不能充当第一。中国科技大学是 1958 年创建的一所新型大学，至今也才有 45 年的历史，她比那些百年老字号的学校要年轻得多。可是，她却被称誉为"最不要命的大学"。[①] 有人说用"好酒不怕巷子深"来形容中国的大学，恐怕没有比中国科技大学更合适的了。她在国内外享有很高的信誉，她培养的人才遍布国内外，她从事的科学研究都是处于前沿领域。科大为什么取得如此骄人的成就呢？这就得益于她的求实的校风，她不赶时髦，既不搞合并建立什么"航母"，也不

———

① 何树青："中国大学魅力榜"，《新周刊》2000 年第 13 期，第 22－23 页。

设立那些花里胡哨热门院系招揽学生，坚持多年不扩大招生。她不喜欢炒作，更愿意默默地耕耘。一流大学不一定要大操大办，不需要煽情，需要的是拿出一流的人才和成果。

我不反对研究校史，但必须实事求是；也不反对搞校庆活动，但不能兴师动众地大搞。可是，现在大多校庆都是雷同的，你举办一个"国内外大学校长论坛"，我也搞一个；你邀请几个名人捧场，我也搞几个装装门面。至于学术讨论会，也几乎是流于形式，真正围绕着学术研究前沿问题展开实质性的切磋，或者对不同的学术观点进行争鸣，基本上没有。像这样搞校庆活动，除了热闹一番外，对于提高教学质量，对于提升科学研究水准，究竟有何益？这是值得我们深思的。

以上扼要地列举了不良学风的一些表现，远不能概括所有的方面。但是，仅从这些表现，足以看到它的危害性。问题是，我们不仅要看到不良学风的危害性，更重要的是要分析产生这些不良学风的原因，以便通过整顿端正我们的学风。我认为，产生不良学风既有历史、思想根源，又有现实社会的原因。从历史文化来看，我国的文人们直接或间接地受老庄玄学的思想影响较深，重虚轻实，重形式而轻内容，尚清谈而少务实事，这就是滋生形式主义的根源。从思维方法来说，中国人多是同向思维，求同不求异。因此，在我国历来有刮风和跟风的习惯，一旦出现什么"热点"或刮起了什么风，大家都一窝蜂地去跟。这就是为什么在高校中出现了浮夸、冒进风时，不仅少有人抵制，而且大都跟着干的原因。从现实社会影响来看，政府部门搞的什么"形象工程"、"政绩工程"，以及"一切向钱看"的思想等，对学校的学风都产生了负面的作用。于是，大拆大并、大操大办、大吃大喝之风也刮进了校园，侵蚀着这片净土，破坏了实事求是的学风。

总之，在诸多的不良学风表现中，浮躁的思想情绪起着主要的作用。近年以来，无论是科技界或是教育界，浮躁现象不断披露于报端。[①]这种现象不是孤立的，是整个社会浮躁的反映，是不正确的舆论导向所致。大学是培养高级人才和研究高深学问的地方，这绝非浮躁情绪所能奏效的。

---

① 王衍诗："浮躁：创新的敌人"，《光明日报》，2000 年 1 月 27 日。

纵观世界著名大学的形成，他们都是经历了数百年的积累，决不是靠喊口号喊出来的；他们的那些顶尖的研究成果，也是长期孜孜以求而获得的，决非是靠旁门左道弄来的。大学既然是做学问的地方，那就要树立实事求是的科学学风，一就是一、二就是二，决不能浮夸。我们一定要记住："不积跬步，无以致千里"的古训。其实，"十年寒窗无人问，一举成名天下知"这句古话，过去把它批判为成名成家的资产阶级思想，但我倒觉得这话值得那些有浮躁思想的人们借鉴。

既然浮躁是科学学风的大敌，是创新的大敌，那么我们就应当像毛泽东所号召的那样："大敌当前，我们有打倒它的必要。""科学是老老实实的学问，任何一点调皮都是不行的。我们还是老实一点吧！"①

（本文原发表于《高等教育研究》2004 年第 1 期。）

---

① 《毛泽东选集》（下册），人民出版社，1986 年 8 月第 1 版，第 476 页。

十一、中国现代为什么不能产生
著名的教育家

西方国家评论界有一种说法，认为除了孔子、陶行知和蔡元培这两个半教育家以外，中国没有真正的教育家。[①]这半个教育家是谁，他们没有言明，也不知他们划分的标准是什么。作为一个毕生从事教育的工作者，听到这种评论，心里当然不是滋味。也许，这个评论有些偏颇，中国显然不止两个半教育家，例如古代还有孟子、韩愈、朱熹等。就近现代而言，堪称为教育家的人就更多了，如张伯苓、蒋梦麟、傅斯年、罗家伦、梅贻琦、徐特立、吴玉章、叶圣陶、竺可桢、陈望道、蒋南翔、马寅初、周培源、潘懋元、刘佛年、朱九思、顾明远……多得不胜枚举。

但是，我们静而思之，西方国家学术界的评论也不无道理，至少说明我们缺少在国际上有重大影响的教育家，特别是在近现代更是如此。只要我们翻开外国教育发展史，被列入著名教育家的几乎都是西方人。例如，古希腊的苏格拉底、柏拉图、亚里士多德；捷克的夸美纽斯；英国的洛克、欧文、斯宾塞、怀特海；法国的卢梭、傅立叶；德国的赫尔巴特、福禄贝尔、第惠多斯、巴西多、洪堡、费希特；美国的杜威、布鲁纳、科南特、桑代克、巴斯卡里雅、贺斯·曼；前苏联的克鲁普斯卡娅、马卡连柯、凯洛夫、苏霍林姆斯基、赞可夫，等等。[②]这些教育家，他们不仅亲自参加教育改革实验，而且还留下了大量的教育论著，他们的教育理论在

---

① 申玉萍："中国不乏教育学家"，《世界经济导报》，1989 年 1 月 2 日。
② 刘传德：《外国教育家评传精选》，北京师范大学出版社，1993 年 7 月第 1 版，第 1－17、80－143 页。

不同的历史时期或在不同的方面，对世界教育都产生过重大的影响。可是，我国的教育家，除了孔子以外，其他的教育家几乎对世界的教育未产生过什么影响。这是我们不得不承认的历史事实。

中国是具有悠久历史的文明古国，被誉称为"书香之邦"。而且，中国是一个大国，在各级学校受教育的人数相当美国全国的人口，相当于英国全国人口的 5 倍。有如此悠久的历史，又有这么多的教育实验对象，为什么就不能产生众多的知名的教育家呢？

这个问题困扰了我几十年，久思而不得其解。直到近年，我对这个问题才有所省悟。我认为，问题的实质并不在于教育工作者本身，他们与西方教育家相比，并不缺少聪明才智。那么，问题的根源究竟在哪里呢？要回答这个问题，必须解放思想，从政治体制、教育制度、传统教育观念、学术研究政策等方面进行剖析。下面，我将从三个方面来试图回答这个困扰我多年的问题。

首先，"大一统"僵化的教育制度，制约了广大教育工作者从事教育研究与教育改革实验的积极性，破坏了教育家生长的土壤。所谓的"大一统"教育制度，就是教育中的一切重大问题都要由教育主管部门来决定和管辖。这种僵化的教育制度，是与我国在几十年前执行的计划经济相适应的。可是，我国的经济体制已由计划经济转向了市场经济，文化、科学、艺术等战线也正在实现这种转变。然而，我国教育战线仍然固守着计划经济的思维方法和"大一统"的教育独霸天下。

前苏联的教育学家波瓦利阿耶夫曾说："教育领域是一块伟大的实验场地，发展个性，教育技术需随之改变。"[①] 这说明，教育学与其他人文科学的不同之处在于，它既是理论学科又是实验学科。同时，它又不同于其他自然科学，它的实验对象不是客观物质世界实体，而是有生命的受教育者；它所采用的实验方法，不是观察和测量仪器，而是科学的教育方案；实验的成功不是一项重大的科学发明或获得一项发明专利，而是具有发明创造能力的成功人才。

应当说，我国教育领域是一块最伟大的实验场地，现在大约有 2 亿人

---

① 《未来教育面临的挑战》，人民出版社，1991 年 7 月第 1 版，第 90 页。

在各类学校接受教育，从事教育工作和教育学研究的人数也是世界之最，因此其教育资源是任何国家不可能比拟的。按照这些条件，我国应当产生众多的教育家，不仅推动我国的教育发展，也应当对世界教育产生重大的影响。可是，十分遗憾的是，我们不仅没有出现世界级的教育家，而且我们的教育学研究也远远落在西方发达国家后面。

这究竟是什么原因呢？说到底，教育体制的问题还在于政治体制，教育历来被看成是上层建筑，是为政治服务的工具。这最明显不过地反映在毛泽东于1957年提出的教育方针中。在那个特殊的年代，教育成了阶级斗争的"晴雨表"，教师成了最危险的职业。那时，人们只能与最高层保持一致，人人谨小慎微、明哲保身，是没有人敢于自由研究、自行进行教育实验的。在这种情况下，怎么可能产生具有自己教育理念和论著的教育家呢？

后来，那个特殊的年代虽然一去不复返了；但是，那些"左"的思想影响是不可能在短期内完全消除的。况且，在"大一统"教育制度的制约下，我们的学术研究政策并不宽松，仍然缺乏民主自由的保障，特别是没有制定鼓励和支持教育改革实验的政策。因此，人们宁肯求同而不求异，因为"标新立异"历来在中国是受到非议的。难怪，我国现在各类学校的学制、考试、升学、教学大纲、教材、教学方法、职称评审办法、科研规划等都是统一的，甚至连大学里的专业名称和行政机构设置也要统一。自由与统一是对立的，没有言论自由、出版自由、研究自由和进行教育改革实验的自由，就不可能产生具有独立思想的教育家。什么是自由？20世纪英国著名的思想家哈耶克说："自由可以被界定为强制之不存在。"[①]由此我们可以得出结论，中国之所以不能产生真正的教育家，就是因为带有强制性的"大一统"教育制度，破坏了教育家生长的自由宽松的土壤，这正像中国不能产生真正的思想家一样。

其次，理论脱离实际，教学与教育学研究和教育管理与教育学研究相割裂，堵塞了教育家进行教育改革实践和创新的渠道。长期以来，我国教

---

① 党国英："给自由的边界划上条线？"，《中国工商时报》（书评周刊），2003年7月25日。

育学科都是设立在师范大学，许多教育学研究机构也都附属在这些学校之中，众多的教育学研究人员也都集中在那里。由于人为的划分，我国师范大学是培养中学师资的，教育学的研究也是面向普通教育的。奇怪的是，绝大多数的教育学的研究者，都做纯学术性的研究，目的是写文章、出书，提升职称，少有研究者为了研究教育学而亲自上课、跟踪调查研究和实际地进行教育改革实验。也许，这些研究者们有难言之隐，也可能受到研究经费、条件和政策的限制，但是我国广大教育学研究者脱离教育改革实际的确是普遍的现象。与我国教育学研究者不同，西方教育学家们，为了进行教育改革实验，都亲自创办实验学校，以实践自己的教育思想。例如，柏拉图创办了柏拉图学园，夸美纽斯兴办了夸美纽斯实验学校，杜威创办了杜威实验中学，黑格尔创办了黑格尔中学，洪堡创办了柏林大学，甚至连英国哲学家罗素也办了肯特山学校，以自己的孩子为实验的对象。① 在中国教育学家中，有一个与众不同的人，他就是陶行知，为了进行教育改革，他创办了晓庄学校，在中国推行大众教育，给我们留下了丰富的教育论著。在今日之中国，我们既找不到像西方那些为研究教育而创办新兴学校的教育家，也找不到像陶行知那样的教育家。② 因此，中国现代不能产生真正的教育家也就不是偶然的了。

在中国，还有一个奇怪的现象，就是哲学家基本上不研究教育学，哲学家与教育学家也基本上是互不往来的。本来，哲学和教育学在研究思维科学这一点上是相通的，哲学是教育学的基础，教育学的许多分支学科与哲学有着密切的联系，如教育哲学、教育心理学、教育社会学等。应当说，哲学家们完全可以在教育改革的理论基础研究上做出重要的贡献，在推行创造教育和培养学生创造思维能力方面发挥积极的作用。但是，至少我没有看到中国有哲学家涉足教育学研究，从他们之中也未能产生有影响的教育家。西方哲学家与中国哲学家的学风完全不同，他们不仅具有良好的自然科学知识基础，而且还涉足教育学和教育改革的理论与实践研究。

---

① ［英］罗纳德·克拉克著：《罗素传》，世界知识出版社，1998 年 12 月第 1 版，第 447－448 页。

② 《陶行知全集》，湖南教育出版社，1984 年第 1 版，第 2 卷，第 58、131 页。

我上面所提到的那些西方著名的教育学家，他们要么本身就是颇有成就的哲学家，要么具有坚实的哲学基础。

近年来，一些重点大学纷纷成立了高等教育研究所或教育科学学院，牌子确实很大。但是，依我看那又是一股风，是追求时髦、贪大求全的表现。即使那些研究所，他们的研究也是理论脱离实际的，我没有看到有哪一个研究所或研究人员设计出了有重大价值的教育改革方案，也没有看到有人写出重要的教育改革论著。还有，我国高等教育研究与普通教育研究之间，存在一条壕沟，鸡犬之声相闻、老死不相往来，这也在一定程度上影响了教育家的产生。从外国教育家成长的经验来看，一个教育家如果不懂基础教育，那是不能成为一个真正的教育家的。我国大学与中小学也是脱节的，大学中的领导人和高等教育的研究者不懂得基础教育，这不能不是他们的一个软肋。

更为严重的是，我国各级教育领导者和管理人员，他们虽然拥有很大的权力，但是他们并不研究教育学，这就造成了教育管理与教育学研究的割裂。本来，教育管理部门的领导者，应当以身作则，带头研究教育，带头进行教育改革试点，以教育学的研究指导实际工作，以工作带动教育学的研究，从他们当中完全可以产生一批教育家。可惜的是，他们没有这样做，也未能从他们之中产生有著述的、有独特教育思想的教育家。

再次，教育主管部门存在教育家的迷信思想，控制着教育家的批准权，剥夺了教育家自由成长的权力。提出这个问题，似乎是不可思议的，但是在现实生活中，确实存在这种情况。前国家教委的一个主要负责人，不顾三伏酷暑，亲自到一所重点大学去动员批判这所大学的一个领导人。他声嘶力竭地说："这个人自称是教育家，他经过谁批准？中国有几个人能称为教育家呀？"堂堂的国家教育主管部门的负责人，竟然说出这种话，实在没有水平。"欲加之罪，何患无辞"，他所批判的那个人，无论是在讲话或是文字材料中，从来没有自称是教育家。相反的是，全国从中央到地方的许多报刊上，都宣传他是教育家，他的教育改革事迹已被收入到《中国现代教育家传》和《当代中国高等教育家》之中，这些难道都是自吹自擂的吗？退一万步说，就算那个人自称自己是教育家，这又犯了什么法呢？这难道也构成了对他批判的罪责吗？

不过，从这位负责人的讲话，可以看出两个问题：一是对教育家存在迷信思想，视教育家为高不可攀的荣誉。不然，他怎么会说中国有几个人能称为教育家呢？我历来反对教育家的迷信思想，凡是毕生从事教育（或教学）且有建树、有论著者，均可称为教育家。依此而言，我国的教育家是多得不可计数，当然教育家也有不同水平和专长之分。"家"在汉语里是一个多义词，如果用于形容人们的职业和掌握的专门知识与技术，就会称他们为什么"家"，如商家、行家、作家、专家、科学家……其实，"家"与"者"的含义是相通的，教育家也就是教育工作者。中国人似乎对"家"情有独钟，如果称某人为什么"家"，于是就觉得高人一等。可是，西方人对此并不以为然，过去有人称外国人为什么专家还引起不愉快的事发生。

另一个问题是，教育家到底需哪一级领导批准，是自然而然产生的抑或由什么人大树特树而树立起来的呢？教育家既不是官衔也不是学术职称，因此既不需要评审，也不需要政府某个权威部门的批准或任命。教育家与作家、艺术家一样，作为作家和艺术家，只要他们以文学和艺术创作为职业，有文学和艺术创作成果，获得学术同行们的认可，就不愧为作家和艺术家。同样的，教育家也是在实践中自然产生的，衡量的唯一标准就是他们对教育事业毕生执著的追求和在教育理论与实践研究中获得的成果。令人欣慰的是，我看到沈阳市政府于1991年教师节时，从中小学校长和教师中任命了14名教育家，并给他们每人颁发2万元的奖金。[①] 由地方政府公开命名教育家，这在全国还是首次。这种做法的意义在于，打破了教育家的神秘论，一切有成就的中小学校长和资深教师，都可以无愧地称为教育家。同样地，在高等教育、职业教育领域里，也应当有自己的大批教育家。正像该市领导所说："现在工厂有企业家，文艺单位有艺术家，许多行业都有'家'，教育也要有自己的教育专家。"

但是，沈阳市评选教育家的做法似可商榷。他们的做法是：基层推荐，有关专家评审，候选人自己答辩，政府批准。这种做法有点像是评定技术职称或是评选教育战线劳动模范，并不符合教育家这个特殊的称谓。

---

① 据《新华社1991年8月15日电》。

就以沈阳市来说，显然符合教育家条件的绝不止 14 人，但是那些没有被推荐的或未能获得批准的教育工作者，是否就被剥夺成为教育家的权力呢？很明显，这是不公平的，是这种评定办法造成的。

教育家是客观存在的，他们的成长有着自己的特殊规律，既不能揠苗助长，也不能人为限制，要让他们在自由的环境里，通过对教育改革的理论与实践的研究来形成。应当指出，教育家既不是官衔，也不是劳动模范，与教育学的教授或学者也是有区别的。作为教育家，他们必须拥有自己的教育思想（或理念），有代表自己理念的教育论著，或者通过教育改革实践总结出来有价值的经验，或者按照自己的实验方案培养出杰出的人才。如果达到了这些要求，那么就应当敢于说自己是教育家。中国学人多为谦谦君子，宁愿说自己不行而不敢说自己行，宁愿做无名英雄而不敢表现自己。因此，一些人的才华不能表现出来，一些有创见的思想也不能发表出来，这就影响了我国教育家的成长。

总之，中国教育的出路在于改革，我国教育家的成长也要仰赖于教育改革。因为，只有改革才能解放人们的思想，才能调动广大教育工作者的积极性和创造性。不客气地说，离开了教育创新，就不可能产生教育家，特别是著名的教育家。因此，中国大兴教育改革之时，也就是我国教育家涌现之日。我盼望着这一天早日到来。但愿在不远的将来，我国将产生大批大批的教育家，特别是对世界有影响的著名教育家！

（本文原发表于《教育评论》2003 年第 6 期）

我的人生哲学

"不论成败，不论是非，永远做你自己。"

——摘自［美］戴尔·卡内基：《如何实现自己的目标》一书

"人生固然不过一梦，但一生只有这一场做梦的机会，岂可不努力做一个轰轰烈烈像个样子的梦!"

——摘自胡适著《实用人生》一书

一、说　梦

一个企业家倡议召开一次"说梦"座谈会，武汉创业者协会认为这个主意好，于是采纳了这个建议。为了开好这个座谈会，武汉创业者协会专门发出了通知。曰："喜欢幻想，经常'做梦'，这是许多创业者性格特点之一，凡与会者至少说一个'梦'。"

作为会长和会议的主持人，我首先发言，就算是个序梦吧！

做梦是具有高级思维活动人类的一个普遍生理现象，不论男女老少皆会做梦。梦有两种：一种是在睡眠状态下的梦，它是在不自觉的情况下，局部大脑皮质还没有完全停止活动而引起的表象活动，或是白天思想和工作情况的部分再现，或是各种幻觉的综合的反映。另一种是人们自觉的"梦"，也就是我们通常所说的理想、幻想或叫做梦想，是人们有意识地"规划人生"、"自我设计"、"策划创业"和"设计未来"。我们今天的说"梦"，是指后一种"梦"，不过有谁真的做了好梦，不妨讲出来，也可以使我们分享你们的梦趣。

人类需要"梦"，人类的历史就是一部由梦想变为现实的历史。

创业者需要"梦"，而且他们是最富于幻想的。创业者的道路，就是一条充满幻想色彩的路，他们的每一个成就，就是一个"梦"，一个由幻想到现实的"梦"。

我虽然不是一个成功的创业者，但我是崇尚创造精神的，是致于创业的。我喜爱幻想，不仅年轻时梦想联翩，而且到了花甲之年，仍然在做着创业的梦。

我的梦不是从政，因为我多次婉谢了堪称要职的委任；也不是赚钱，因为我缺少经商的细胞。我的梦是教育，特别是教育改革，致力于创造性人才的培养。这个梦我做了二十多年了，但仍然没有做够、做完。虽然它曾一度被冷风吹散了，但它却始终没有消失，现在又萌生了，我仍将继续做下去。

近年来，我想得最多的还是教育改革，只要一有机会，我还是著文直抒己见，我对教育改革的执著追求，并未受到个人安危的影响，它像梦魂一样萦绕着我的全部情怀，如果说做"梦"的话，这就是我多年来幻想的一个"梦"。我希望营造一个舞台，以便能够参与到我国的高等教育改革的行列中去。为此，我到沿海一带做过多次调查，设计过多种方案。最后，我终于给自己设计了一个舞台，即主持一个教育改革基金会，集学术研究、改革和社会活动为一体。这既是我的旨趣所在，也是我个人历史的一个延续。

我幻想的教育改革基金会，从构想到成立，前后酝酿和准备了近两年时间，但是，申办过程还是比较顺利的，仅仅花了一个月的时间。因为，这个倡议得到了有关领导部门的支持，也得到我众多的学生的关心与赞助，几个月前，举行基金会成立大会，至此，可以说我的"梦"终于变成了现实。

基金会取名"路石"，这不仅因为它是我的笔名，而更重要的是我崇尚铺路石的精神，我甘愿充当一颗铺路的石子，为教育改革铺路，为创造性人才成长铺路，为通向 21 世纪铺路。

（本文原载于 1995 年 1 月 11 日《武汉晚报》）

二、生命六十始

引 子

人生的旅途是漫长的，但又是很短暂的。一般说来，向后看，总觉得太短，而向前看又似乎太长；顺境时，觉得太短，而活得太累时又嫌太长；年轻人看来，似乎太长，而老年人又觉得太短。人生六十年，在今天是一个既不老也不小的年龄。按照孔子的定论，"六十而耳顺"。也就是说，到了这个年龄，眸锐耳聪，分辨真假和判明是非的能力比较强。此时，人对红尘的虚伪，社情的复杂，世态的炎凉，价值的贵贱和生活的真谛才有较为透彻的认识，也可以说人的真正有意义的生命是这时才开始的。

我已走完了人生的一大半路程，而且还要潇洒地走下去。过去，我迷惘过，但更多的时候是自信和自强不息。如果说50岁以前我尚不属于自己，那是因为我尚不"知天命"，现在我完全属于我自己了，因为我已到"耳顺"之年了。那么，人是否一定要到"天命"以后才能掌握自己的命运呢？我看不一定。问题在于，要多一点独立性，少一点（最好没有）奴性，敢于排除困扰，创造充分展现自己的环境。我把自己坎坷的经历写出来，奉献给社会，希望我们每个人都尽早掌握自己的命运，不再任人摆弄，做一个永远属于自己而又有利于社会的人。

苦学的历程

直到而立之年，我的主要经历仍是读书。从私塾、小学、中学、大学直到留苏作研究生，总共 21 年。我的幼年和整个求学的岁月，均是在贫穷和艰难的环境中度过的。这也是绝大多数旧中国农家子弟求学奋进的共同轨迹。

我出生在鄂西北的枣阳县蔡阳铺刘家坡。这里虽说是光武帝故乡，三国古战场，最早的苏维埃根据地之一，但却是缺水少粮的穷乡僻壤。祖宗三代都以农为生，祖父、祖母在我出生以前均已谢世，他们都是老实纯朴的农民。父亲刘明蒸，母康氏，生育子女 5 人，成人的仅我们兄弟 3 人。长兄刘道旺，次兄刘道启，我小名福起，学名几经易名后定为道玉。小时候，父亲口授刘氏宗祠世系谱是："正大光明，道学常新，安邦定世，富泽天成。"可以看得出，这里边寓意着先辈们对于做人、求学、治世、致富的期望。我牢记了祖训，从小就立志要作一个正大光明的人。

我的初级教育是在私塾和小学里完成的，是在饥寒和不断逃匿日机轰炸的动乱年代度过的。私塾教育是严格的，但又是十分保守的。在那里，戒尺、棍棒教育和苦读硬背给我留下了终生难忘的记忆。一位姓翟的老先生常教导说："苦，苦，苦，不苦何能通今古？"这话我始终未能忘却，而且日后对我性格的养成和成长都起了重要的促进作用。

一份辛苦，一份果实。当我小学五年级时，我的成绩名列全班之冠。父母喜不胜喜，由于望子成龙心切，命我用二哥的毕业文凭冒考初中，我同意了。在那权力和金钱就是一切的时代，没有靠山，就连升学也是困难的。在招生考试结束以后，鉴于我既无人保又无钱保，所以教导主任对我们一批农家子弟说："你们无录取的希望，还是早点回家去吧！"但是我还是抱着"不到黄河心不死"的思想，在学校的屋檐下住了三天三夜。非要等个究竟。到张榜时，我蹑手蹑脚地走到告示前，鼓起勇气正视录取新生名单。喜出望外的是，我不仅被录取了，而且名列第三。功夫不负有心人。事实教育了我，人保、钱保不如自保，不靠天、不靠地，全靠自己救自己。

40 年代末，鄂西北是游击区，战事连绵不断。我的中学教育，就是在边学边辍的情况下进行的，在偏僻落后的农村，读书确实不易。中学所在地离家百里之遥，没有车船。往返只能步行。由于家境贫困，不能在学校搭伙，每月要从家里挑近百斤的柴米油盐菜到学校，在老百姓家里起伙。这种既当学生又当伙夫的生活，的确很辛苦，有时候还少不了吃生饭、糊饭，甚至还会断炊。更为难受的还不在身体上的劳累，而是精神上的压抑，看不起乡巴佬的传统观念压得人抬不起头来。穷则思变，抑而奋发。这种环境，一方面塑造了我的勤学、倔强和自尊的性格；另一方面，又促使我下决心要摆脱贫穷的命运。

出于急于求成思想的驱使，在初中三年级时，我从高年级同学那里弄到了一张伪造的初中毕业文凭，又以优异的成绩考取了湖北省第五高中，这是一所很有名的学校，座落在古城襄阳长门内。我虽说进入到了城市，但在"以衣冠量人"的世俗环境里，仍然被视为乡巴佬。为了求得心理上的平衡，我们来自农村的一批学生，组织了专门的学习小组、墙报小组和篮球队，专门找城里的学生们挑战，以显示乡巴佬并不比城里阔少们差。青少年毕竟是天真无邪的，但也是幼稚的。农村和城市的差别，主要表现为经济形态上，并不反映出智力的高低。事实上，无论是乡下学生抑或城市的学生，都有优劣之分，只要立志于学，勤奋刻苦，循序渐进，都是可以成才的。

我从小养成了求新、求异的性格，学要独特，考要第一。高考填报志愿时，我发现南京大学天文学系是全国独一无二的，于是我的第一志愿填了南大的天文学系，那时，我的确很崇拜天文学家，也很想成为一个天文学家。然而，命运注定我与天文学无缘，在收到录取通知单时，我被通知到武汉大学化学系报到。就当时的心情来说，根本谈不上专业思想问题，心想能上大学就算是幸运的了。据人们说，我是当地刘氏宗祠第一个大学生，所以乡亲们自然对我投以羡慕的目光，也寄予深切的厚望。从避远的乡村进入到繁华都市的大学，是我人生中的一个重大转折。湖光山色的校园使我赞叹，风度翩翩的教授使我崇拜，更使我神往的是那藏书丰富的图书馆，我好似进到了知识的宫殿，犹如饥饿的孩子见到了食物那样的贪馋。我曾幻想：如果只有白昼而没有黑夜，一天读24小时的书，或者一年有三个学期，不放寒暑假，那该多好哇！我暗暗下定决心：不仅要苦学，而且还要巧学、博学，以填补我在知识上的贫乏！

大学一年级时，偶然的机会，我读了一本发明大王诺贝尔的故事，他的非凡成就使我羡慕，他的献身精神使我激动不已，他成了我崇拜的偶像。我曾发誓：要做发明家，要当中国的诺贝尔！

为了实现自己的理想，我梦想去苏联学习，虽被选拔为留苏预备生，但体检不合格；我刻苦学习，门门功课争取 5 分；我超前进入课程论文和业余科研小组活动，培养自己的研究能力；我放弃了十个寒暑假，有家不回，为的是多学几门旁系的课程；为了学习"敌国"的语言——英语和日语，我偷偷地拜"右派"和"有政治历史问题"的教授为师；为了买书，我把助学金节省下来，宁肯不穿冬衣；为了弥补因社会工作耽误的时间，我躲在路灯底下通宵达旦……大学生活酷似清教徒的生活，但过得紧张而充实，不仅奠定了厚实的基础知识，而且还磨练了我的勤和韧的精神。

50 年代是你死我活的阶级斗争最激烈的年代。土地改革、抗美援朝、思想改造、没收官僚资本、工商业改造、反胡风分子、反右派斗争、拔白旗、四清运动，一个接着一个，被称为阶级斗争"晴雨表"的高等学府，对"资产阶级知识分子"的斗争，更是一天也没有放松过。生活和学习在这个年代，我的思想也不能不打上阶级的烙印——必须站稳无产阶级立场。那时的我，虽说一心想当科学家，但又拼命地紧跟各项政治运动，生怕成为落伍分子；我参加了防汛抢险突击队，虽患痢疾而不肯离防堤；我被评为湖北省高校中肃反积极分子；我抱着纯朴的观念，加入了共产党；在那反击"右派分子"猖狂进攻中，我虽认为没有那么多的"右派"，但又批判过同班的同学；在"拔白旗"、"打擂台"中，我虽不同意破门德列耶夫周期表，但也批判过自己的老师；我虽因怀疑亩产八万斤的高产"卫星"而挨批判，但我也高喊过"三面红旗"万岁！

总之，虽说我有着倔强的个性，但又是个驯服的工具。每当我回忆起大学生活时，总为我那个时期的矛盾的人格而感到一种苦涩的隐痛。到底是投其所好，还是迫不得已？是政治上的不成熟，抑或是心态被扭曲？对一个 20 岁左右的小青年来说，不成熟是肯定的，但身不由己也是事实。正是有了这段经历，再加上那场"文化大革命"的浩劫，才使我渐渐地清醒和成熟起来，并且日益向着一个完全的自我发展。

在国际风云中

进入到 60 年代，国际风云骤变，世界两大阵营对抗加剧，社会主义阵营的上空乌云密布。中苏之间围绕着意识形态的争斗，已经赤热化了，昔日的"老大哥"已成了马克思列宁主义的"头号敌人"。

正是在这种形势下，我被选拔为留苏预备生。同学们怀着忐忑不安和矛盾的心情，期待着上级的决定。通知终于下达了，宣布："鉴于中苏关系恶化，苏方至今对我派出留学生计划未作答复，因此，请大家回原单位边工作、边等待。"出人意外的是，我被留下来了，并告知："你已被苏联科学院元素有机化学研究所接受为研究生，而且尽快动身赴苏。"从接到通知到出发，不足半个月，我甚至连回家省亲的时间也没有，以至于新婚不久的妻子刘高伟赶到北京为我送行。

那时，我的心情也是矛盾的：一方面，我为能从百里挑一而出国感到侥幸；另一方面，我又为苏方为何接受我这个去攻读尖端技术的学生而迷惑不解。元素有机化学所不仅名家荟萃，学术研究方向新颖，而且还有很多国防研究任务。苏方为什么会接受我？他们想在我身上打什么主意？我去了能学到东西吗？我会不会变"修"呢？

我怀着满腹的疑虑，于 1962 年 2 月 10 日踏上了北去的国际列车。在宽敞、舒适的车厢里，旅客稀少，我一个人占据了一个 4 人的包厢。除了中国的公务员外，还有一些苏联人，而留学生仅我一人。列车离开满洲里驶进贝加尔斯克车站，从标志上看得出，已进入了苏联的国境内。从窗内向外眺望，茫茫无际的雪原，偶尔见到几只小雀觅食，来往行人也十分稀少，即或看到几个人，也是皮帽、棉袄包裹得严严实实的，分不清男女老少。苏联给我的第一印象：它的确幅员辽阔，是一个冰冷的国家。

经过 7 天 7 夜的行驶，列车终于抵达了莫斯科。到车站来接我的有苏联科学院的一名官员，有中国留学生会负责人张瑞琨，我被送到中国留学生宿舍安顿了下来。

在老同学们的帮助下，很快办完了注册手续，开始了留学生的生活。我的俄语老师是玛丽娅老太太，她到过中国，十分友好，教学认真得法，因此我的俄语水平提高很快。在研究所里，我既没有看到意识形态里那种剑拔弩张的紧张气氛，也未有零下50度冰冷的感觉。面对着导师、同事的友好态度，我原来的疑虑打消了不少，在他们的帮助下，我的学习和研究十分顺利。但是，平静的学习生活很快被打破了。半年后，我被推举为科学院中国留学生会主席，社交活动增多了，大使馆对留学生抓得很紧，一方面加强防范，怕留学生叛逃不归；另一方面又要求留学生站稳立场，积极参加到反修斗争中去。作为一个党员和留学生会主席，一切要与党中央保持一致，于是我毫不犹豫地投入到了反修的斗争，并力求起带头作用。当时，除了平素向苏联朋友宣传中方的观点以外，我主要开展了两项大的活动：一是参加全苏工会为庆祝"五一"国际劳动节而举行的招待会，我以中国留学生会主席的身份发表了讲话，揭露了苏联背叛马列主义和反华种种行径，阐述了中方的立场。另一次，我率领两位同学去苏联科学院主席团会见秘书长，除了阐述中方立场外，还强烈要求苏方停止对中国留学生的新闻封锁和骚扰。会见是在激烈的辩论中进行的，气氛之紧张和言词之激烈是可想而知的。

我清楚地记得，6月28日下午约4时，驻苏大使馆刘天民突然来到我的实验室。他说："情况紧急，你现在已不能回宿舍了，请带上身边有价值的资料马上跟我到大使馆去。"我未敢多问一句，已意识到出事了。到了大使馆，潘大使已在等候我，他握着我的手说："苏外交部照会我方，宣布5人为不受欢迎的人，其中有你，限定48小时离境。从现在起，为了安全，你寸步不能离开大使馆，后天就回国。"

正好是7月1日，我们5人乘图104飞机回到了北京。机场上红旗飘扬，锣鼓喧天。我们受到了国家有关部门的领导和首都各界群众数千人的热烈欢迎。当走下飞机的舷梯时，我们接受了少先队员们的献花。有关负责人和我们一一握手，并亲切地说："欢迎你们回到首都来！修正主义不欢迎你们，党中央欢迎你们！祖国人民欢迎你们！"

7月13日是令人难忘的一天。周总理于百忙之中，在人民大会堂接见我们。他向我们讲述了苏联为何背叛马列主义，为何卡我们的脖子，并表示要把反对修正主义斗争进行到底。接着，他询问了我们每个人的情况，从工作到家庭一一问到了。当他问我学什么专业时，我说："是学有机氟化学的，同国防工业关系密切。"他说："我建议你到军事科学研究院工作，你愿意吗？"我说："谢谢总理的关怀，我是武大培养的，还是回去报效母校。"总理说："那也好，我不勉强你。"

在北京休整一个多月以后，我又回到了离别一年多的母校，受到了学校领导和亲友们的欢迎，见到了出生10个月的儿子毛毛。他叫维宁，意指维护列宁主义路线，是我留苏和参加反对修正主义的一个见证。

留学生活结束了，但由留学而荡起的涟漪却久久未能平静。"反修战士"、"反修英雄"等桂冠，赫然地出现在各报上，一下子我成了新闻人物，也成了组织部门考察的对象。这一段经历，无疑对我产生了重大的影响，到底是什么影响，当时并没有细想，但是在我以后的经历中，确实或隐或现地表现了出来。

没有走的"走资派"

1966年5月，"文化革命"开始了。我从苏联回到学校后，不久晋升为化学系的讲师。在行政上，仅担任了一个科研组的组长，领导4个青年教师，既不属于权威，也够不上当权派，绝对不可能成为"文化大革命"的"对象"。

然而，"天有不测风云"。1966年4月，我突然被任命为武汉大学副教务长，这一职务一般只有教授方能担任，显然我是沾了"反修战士"的光。当党委书记庄果向我宣布这一决定时，我却不识"抬举"，执意不肯接任。当时，我一心一意想当科学家，这也是我从小立下的志向，并为此而度过了"十年寒窗苦读"的岁月。当时，已是"山雨欲来"之势，政治气氛强烈得使人窒息，"突出政治"、"千万不要忘记阶级斗争"、"无产阶级专政"等口号连篇累牍地赫然出现在报纸上。在这种形势下，稍有不慎，就会被扣上"个人主义"、"白专道路"、"反对政治挂帅"的帽子。那时，我认为自己尚有一点"政治资本"，还可以讨价还价，采用能拖则拖、能赖则赖的战术，一直坚持不到教务处上班。所以，我这个副教务长是一天班也没有上，一天权也没有掌的当权派，

到了5月份，"文化大革命"的序幕已经拉开了，武汉大学又成了推

行极左路线的试点。很快，学生停课了，党政机关瘫痪了，一批适应"文革"需要的"材料组"、"大批判组"、"教改组"等相继成立了。我被安排在教改组，指定为组长。形势已不允许我再作选择，尽管"红"与"专"在我脑子里打架，但我也不敢再执拗了。就这样，我被拖下水了，一方面是怕挨整，另一方面也确想起一份革命动力的作用。

8月12日，《关于无产阶级文化大革命的决定》公布了。就在当天，王任重通过湖北省委抽调省委秘书长吕乃强、黄继光生前连队指导员齐润庭和我等5人到了北京。据说，毛泽东要王任重抓"两校"，他需要派联络员以代替工作组。于是，我当了北京大学联络组组长，另从北京空军政治学院抽调了10名团级干部参加联络组的工作。当时，北京大学群众组织林立，第一张大字报的作者已分裂为聂、杨两派。我们的任务是：了解情况，上下联络，促进团结。"群众运动"就像决了堤的洪水，不仅冲垮了各级领导机构，打乱了正常工作秩序，而且还撵走了工作组，全国已陷入了无政府状态。与工作组的命运一样，联络组进校不到两个月就撤离了。一种茫然不知所措的情绪开始滋生了。目睹各级领导干部被揪斗，军政要害部门受冲击，工厂停产，学校停课，横扫"四旧"……我陷入了沉思：难道这就是'文化大革命'吗？为什么要砸烂文化古籍呢？一大批革命干部怎么一下都成了坏人呢？把知识分子拉去游街示众符合党的政策吗？想呀，想呀，但怎么也想不通！

特别令我看不惯的是，中央文革小组凌驾于党中央之上，小组的一些成员当着一些群众组织任意点名批判国家领导人。我曾对同观点的人讲："戚本禹算老几！他不就是一个科级干部吗？他有什么资格点名批判别人，我看他有野心。我要收集他的材料，看看他到底是什么货色！"在批判所谓"资产阶级反动路线"时，很时兴反戈一击，我的"私房话"被揭发出去了。一夜之间，被打成了"现行反革命分子"，校园的要道上，刷满了斗大的标语："打倒现行反革命分子刘道玉！""谁反对中央文革，就砸烂谁的狗头！"

"福无双至，祸不单行"。就在这时，"刘道玉是苏修特务"、"刘道玉是'百万雄师'的黑高参"等大字报也贴出来了，"通缉令"、"勒令"也贴满了校园，真是一派杀机！好心人秘密向我通报："你们全家快点逃跑吧，否则，造反派抓去后非打死你不可。"是夜，我和妻子带着3岁多的儿子逃离了学校，躲在亲戚家。"七·二○"事件后，我被通缉抓回到学校，被当作"现行反革命分子"关押、审讯和批斗。为防不测，我向妻子口述了遗嘱："万一我回不来，那就是出事了。不要难过，也不要为我收尸，坚强地活下去，把儿子抚养成材！"

在关审期间，我人生头一次尝到了酷刑：挨过皮鞭、钢丝鞭，被打得皮开肉绽；上过老虎凳，被折磨得休克；挂过30多公斤重的黑牌，压得直不起腰；戴过高帽子，游街示众；被押着武装鸣枪游行，子弹从耳边飞过；胸脯被荷弹手枪捅了一个洞，差一点丧命……每每受到酷刑回家后，妻子伤心得抽搐，她为我洗擦伤口，买补药，调理生活，从物质上和精神上支持我坚持下去。

"资产阶级知识分子的代言人"

1968年11月18日，工人解放军毛泽东思想宣传队，在锣鼓喧天声中进驻了武汉大学。不久，作为可以改造好的知识分子，我和几位教师首批被下放到葛店化工厂，名曰教育改革实践小分队，实则是接受工人阶级的再教育。我们被安置在全厂生产条件最恶劣的"六六六"生产车间，每天的活动是当班、学习毛泽东著作、站队、集会、帮厨、打扫卫生等。当时，知识分子下厂、下乡都是穿的破旧衣服，以示自己已跟劳动人民打成一片，工人们也把我们穿的衣服叫做"运动服"。在葛店化工厂锻炼了一年，工人们并没有把我们当"外人"看待，不仅没有训斥过我们，而且连重体力活也不让我们干。因此，一年的"再教育"也确有收获，接触了实际，学到了生产技术，同工人们交了朋友，至今仍给我留下了良好的回忆。

1970年3月，不知是由于我被改造好了还是工作的需要，我被调回到工宣队指挥部下属教改组工作，被任命为教改组理科组组长。这一调动，不仅结束了下放生活，而且还意味着我这个还没有走的走资派被"解放"了。说实话，那时我心里很矛盾，当干部我压根儿就不愿意，但现在自己是一个接受再教育的"臭老九"，如不服从决定，就有可能被扣上不服从工人阶级领导的大帽子。于是，我违心地同意了，谁知这一步致使我长期陷入政治泥潭而不能自拔。

在"四人帮"的爪牙迟群的把持下，1970 年召开了一个全国教育工作会议，形成了一个"纪要"，毛泽东圈阅了。"纪要"错误认定："解放后 17 年教育战线基本上是修正主义路线占统治地位，17 年培养的知识分子的世界观基本上是资产阶级的"，通常简称为"两个基本估计"。工宣队进校后，忠实地执行了"两个基本估计"的左倾路线，当时，流行着一句很响亮而又时髦的口号："同 17 年对着干"，凡"17 年"的东西都要批判，鼓吹一种虚无主义的思潮。

1970 年秋，继北大、清华之后，武汉大学也开始招收工农兵大学生。迟群在北大、清华炮制的招生方针是；"自愿报名，基层推荐，领导批准，学校复审"，简称为十六字方针。毫无例外，武汉大学紧跟"两校"，从工厂、农村和部队招收了近千名文化程度参差不齐的工农兵大学生，他们一进校门，就提出了"上大学，管大学，用毛泽东思想改造大学"的响亮口号，这是工农兵一统天下的时代。

随着招生的恢复，教改也日益深入到教学领域，这对我这个知识分子是否改造好了也是一个考验。是站在工人阶级一边抑或站在科学、真理一边，是按工宣队意图办事抑或按照教育规律办事，我必须作出选择，不可能有调和的余地。俗话说："江山易改，本性难移"。我大概也是如此。工军宣队"解放"了我，我是感激的，但我并未因此而以感情代替原则。当时，我一方面执行了工军宣队的许多决定，但在另一些问题上，又与工军宣队发生了对峙。

我的一些意见，尽管得到了广大教师的赞同，却冒犯了工军宣队的"权威"。在他们看来，我这个人老是爱闹别扭，总是代资产阶级知识分子说话，已经成了教育革命的阻力。于是，他们一方面在会议上开始批判我，限制我的职权；另一方面又准备把我全家下放到沙洋分校（实际上是劳改农场），并永远不得回总校。侥幸的是，在工军宣队指挥部内，有个别领导为我说了公道话，不仅没有下放，而且继续留在教改组工作，后来还受到了重用，先后提升为教改组副组长、校党委副书纪，被选为出席中国共产党全国第十次代表大会代表和中共湖北省委委员。据我观察，这种变化，实质上是通过批判林彪极左路线而出现的转机。

教育部的临时工

"四人帮"被粉碎后，1977年4月初，我在襄阳分校抓点，揭批同"四人帮"有牵联的人和事。一天，突然接到党委书记纪辉同志的电话，他要我马上回总校，说有要事相商。回校后，他对我说："接教育部的通知，要借调你去参加筹备全国教育工作会议。"

4月15日，我到教育部报到，被安排在一间办公室里住了下来。室内安放了一张3尺宽的木板床，一个洗脸架和面盆，两个热水瓶，一个书架和一张办公桌。这就是我的寝室、办公室和会客室，在这里我度过了两年的时光。

大约两个月以后，我突然被任命为教育部党组成员、高等教育司司长。我毫无思想准备，这个任命与我不想当干部的思想是相悖的，特别是不愿当京官。我找刘西尧部长反映，他说是工作需要，是中组部决定的。我又找到中组部干部局张长庚局长，表明我不愿在教育部工作，说我的组织关系、人事关系均在武汉大学，希望在完成筹备工作后再回到武汉大学工作。但是他说："组织关系不在北京，并不影响对你的任命，回武大是不可能的，希望尽快把关系转到教育部，并安心工作。"虽经多次反映，但终无松动，在无可奈何的情况下，只得认认真真地干起临时工来了。

那时，教育部党组成员9人，其中正副部长7人。除我以外，都没有在大学从事过教学和科研工作。因此凡涉及到高教方面的工作均压到了我的肩上。高等教育司是个综合大司，相当于现在的6个司局的工作，如理、工、农、医、科技、研究生和电教等，工作是非常繁重的。

大约6月底，教育部党组召开会议，研究如何联系实际批判"四人帮"的极左路线。我在会上作了一个发言，情绪显然有点激动，实际上说出了广大教师久郁于心的话。我的发言大意是："'四人帮'被粉碎了，广大教师无不拍手称快，但是他们还是心有余悸。这就是所谓的'两个基本估计'，它是'四人帮'强加在广大知识分子头上的紧箍咒。因此，'两个基本估计'不推翻，就不可能调动广大知识分子的积极性，拨乱反正也就不能见成效。"当时，提出否定"两个基本估计"的确是很大胆的，因为那时还是坚持"两个凡是"，它又是经过毛泽东圈阅以中央文件颁发的。

1977 年 7 月 22 日，发表了中共中央十一届三中全会公报。邓小平复出后，首先治理遭受"四人帮"破坏最为严重的教育与科技。1977 年 8 月 2 日，邓小平在京召开了教育与科学工作座谈会，与会的有来自高等学校和科学院的各 15 名著名科学家。我作为教育部的一名代表，与科学院的吴明瑜同志一起负责座谈会的组织和简报工作。这个座谈会，开得生动活泼，有议有决，不仅澄清了许多被"四人帮"搅乱了的是非，而且还解决了不少重大问题。会议开到最后一天时，有一位副教授尚未发言，他对我说："我要讲的，别人都讲了，你看我讲点什么好呢？"我建议道："还有一个问题没有人讲，那就是招生问题，希望你明确提出否定'十六字'的招生方针，恢复统一高考。"他同意了。在第二天的会上他言词激烈地说："解放前升学靠钱，'17 年'靠分数，现在靠权力。广大群众反映说：'学好数理化，不如有好爸爸。'因此，不推倒'十六字'招生方针，招生走后门现象就不能纠正，党风不能好转，招生质量也不能保证。"邓小平当即表态，同意恢复高考制度。但是，教育部部长刘西尧却说："今年来不及了，招生工作会议已开过了。"邓小平说："再召开一个招生工作会议嘛，从今年就恢复统一高考"。于是，会后立即召开新的招生工作会议，紧张地开展统考招生的准备工作，招收了粉碎"四人帮"后第一届统考的大学生。这也是为什么 77 级大学生晚半年入校的原因。

为了贯彻邓小平在全国教育和科研座谈会上讲话精神，我向党组建议召开全国部分综合大学教学工作会议。8 月 10 日晚，我和国务院机关事务管理局刘处长率工作人员、炊事员和服务员 20 多人，星夜赶赴位于北戴河的国务院招待所。这个招待所，位于离海边 500 米的地方，四周被绿篱环抱，风景宜人。只是年久失修，门窗不完备，家具杂乱堆积，满屋尘埃。我们是十多年来的第一批客人，因为自"文革"开始，这里被当作养尊处优的"修正主义温床"被查封。现在我们不得不自己动手，一切从头开始，正像教育上的拨乱反正一样。

会议开得异常生动活泼，大家不仅以大量的事实揭批了"四人帮"

对教育的破坏，而且还对如何全面正确理解毛泽东《论教育革命》语录进行了热烈的讨论。实际上，当时在大家思想上，已经打破了"两个凡是"的禁区。

经过努力，会议获得了圆满的成功，形成了一个不仅对当时而且至今仍有指导意义的《座谈纪要》。这个《纪要》颁发以后，引起了强烈的反响，不仅对综合大学，而且对全国各类大学恢复正常教学秩序、提高教学质量起了至关重要的作用。

我被"借调"到教育部，本来就是筹备全国教育工作会议的，当时各方面的确强烈要求召开这次会议。经过认真的准备，粉碎"四人帮"后的第一次全国教育工作会议，于1978年4月22日至5月16日在北京召开了。这次会议，不仅规模大，时间长，而且研究的问题广泛，统一认识的任务也很重。会议中，还发生了一个小小的插曲：北京某报一位资深记者在饭桌上反映了安徽省一位代表的意见说，如果恢复统一高考招生，那么工农子弟不又会被拒之大学门外吗？正好此话被同桌吃饭的吉林省的一位领导干部听到了，此公以"小字报"的形式向大会主席团反映说，该记者反对邓小平恢复统一高考的指示。于是，不得了啦，有人要反对拨乱反正，为"四人帮"招魂啦，使会议弄得沸沸扬扬。教育部领导不问青红皂白，向该报领导反映，把这位记者调回报社，停职检查，吊销了采访的资格。这说明，当时会风有些不正常，有些人虽然也高喊批判极"左"的口号，但其实他仍然延袭了"四人帮"整人一套伎俩。

我不仅参加了全教会的全部筹备工作，而且担当了大会秘书长的职务。这的确是一件苦差使，也是我平生头一次被推到这样的舞台上表演。为了筹备和召开这个会议，我体重减轻了5公斤，但我的精神很愉快，收获也是巨大的。在教育部当"临时工"，前后两年时间。这期间生活是清苦的，也是异常繁忙和紧张的，持久的入不敷出的苦干，使我虚脱。头发和牙齿大量脱落，低烧不退。后来，终于病倒了，住进了北京人民医院。经检查，发现左肺上部有鸡蛋大的一片阴影，是肺炎抑或肺结核？按肺炎方法治，但阴影不消，于是又按肺结核治疗，经过月余服药，仍无丝毫好转。于是，我被转入到北京最好的北京医院。虽然医生没有对我言明，但我猜得出已患肺癌了。当时，妻子远在武汉，身边无一个亲属，一种无形的压力不免袭来。真是祸不单行，一封来自武汉大学的诬告信，也正在这个时候送到了邓小平那里，欲置我于死地。不过我生性乐观，从不在意祸福与荣辱。所幸的是，肺癌细胞检查呈阴性，于是大夫结论为大叶肺炎。但是，为什么肺炎治疗又不见效果呢？经分析发现，我是过敏体质，对链霉素、磺胺类药均过敏，于是采用强磁场消炎治疗。本来，一个疗程为10天，但到了第6天，阴影已完全消失了。经过巩固与恢复，我病愈出院了。真是天赐良机，我借病告假回武汉休养，随后又呈送了一份辞职报告，从此结束了我的临时工的生涯，

最年轻的大学校长

回到珞珈山以后，我真想过书斋式的生活，重操我的旧业，并且已开始建立我的实验室。但是，随之教育部又下了一道公文，任命我为武汉大学党委副书记兼副校长。当时，党委书记纪辉和校长庄果均身体多病，常年住院，于是我成了党政的实际负责人，由于责任心的驱使，加之广大干群的期望，我又不得不全身心地投入到振兴学校的工作之中。同时，我开始了金属有机化学和高等教育学的研究，从此走上了在三条战线上拼搏的艰苦道路。

在教育部工作期间，使我的视野豁然开阔，当时，教育部根据邓小平的指示，要选择十所大学，作为全国"重中之重"。出于本位思想，我当然希望武汉大学成为"重中之重"。尽管我处处为武大说话，但由于它在科研上没有特色，成果不多，缺乏知名学者群，故而不得不屈居中游。我自尊心很强。凡事总想争第一，而面对着这种尴尬的局面，我似乎觉得受到了屈辱，内心里已埋下了"雪耻"的种子。

振兴武汉大学从何处入手呢？我带着这个问题，利用50天的暑假走访了60多名学者和历届领导干部。通过调查发现，武汉大学之所以从解放前的五大名校跌落到低谷，主要原因有三：一是政治上的左倾路线；二是组织上的宗派主义；三是学术上的保守思想。

正当武汉大学奋起直追之时，党委书记纪辉同志在久病之后，于1980年6月4日不幸去世了。他的不幸逝世，给武汉大学的事业带来了巨

大的损失，同时也使我的担子更重了。

1981 年 7 月下旬，我被任命为武汉大学校长，依然兼任党委副书记。8 月 22 日《人民日报》头版转发了，《新华社》的一则电讯稿报道了"国务院任命刘道玉同志为武汉大学校长"。消息说："他是我国解放后自己培养的大学生中第一位担任大学校长的人，也是我国高等院校中最年轻的一位校长……"对于这次任命，我本来没有思想准备，现在又面对着《人民日报》报导所引起的轰动效应，我更是手足无措。一夜之间，人们议论纷纷，记者轮流采访，四面八方的信函也纷至沓来。

当时，我真有点叫苦不迭，这回真的要把我放在炉子上烤了。说年轻，其实已不年轻了，创造的黄金时代已过。论职称，由于评定职称停止了近 20 年，我还是个讲师。在高级知识分子成堆的高等学校，由一个讲师来当校长，人们能接受吗？与其他大学相比，能协调吗？我潜意识里感到，我是一个结构倒置型的校长，为了把这倒置的关系倒过来，获得师生乃至于社会的认可，我该要付出多么巨大的代价呀！如果不是夸张的话，一个有智慧的大学校长，就是赋予大学灵魂的人。我不敢自诩是有智慧的人，但绝对是一个有强烈事业心的人，所谓赋予大学灵魂，意指一个大学校长应当有自己独特的办学思想，并以此去影响学校，去影响一代人。作为校长，必须有所追求，而决不能"无为而治"。

在改革的风浪中搏击

开展教学领域的改革，我是从学分制开始的。我对学分制的特殊感情，不是由于我最早建议将它写进了全国教育工作会议的文件，而是基于我的创造教育观。武汉大学是真刀真枪地实行学分制，凡是提前修满学分和完成毕业论文的优秀者，准予提前毕业和攻读研究生。另一个就是插班生制度，通过插班，可以把那些非重点大学中的最好的学生吸引到武大来。

设想是好的，但是要使它合法化，还必须报经教育部批准。1983 年 9月，一个申办插班生制度的报告送到了教育部，半年过去了，仍没有音讯，我耐不住了，亲自到教育部去汇报，但得到的答复是：此事无先例需要慎重，待研究后答复你们。"一等又是三个月，不得已，再次进京汇报，我陈述道："改革就是做前人未做过的事，应当允许试验，允许失败。何况试行插班制度并不一定会失败，即使成不了才也不会出废品，难道统招的大学生个个都能成为人才吗？"经我这么诘问，教育部的负责人也觉得有道理，表示同意，但还需国家计委批准。我趁热打铁径直找到国家计委，司长李昌龙很客气地接待了我。待我简要地汇报完来意后，他操着四川口音说道："武汉大学可是一所名校哦！我们当学生时，就很想报考哟！"他接着说："愚公可以感动上帝，你刘校长的改革精神，也会感动我们嘛！我们同意试验，招收的插班生纳入国家分配计划。"真是好事多磨呀！一个崭新的改革举措，在经过一年多的反复争取之后，终于获得了批准。

一石激起千重浪。招收插班生的消息传出，引起了社会上的强烈反响，赞扬语、询问函、申请报告从四面八方飞来。然而，怀疑和贬斥的人也大有所在。教委就先后多次派人调查，也有的人说：这是"花样翻新"，是"嫁接大学生"。我们理直气壮地回答："你们说对了，我们就是要培养嫁接的大学生，把燕京园、清华园和其他各个学苑中的优良禾苗，嫁接到珞珈山的砧木上，以生长出具有更为优良品格的人才来！"改革的十年，是武汉大学大发展、大提高的十年，是广大师生扬眉吐气的十年。校内外普遍反映："武汉大学是高校中的深圳！"这意味着什么呢？深圳就意味着：改革、开放和高速度！

中箭落马

1988 年 3 月 10 日，《中国青年报》在头版中间位置，发表了武汉大学领导班子调整的报导。消息说："最近，武汉大学领导班子进行了调整。6 日下午，在该校中层干部会议上，国家教委干部局负责人传达了国家教委党组的任免通知。54 岁的化学教授刘道玉被免去校长职务，58 岁的数学教授、原武大副校长齐民友被任命为校长……"又说："据有关负责人透露，这次调整属正常换届。"

消息比事件发生整整滞后了一个月。免职的电传通知是 2 月 10 日发出的，时值放寒假之后和过春节之前，这是精心策划的，目的在于避免学生"闹事"和冲淡人们对"换届"的关注。

尽管如此，消息传出，珞珈山轰动了，人们探询虚实，奔走相告。大家不禁问道："为什么要免去一个改革卓有政绩的校长职务？"愤懑的教职工写信质问国家教委，联名向中央反映意见。人们一批又一批地登门看望、慰问……新闻单位准备组成记者团南下，校友们准备派代表团返校慰问，并向中央反映意见。在那一段日子里，来自国内外的慰问电话昼夜不断，信函、电报也如雪片飞来。所有感情凝聚到一点：不平！所有的疑问归结为一个：为什么？一位新闻单位的领导颇有感慨地说："我国大学中有三个改革的校长，都是我的朋友，可惜他们先后都被免职了。刘道玉只不过是一个温和的改革派，连这样的人都不能容忍，中国的高教改革还有何望？"

我被免职，是预料中的事，迟早是要发生的。我虽因改革而中箭落马，但我并没有任何的遗憾，也没有因此而趴下去。我虽失去了教育改革的舞台，但并没有失去对教育改革的追求。历史在前进，我也将一如既往地开拓前进！

梦魂萦绕是教育

人们说我是个超前的人，是的，我不仅超前地出任了教务长（32岁）、司长（44岁）、校长（48岁），而且还于54岁超前地"退休"了。孔圣人于55岁弃官游学，我本想效仿他也于55岁辞去校长而著述，但不允许我等到这一天。

我本打算再用一年或更多一点的时间把武汉大学的教育改革再深入一步，但是，由于突然提前被免职，这一切均成了泡影。

在我遭到不公正待遇的日子里，除了得到了社会各界的理解和关心以外，还受到国内外各方的邀请、聘任，而我却没有做官的禀性，不愿当官，这是我一贯抱定的宗旨。从我进入不惑之年以后，就曾经婉拒过高教司司长、团中央书记、省委副书记、武汉市市长等职。

1983年3月，中央派出了以原中央办公厅副主任陈伯村和原外交部副部长张灿明为首的工作组，对湖北省和武汉市的领导班子进行考察和配备。原先，他们要我作省委副书记，分管文教，我婉拒了。我以为事情已过去了，未料有一天，灿明部长把我叫到东湖百花客室谈话，他说："中央已决定，要你任武汉市委副书记兼市长，已形成纪要，今天给你吹吹风。"我没有一点思想准备，听后马上陈述道："我感谢中央对我的信任，我深知市长的责任重大，为了对党和全市300多万人民负责，我确实担当不了此职，恳请中央不要下文，否则组织上和我个人都很被动。"当时，我陈述了5条理由：一是"三门"干部，从未做过基层政府和部门工作，难挑此任；二是不懂工业、农业，难以领导一个重工业城市和市郊农业；三不懂政法，难以抓好"以法治市"；四是不懂城建，难以抓好市政和公用事业建设；五是不懂经济，这是最重要的一条，难以搞好号称"九省通衢"的金融与贸易。我并风趣地说："湖北、武汉乃鱼米之乡，现在市民们抱怨有米无鱼，如果要我当市长，恐怕会弄得市民们连米也没有吃的罗。"张部长也笑了，但他却说："这些都不是你搞不了的理由，恰恰证明了你具有当市长的才华。"我哀求道："张部长，请你向中央反映我的恳求，千万不要任命。"然而，他却打官腔地说道："我不能反映，我只能执行决定。"不过，他又补充道："你个人有权向中央反映嘛！"

回到家里后，我把消息告诉了妻子，她也坚决不主张我搞。怎么办？没有其他办法，决定到中组部上访，我买好了车票，请了一位老同志给宋任穷部长写了一封私人信。事情确有点蹊跷，有一位知情人说："从来只有为落实政策而上访的，没听说有为不做官而上访的，至少当代没有，这大概又是刘道玉的创造吧！"

事情突然出现了转机，正当我准备离汉的当天，又接到了张部长的电话，他说："你的行踪我已知道了，我看你还是把票退了吧！"我忐忑不安，以为他还是要说服我就范，于是不安地问道："为什么？"他出乎意外地说："不必了。尽管我没有答应你向中央反映，但我还是向中央报告了。任穷同志把你的意见汇报给耀邦同志了，他很重视，同意了你的请求。耀邦同志说：'既然他不愿搞，就不要难为他了。现在高等教育也十分缺少干部，他有志于高教改革，就请他留在大学搞吧，'"听后，我真是喜出望外，感谢张部长反映了我的请求，感谢耀邦同志的开明政策！

说到这里，可能有人要问："既然你不愿当官，那么你又为什么要出任武汉大学的校长呢？"是的，我不愿当官，问题是我从来没有把校长当作官，而是把它当作一种义务。我受过教育，教过书，我热爱教育，热爱青年，崇尚改革，因此愿意为它做出牺牲。这一点从我的改革经历中以得到佐证。

1992 年 7 月，我在珠海考察教育时，写了一首"痴情"的诗，表达了我的这种感情其中几句是"芸芸众生各有求，不求高官不恋禄。显位美差皆推却，梦魂萦绕是教育。"

这里又会提出另一个问题，既然你热爱教育，矢志教育改革，为什么有的学校聘任你做校长，而你又拒不复出呢？是的，我是谢绝了一些聘请。这是因为，我不是为了谋求一个职位，而是想找到一块允许我进行改革的试验田，既然不允许我在武大搞教育改革，那么我怎能在其他学校搞改革试验呢？这是我婉拒一些学校聘请的原因。

当然，并不排除另一种可能性。如果能够提供一片大胆进行改革的试验田，按照崭新的教育观念和办学机制，遵循市场经济的规律，不受行政干预，具有完全独立自主的办学权力，也许我愿意再做一次尝试，并愿为创建这种独具风格的高水准的私立大学而贡献一切！

未完的结语

去年 10 月 7 日，是我 59 岁生日，按照"男祝九女祝十"的习俗，我的学生们要给我举办"60 寿辰庆典"，我没有同意。但是，消息还是传出去了，而且出现在美国的 E－mail（电子信函）上，于是我收到了来自国内外数百封生日贺卡，生日那天，还是举办了一个生日宴会。

今年正好是我本命年，整整 60 周岁。从生理上，已步入老年；但是，从我所崇尚和追求的事业来说，还是刚刚开始，我愿把新的事业，作为新生命的起点，并永远追随它！

（本文原载于《传记文学》1994 年第 9 期）

三、理想是人生的灯塔

我曾经是 50 年代的一名大学生，1953 年秋入校，于 1958 年夏季毕业。那是一个火一样红的年代，到处都是生机勃勃的景象，也是党风、民风和社会风气最好的时期。"总路线"的灯塔，照亮了通向社会主义的康庄大道；雄伟的"五年计划"，展示出了工业化美好的前景；"向科学进军"的号角，响彻神州大地，激励着广大的青少年们勤奋学习、刻苦钻研，勇登科学高峰！那的确是一个令人难忘的年代，每当回忆起那段生活，总是使我激动不已，并把我带人一种极度的愉悦之中。同时，我还不时地从回忆中汲取力量，策励老骥奋蹄不已。那是一种什么力量呢？是理想的力量，是一种奋发向上的精神能量。这正如俄国伟大的文学家高尔基所说："一个人追求的目标越高，他的才力就发展得越快，对社会就越有益，我确信这也是一个真理。"

50 年代的大学生，不愧是富有理想的一代热血青年。他们壮志凌云，浮想联翩，豪情满怀，不畏艰险。就拿我们武汉大学化学系 53 级来说，就是一个有 150 多名同学的友爱大集体，是一个朝气蓬勃的"快乐学院"。每一个同学都有自己的志趣与爱好，也有自己的理想与追求，坚持"又红又专"，"红透专深"是每个人自觉坚持的政治方向；做一名科学家、工程师和发明家，是那个时代最响亮的口号；"学先进、赶先进、超先进"，是每个人的自觉行动。同学们的理想是多式多样的，有的同学要当牛顿、爱因斯坦、法拉第；有的要当诺贝尔、爱迪生式的发明家；有的要当中国的门捷列夫；有的女同学要当现代的居里夫人，等等。总之，那时的我们这一代人，每个人都有自己的理想，并且发挥到了极致。学习伟人，争做一个有贡献的人，是我们的最高理想，是我们生命的价值之所在。

我和同学们一样，深受那个时代精神的感染，也十分珍惜来之不易的学习机会。在我们入大学40周年聚会时，我曾念了即兴写的一首小诗："金秋时节进珞珈，许把青春铸才华。校园处处留足迹，文章篇篇汗水洒。"论诗是很蹩脚的，但"诗以言志"，它表达了我入大学后的理想和决心。

我的理想是什么呢？是想当一个诺贝尔式的发明家，它几乎占据了我的全部心灵，也是我那时学习、生活和从事一切活动的动力。这个理想是从中学时代萌发的，当时我读了一本关于炸药大王诺贝尔的故事，深深地为他献身科学的精神所感动，也十分崇拜那些因"为人类作出最大贡献"而获奖的科学家。这举世无双至高无上殊荣，成了我毕生追求的目标，使我从少年时代起就养成了"凡事争第一"的精神。

德国伟大的诗人歌德说："壮志和热情是伟大的辅翼。"这话说得既形象又深刻，意指雄心壮志和炽热的情感是成就伟大事业的两翼。人们追求的伟大事业犹如一架大型客机的机身，而壮志和热情就是它的两翼，显然无论机身设计得如何好，如果没有两翼，那么它是不可能翱翔的，当然也就不可能达到人生的目标。

俗话说："翅膀不硬焉能飞哉？"这就是说，如果要想高飞远行，必须锻炼赖以飞行的两只翅膀。为了实现自己的理想，我在大学时代就自觉地从"德、智、体"三方面严格要求自己，刻苦地磨练自己。我认为，"智"和"体"也就如飞机的两翼，而"德"则是飞机的方向盘，是控制飞行方向的。我深深地知道，一个人如果没有优良的"德、智、体"的素质，不管他有多么崇高的理想，那么最后也只能是幻想而已。

首先，在德育方面，我十分注重政治思想的修养，积极要求进步。大学期间，我一直担任班长，处处严要求，事事走在前，不怕吃苦，也不怕吃亏。由于表现突出，成绩优异，大一时被选拔为留苏候选人，大二时加入了中国共产党。武汉1954年发生了百年不遇的特大洪水，我虽年方20，但志愿参加了防洪抢险突击队，在长江大堤上整整奋战了100天。无论是发高烧，或是拉痢疾，都坚持不下堤防。由于在防洪抢险中的突出表现，被评为防洪积极分子。

其次，在智育方面，我如饥似渴地汲取知识，不仅要学好本系的课程，而且还到物理系和水电学院听课；除了必修的俄语以外，我还冒险去向"右派分子"和"有政治历史问题"的教授求教，自学英语和日语，这在当时都是犯忌的。学校寒暑假照例是要放假的，我是湖北枣阳县人，家距武汉仅 280 多公里，回家一趟也只是朝发夕至而已。可是，大学五年里的十个寒暑假，我居然没有回家过一次。时间对于我来说，实在太重要了，我要把寒暑假当作第三学期。知识对于我来说，也太需要了，我要把藏书丰富的图书馆当作无声的课堂。于是，寒暑假就是"泡图书馆"最好的时机，以解除我对知识的饥饿，实现自我设计的"从苦学、巧学到博学"的成才道路。在外人看来，这些举动近于苦行僧的生活，这是什么力量支持呢？应当说是理想，是争做一个发明家的理想。我崇尚苦学，深信"梅花香自苦寒来"的道理，也一直奉行"苦尽甘来"的人生苦乐观。

再次，在体育方面，我从难从严要求，把参加体育活动不仅仅当作强身健体的手段，而且当作磨练意志和毅力的过程，大学期间，我喜爱的体育活动是长跑、爬山和划船，这是刻意挑选的。与其说是爱好倒不如说是自找苦吃，这是实现其理想不可缺少的力量。

大学生活已逝去四十多年了，回顾我的人生道路，虽然我最终没有实现做一个诺贝式的发明家的理想，但是弘扬诺贝尔的伟大精神，追求创新，研究创造教育，培养创造性的人才，却一直是我的毕生追求。应当说，我的理想并没有落空，只是异化成另一种形式而已。及至年逾花甲之后，我参与创办了一所民办学校，仍然做着创造之梦，大力开展创造教育实验，开发广大青少年的创造力，期望培养出更多的诺贝尔式的发明家。

眼下，我已六十有五，生理上的老化是不可避免的，但我自觉思想尚未僵化。至今，我仍然保持着"求异、求变和求新"的创造性的个性，坚持"创新不止"的精神，让理想的灯塔照耀我不断前进！

（本文原载于《良友》1999 年第 9 期）

四、从义无反顾想到的

1993 年元月 2 日，是 20 世纪 90 年代第四个新年过后的第二天。虽然时值寒冬，但当日天气晴朗，所以并不觉得太冷。大约上午 10 时，法国语言文学系退休教授叶汝涟先生来访，显然是有意来祝贺新年的。过去，我多次去拜访过他，但是论年龄和学历，他是我的师辈，所以对于他的到访，我感到有些不安。攀谈片刻之后，我们彼此也就无拘无束了。叶先生的到来，勾起了我对往事的回忆：

1980 年 10 月中旬，我到北京去向教育部汇报与法国合作交流事宜，拟在武汉大学建立中法合作交流中心，这是继中美（南京大学）合作交流中心、中德（上海同济大学）合作交流中心之后的第三个全国性的教育合作交流中心。为了建立这个中心，我于 1980 年 1 月率团曾经访问了法国，与法国外交部对外合作交流总司司长德拉泽尔签定了全面的协议。我到教育部汇报，正是为了落实协议中的有关条款，其中最主要的是将法语专业升格为法国语言文学系，建立法国问题研究所，创办《法国研究》杂志。

很显然，要落实协议中关于创办系所和刊物的条款，关键的还是人才。我校原法语专业是新办的，师资力量不强，缺乏学术带头人。因此，要建设高水平的中法教育合作交流中心，最重要的是招聘到法国语言文学方面的专家。教育部外事局欧州处处长王仲达了解到我的心思，主动向我推荐北京大学西语系的叶汝涟，希望我把他聘请到武汉大学去。

我利用在京办事的空隙，慕名到北京大学校园去拜访叶汝涟老师，意欲聘调他到武汉大学任教。我几经周转，终于找到了叶先生的住所，实际上是一幢筒子楼式的单身宿舍。当我扣开了他的房门时，迎上来的是一位蓬头披衣的人，年龄 50 岁开外。给我的第一印象好像是一位妇人，但我明明找的是一位男老师，我几乎怀疑是否找错了人。不过，我还是硬着头皮问道："请问，叶汝涟老师是住在这吗？"答："是，我就是。请进！"于是，我就进入到屋内。那是一间约10平方米的单人间，放着一张小钢丝床，以及一些十分简陋的用具。这里与其说是他的家，倒不如说是一个栖身之处。在房内，我甚至找不到一个合适的地方就坐，不得不在床边的一张半高的竹椅子上坐了下来。说实在的，当时我的心情很难受，难道这就是工作了30多年的知识分子的待遇吗？

我说明了来意，是慕名而来，有意聘请他到武汉大学法语系去任教。我向他介绍了中法合作交流的情况，准备在武汉大学建立中法教育合作交流中心。我还对他说："我们相信，叶先生去武大以后，一定会有英雄用武之地。我校是开明的，你可以长期在武大任教，如果不习惯武汉的气候，也可去短期去工作；你的户口可以转到武汉，也可以留在北京。"叶先生听后颇为激动地说："作为校长，你礼贤下士来访，我实不敢当，谢谢你的一片好意。我早有意离开北京大学，只是尚未寻觅到合适的单位。鉴于武汉大学准备建立中法合作交流中心，我决定到武汉大学去，并且义无反顾。"听了叶先生的表态，我得到了满足，怀着喜悦的心情告辞了。

翌年春天，我们以最快的速度办完了叶先生的调动手续，他履行自己的诺言。我们打破常规，破格把他从讲师提升为教授，并且任命他为法国问题研究所所长、《法国研究》（双语）杂志主编。他的确没有辜负大家对他的厚望，在他的主持下，法国问题研究逐步展开了工作，在法国语言、文学、历史、哲学、经济等方面取得了一批研究成果。他主编的双语《法国研究》，得到了法国驻华大使馆的资助，在中法两国学术界赢得了好评。他培养的数十名研究生，有的赴法国深造，有的成了教学与研究的骨干。他还多次主持召开了法国文学、诗歌学术研讨会议，出版了多部学术著作。鉴于他在教学、科研和促进中法合作交流方面的贡献，法国教育部向他颁发了棕榈奖（教育奖项）。叶先生在武汉大学整整工作了十年，直到1990年退休，他对武汉大学法国语言文学的教学与研究做出了重要的贡献。现在，虽说他退休了，但是知识分子是退而不休的，他仍笔耕不辍。

叶先生一生坎坷，经历了不少的磨难。他于1946年毕业于中法大学，并且加入了民主同盟，做了许多有益于革命的工作。解放后，他是第一批党的积极分子，是当时北京大学工会负责人之一。1956 年北京大学赵保熙教授介绍他入党，并且党支部已经讨论过了。但是，他没有入成，因为他不能接受"铁的纪律"，不愿使自己的个性受到束缚。他虽被划为"左派"，但又未能加入到共产党里来。然而，到了 1957 年反右斗争时，他又被打成了右派分子，前后变化实在令人吃惊！

叶先生的夫人朱老师，是著名英语教授俞大姻的高足，与他同在西语系工作。那时，她不认为叶老师是右派分子，并且给他们的女儿起了一个叫朱君左的名字，以表明他们是革命的。可是，这当然无济于事，不仅帮不了他们的忙，而且还不得不与叶先生离了婚。自那以后，叶先生就一个人生活，至今未婚。他们的女儿也经历了不少的苦难。但她后来到英国得到了博士学位，总算是让他们得到了一些安慰。

我和叶先生的交谈兴致甚浓，不知不觉我们已谈了近两个小时了。我问叶先生："你退休后有何打算？"他说："按政策，我应当享受离休干部待遇，但是户口不在武汉，有意到北京居住，继续做一些研究工作。但是我写信给党委书记和校长，希望落实我的政策，可是石沉大海，杳无音信。我看他们只是做官，不给平民百姓办事，我怀疑他们连我的信也看不懂。如果你现在仍然是校长，我的问题就好解决了。"我说："唉，我现在是爱莫能助了！"

叶先生一个人在武汉，生活的确有诸多不便。在武汉大学工作期间，他接受的一个叫李慧岸的青年，一边帮助叶先生做一些抄写和生活上的事，一边自学考自修大学文凭。叶先生说："对小李的培养，算是我对社会作的一个贡献吧！"

墙上挂钟的时针指向 12 点了，我们虽言犹未尽，但时间已经够长了。叶先生起身告辞，他面对着墙上挂着的一幅"高风亮节"的字画，吟出一首诗来：

> 四时花草最无穷，①
> 　到时花开后更香。

---

① 家中摆放了四时花草，如君子兰、蟹爪兰、海棠、水竹和其他花卉。

> 唯有山中竹与兰，①
>
> 今春立夏又秋冬。

我思索片刻，应声也道出了四句诗，回赠叶先生：

> 四时花开花又落，
>
> 人生风雨多坎坷。
>
> 青山不老春常在，②
>
> 笑观风云卷白寰。③

我们这次谈话，是在诗情画意中结束的。我目送叶先生离去，希望他是一棵不老松，衷心祝他健康长寿！

---

① 我家中墙壁上挂着一幅玻璃镶嵌的高风亮节的字画，那是我身处囹圄时学生送我的，叶先生解释道，竹和兰是高品质的花草，历来比喻高品质的人格，我们互勉吧！

② 叶先生已年届古稀，身体矍铄，精力充沛，这是坎坷经历锻炼的结果。

③ 白寰是指一切旧思想、旧方法、旧制度，大风大浪将涤荡一切污泥浊水。

五、一个令人敬佩的人

1986 年 9 月 16 日，我率代表团访问美国，参加武汉大学的姊妹学校耶鲁大学第 20 任校长班罗·斯密特的就职典礼。同时，我们还将访问美国和加拿大的十多所大学，同他们续签或新签校际合作交流协议。

在参加了耶鲁大学的盛典以后，我们第二站就是访问匹兹堡大学，她也是武汉大学的姊妹学校。匹兹堡大学校长普斯法原是一位退役的海军中将，他任匹兹堡大学校长已 25 年，曾访问过武汉大学，我们是多年的老朋友。我们受到普斯法校长的隆重接待，两校又续签了合作交流协议。

在匹兹堡期间，我们还会见了在该校和匹兹堡各大学学习的武汉大学的留学生。其中，有一个学生给我留下难忘的印象，他叫王阳敏。当他见到我的时候，竟然激动得涕泪横流，他说："刘校长，没有你的开明思想，就不可能有我小王的今天。是你挽救了我，否则那千斤重的包袱会把我压得永世抬不起头来。"他像久别的孩儿见到亲人一样，每天伴随着我们。为了尽地主之谊，他带领我们参观了这座美丽的城市。匹兹堡是美国的钢都，原来污染严重，被称为烟雾城市（Smoking City），后来借助新技术改造，现在已经变成了明净的城市（Clearing City）。

当王阳敏见到我们时，他之所以万分激动，其中还有一个鲜为人知的故事。他是武汉大学英文系 79 级学生，学习成绩优秀，特别是口语很好。所以，他毕业后留在学校外事处工作。由于工作能力强，很快又提升为专家科的副科长，我也很欣赏他的才华。可是，他毕竟年轻，后来他与一个校外的不正当的女子鬼混，于是受到了撤销职务的处分。

次年，他申请去美国留学，获得了匹兹堡大学国际关系学院研究生的奖学金。国际关系专业是很吃香的，像这样的机会，过去只是美国学生独占。由于王阳敏的考试成绩突出，口语很棒，所以他获得了仅有的一个奖学金。

但是，能不能批准他出国留学呢？当时，对待这个问题存在严重分歧，主管政工的学校负责人坚决反对批准他出国，认为像这样的人到了美国还不知会变成什么样的人！我一贯认为，应当全面看待一个人，不能因一言废人，也不能因一事废人。清龚自珍诗曰："不拘一格降人才。"人才能不能出来，关键在于"格"。在现实生活中，"格"是很多的，像犯过错误就可能成为埋没人才的一个"格"。作为管理者，怎样看待人，主要是看他们的优点还是看他们的缺点呢？我始终认为，应当从本质上发现他们的优点，充分调动他们的积极性和创造性。至于他们的缺点，不是不可以向他们指出来，也可以给以必要的批评教育，但决不能一棍子打死。不犯错误的人是没有的，错误也可以教育一个人，如果吸取了教训，他们会成长得更快。基于这种种认识，我排除阻力，毅然批准王阳敏出国留学。这件事在知情的美国专家中，引起了很大的反响。他们说："刘道玉校长的确很开明，他是真正的爱才者。"

王阳敏出国以后，果然没有让我失望。他总结了经验教训，刻苦学习，以全部优秀的成绩顺利地通过了研究生课程考试。他颇受导师的赏识，提前进入到博士论文的研究工作。看到王阳敏前后的变化，我感到十分高兴，这也使我更坚定了要全面看待人和要敢于保护犯了错误人的决心。

在匹兹堡期间，王阳敏带我们参观了他租住的宿舍——一间6平方米的小屋。他到美国时间还不很长，仅靠奖学金维持学习和生活。他的经济并不宽裕，为了表示对我的感激之情，他事先给我准备了一件礼物，端正地放在他的书桌上。它是花了56美元购买的，是一个精心雕刻的浅咖啡色的木牌，上面雕刻了一段箴言。他对我说："你就是这样一位令人敬佩的人。我要把这几句话铭记在心，以你为榜样，做一个真正的人！"是呀，俗话说："浪子回头金不换"，王阳敏并不是浪子，仅仅只是犯了一个小错误，但是他吸取了教训，现在他完全是另一精神境界！

我很珍惜这件礼物，带回国以后，一直把它挂在我的书房。现在，我把那一段箴言译成中文：

一个令人敬佩的人

假如他酷爱他人和他自己

假如他得到感激和安慰

假如他十分友善和极富同情心

假如他看到别人的缺点但同时又很快

发现他们的优点

假如他在困难时愉快和在成

功时谦虚

假如他坚信他信仰的真理

那么，他就是一个真正的令人

敬佩的人！

这一段箴言出自何处，王阳敏没有说明，我也未能去查找。我想，反正这是一段富有哲理的人生座右铭。其实，在内容上它与儒家做人的标准是一致的，我信奉儒家仁学思想，所以我也一直用这一段箴言来勉励自己。我不敢说自己已经做到了像箴言所要求的那样，更不敢说自己是"一个令人敬佩的人"。但是，我富有同情心，善于发现别人的优点，从不害人、整人，不妒忌他人，遇到困难不气馁，敢于讲真话，从不阿谀权贵……现在，我已到古稀之年，已进入到"随心所欲"的精神境界。不管人们怎么看待我，也不管权势人物们是否喜欢我，我将按照自己的价值观念生活，反正不再做"工具"了，要做一个真正的人！

六、论两种大丈夫

在汉语词汇里，有"大丈夫"一词，它的意思是指志气、有作为的男子汉。当然，最权威的诠释是《孟子·滕文公下》中所下的定义："富贵不能淫，贫贱不能移，威武不能屈，此之谓大丈夫。"① 由此看来，大丈夫一词已经超出了男女性别概念，他所体现的是一种气节，是一种励志崛起的强大力量。

中华民族自古十分重视传统的气节，并且留下了无数的志士仁人可歌可泣的英雄事迹。宋朝才女李清照在《夏日绝句》中有四句感人的诗："生当作人杰，死亦为鬼雄。至今思项羽，不肯过江东。"② 这不仅显示了女才子李清照的气节，也赞扬了项羽这位大丈夫的英雄气概，他宁死也不肯低下高贵的头。在清末，最典型大丈夫的例子，像为变法而自觉献身的谭嗣同，以及稍后一些自立军的领袖唐才常和许多献身于反清的烈士如徐锡麟、秋瑾、邹容等，都是"敢将热血写春秋"的大丈夫！

中国知识分子是最重视气节的，所谓的"士可杀而不可辱"，就是这种气节的集中表现。在抗日战争中，许多沦陷区的知识分子，宁肯举家当难民，也决不肯在日伪的统治下任职。以遗老自称的近代诗人陈三立先生，因不满日本侵略军的占领，竟绝食而亡，以生命抗议这场民族所遭受到的奇耻大辱。闻一多先生无疑是最有气节的知识分子之一，毛泽东曾高度赞扬道："闻一多拍案而起，横眉怒对国民党的手枪，宁可倒下去，不

---

① 《孟子·滕文公下》，参见《四书五经》，中国友谊出版公司，1995 年 9 月第 1 版，第 50 页。

② 秦垂世：《传世智慧诗语荟萃》，湖北人民出版社，1999 年 11 月第 1 版，第 457 页。

愿屈服。"① 知识分子的气节主要表现在"独立"和"尊严"这两点上，一个失去了独立和尊严的人，哪还有什么气节而言呢？当年，西南联大返回北京时就有规定：凡留在日伪大学中的职员可以留用，而留在日伪大学中任过职的教员，一律不得留任。由此可见，教授的价值不仅仅只是拥有知识，而且还必须有精神价值的体现，这就是民族的气节。

我国经历了两千多年的封建社会，家庭一直是小农生产方式的最基本单位。自古以来，我国国民有着重视家庭关系的传统，这种传统的美德，令西方国家的人羡慕不已。但是，由于"三纲五常"和"三从四德"的封建礼教的束缚，在家庭关系中存在着男尊女卑保守的大丈夫思想，严重的甚至表现为大丈夫主义。这种大丈夫主义，与男女平等的人权思想是相悖的，它使广大女性的受教育和工作的权利受到歧视，严重地压抑了她们聪明才智的发挥。这种大丈夫主义是要不得的，必须坚决肃清它的流毒。显而易见，本文中所论述的大丈夫决非是男子汉，而是指一种人文气质，它主要表现在政治、军事、学术研究和建功立业上。人民教育家陶行知先生在《第一流的教育家》一文中曾说："大丈夫不能舍身实验室，亦当埋骨边疆尘，岂宜随便过去！但是这种人才，究竟要到什么时候才能出现？究竟要由什么学校造就？究竟用什么方法养成？可算是我们现在最关心的问题。"② 在这里，陶行知先生不仅提出了大丈夫应当肩负的使命，而且还关心如何培养具有大丈夫精神的人才。从根本上说，这种大丈夫的气质，主要是在政治斗争、社会实践和科学实验中养成，现在的学校很难完成这种使命。但是，这并不是说我们的学校就是无所作为的了，至少我们可以为造就这样的人才打下初步的思想基础。

在历史和现实社会生活中，似乎有两种大丈夫：一是大丈夫宁折不屈，二是大丈夫能伸能屈。对于这两种大丈夫，也是见仁见智，这主要是由每个人的价值观念所决定的。不过，对于宁折不屈的大丈夫，肯定会普遍地受到人们的敬仰，持异议的人恐怕不多。在历史上每一个时代，都有许多这样大丈夫气质的英雄豪杰，例如敢谏之臣魏征，民族英雄岳飞、文

---

① 赵慧：《回忆纪念闻一多》，武汉出版社，1999 年第 1 版，第 2 页。

② 《陶行知全集》（第 1 卷），湖南教育出版社，1984 年 1 月第 1 版，第 114 页。

天祥、郑成功、林则徐，刚直不阿的海瑞……以及近现代史上在反帝反封建斗争中，为国捐躯的许许多多英雄们，个个都不愧为真正的大丈夫。王若飞同志是早年参加革命的一位卓越的领导人，在归绥狱中，为鼓励战友坚持斗争，保持革命气节，他反复吟咏明代于谦的两句诗："粉身碎骨全不怕，要留清白在人间。"是的，历史上无数的英雄豪杰们虽然为国捐躯了，但是他们仍然活在人们的心中，这就是他们坚贞的大丈夫精神。

但是，对于能伸能屈的大丈夫，看法可能就不大一致了。所谓能伸能屈，是指在失意或身处危难之际，要能够克制忍耐，甚至逆来顺受、委曲求全。持这种观点的人认为，识时务者为俊杰，好汉不吃眼前亏。之所以有人信仰能伸能屈的人生哲学，大概是历史上确有因此而成大事者。"卧薪尝胆"，这是一句脍炙人口的成语，讲的是 2500 多年前，越王勾践图强雪耻的故事。公元 495 年，越国被吴国打败，越王勾践忍辱带着妻子到吴国，被迫给吴王夫差当奴仆。但是，勾践并没有丧失雪耻复国的决心，他暂时的屈，是为了将来伸的大目标。三年以后，他被释放回国，立志要洗雪国耻。为此，他睡卧在柴草堆上，用戈当枕头，在屋里吊着一只苦胆，每日早晚和吃饭时，他都要尝一尝苦胆的滋味，提醒自己不要忘了亡国之耻。结果，经过 20 多年的积聚，越国兵精粮足。公元 473 年勾践率大军攻打吴国，把夫差围困起来，夫差被迫自杀。趁着胜利，勾践征服了各国诸侯，成了春秋时期最后一个霸主 。①

从这个故事我们应当得到什么样的教益呢？看来，问题并不在于是否允许能伸能屈，而在于屈的目的是什么，应当做到屈而不失其志。像勾践那样为了中兴大业而忍受暂时的辱，仍不失为大丈夫。然而，有些人的屈并不是为了国家的事业，而是逆来顺受，奴颜媚骨，投其所好，甚至是出卖灵魂和同伴。像这样的例子，在过去的历次政治运动中，我们见到的实在太多了。有那么一些人，运动一来就检讨，运动一过便翻案，检讨时声泪俱下，翻案时振振有辞。这样的人能算是能伸能屈的大丈夫吗？不能，他们是十足的小懦人。

我国在过去几十年中，在"左"的路线指导下，政治运动不断，每

---

① 参见《史记》四十一卷《越王勾践世家》。

一次运动都有不少人挨整。在那些运动中，知识分子是首当其冲的受打击者，这是由于他们敢于说真话，或者是由于他们恃才傲物所致。但是，在严酷的现实面前，知识分子也发生了分化。一部分人变得很乖巧，学会溜须拍马，卑躬屈膝，一心向上爬，成为既得利益者。另一部分是保持了知识分子气节者，就成了遭枪打的出头鸟，虽倍受摧残，但他们却留下了高风亮节的傲骨。

许久以前，我听到一个真实的故事。那是在一次政治运动中，有一个知识分子受到了审查，审查来势汹汹，上级派出了庞大的工作组，似有不把他打倒誓不罢休的架势。可是，这个人自认为没有任何问题，完全是某些人徇私打击报复。于是，他拒绝与工作组的人谈话，拒不写一个字的材料，拒不认错。宁折不屈的强硬态度使得整他的人大为恼怒，对他无所不用其极。一些关心他的朋友，怕他硬顶吃亏，于是劝他说："大丈夫能伸能屈，你就写一个检讨，哪怕一页纸、半页纸，也总算是一个态度嘛。韩信'胯下之辱'的故事你是知道的，如果他当年不从淮阴少年双胯下爬行，他后来怎么能被尊为上将军，后又先后被封为淮阳侯、齐王、楚王呢？"那个老先生的一个得意门生也劝道："先生，你今天务必要写一份检讨，否则，明天就来不及了。"听后，老者勃然大怒道："怎么样？是否明天就押赴刑场，即使如此，我也在所不辞。"接看他又说："是的，的确有能伸能屈的大丈夫，但是你们却忘了，历史上还有另一种大丈夫，那就是宁折不屈。我更欣赏后面这种大丈夫，宁为玉碎，不为瓦全。"

后来，据说工作组经过长时间的审查，甚至拿着显微镜去寻找受审查人的所谓罪证，但是他们一无所获。最后，不得不草草收兵，工作组也灰溜溜地撤走了。虽然那个挨整的人吃了不少的苦头，甚至是失去了许多应该得到的物质待遇，但是他并不看重这些东西，他曾对人说："功名利禄皆可抛，唯有人格不能丢。"

当我听到这位先生的故事后，我十分敬仰他的铮铮傲骨。俗话说："物以类聚，人以群分。"这就是说，人与人交朋友或者崇敬什么人，那是由他们的价值观决定的。我之所以崇敬这位老先生，是因为我也崇拜宁折不屈的大丈夫。无论何时何地，我决不会说违心的话，更不会去作什么违心的假检讨，以取悦于什么人，或者为了得到什么好处。

　　在我国传统文化中，有许多值得继承发扬的国粹，其中文人的"士节"就是应该发扬光大的。现在，我痛感世风日下，商业化社会的金钱欲，使得很多人的人格受到了扭曲。因此，我真诚地呼唤宁折不屈的大丈夫精神，呼唤人们诚信的良知，因为它不仅仅只是一种气节，而且也是从事任何事业所必须的一种巨大的力量！

七、也要说真话

真话与假话是相对应的，真话是发自人们内心的或反映客观事物本来面目的语言，而与之相反的话就是假话。无论从做人的道德标准或是科学性来说，人们无疑都应当说真话，而不应当说假话。人民教育家陶行知先生曾写道："千教万教教人求真，千学万学学做真人。"这里的求真，就是说真话，追求真理，做道德高尚的表里如一的真人。① 但是，在现实生活中，人们都自觉或不自觉地撒过谎。所以，有的研究者说，世界并不诚实，人是最爱撒谎的动物。

美国麻省理工学院心理学家费尔德曼说："我们会不自觉地向人家撒谎，有时连想也不想，甚至不承认自己在撒谎。"他通过研究后认为，谎言有不同层次之分，而说谎的动机可归三大类：第一类，讨别人欢心，让人家感觉好一点；第二类，夸耀自己和装派头；第三类，自我保护。美国广播公司的刘易斯博士还对撒谎作了调查，他得出的结论是："每人每天平均最少讲25次的大话（也就是虚假的谎言）"，这次调查结果，无疑为费尔德曼的观点提供了佐证。②

谎言可以分为恶意的和非恶意的，英文词汇中有一个词叫"白色的谎言"（英文是 White lie），它的意思是小谎言、客气的或无恶意的谎言，即不伤害他人的谎言。这种谎言是被容许的，并不受到人们的谴责。例如，孩子哭闹，妈妈为了让他不再哭，就会说："快别哭了，老虎来了。"又比如，你与朋友见面，对方问道："近来贵体安好？"本来，你身体有些不舒服，但碍于情面，不得不顺口答道："贱体无恙"，如此等等。一

---

① 《陶行知全集》（第3卷），湖南教育出版社，1985年7月第1版，扉页题词。
② 凌子文：《北京青年报》，2001年3月22日。

般说来，费尔德曼所说的三类谎言，就是属于"白色的谎言"。与"白色谎言"相对应的是恶意的谎言，它以伤害他人或他人的利益为目的。例如，恫吓、欺诈、诽谤、诬告等一类混淆是非的语言，就是伤害他人的谎言。对于这类谎言，我们必须揭露它，坚决地抵制它！

我国近几年来，不断有人以写书或著文倡导要讲真话，这无疑是代表了一股正气。我为这种弘扬正气之举而叫好，这无疑是对那种假、大、空的社会风气的挞伐。据我观察，倡导讲真话的多是一些耄耋之年的老人，如巴金、冰心、萧乾等，可我很少看到或听到其它的人特别是当官的人倡导要讲真话。这就引起了我的深思，为什么那些老人们呼吁要讲真话呢？想来想去，我想大概有三个原因：一是他们都没有了乌纱帽，不怕因讲真话而掉了乌纱帽；二是他们都已耄耋之年，也算是长寿了，因而也就不怕讲真话遭致杀身之祸；三是过去由于种种原因，或多或少地也讲过假话或违心的话，到了老年良心回归，方知讲真话的可贵。

这些话我是在一个有省市领导参加的座谈会上讲的，接着我说："按照这些条件，我也符合了，因此我也要加入到讲真话的人行列。今天的会议是座谈素质教育，依我看有些人并没有搞清楚什么是真正的素质教育，然而他们却在那里大谈素质教育的经验，这明明是在讲假话。现在的情况是：素质教育的口号叫得震天响，而应试教育大战硝烟弥漫。是什么人在搞应试教育呢？依我看，就是那些重点中小学，是那些树立起来的'示范学校'，是那些强化应试教育的督导部门。实际上，有关教育部门的领导人，重点学校的负责人，搞应试教育得心应手的'名师'以及那些望子成龙的学生家长，组成了一股强大的应试教育的社会基础。这就是为什么推行素质教育困难重重的原因。"

我的话讲完以后，会场一片沉静，没有人反对，也没有人附和。倒是在会后，有几个人对我说，你的确说的是实话，说出了我们想说而不敢说的话。是的，说真话要有勇气，要有无私无畏的精神。如果你想取悦于谁，或者怕失去了什么，那你就不敢说真话，只能人云亦云、随波逐流，成为一个跟着上司跑的应声虫。中国古往今来，那些堪为人师的真正学术大师都是敢于说真话的，例如屈原、司马迁、苏东坡、郑板桥……在国外，像卢梭、苏格拉底、柏拉图、亚里士多德等，也都是以敢于说真话而著称的。有"现代亚里士多德"之称的英国哲学家罗素，是一个敢于讲真话、为坚持真理而斗争的不屈的战士。他出版了一本叫《一个自由人的崇拜》，该书的译者评论说："在人类社会里，敢说真话的人太少了；而罗素是勇者，由于勇者不惧，他总是那么坦率真诚。"① 正因为如此，人们爱罗素，爱他的优美的文笔，爱他的深入浅出的哲理，爱他捍卫真理的勇气。

在一个世俗社会里，多数人总是把那些敢于说真话的人看成是不合时宜的人。前苏联作家扎米亚京就是一个不合时宜的人，他在任何时候都敢于说真话。他在给斯大林的信中坦陈："我有一个使人感到非常不愉快的习惯，我不会在特定的场合说似乎对自己最为有利的话。但是，我相信我说的的确是实话。"他不齿于文学领域里的流弊，并揭露说："真话，这就是我们今天的文学作品最最缺乏的。作家撒谎成性，习惯于讲话瞻前顾后，畏首畏尾。因此，大多数的文学作品甚至没有完成今天历史所赋予的最基本的任务：看清我们这个奇妙、独一无二的时代，看到他所有的丑恶和美好的方面，记录下这个时代本来的面目。"② 其实，不仅作家撒谎成性，政治家特别是那些政客们更是撒谎成性，所以在官场上腐败、绯闻不断，尔虞我诈已成了家常便饭。这再一次说明，我们这个世界并不诚实，要同假冒伪劣行为作斗争该是多么艰巨的任务呀！为什么在社会生活中说真话的人太少呢？原来，人类是具有高级思维的动物，人的这种高级思维能力，像其它一切美好的事物一样，也是一把双刃剑，如果正确地使用它，可以导致发明创造，为人类造福；如果不能正确地使用它，就可能被用来伪装自己，失去真实的自我。同时，人一旦从自然人（指尚未受到社会不良风气感染的幼儿）变成了社会的人（指已经参与社会生活并与他人发生联系的成年人），那么他们就组成了以思想信仰、政治目的和经济利益为分野的群体。为了达到这些目的，他们往往采用各种方法，可谓无所不用其极，其中包括欺骗的手段。这就是导致人们不诚实的社会基础。

---

① 罗素著：《一个自由人的崇拜》，时代文艺出版社，1988 年 4 月第 1 版译序。
② 《中国图书商报》（书评周刊），2002 年 11 月 8 日，第 4 版。

在医学上，有一种"多重人格症"患者，得了这种病的患者，往往反复无常。本来，他抽烟，但却说不会抽烟；他会喝酒，但却说不会喝酒；本是左撇子，他却说自己是右撇子，等等。经过研究发现，这些患者之所以出现反常情况，是因为在他们身上有十几个变体。同时还证明，导致这些患者的病因是由于隐藏在内心深处的最黑暗和恐怖的秘密造成的，不仅在医学上存在"多重人格症"患者，在社会生活中也有不少人患了"多重人格症"。他们的表现是：他们对上司是一副面孔，对下面又是一张嘴脸；他们当面一套，背后又是一套；他们对你满腹嫉恨，当面却又表示十分友善；他们明明持有异议，但表面上表示赞成你的观点；昨天他们还是你的朋友，政治运动一来就"反戈一击，置你于死地"，等等。正因为这种人善于见风使舵，所以他们才得以平步青云，成为政治上的不倒翁。如果说生理上的"多重人格症"的病因是隐藏在内心深处的恐怖的秘密造成的，那政治上"多重人格症"患者是隐藏在思想深处的丑恶灵魂所驱使的。

对于生理上的"多重人格症"患者，主要是采取精神治疗方法，找出隐藏在他们内心深处的秘密，有针对性地予以治疗。事实上，有不少患有"多重人格症"患者得到了根治，成为积极上进的正常人。那么，对于患有政治或社会"多重人格症"的患者，我们应当如何治疗呢？可惜，现在既没有治疗政治"多重人格症"的医生，也没有治疗这种病的特效药。不过有一点是肯定的，那就是肌体上的病要用药物医治，心理上的"多重人格症"要用精神疗法医治，而政治上的"多重人格症"，必须从政治上来动大手术。所谓的政治上动大手术，就是要进行政治体制改革，建立民主制度，完善法制，保障自由，建立包括社会团体、公民、新闻媒体、督查等多种形式的综合监督机制。对那些以权谋私、行贿受贿、买官卖官、撒谎制假、投机钻营等不诚实的行为彻底揭露，把那些耍阴谋诡计的野心家暴露于光天化日之下，使他们永无市场。

此外，还要充分发挥教育在培养人的思想品德方面的重要作用，使受教育者从小养成说真话的优秀品德。我们要达到这个目的，无论是政治思想教育内容或是思想工作方法，都必须进行改革。要以修身为中心的伦理学代替那些空洞的、口号式的政治学习内容，以真正达到培养高尚道德品质的目的。

从当代世界文化发展趋势来看，一些有识之士认为，21 世纪将是东方儒家文化的世纪，甚至认为将出现东方文化复兴的时代。作为东方文化的故乡，我们更应当大力弘扬儒家文化之精髓。那么儒家文化的精髓是什么呢？孔子的思想是儒家文化的集中代表，他一生的学问就是发现了"仁"字的真义。中华民族的道统，就是以"仁"为中心的道德体系，所以"仁"是儒家学说的精髓。《论语》一书有 59 章，讨论"仁"字的内容就有 109 次。《孟子》一书有 71 章，提到"仁"字的地方就有 158 次。"仁"是做人的道理，而做人的道理，归纳言之，就是伦理学。同样地，"信"字在儒家学说中也占有重要的地位，仅在《论语》一书中，提到"信"字的地方，就有 26 次之多。例如，孔子关于"信"的论述有："言必信，行必果"；"言忠信，行笃敬"；"信以成之"；"人而无信，不知其可也。大车无輗，小车无軏其何以行之哉？"孔子教育学生有四种内容，即文、行、忠、信。所以，儒家文化，也就是教育如何做人的学说，对此，我的体会是：做人要信奉儒家之忠诚，要永远说真话，永远追求真理。

可是，在很长的时间内，人们把儒家的"仁、义、礼、智、信"当作封建思想批判，以至于混淆了道德标准的是非，使得一些人变得不仁不义、不诚不信、不忠不孝。无论是政治体制改革或是进行伦理教育，都不可能一蹴而就，需要长期努力。当然，即使我们采取了各种措施，说假话的现象总是不可能完全根除的。但是我相信，只要我们沿着正确的方向走下去，就一定能使说真话、求真理、做真人成为社会的主流，建立一个与文明社会相符合的新风尚！

八、洁身铭

1989年8月初，我回故乡考察太阜山金红石，据说其储量位于亚洲第一，在世界上占第二位。我的目的是希望引进技术与资金，开发这座矿山，发展乡镇企业，为故乡的经济发展做一点有益的事。可是，由于天气太炎热，我回学校以后，突然胆结石症急性发作，痛得大汗淋漓。

在紧急的情况下，我被送进了同济医院。经过反复检查，确诊为填满型的胆结石症，需要施行手术治疗。后来，又经过反复体检，于11月20日做了胆囊的全切除手术，取出了一粒45公分黑褐色的结石。虽说我是住在普通外科病房，但是手术班子却是一流的，裘法祖院长亲自坐阵，从手术到麻醉全是名教授。因此，手术进行得十分顺利。

我于12月20日出院，按照医嘱需要全休6个月，以避免术后综合症。回家以后，高伟为了让我安静地休息，把我安排在书房里住，并安装了一个煤炉取暖。那是一间10平方米的小房，摆满了书架，陈列着古今中外各种书籍。这一段时间，是我读书的最好时机，使我体验到了培根的名言："人们在独居或退隐的时侯，最能体会到读书的乐趣。"

那时，我读的书可能超过了过去几十年读的数量，这使我感到很充实。我读的书很广泛，但主要的是以中国古代和外国伦理、哲学、历史为主，直到这时我方感到过去读书太少。其中，《古文鉴赏辞典》是我反复阅读的一部经典，那里面的284篇文章，我不止读过一篇。唐文学家刘禹锡的《陋室铭》对我影响很大，它虽然只有81个字，但却脍炙人口，让人回味无穷。不知为什么，就在阅读《陋室铭》时，使我对这个铭字产生了兴趣，古人有用铭字来表达自己的价值观念的雅兴，如座右铭、陋室铭、墓志铭、砚铭、剑铭……这既是一种乐趣，又是以铭言志。也许，是在刘禹锡《陋室铭》的启发下，我忽然萌发了要用铭字给自己写几句勉励的话。起个什么名字呢？想来想去，我就决定以《洁身铭》来要求自己，为的是要做一个堂堂正正的正人君子。1990 年 3 月 14 日清晨，起床后尚未洗漱，我突发灵感，信手写了我的《洁身铭》。洁者也，即洁身自好，表示珍爱自己，永不同流合污。我以此作为立身处事的准则，无论在任何情况下，决不食言。这个《洁身铭》虽然只有 64 个字，但是它体现了我对待升迁、俸禄、荣辱、亲疏、苦乐的人生观。现将它抄录于后：

《洁身铭》

罢官废禄不变其志，

群魔乱舞不丧其节，

诬陷诽谤不惊其辱，

屈膝拜君不苟其荣。

身患疾病不减其锐。

背我疏我不感其孤，

不晋不奖不觉其苦，

贫居陋室不改其乐。

谨以此铭是勉。

九、生死一瞬间

在佛教之中，生老病死被称之为人生的四苦，它们是人的生命现象的自然规律，正如英国哲学家培根所说："死与生同其自然"。俗话说："十月怀胎，一朝分娩"，所谓分娩，就是生命的诞生。按照现代医学的观念，所谓死亡是指脑死亡，亦即人的生命终止。因此，人的生与死都是瞬间发生的事，是不以人的意志为转移的生命自然现象。然而，对于老与病的滋味，人们可以有反复多次的体验，唯独对于生与死，人们只能经历一次。对于生的痛苦，恐怕只有母亲才能感受到，婴儿除了啼哭以外，是没有痛苦的感觉的。但是，对于死亡的恐惧心理，大多数成年人都是有的。其实，与死亡俱来的一切，比死亡本身更可怕。但是，对于一个意志坚定者，一心向善的人来说，他们是可以超脱其痛苦的。

人的真正死亡只有一次，显然个人是无法回忆这种体验的。但是，准死亡例子，在医学临床上还是时有发生的。凡是经历过准死亡，对经医院抢救死而复生的人来说，可能对于"死"的滋味有某种感悟。俗话说，生死一瞬间，人活一口气。的确是如此，无论是对于无疾无终的垂暮老人或是因疾病而处于弥留之际的高危病人，他们都是因为一口气上不来而撒手人寰的。对于这种体验，我也经历了一次，那还要从十年前发生的一个事件说起。

1993年4月22日，据天气预报当天是晴转阴，但是天气却一直晴朗，天上无一丝的阴云。此时正值春暖花开，是武汉一年之中最好的季节。这一天既平静而又不平静，不平静的原因是因为一次意外，我到"天国"魂游了两分钟。

根据预约，4月20日上午我要到校医院接受胃镜检查，以观察我这个老萎缩性胃炎患者病情的变化情况。为了争取第一个接受检查，我不到7时半就空腹来到校医院胃镜检查室前，可是那里已有几位教授在排队。我被告知，须在一张纸上登记自己的名字，我排在第五名。

检查一直到 8 时 3 刻才开始，主持镜检的是武汉同济医院的尹朝礼教授，我与他是老朋友了，也是他多年观察与跟踪研究的对象。大约 9 时 3 刻才轮到我检查，我已数次接受过这种被认为是痛苦的检查，所以没有丝毫的紧张和不安。检查持续了约 10 分钟，包括三次取出胃表层组织，以供生化实验。检查后，尹教授告诉我：“从观察到的情况来看，你的胃部仍有轻度的炎症，但没有糜烂。如果你没有什么不适的话，我建议不必服用任何药物，还是靠自身的免疫力来恢复为好。”我同意了他的建议。

由于接受了胃镜检查，为了不致给胃造成负担，我中午和晚上都是食用半流质的食物。大约晚上 6 时 3 刻，我服务了一片（1mg）荷兰进口的哌唑嗪（Pratsiol），是用于治疗我的慢性前列腺炎的。这是近几个月一直困扰着我的一种慢性病，因夜间严重尿频而影响睡眠。这个处方，是两天前慕名去协和医院，请泌尿外科权威熊旭林教授诊询后开的。他告知：此药有抗炎作用，但也可能有降压的作用，要我服药后注意观察血压的变化。

4 月 21 日早餐后，我遵医嘱服用了一片，全日工作，无任何异常。4 月 22 日，我又服用了一片哌唑嗪。当日晚 8 时，我约请科研组的秦金贵教授到家里，讨论我准备去上海的学术报告，时间约半个小时。自 9 时到 10 时半，我又修改了发言稿，检查了投影胶片，并参阅了一些文献资料。这时，我觉得有些不舒服，于是就和衣躺在床上，并不时有恶心的反应。高伟问道：“是不是空腹的原因，想不想吃一点东西？”我说：“不想吃，没有一点饥饿感觉。”她说：“那你就洗脚早点睡觉吧！”我同意了。按照惯例，我到卫生间大解，而后洗漱并准备睡觉。可是，在大解时恶心加剧，但吐不出东西来。情况越来越糟，眼前天昏地旋，一片黑暗，我本能地喊了一声：“高伟，我不行了！”尽管声音不大，但是她还是听到了。她飞步地跑到卫生间，一把抱住我，但我已什么都不知道了。

说来也是真巧，小儿近日由深圳回来办事，一般他每晚 11 时以后方回来。可是，这一天，他 9 点就回来了。当我休克时，高伟抱着我不能动弹，于是她呼喊小儿维东，要他打电话给校医院肖院长，这真是养儿用在急需呀！

当医生和友邻赶到时，我已基本上恢复了知觉。我只感觉到出了一身冷汗，两手冰凉，只听到高伟还在哭喊道："你怎么啦？什么地方不舒服，快说话呀！"人们把我抬到客厅的沙发上平躺着，氧气瓶推来了，心电图仪器也搬来了，救护车也开到楼下待命。

这时，只听到高伟向医生陈述我发病的过程："当我听到喊声后，我立即跑到卫生间把他搂住，我问他哪里不舒服，他说想吐，说了这一句话后，他再也说不出话了。他两眼睁得大大的，直视前方，眼珠不转动，嘴唇乌黑，脸色灰白，两手冰凉，把我吓死了。"这时已开始输氧，血压70 – 100mmHg，心电图提示：心电图狭窄，心跳缓慢。肖医生问我："现在，你感觉如何？"我说："我心里明白，心里不慌，头也不晕，只是两腿无力，如堕雾里云雾。"

在诊断和问清了发病的情况以后，肖医生说："尽管你现在清醒了，但今晚你还是必须到校医院住院观察。"我虽然很不愿去医院，但是我不能讳疾忌医呀！我被放在一张藤椅上，由四位青年从三楼抬下去，放在救护车上，到了校医院又由他们抬到三楼内病房。这几位年轻人真是很辛苦，我十分感谢他们！

到达校医院病房时，已是夜里 12 点多钟了。根据医嘱，护士开始给我输液，同时给我注射了一针。我问护士："是什么药？"她说："是让你睡觉的。"高伟也说："把灯关了，你闭上眼睛睡吧！"我感到很疲倦，也很想睡，但眼泪不住地流淌，就是睡不着。有几只蚊子嗡嗡地飞鸣，高伟不停地给我赶蚊子，后来我慢慢地入睡了，可她却一夜没有合眼。

翌日 6 时半我醒来时，一瓶 500ml 的输液经过 5 个多小时还没有滴到一半。我问医生："为什么滴得这样慢？"她说："这是维持治疗。由于病情不明，根据病情变化，随时再有针对性地增加药物。"后来，我们从医生那里才知道，她们对我休克的原因曾作过几种可能的分析：一是服用了哌唑嗪，由于血压降低而引起休克；二是作胃镜检查时，由于取样使胃受到创伤而引起出血，进而出现休克；三是早期冠心病，也会出现呕吐和休克。看来，维持疗法正是为了出现上述任一种情况而准备的。上午 8 时以后，又一次作了心电图和血压检查，结果表明心律已恢复正常，血压稳定在 70－105mmHg 的范围。这样，胃出血和冠心病的怀疑自然就排除了，而休克是由服用哌唑嗪引起的已是无疑的了。既然原因已经查明了，进一步的治疗已无必要，只须葡萄糖输液打完就可以了。

在施行急救的同时，另一个急迫的问题又要立即决策。我本将于 4 月 24 日晨乘飞机去上海开会，鉴于病后血压偏低，医生和家人都不同意我去开会。如果要易人，只能由秦金贵代我出席会议，并作课题总结报告。但是，秦金贵也将于 4 月 23 日晨 7 时 30 分飞往福州开会。于是，凌晨 6 时半找来秦金贵商量，决定让他退掉当日去福州的机票，换成他去上海。这一切手续需要在很短时间内完成，好在由于在机场工作的校友帮助，顺利地办完了一切手续。

我发病的消息还是很快地传出去了，化学系的书记、系主任和一些教师都来探视。我的学生们也从北京、深圳、山东和市内各单位纷纷打来慰问的电话。我对他们说："有惊无险，是上帝给我开了一个小小的玩笑。"他们则说："尘世间多有不平事，还是上帝最公正。如果你们这些改革者都去了'天国'，那尘世间的改革，又由谁去推动呢？"因此，当我到了"天国"以后，上帝又改变了主意。他说："你还是回尘世去吧，教育改革需要你。"就这样，我在天国里只呆了两分钟，又回到了尘世。

这次经历，使我体验到一次准死亡的滋味，的确生死都在一瞬间！如果那次耽误了有效的抢救时间，也许我早就命归黄泉了！

十、我不能留下遗憾

一个人的一生，怎样才能成为没有遗憾的一生呢？这个问题说起来容易，做起来却很难，在人的一生中，总不免留下这样或那样的遗憾。

所谓遗憾，是指人们的一种心态，表明对某事不满意或十分惋惜的情绪。遗憾有各种各样的表现：例如，本来你能够做出某项重大的发明，但由于你没有抓住机遇，所以你与成功失之交臂；你由于某种原因，做了违心的事，但你没有忏悔；你说了错话、做了错事，但你不敢承认自己的错误；你与某人产生了误会，但终未能消除误会；某人对你有恩，你不仅不报，反而还忘恩负义……凡此种种，都是造成遗憾的因素。由此看来，要做到死而无憾，实在是一件很难的事。我想，我们所应当追求的是，尽量少留遗憾，不要留下重大的遗憾。

迄今为止，我已有不少的遗憾，如我说过错话，做过错事，做出过不太高明的决策，也失去了不少成功的机会。但是，有一点我是必须做到的，那就是绝不能有负于与我相濡以沫、患难与共的妻子。在高伟 65 岁生日时，我曾填《长相思》词一首相赠，由此可以看出我们深厚的情感。

长相思·东湖水
——献给高伟 65 岁生日

东湖水，东湖亭，十个春秋日月星，同窗铸爱情。文革风，改革云，你我相依永同心，甘苦伴终生。

这首词的前四句，反映了我们的爱情是经过十个春秋铸就的，虽然没有海誓山盟，但我们的恩爱会一直到海枯石烂。后四句，说明了我们的恩爱是经历了大风大浪、大灾大难考验了的。这既是命运注定的，也是我们人格价值的共同追求。

现在不是流行一句"男人的一半是女人"的话吗？对于我来说，何止是一半？我的一切成就，如果没有高伟的支持，那是根本不能想象的。古人说："自古忠孝不两全"，这就是说为国尽忠，就不能为父尽孝。我愿意补充一句：对于事业心强的人来说，事业与家庭也不能两全，也就是说顾了事业，就顾不了家庭。对于我来说，情况就是属于后者。

我是一个理想主义者，事业心极强，凡事崇尚新奇，追求必成。我信奉孙中山先生"不做大官要做大事"的箴言，但是大官我不愿当，大事未做成，因为没有大官作靠山，不可能做成大事。不过，我无怨无悔，因为无论是做学问或是推行教育改革，我都竭尽了全力，问心无愧。

知我者，莫过于妻也；助我者，也莫大于妻也。高伟深知，我是一块搞学术研究的料，凭借着我勤奋、刻苦和执着的精神，一定能够有所成就。于是，她全力地支持我；我赴前苏联留学，她妊娠生育长子，担起了抚育之责；我在实验室搞科研，通宵达旦，她无怨言；我著书立说，她把时间让给了我……

可是，天有不测风云，一次误会，把我推上了领导工作的岗位。高伟本是不同意的，但她也能顾全大局，对我表示了理解和支持。从此，我们就过着不安定的日子，工作忙碌、辛苦我们能忍受，可怕的是暗箭难防。改革本来就是新旧思想的较量，难免触动某些人的既得利益。于是，那些守旧者纠集在一起，或公开骂娘，或匿名告状。总之，他们就是要阻挠改革，打击锐意改革者。为此，我付出了高昂的代价，不仅遭到免职，使得如日中天的教育改革半途而废，而且也使我的身体因劳成疾。

自1988年以来，我就患有多种疾病，先后6次住院，3次开刀。在长达15年的时间内，高伟大不仅承受着巨大的精神负担，而且还要在我住院时照顾我。2002年6月11日，我的泌尿系统的毛病再次发作，在紧急的情况下，我又住进了医院，并临时作了膀胱造瘘。对于进一步如何治疗，各方意见不甚一致。为慎重起见，于8月17日高伟陪我到北京去会诊。我们先后到北京医院、解放军301医院和中国中医研究院难病中心，请专家作了诊断，他们一致认为对于老年人来说，以保守法维持为好，我们接受了他们的建议。

在北京期间，由于我的学生们的关心，一切都很顺利。我们于8月25

日回到武汉，旅途也平安无事。26 日清晨，高伟大下楼去买菜，行前她还问我："你去不去？"我说："不想去了。"她买菜回来后，没有吃早餐，而是径直到卧室躺下。我觉得似乎不对劲，马上从电视室到了卧室，我问道："高伟，你怎么不吃早餐？"她不语，只是摇摇头。我又问："你哪里不舒服？"她依然不语，眼眶里噙着泪水。很显然，她出现了语塞，而且右侧肢体瘫软。我第一感觉是她发病了，很可能是中风，于是立即叫来儿子、媳妇，好不容易地从八层把她抬下了楼，并以最快的速度送往医院。当时，我心里真的很难过，平时我都是陪她下楼去散步、买菜，可那天我却神差鬼使地没有下去，要是她在大街上歪倒了，其后果真是不堪想象。

经中南医院干部门诊检查，心电图正常，王教授在病历上写了："脑梗？"，并立即收入住院。当时，我心急火燎，要求医生立即上药，因为我知道患中风的病人应当在 2 小时最迟也必须在 6 小时的有效时间内施救，否则将会造成不堪设想的后果。可是，黄教授说："必须先检查，确诊后才能上药。"我们用轮椅把高伟推到核磁共振室，但是待诊的病人太多，而且都是重病人。我们立即改作 CT 检查，中南医院前院长艾中立是高伟同学的丈夫，他立即赶到 CT 室，与 CT 室的大夫共同看片，确诊为脑梗。回到病房后，黄教授根据检查结果，立即施用多种溶栓的点滴和口服药。到了第二天，高伟的语塞情况已消除，只是近记忆稍差一些。经过 5 天的治疗，高伟的中风病症基本上消除。这时，我心里的一块石头终于落下了地，如果她的病症不能消除，那我真的要悔恨终生了。

接下来就是护理问题。原来，我们指望她的侄女来照顾她，但是三天以后，她侄女的丈夫阑尾炎开刀，侄女不得不回去护理其丈夫。怎么办呢？请护工吧，我不放心，因为患中风有过语塞的病人，需要有人与她谈话，多作交流，以帮助她恢复语言和记忆。为此，我就担负起了全天候的护理责任，给她喂饭、喂水，帮她洗脸、洗脚、抹身、倒大小便……我将届古稀之年，而且还带着刀伤，病房的章主任和黄教授对我很关心，建议我请一个帮工，以代替我做这些勤杂工作。我对他们："谢谢你们的关心，但是我不能请帮工，因为帮工虽然可以代替我劳动，但不能代替我的感情，也不能代替我偿还所欠高伟的情债，我不能留下遗憾。"听后，他们频频点头，似乎明白了我的心意。他们说："从你身上，我们看到了什么是恩爱夫妻，什么叫患难与共。"

在那些段时间里，我每天从早上 7 点到晚上 7 点，都一直守护在医院里。大约晚上 8 点，我方能回到家，虽然十分疲倦，但是我还要自己用生理盐水冲洗膀胱，清洗伤口和换纱布。这一切，过去都是高伟帮我做的，可是她现在病了，这使我更加依恋她。

令我们十分高兴的是，高伟的中风症基本上消除了，没有留下后遗症。经过 18 天的治疗，在征得黄教授的同意后，她于 9 月 12 日出院了。在出院后的头一个月，她的感觉尚好，可是到了 10 月下旬，她又感觉胸部不舒服。经检查，她患有高血压、高血脂病症，于是她第二次住院了。这一次是住在心脏内科，经过专家们全面的观察和检查，她的心脏、肝脏、胰脏、脾脏都没有病灶，原来左脑中区梗塞部位病也在进一步恢复之中。由于没有检查出什么大的问题，尽管她仍然有不适的感觉，我们只得暂时出院了。

出院以后，我们做了多方面的努力，如调整饮食、加强营养、适当活动、服用中药等，但效果并不明显。每天下午和晚上，都有不适的反应，如胸闷、心悸，食欲很差，下肢发软，对书报、电视不感兴趣。我看得出，她很痛苦，我也十分着急。像这种情况，又持续了一个多月。到了元月 6 日凌晨，危急情况又出现了，她头昏眩得不能起床，心慌得也难以忍受。我拨通了人民医院急诊室的电话，他们派来了医生、护士和救护车，她第三次住进了医院。为了照顾她，同时我也需要治疗，于是我就与她住一个病房。

她已是三进宫了，这次我下定了决定，不查出原因和治好高伟的病，决不出院。这一次我们住在老年病科，看来是选对了，因为老年病科不仅会诊很方便，而且是根据老年人的生理进行检查和治疗的。经过再一次检查，除了原来的脑梗塞、高血压、高血脂以外，又发现患有颈椎骨质增生、颈心综合症和焦虑症，原来她的许多不适的病症都是由于后者引起的。原因虽然找到了，但是治疗需要时日，不仅需要药物治疗，而且还必须配合进行心理调整。在住院的头一个月，她依然很痛苦，每天夜里烦躁不安。到了第二个月，她的病情逐渐有所缓解，开始可以下床走动了。到清明节那天，我们住院 90 天了，就在这一天，我们终于出院了。清明节，意味着空气清洁、天空明亮，这是一个好的兆头，希望我们未来的生活也是这样的。

高伟原来身体是很好的，她开玩笑地说："除了两次生孩子住院外，还未住过医院，也基本上没有享受过公费医疗。"她过去抱着"三不主义"，即不体检、不看病、不吃药。可是，这一次就像把"潘多拉盒子"打开了，各种病症都冒出来了。也许，这是最不能接受的现实，从心态上也很难转过这个弯。我深深地理解这一点，因此，我一定全力配合她走出病痛的困惑，我对她说："你从年轻时就天不怕地不怕，不畏强权，敢于抗争，从未被艰难困苦压倒过。这一次，你也一定会走出病痛，也一定会恢复到原来的状态。"令我们感到无限欣慰的是，她的身体的确一天一天地好起来了，我为没有造成终身遗憾而感到自慰！

十一、我这一辈子

人到了老年，不仅常常回忆往事，而且也难免想着后事。中国有句古话叫盖棺定论，意思是说一个人的功过是非，只有到生命结束以后才能作结论。也许，盖棺定论这句话，对于帝王将相、领袖和英雄人物才是必需的，而对于普通人来说并没有什么特别的意义。对于那些叱咤风云的人物，为什么要等到死了以后才能作结论呢？这是因为，一方面死就意味着他们的事业永远划上了休止符；另一方面，只有在死了以后，才能摆脱主政者权势的影响，通过大量的史料研究，得出客观公正的结论。由谁来定论？总的来说是由人民群众来评论，但实质上来说是由史学家们来定论，以避免政治意识形态、政党和个人好恶的影响，还他们真实的面目。因此，任何人，不管他们多么伟大，都不可逃避历史学家的评判。

我是一个普通的知识分子，一生既没有做出什么非凡的成就，亦无重大的过失，不存在什么盖棺定论的问题。不过，一个人既然生活在社会上，总是要经历一些事情，也不可避免地与人打交道，所以他也就必然会受到人们的议论。每个人都有自己的信仰，有自己的生活目的，我当然也不例外。对于我所做的一切，有人理解，也有人不理解，这正如《诗经》上所云："知我者谓我心忧，不知我者谓我何求？"

从上个世纪60年代初期开始，我就成了媒体关注的人物。1962年1月，我赴前苏联科学院攻读副博士研究生，当时正值中苏大论战。我作为留苏学生会主席，参与揭露苏联反华的大国沙文主义的活动。因此1963年6月27日，我受到前苏联外交部的照会，被宣布为不受欢迎的人，限定48小时离开苏联。一时间，我作为"反修战士"不仅受到了首都人民隆重的欢迎，而且还受到周恩来总理、陈毅副总理、陆定一副总理等国家领导人的接见。在文化大革命中，由于我对中央文革领导小组的成员发表了评论，被造反派打成现行反革命分子，历经折磨，死里逃生。粉碎"四人帮"以后，先是被认命为教育部党组成员兼高等教育司司长，后又被任命为武汉大学校长，被中央各大媒体宣传为新中国自己培养的全国重点大学最年轻的校长。履任以后，我锐意改革，大胆创新，使武汉大学成为全国高校中的"深圳"。正当我准备推行第二阶段深化教育改革的关键时候，突然被免除了校长的职务，时年仅 54 岁。这种不正常的做法，在全国引起了轩然大波，我又成了新闻人物，个中的疑云又倍受人们的关注。

回忆我的一生，总是离不开一个苦字。从小生活在贫穷落后的农村，过着食不果腹、衣不遮体的生活。我的近 20 年的读书生活，无论是从小学到大学或是在苏联留学，都是走的寒窗苦读的道路。我崇尚"苦读知书味，创造乐无穷"这句自勉的箴言。生活的目的当然不是为了吃苦，但是为了走向成功，又必须能够吃苦，这就是古人所说："书山有路勤为径，学海无涯苦作舟"。我并不是一个十分聪明的人，但却是十分刻苦的人，把浪费时间看成是犯罪。例如在大学时代，十个寒暑假，我居然没有回过一次家，全部时间都用于学习。这是令人难以想象的，如果没有顽强的毅力是办不到的。因此，如果说我学有所成，研有所得，那并不是我有过人的智慧，而是刻苦学习与研究的结果。

在工作中，我也是信奉苦干精神，以事必躬亲勉励自己。在教育部工作的两年，我吃住在一间狭小的办公室里，每日三餐在集体食堂就餐。由于教育部党组开会经常开得很晚，等散会以后，食堂早已关门，于是二龙路的便民餐馆就是我经常的去处。就是在这样简陋的条件下，两年里我主持召开了 24 个全国性的会议，平均一个月开一个会议，从调研到起草文件、审定会议简报，都是我负责。那时正处于拨乱反正时期，真可谓百废待兴，其工作量相当于文革前高教部的全部业务工作。事后想起来，真是有些不寒而栗，那时我不知道从哪里来了如此大的力量，居然完成了那么大量的工作。当然，为此我也付出了巨大的代价，患了大叶肺炎，体重下降了 10 公斤，牙齿半数脱落，身体元气大伤。

我担任武汉大学党委副书记、副校长、校长前后共 15 年。特别是担任校长近8年的时间里，正值我国改革开放之际，我崇尚改革，所以我义无反顾地全身心地投入到改革的大潮中去，成了一名弄潮儿。为了我钟情的教育改革事业，我先后辞去了教育部党组成员兼高等教育司司长的职务，婉绝了拟委任武汉市市长、湖北省委副书记、团中央第一书记等要职的任命。我不想作官，只想做事，特别是想做探索教育改革的试验。改革决不是一句时髦的口号，而是要身体力行地去实践。为了推进教育改革，我既不看某领导人的眼色行事，也不迁就某些群众的情绪，凡是我认定正确的改革措施，就坚决地实行。

我自己清楚地知道，某些领导人对我进行的改革有意见，甚至对我极力地贬斥，也有一些教师对我持反对态度。在我任职期间，对我进行诬告的人不少，中央有关部门来调查的就有5次之多。在那些诬告的人中，既有领导班子的成员，也有对改革持不同意见的教师。那时，有一股写匿名信的风气，所谓的"八分钱，查半年，查不清，没得完。"对此，我心胸坦然，丝毫没有影响我推行教育改革的决心。但是坦率地说，思想上的压力还是很大的，正像有人所说："刘道玉是背着十字架搞改革的。"不过我认为，在改革中观念上的冲突是难免的，除了工作上的分歧以外，我从来没有一个私敌。一个人不管做什么事，应当允许别人反对，实践是检验真理的唯一标准。事实上，当年反对我进行教育改革的一些人，后来都转变了看法，认为还是我主政时期是学校的黄金时代。

长期的拼搏，使我的体力透支太大，以至于因劳成疾。我患的多种慢性病，长期地困扰着我。1991年春，校医院体验时，生物系戴伦鹰教授问我："你检查的结果还好吧？"我说："除了心还好以外，从头到脚都有病。"他说："只要心好就好，现在许多人什么都好，就是心不好。"这些虽然是调侃的话，但也确实反映了我身体的状况。这里不妨列举出我的一些主要疾病，就从头说起：我患有脑梗塞、脂溢性皮炎，右耳穿孔听力衰退、鼻中隔歪曲、经常患感冒，牙周炎致使牙齿全部脱落，顽固性的口腔溃疡，两眼近视、沙眼、颈椎骨质增生，肺结核钙化，慢性萎缩性胃炎，肝脏呈抗阳性，填满型的胆结石（切除），腺性膀胱炎、前列腺炎、后尿道狭窄、痔疮，膝关节劳损，脚气病，等等。由此看来，我的确是一个全身都有毛病的人，虽说暂时没有生命危险，但是生活中的痛苦自不待言。

在我的一生中，还经历了三次所谓的不治之症的虚惊。第一次是1978年10月，我在教育部突然发高烧，体温高达40℃。我被送到北京医学院附属人民医院，经一周的抗菌素输液治疗，仍不见好转。于是，检测我的抗体是阳性，这是肺结核的象征。这时开始按肺结核治疗，但一周后，左肺上部鸭蛋大的阴影仍没有消失。我又被转到北京医院，它是全国最好的医院。主管我的大夫是王连连主任，她先按肺炎治疗，但是抗菌素仍没有效果。这时，她不得不把它作为肺癌怀疑了，一天清早，她让我留痰样作检查。她虽然没有对我明说，但我心里明白，那是检验肺部癌细胞的。

那时，还是谈癌色变的时代。说不怕吧，那是自欺欺人的，可是怕又有何用呢？就在取痰样的当天晚上，我独自一人到医院的林间小道上散步，我反复思忖着：我会得肺癌吗？我十分自信地自言自语说：不，我决不会得肺癌，因为我从不抽烟，生活起居很有规律，心理素质好。话虽然这么说，但是结果没有出来，总不免有些思想负担。那时，我一个人在北京，高伟远在武汉，既有教学任务，又要照顾两个儿子的学习与生活，不能到达北京帮我分忧，在北京又没有亲属护理，千斤重担只能由我扛着。

令人欣喜的是，取痰样后的第三天早上，王主任到病房查房时对我说："你的痰样检查结出来了，没有癌细胞，你应当放心了。看来，你肺上大面积的阴影仍然是炎症，之所以使用抗菌素不能消炎，是因为你对抗菌素有耐药性。经研究，我们准备用物理疗法消炎，也就是让有肺炎症的部位在60万高斯的磁场下照射，一个疗程10次，从明天开始。"说来也的确灵验，当我作了6次以后，再拍X光片时，肺上的阴影消失得无影无踪了。这结果让我高兴万分，一场虚惊终于化为乌有了。

第二次是1982年8月初，我因患流感而被送到武汉陆军总医院。我住在山顶上六内科病房，主管我的大夫是王治化主任，她是一位医德和医术同样高尚的人。大约10天以后，我的感冒已经痊愈。王主任对我建议道："你应当趁此机会，做一次全面的体检，以便做到心中有数。"我接受了她的好意，各项检查进行得比较顺利，只是在做泌尿系统检查时遇到了麻烦，不仅检查时很痛苦，而且检查后的结果有疑问。其实，我是被蒙在鼓里，一天晚上护士小胡去给我查体温，她抑制不住情绪哽咽了起来。我丈二摸不到头脑，于是我赶忙安抚地问道："小胡，你为何哭泣？"我这一问，她反而哭得更厉害了，待她情绪安定后才说道："刘校长，你是全国最年轻的大学校长，正是大有作为的时候，可是你为什么偏偏得了这病呢？"没等她说完，我心中已猜出了十之八九，大概又怀疑我得了什么不治之症。

次日查房时，我问王主任："王主任，是不是发现我患有什么危险的疾病呀？"王主任见我可能已有怀疑，于是她安慰道："只是发现了一点异常情况，还需要复查后才能断定，你不必多虑。"

当天晚饭后，我一个人散步到医院旁边的宝通禅寺，从塔的底层爬到顶层。我极目遥望，那夕阳的余辉甚是美丽，令人心旷神怡。但是，这美景并没有驱散我心头的疑云：我是否会检查出患了癌症呢？鉴于我已有了这样的一次经历，所以我还是自信地认为，我是不会患上那种病的。过了两天，王主任又通知我去复查泌尿系统造影。令人高兴的是，在 X 光片上那个阴影已消失得无影无踪了。放射科主任解释道："上次那个阴影，可能是个气泡，是注射造影剂时形成的。"既然检查结果没有任何异常，感冒也已完全恢复，于是我立即办了出院手续。在出院时，我向王主任等医护人员表示了衷心的感谢，特别是感谢护士小胡的高尚的职业道德和真挚的情意！

第三次是 2000 年 7 月中旬，我因治疗脑梗塞到武汉协和医院住院。开始我住在十层内科病房，主要是治疗脑梗塞和颈椎病。同时，我患有前列腺炎，亦想利用住院机会，检查一下前列腺的病变情况。根据医生的安排，我需要做一次 CT 检查，这次检查大约了花 40 分钟的时间，我似乎感觉到有什么疑问。果然，检查后我被告须再去补交 700 元的检查费，并于次日下午再去做 CT 加强检查。第二天下午，检查结果出来了，在检查结果一栏里写了 Ca? 的提示意见。主管我的曹教授看到结果后对我说："事不宜迟，建议你马上转到泌尿外科，请他们尽快施行手术。"于是，我当日就转到十一层泌尿外科病房，等待专家们最后的决定。

泌尿外科的邵明忠教授，是一位年过古稀的老专家了，他经验丰富，工作极为认真细致。他看了 CT 片子后说："光凭 CT 片子还不能确诊，建议再做 NMR 和相关检查以后才能确诊。"所幸的是，NMR 检查结果表明，前列腺部位没有任何病变。同时，又做了 B 超检查、PSA（肿瘤标志物）

和膀胱镜检查，都否定了前列腺癌变的怀疑。这时，又一块石头落下了地，我感到从未有过的轻松愉快！

一个人经历了太多的苦难、挫折和病痛，虽然是不幸的事，但是这些苦难又可以成为他的一笔重要的财富。对于我来说，无论是儿时的贫困、改革中的挫折或是身体上的病痛，不仅没有使我消沉，反而使我的意志更坚强。我经常对人开玩笑地说：我是学化学的，所以动力学平衡系数特大，心理很容易平衡。我可以肯定地说，无论遇到什么样的大灾大难，我没有失眠过一次，没有影响过一顿饭，也没有丝毫影响我读书和写作。我的体会是：心底无私天地宽，襟怀坦白睡得熟、吃得香。我想，一个人如果能够达到如此境地，那么一辈子也就足矣！

我从青年时代就阅读了《钢铁是怎样炼成的》，甚至到了老年，我还在重温这部感人肺腑的小说。保尔·柯察金曾说过："人最宝贵的是生命。生命对于我们只有一次。人的一生应当这样度过：当回忆往事的时候，他不会因为虚度年华而悔恨，也不会因为碌碌无为而羞愧；在他临死的时候，他能够说：'我的整个生命和全部精力都已经献给了世界上最壮丽的事业——为人类的解放而斗争'。"这话无疑是人生价值和精神境界修养的极境，她的意义已经超出了时代、地域和社会制度的界限，具有普遍的人生意义。

在我的一生中，我说过错话、办过错事、受过欺骗，这些都是不应当掩盖的事实。在教育改革中，我也遭到过失败，尽管那不是我个人的原因，但我为此而感到羞愧过。对照保尔的箴言，我没有他那样高的思想境界，也没有像他那样英雄业绩，自愧不如。但是有一点是肯定的，那就是我惜时如金，绝对没有偷过懒，没有虚度年华。我一生洁身自好，不贪权，不贪财，严以律己，宽以待人。尽管有不少人有负于我，而我决不负于人。因此，无论是成也好，败也好，我都竭尽了我的全力，无愧于自己的良心，我对自己所做的一切无怨无悔！

保尔·柯察金还说："人应当赶紧地、充分地生活，因为意外的疾病或悲惨的事故随时都可以结束他的生命。"我已过古稀之年，身体状况不是很好，因此我有一种紧迫感，即使在这病痛缠身的晚年，我也决不会虚度年华，尽其所能地做一些有利于人民的事！

十二、提前要说的话

人的生命是有限的，不管他是伟人或是凡人，他们终有一死。即使在医疗技术高度发达的今天，人们虽然可以延长他们的寿命，但终究是不可避免地要走向生命的终点。

人在弥留之际，总想交代自己未尽的事情，亲朋们也希望处于病危中的长辈留下遗言。对于病入膏肓的病人来说，本已神志不清，语言困难，此时即使有千言万语，也只能是力不从心了。有时，我到医院去探视垂危病人，亲眼看到病人亲属把耳朵贴在他的嘴边，期盼病人能吐出几个字来，但往往也是失望。有时即使吐出几个模糊不清的字，究竟是什么意思，也只能由活人去猜想了。如果对这种所谓遗言的理解发生了分歧，甚至还会引起家庭（或关系人）之间的纠纷。由此我想到，人们为什么不在生前神智健全的时候，把自己在身后要说的话，明明白白地说出来呢？也许，中国人忌讳说死，其实这是不必要的，对于唯物主义者来说，应当坦然地对待死亡。

今年，我刚到古稀之年，虽说身体欠佳，但目前暂时还没有面临死亡的威胁。但是，我却以"提前要说的话"的方式，把我将来在弥留之际要说的话，现在就明明白白地说出来，就算是我的遗言吧。这正如诗曰：

> 人生谁个无死亡，
>
> 但祈归元很安详。
>
> 身后若有未尽事，
>
> 提前交代细思量。

为此，我曾就一旦病危和身后有关事宜与夫人高伟以及两个儿子作过多次讨论，得到了他们的理解与支持。在此基础上，我特作如下声明：

1、如果我的体力衰竭，患重症而不治，一旦自己感到十分痛苦，成为家人或他人累赘时，我自愿请求实行"安乐死"。虽然这是我自己的请求，但是必须在得到我的家人和医院的医生同意的情况下才可以实施，而且必须符合法律的有关规定，不给任何人造成不必要的麻烦。

2、我去世以后，自愿把我遗体的一切有医疗价值的器官，无偿地捐赠给那些急需要救助的青少年学生，为拯救或延长他们的生命尽一点最后的努力。

3、自愿把我的遗体捐赠给武汉大学医学院，供教学和科学研究解剖之用。如果有必要，可以将我的尸体制成标本，以供学生教学实习之用（第2和3两点，需要与受捐单位签定协议书，在适当时候将通过红十字会填写申请表签名盖章，经公证后生效）

4、我辞世以后，不成立治丧委员会，不发讣告，不搞任何形式的遗体告别仪式，特别是不能在武汉大学的"黑三角"张贴讣告。谢绝一切丧葬礼品（包括花圈、花篮、葬幔等）。如果有人要表示慰问，在自愿的情况下，可以向湖北省刘道玉教育基金会捐款，日后它将按照基金会的宗旨，以有益的方式回报社会。

5、我辞世以后，请以我家人的名义在《光明日报》、《中国青年报》、《长江日报》和基金会网站上刊登讣告，以告知学术界的同仁、亲朋好友和我在国内外的学生们。

6、我一生勤俭，安贫乐道，既没有什么不动产，也没有什么积蓄。我的大量书籍、文稿、信件、友人赠送的字画，还有几本书的版权，一切全权由我的夫人刘高伟、长子刘维宁、次子刘维东处理。

7、湖北省刘道玉教育基金会，是由我的学生捐款成立的教育公益性的法人社团，宗旨是致力于教育改革，倡导创造教育。我去世以后，委托次子刘维东作为基金会的合法继承人。我希望他严格按照国家颁布的《基金会管理条例》和基金会的宗旨，继续进行有益于教育事业的活动。

8、如果我死在刘高伟之前，我请求在对我解剖时剪下我的头发，交给我的家人保留。一旦高伟辞世以后，将我的头发和我早先保留的脱落的牙齿与她的遗体一起火化，它寓含着"结发夫妻、没齿不忘"。然后，请我的儿子或朋友们，将我们的骨灰分为两半，一半撒入长江（流入大海），另一半撒在珞珈山山顶的松柏之间，以了却我们没有立誓的"海誓山盟"之愿。

9、身后如还有未尽事宜，全权由刘高伟处理。高伟身后，由长子刘维宁、次子刘维东处理。

10、我之所以作如上声明，是由于我的信仰和价值观念所决定的。应当说，一个人的人生观决定了他的工作和生活方式，而他的价值观念又决定了他身后的处理方式。在生前，我抱定的宗旨："生不愿作万户侯"，多次婉绝了堪为重要的委任，誓不做政府官员。那么在身后，我的最大愿望是："死不争占寸冢地"，不给任何人增添麻烦。这两句话恰好构成一幅对联，如果再加一个横联，那就是"心满意足"。一个人是一无所有来到世上的，那么走的时候，也应当是一无所求地默默地走。我是一个教育工作者，毕生精力贡献给了我国的教育事业，特别是为武汉大学在上个世纪80年代的教育改革竭尽了全力。为此，我因劳成疾，不仅身患多种疾病，而且还因改革而遭致罢官，被剥夺了一切应当享受的待遇。我为自己所做的一切无怨无悔，并且愿意在生命结束之后，为我国的教育事业再做出最后一点贡献——无偿地捐献出我的遗体和各种有医疗价值的器官。

特此声明。

书斋里的精灵

"在人类社会里，敢说真话的人太少；而罗素是勇者，由于勇者无惧，他总是那么真诚。"

——摘自［英］罗素：《一个自由人的崇拜》一书译序

"读书能给人乐趣、文雅和能力，人们独居和退隐的时候，最能体会到读书的乐趣……"

——摘自［英］弗培根：《培根论说文集》

一、一个经济学家的教育观

1996 年 6 月 9 日，深圳大学在深圳郊外幽雅的"青春世界"，为于光远先生举行了"于光远从事学术研究六十周年"和"于光远教育思想恳谈会"。光远先生学界的朋友和学生 50 多人参加了会议，与会者发表了挚情至理的讲话。作为一个毕生追求教育事业的工作者，有幸参加这个会议，既是表达对光远先生的敬意，又是就教育问题求教于他。

作为著名的经济学家，于光远先生闻名遐迩，蜚声中外。然而，关于光远先生的教育思想，知道的人恐怕就不太多了。但是，只要认真地读一读他的《教育思想文选》、《我的教育思想》等大量的教育论著，与他作一次教育问题畅谈，那么我们就不难发现，他对教育有着深邃的见解，甚至他对教育的思考并不亚于对经济学的研究。他无愧为教育学家，而且是一位有独到见解的、多产的教育家。这在一个被誉为"书香之邦"，但又匮乏教育家的国度里，实在是难能可贵的。

"大教育"观是光远先生教育思想中的一个关键理论，他的许多教育观点，都可以纳入到这个理论体系中。什么叫"大教育"呢？他认为："'大教育'是包括本来意义的教育在内又突破了本来意义的教育。"所谓本来意义的教育，它指的是"前一代向后一代进行传授、培养新一代人的传授。"

在考察"大教育"时，光远先生特别强调了"突破"——对本来意义教育的突破。多么可贵的突破精神呀！它意味从多方面对传统教育观念的突破，这正是光远先生教育思想的特质，不仅如此，而且它还体现在其学术活动、社会活动的一切方面。这就是光远先生的学术风格！

那么，"大教育"观对传统的教育有哪些突破呢？我以为主要有以下5 点：

第一，突破了就教育论教育、就教育研究教育的老框框。作为经济学家，光远先生是从更开阔的视野来研究教育。他认为："教育作为社会现象，和作为认识现象，不是互相孤立的，而是密切地结合在一起的。因此教育便是作为社会现象的教育和作为认识现象的教育两者的统一。"很明显，前者是从经济的角度，后者是从哲学的角度来研究的。总的来说，光远先生的教育思想，兼有教育经济学和教育哲学的特点。

第二，突破了传统教育设定的受教育者年龄的限制。也就是说，在"大教育"中包括以培养各种年龄的人为目的。这实际上也就是西方教育学家于60年代初提出的"终身教育"的概念。现在，"终身教育"已不只是一个理念，几乎得到了全世界的认同，并且一些发达国家正在按照"终身教育"的原则设计了21世纪的教育体系。

第三，突破了传统教育设定的必须有教育者在其中发生作用的限制。在"大教育"中，除了教育者的传授教育以外，还包括在没有教师情况下的"自我教育"。自学的重要性是人所共知的，这已为古今中外的很多大学问家、大发明家的成功事迹所证实。无怪乎联合国教科文组织提出："新的教育精神使个人成为他自己文化进步的主人和创造者。自学，尤其是在帮助下的自学，在任何教育体系中，都具有无可替代的价值。"

第四，突破了传统教育设定的必须是培养人的教育。一般来说，教育是为了培养人的，但是教育的含义甚广。从"大教育"观出发，在某些情况下，为着某种目的而实施的教育，并不总具有培养人的功能，如计划生育、安乐死、保护环境和反腐败等教育。

第五，突破了教育要求传授人类创造的文化这个限制。传统教育只讲传授和继承，它在继承前人文化精髓的同时，也沿袭了旧的习俗，这就导致了教育的保守性。然而，"大教育"观，既要传授前人的创造成果，又要创造新的知识，唯有如此，才能培养出创造性的人才。

光远先生的教育思想是丰富的，他对教育理论研究的贡献也是多方面的。例如，关于聪明学、竞赛论、教育的三体论、教育认识现象学、教育生态学、知识论、素质论等，都是他提出的教育新观点。在这次恳谈会上，他展示了新著《漫谈竞赛论》和《漫谈聪明学》，而且它们是以连理本形式出版的。由此我们可以看到，光远先生别出心裁力求创造的精神处处可见，时时闪烁着。我个人认为，研究他的教育思想，最重要的是学习他的创新精神，大力推广创造教育，要依靠创新技法而绝不是靠吃"脑黄金"，使中国亿万的青少年们聪明起来！

（本文原载于 1996 年 9 月 16 日《文汇报》）

二、真正的高价营养

著名的漫画家方成先生是武汉大学 1940 年化学系的毕业生，他是我尊敬的学长，我们彼此有书信往来。他赠送我一本他的大作，书名是《高价营养》。这是一部配有漫画的幽默杂文文集，画中有义，文中有情，妙趣横生。无论是画也好，文也好，皆使人发笑不止。当我拿到这本书的时候，正值住院做痔疮开刀手术。我不止一次地读了这本书，每当看到精彩的地方，就反复回味，分享着他那睿智和妙笔给我们的乐趣。说来也真的是有效，我的手术做得很顺利，基本上没有疼痛，恢复得也比他人要快得多。所以我说，方成先生的书是一倍佳作，是真正的高价营养品！

方成先生认为："笑就是高价营养品。"这话当然是正确的，现在科学家和医生们已经用科学的方法，证实了笑的确有保健和延年益寿的功能，肯定了笑的营养价值。俗话说，笑一笑，十年少，这也是民间关于笑有益于健康的经验总结。人们常说，作家和艺术家是"灵魂工程师"，他们创作的高品位的喜剧、漫画、相声、杂文、故事等，就是高级精神产品，是奉献给人民的高价营养品。

读书与笑一样，亦具有高营养的功能。关于这一点，无论在理论上或是在实际生活中，都得到了证明。17 世纪英国哲学家培根曾说："读书给人乐趣、文雅和能力。人们独居或退隐的时候，最能体会到读书的乐趣。"我国明代哲学家王艮伦也说："天下之乐，何如学；天下之学，何如此乐！"可见，读书不仅可以使人充实，给人以乐趣；而且还可以解除孤独与忧郁。

图书不仅是良师益友，有时候它还可以起到良医妙药的作用。这正如宋代大诗人陆游所言："病须书卷作良医"。据报道，有一位癌症晚期患者，医生已宣判了"死刑"，只能活几个月了。在求医无望的情况下，他以书为友，以"书卷作良医"，结果他排除了恐惧情绪，增强了战胜癌症的信心。现在，他告别死神已经 12 年了，成为一位抗癌的明星。又据有关专家研究，采用吃药与读书并举的方法，使心气平和，利于血液回归肝脏，对肝病的治疗具有良好的效果。无数的事例都说明，读书的人，受过良好教育的人，都具有良好的心理素质，精神颓废者较少。因此，养成良好的读书习惯，是保持身体健康的关键。

自古到今，人人都盼望健康、长寿，并且一直在探寻长寿的灵丹妙药。当今，在市场经济的推动下，保健品的开发、生产与销售，可以说达到了如火如荼的程度，同时伪、冒、假、劣制品，也达到了无以复加的地步。只要走进商场，在那食品保健品柜里，摆满了包装精美的、五颜六色的人参精、鳖精、燕窝、鱼翅、灵芝、珍珠……真是目不暇接。但是，这些东西有多少是真货呢？据报道，国家技术监督局、卫生部联合抽查了全国各地 212 种营养口服液，其中合格率在 70％以上获表扬推荐的仅 21 种。有一个市就一下子就推出了 34 种"鳖制品"，居然没有一个是被推荐的。像这样的保健品，能够起到保健作用吗？谁又敢于相信呢？

我们姑且不谈这些水货制品，即使是真品的话，它们是否具有像广告所说的那样的保健功能呢？我虽然并不完全从根本上否定某些制品的保健作用，但是它们的效果恐怕是极其有限的。据分析，目前我国开发保健品仍然是沿袭传统的思路，即"物以稀为贵"，没有跳出帝王将相们享用保健品的窠臼。为什么我们不换一个思维方式思考呢？为什么不从人类赖以生存的最广泛的天然食品，如五谷、豆腐、萝卜、白菜等去开发保健品呢？这样价格不是更便宜，也更适合广大消费者的需要吗？不是更符合"吃得粗一点、杂一点、鲜一点、活一点"的现代科学保健原则吗？因此我认为，在保健的开发与使用上，也应当返朴归真！

人的生命需要两种营养，一是物质的，二是精神的。这正如作家高光所说："人的生命之树，在物质方面需要粮食和水，在精神方面也缺乏不得乳汁。这乳汁便是书。"当今，相当多的人在这两种营养上是失调的，保健品与图书的消费反差太大，以至于后者陷入怪圈而不能突破。据统计，我国有 40％的青年家中无藏书，城市居民文化消费也呈直线下降趋势。有些人，上一次歌舞厅要花几百元，吃一桌酒席要花几千甚至上万元，但是就不愿意花钱买书。当前，全国巧立名目的节日多得不胜枚举，其目的大多是为了推销商品。和那些五花八门的节日相比，实属有必要建立一个全国的读书节。这样，不是更符合我中华"书香之邦"的悠久传统吗？

为了建设我国的现代化，我们应当大力开展读书活动。应当提倡多读书，少吃补品；多赠书，少送补品，切莫为那些伪、冒、假、劣的水货保健品作伥。这不是于国、于人、于己都更有益吗？"热爱书籍吧——这是知识的源泉！只有知识才有救人的力量，只有它才能使你在精神上成为强有力的、真诚的、有理智的人！"（高尔基语）

三、只有经过反省的人生才是有意义的人生

我过去不认识韦君宜，也没有听到过她的名字，我想这大概是隔行如隔山吧。我头一次听到她的名字，是听说她写了一本名叫《思痛录》的回忆录，在文化人中引起了极大的反响。由于我希望看到这本书心切，就要我儿子去书店购买，但是他几乎跑遍了武汉三镇的书店，都没有买到。儿子告诉我，在网上可以浏览，也可以从网上下载。那时，时逢我因病住院，不便从网上阅览，下载吧，又觉得复印出来一大摞，阅读起来不太方便。我心想，既然是受欢迎的书，那一定是可以买得到的。

2003 年元旦过后，夫人高伟病情又一次发作，第三次住进了人民医院，我也因病住入同一病房，以便互相照顾。春节过后，我的病情有所好转，一天中午我到医院附近的解放路去买点生活用品。我本来就有逛书店的习惯，在路过一家个体书店时，就进去环顾一圈。在一个陈列着好像是新书的书架前，我驻足观望，忽然就眼睛一亮，那书脊上红色"思痛录"三个字耀入我的眼帘。我顺手拿了下来，没错，它正是我梦寐以求要买的书。当时，我真的很激动，心想这正是："踏破铁鞋无觅处，得来全不费工夫。"

在回病房的路上，我仍然兴奋不已，心想：我要给高伟一个惊喜，因为她和我一样也很想看看这本书。果然，当我把这本送到她面前时，她的确十分高兴，并说："让我先看。"我说："好，你先看，你看了我再看。你还可以给我介绍一下读书的体会嘛！"可是，她只看了第一部分"抢救失足者"后，就不愿再看了，并对我说："太受压抑了，我一边看一边心里在流血。"是呀，对一个患中风病不久尚未恢复的病人来说，怎么能去回首那些悲痛的往事呢？于是，我说："好，你暂时不要看了，等你完全

康复后再看。"就这样，我接过了这本书，花了一个多星期把它读完了。书中的主人公和那些历史事件，把我带入到那个只是听说但没有经历过的非常历史时期，但其中有一些运动是经历过的，如反胡风、反右派、大跃进、反右倾、文化大革命等，并且引起了我的许多回忆与思考。

韦君宜是清华大学的高材生，18岁就参加共产党，投身于革命运动。她在《思痛录》中，回忆了从上个世纪的延安"抢救运动"到90年代所经历的事件。她襟怀坦白，秉笔直书，记录了半个多世纪的亲见亲闻。痛，无论是身体上的或是心灵上的，都是很难受的。但是，作者没有忌讳痛，甚至是自觉自愿地去寻思那些痛处。原来，出版社希望作者更换书名，但是韦君宜不同意，而且她还说，不仅书名不改，内容也一字不改，不出就不出吧。可见，作者是很看重"思痛录"这几个字的。也许，她认为这是真实心情的写照，更能引起经历过那个时代的人们的共鸣，对后代人也更具有教育意义。

韦君宜感到痛的是什么呢？她感到的痛，当然是内心的痛苦，它包括共产党在那些运动中所犯的错误和自己违心所作的错事。她感到最痛心的是，明知自己的丈夫是毁家纾难的热血青年，根本不是特务，但受组织的指派，她又去动员丈夫坦白自己是特务。在这种情况下，老实近乎迂呆的丈夫只得违心地坦白他是"短促特务"、"路线特务"。[①] 她也明知丈夫的堂兄向往革命，受组织指派打入国民党军统特务，但在肃反运动中却被打成反革命分子，在"党不会错"的信条支配下，认定堂兄是"反革命"，并长达30多年与他划清界限。她还回忆了怎样从挨整者变为一个整人者，是怎样继承了那种整人为正确的恶劣做法。例如，她记述了在"三反五反"运动中，按照5%的贪污分子的比例，把该社一个青年编辑因为挪用了5角钱而打成"老虎"，轮番穷追猛打，逼他深挖思想根源，弄得他患失眠症，女朋友也给吹掉了。在《文艺学习》编辑部工作时，她还整过其他一些人；在其他它运动中也说过不少违心的话，做过一些违心的

①　韦君宜著：《思痛录·路沙的路》，文化艺术出版社，2003年1月第1版，第15页。

事。①

总之，这是一本与众不同的回忆录，她敢于解剖自己，无情地批判自己，这是难能可贵的。她通过回忆录，检讨自己的盲从与错误，沉痛地为受到伤害的同志、自己的亲人忏悔，这是良心的发现，是人性的回归。我们可以想见，她之所以能够写出这样的好书，只有在反省自己革命的一生，对自己过去的信念大彻大悟之后才能做得到。例如，在"编辑的忏悔"一章中，她说："在当编辑，编造这些谎话，诬陷我的同学、朋友和同志，以帮助作者胡说八道做为我的任务。我清夜扪心，能不惭愧、不忏悔吗？"无疑，这是一本可以洗涤人们灵魂的书，可以帮助那些整人者反省自己的书，也是教育年轻人正确认识历史教训的好书。

反省，即反躬自省，其意思是真实地回顾和检查自己的过错。在历史上，由文化名人们写的自传不计其数，但是我敢说没有哪一个人能够做得到像卢梭那样，最彻底地反省自己。他的《忏悔录》，写出了他一生中见不得人的事、有损自己人格的事，这不仅没有影响他在文学、哲学和教育学上巨擘的地位，反而使他长久地受到了人们的景仰。特别难能可贵的是，他的《忏悔录》是在悲惨的晚年写的，并且还面对着种种污蔑、谴责、中伤和曲解，但是他自信自己比那些迫害和攻击他的大人、正人君子们要诚实、纯洁和高尚。所以，他敢于对至高无上的审判者发出挑战说："请你把那无数的众生叫到我的跟前来！让他们听听我的忏悔……然后，让他们每一个人在你的宝座前面，同样真诚地披露自己的心灵，看看有谁敢于对你说：'我比这个人好'！"②

苏格拉底有一句名言："没有经过反省的人生才是没有意义的人生。"反过来说，要使人生有意义，就必须反省自己。为什么呢？这是因为人是有自觉意识的动物，因此人类才成为宇宙中万物之灵。人的自觉意识既是人类的智慧之本，又是他们悲剧的来源。美国有一个特立独行的学者，叫乔治·赫伯·米特，他在某些方面有点像中国的孔子。他终生没有著书立说，在他死后，他的学生们根据课堂记录，归纳整理出了好几本书著作。

① 参见《思痛录》，第 23 页。
② ［法］卢梭著：《忏悔录》，人民文学出版社，1992 年（北京），第 3 页。

他有一个最著名的观点：即人的自身是由自我（I）和我（Me）这两部分组成。① 也就是说，每个人都是由自身的角色（独立行为）和扮演角色（角色行为）所组成。可悲的是，现实生活中绝大多数人表现出来的仅仅是角色行为的"自我"，而把真实的"自我"掩盖起来了。这就是有些人在醒悟之后感到后悔、痛苦的原因。但是，对于一切经过反省的人们来说，他们襟怀坦白，敞开心扉，撕下了伪装的面具，展现的是真实的自我。这类经过反省的人，没有私心，不扬善隐恶，敢于把见不得人的事公布于众，因此他们没有遗憾。他们这样做，不仅无损于自己的人格，反而更受世人尊重。就像苏格拉底那样，在他被奴隶主判处死刑临时前对自己学生说，他还借了邻居一只鸡，请帮助偿还。由此可见，苏格拉底直到生命最后，还在反省自己，没有留下一丝的遗憾。因此，他的人生是没有遗憾的人生，也是最有意义的人生。

但是，在现实生活中，能够自觉反省的人，绝对是极少的。通常的情况下，人们总是喜欢赞美、掌声、鲜花，而不愿听到批评；解剖别人不遗余力，而对自己总是文过饰非；有些靠整人起家的人，不仅不忏悔，反而自鸣得意；反对他人的个人迷信，是声嘶力竭，而自己搞个人迷信是有过之而无不及……总之，这种人实在是太多了。这种人的政治嗅觉特别灵敏，政治运动一来，他们马上投其所好，充当整人的打手。这就是政治运动滋生了政治扒手，而政治扒手就是靠政治运动向上爬。这是一类没有伦理道德的人，他们至死也是不会忏悔的。

我就目睹了一个人是怎样从一个科级干部一直爬到副部级，原来他是靠整人发迹的。他和被整的人本是同学，而且对他还是有恩的。当初，被整人在国家某部当司长，他还仅仅是一个大学的副系主任（那时是副科级）。他利用与被整人的关系，当上了被整人所在司的处长。后来，被整人不愿当京官，自己辞职回到了原单位。那个人干了几年处长，眼看提拔没有希望，于是他又回到原来工作的学校。一次偶然机会，他被推荐到省委的一个部当上了副部长。那个被挨整的人，崇尚改革开放，执著地进行改革，可是他的顶头上司不能容忍他的改革，以突然袭击的方式免除了他

① ［美］黄全愈著：《素质教育在美国》，广东教育出版社，1999 年 12 月第 1 版。

的职务。同时，那个整人者又被派到挨整者的单位当上一把手。上面已提到，他们本来是同学，可是他为了保住自己的乌纱帽，居然与被整人划清界限，不仅视他为路人，而且还落井下石。

几十年阶级斗争的历史表明，政治运动往往是政治扒手们往上爬的阶梯。他终于等天了这一天，在一场急风暴雨的运动中，他把他的同学当作反党社会主义分子立案审查，派出大量人员内查外调。他带头发言批判，无限上纲，欲加之罪、何患无辞。他违反政策和组织程序，居然以口头的方式取消了他同学的学术职称和应享受的干部待遇，还准备上报上级批准开除其党籍。这明明是一起错案，可是他拖延了十年不给被整人作结论。当有人质问他时，他矢口否认对挨整人立了案，也没有给任何处分，因此不存在作结论的问题。这是一个十足的政治流氓的嘴脸，连一点良知也没有，缺少最起码的承认错误的勇气，更不用说扪心自问和反省自己了。可是，就是这个整人者未经过评审程序却晋升为副教授、教授，不经过推荐和评议当上了全国教育战线上的劳动模范、优秀党员，享受副部级待遇，住上了连他的前任老革命都不能住上的豪华住房。他确实得到了他所需要的一切，但那是以整人为代价而换来的。所以，群众评论说："×××什么都要，就是不要脸。"这个评价已经说明了一切，他的那些职衔和待遇又有什么价值呢？像他这种人只能是狗彘不若的小人，其人生又有什么意义呢？

在过去几十年中，中国经历了无数的政治运动，而每次运动都有挨整者和整人者。虽然被整的人是少数的，但整人的人却不少，而那些整了人又能够反省自己的人是寥若星辰。现在，虽然以阶级斗争为纲的运动没有了，但是仍然存在以人划线和以意识形态分是非的情况，所以又滋生了一批投其所好者、无耻吹捧者、写应景文章者，他们的目的无非是政治投机，以达到往上爬的目的。这是中国知识分子的悲哀。如果哪一天，他们真的扪心自问，就会感到痛心疾首了。对于一切整过人的人来说，迟觉悟总是比不觉悟要好，如果他们真的彻底反省了自己，那么他们仍然可以找回自我，从而开拓有意义的人生！

四、一个被埋没的思想家

梁漱溟先生是上个世纪的思想家，我既没有见过这位学术大师，也未读过他的学术著作。但是，对他最早的印象就是他的铮铮铁骨，浩然之气。他敢于在全国政协大会上与毛泽东辩论，不顾身处逆境为孔子辩诬，甘愿冒险也要为宪法修改进言，坚决反对把林彪作为接班人写进宪法。他的这些言行流传到社会上后，引起各种议论，反对者大有人在，说他反动透顶；赞赏者亦有之，说他有骨气，不愧为正人君子。我自然是很敬佩他的，认为他不愧为真正的思想家，是中国文人的杰出代表。

也许是出于好奇，或是人生价值的共识，我一直很想了解他的传奇人生。正是出于这个目的，我认真地读了马勇撰写的《梁漱溟评传》和汪东林编写的《梁漱溟问答录》，以及其他一些有关他的散篇文章。这使我对这位思想家的了解不仅仅停留在传闻上，而从更深的层面上对他有更多的认识。

梁漱溟先生出身于书香之家和宦官世家，按照他的家庭背景，他完全可出国留学或考入到大学堂深造，而且他的兄妹就是走的这样的道路。然而，作为独特的思想家，他的成才从一开始就是走的与同时代人不同的成长道路。梁漱溟虽然断断续续地受过一些教育，但是他的最高学历只是中学毕业，他的全部学问都是靠自学得来的。这正如他自己所说："通过自学佛家书籍，大大增进了自学能力。我只是中学毕业的学历，以后教书，做学问，办教育，靠的都是自学。"他还说："自学最要紧的是在生活中有自觉。"[1] 因此，从 14 岁开始，他已有了自己的人生理想，胸中已有了一种价值标准，并以此评判一切人和一切事。恐怕就是从这个时候，他开

---

[1]　马勇著：《梁漱溟评传》，安徽人民出版社，1992 年 7 月第 1 版，第 16 页。

始形成了自命不凡的特立独行的性格。他总想做大事，做个大伟人，担负起国家的使命。这一切，都使他思想早熟，并为他成为一个思想家打下了初步的基础。

我们都知道，梁漱溟先生曾在北京大学任教，但过去并不知道他是自学成才的。按照梁先生自己的说法："论我个人资历，一没有上过大学，二没有留过洋；论专长，不过是对某些学科经过自学、钻研才一知半解，至多也只能说是一技之长吧。蔡先生引我到北大，并且一住就是七年，这表明蔡先生兼容并包之量，也说明蔡先生在用人上是不拘一格的。"梁漱溟先生到北大任教是益于他的一篇文章，他于1916年冬写了一篇"究元决疑论"，在上海商务印书馆办的《东方杂志》上连载。当时，梁先生经教育总长范源廉介绍，带着那篇文章到北京大学去见蔡元培校长。当梁漱溟先生拿出那篇文章时，蔡元培校长说他已看过了，并意欲请他到北京大学教授印度哲学。当时，梁漱溟先生意欲不决，怕不能胜任。然而，蔡元培却说："你固然不甚懂印度哲学，也没有发现别的人对此更精通。谁也不过知道得一星半点，横竖差不多，你就大胆来吧。"对此，梁漱溟先生很感动，他说："蔡先生的一席话打动了我的心，我只有答应下来。"[1]

梁漱溟先生进入北大，无论是对于他开阔眼界或增长学识，无疑都是十分重要的。当时，北京大学确实是人才荟萃，学派林立，新旧思潮对立。那时，新派名家有陈独秀、胡适之、李大钊、周树人、钱玄同等人，旧派学者代表人物有辜鸿铭、刘师培、陈汉章等。尽管新旧派人物之间观点各异，明争暗斗也不可避免，但是在蔡元培校长的主政下，他们各行其道，通过争鸣各得其所。按照梁漱溟先生自己所说："我那时不属于新派，但要说是旧派也还数不上我。"这种环境对于他来说，的确是非常重要的，对他后来成为一个思想家进一步地奠定了基础。正如他自己所说："这7年之间，我从蔡先生和诸位同事、同学所获益处，直接间接，有形无形，说之不尽。""所以我说北大培养了我，绝非是谦词。"[2]

作为一个思想家，梁漱溟先生的学术思想大致形成于上个世纪20年

①　汪东林著：《梁漱溟问答录》，1988年4月第1版，第335页。
②　《梁漱溟问答录》，第34页。

代和 30 年代。他的代表作《印度哲学概论》是 1919 年出版的，而《东西文化及其哲学》是 1921 年出版的。特别应当指出的是，《东西文化及其哲学》的出版，被认为是他放弃佛家生活，回到现实世界后，改变学术和生活态度的宣言书，是他学术思想的代表作。果然，《东西文化及其哲学》出版以后，在当时学术界引起广泛而持久的反响，使梁漱溟先生"暴得大名"。在赞成者中，誉之为东西文化比较研究的开山之作，毁之者视其为东方文化的保守思想，一时间使梁漱溟成为国内学术界有争议的知名人物。在那一场争论中，尽管梁漱溟不承认他与陈独秀、胡适等人有什么不同，但是陈独秀和胡适他们却认为梁漱溟是新文化运动的"障碍物"。因而，梁漱溟先生的某些学术观点遭到了胡适等人的批评，被认为犯了以偏概全的错误。对此，梁漱溟先生自己解释道："我知道我有我的精神，你们有你们的价值。然而凡成为一派思想的，均有其独特的面目，特殊的精神……"由此可以看出，梁漱溟先生所追求的就是"一派思想"的代表人物，要有他自己"独特的面目"。事实上，通过这一场争论，梁漱溟先生形成了自己的思想体系，按照冯友兰先生的说法，他是"新文化运动的右翼"。但是，不管怎么说，那时梁漱溟先生已经是与陈独秀、胡适等人并肩的一位不可忽视的思想家了。①

　　1924 年暑假，梁漱溟先生辞去了北京大学的教席，这使人不免有些意外。对此，他的解释是："那是因为在教育问题上我有了新的认识，而这种新的认识是当时的北京大学以至于其他学校所无法实施的。""为了实践我这些对教育问题的新认识，新设想，我决定离开北京大学，自己试办学校。"作为一个思想家，为了实践自己的新思想，亲自去办学校，这是多么可贵的精神，也是我们今天教育家和思想家所缺乏的精神。

　　离开北京大学以后，梁漱溟先生先后在山东、河南、山西、广东等地举办高中、乡治讲习所、村治学院、乡村建设研究院等。其中，影响较大的是在邹平县创办的山东乡村建设研究院，历时 7 年，与他在北京大学工作的时间是相同的。他开展这些活动，其指导思想是受到使命感的驱使，目的是在于"中国问题之解决"。实际上，梁漱溟先生思想发展的路径

---

① 《梁漱溟评传》，第 108 页。

是，从教育实践出发，经过村治、乡治，最后达到"欲替中国开出一条新路"之目的。在20世纪30年代，中国知识分子中有许多人都致力于乡村建设，如陶行知、晏阳初的乡村教育改革，黄炎培的农村改良等。在这个期间，梁漱溟先生出版了他的《乡村建设理论》，这不仅是作为思想家的梁漱溟先生的又一代表作，而且也是那个时期一大批研究农村改造思想的集中体现。

抗日战争爆发以后，梁漱溟先生在山东搞的乡村建设当然就进行不下去了。为了抵御外敌，保卫中华，梁漱溟先生认为山东乡村建设研究院的师生责无旁贷。于是，他就萌发了一种想法，应当把中小学教员疏散到农村去，开展民众抗日救亡教育运动。在抗日战争爆发之前，梁漱溟先生就提出了抗日的两项基本原则：一是必须依靠隐藏在民众中的"无限的兵力"，以民众的力量弥补前线不足的兵力；二是"不求摧敌于一朝"，与日寇做持久战，争取最后的胜利。真是天下英雄见解略同，他的这些看法与毛泽东在《论持久战》中的论述不谋而合。尽管梁漱溟先生没有像毛泽东分析得那样透彻，但是他们的思维路向是大体一致的。

国共合作以后，为了推进抗日，梁漱溟先生以国民参政员的身份，于1938年1月访问了延安，探询中国共产党的抗日态度。梁漱溟在延安考察了十几天，毛泽东从繁忙的公务中抽出时间，与梁漱溟先生畅谈6次之多，此外还有两次礼节性的见面。这次被戏称为中国当代的马克思与中国当代的孔子的对话，虽然不可能达到真正的共识，但是毕竟使这两位都颇具个性与才华的人走到一起来了，并为他们之间的友谊打下了初步的基础。①

其实，毛泽东与梁漱溟先生都是于1893年出生的，是同龄人。他们早年在北京大学，就有一点"旧缘"，那时梁漱溟已是知名人物，他对毛泽东没有什么印象，但毛泽东对梁漱溟先生的印象颇好。在新中国建立以后，也许毛泽东是出于统战工作的需要，也不排除他们之间的前缘，他应召由重庆到达北京，参加了政治协商会议工作，成为毛泽东主席的座上客。但是，他们之间的这种无拘无束的亲密关系没有持续多久，由于

① 《梁漱溟评传》，第234页。

1953 年 9 月发生在政协常委扩大会上与毛泽东的一场激烈争论，使梁漱溟与毛泽东几十年的交情划上了句号，梁漱溟也就由毛泽东的"座上客"变成了一个长期不戴帽子的"反动教员"。

应当说，从 1953 年 9 月 18 日开始，梁漱溟作为一个有骨气的思想家，就长期地被打入冷宫。据我统计，他从那时开始，前后批判了 25 年，兹将他受批判的主要事件列举如下：

从 1953 年 9 月 18 日后，不断地接受批判、检讨，但他决不违心地认错。

1955 年 5 月，由冯友兰带头，开始对梁漱溟文化观、村治理论进行批判，时间持续了半年；但他对那些几乎是谩骂式的批判是"口不服心亦不服"。

1965 年 5 月 10 日，挨批判 5 个月。这次辩论是围绕着他不同意"阶级斗争一抓就灵"的提法，辩论的一方是年已古稀的老人梁漱溟，另一方是政协学习小组的 30 多人，这场辩论实际上是批判，有人甚至说对他的批判就是活生生的阶级斗争。梁漱溟对待这些批判的态度还是老办法：静听不语。

1966 年文革开始，受到抄家、批判、扣薪、劳动改造。但是，即使在这种逆境中，他坚持写完了《儒佛异同论》和《东方学术概观》等专著。

1974 年批林批孔运动中，因为孔子辩诬，被批判了一年多，大小批判会 100 多次。当主持人问他对批判斗争有何感仃时，他却脱口而出："三军可夺帅也，匹夫不可夺志"。

1976 年因"唯生产力论"又受到批判。

1978 年因不同意"人治"又被批判三个月。

一个人一生有多少 25 年！幸亏梁漱溟先生长寿，以 95 岁高龄而寿终。但是，当落实他的政策的时候，他已 85 岁高龄，虽说"夕阳无限好，只是近黄昏"。他虽然仍笔耕不辍，但因为学术研究的黄金时代已过，使他失去了许多有价值的思想研究成果。所以说，梁漱溟先生是一个被埋没的思想家，这不是他个人的不幸，而是一个不幸的时代造成的。

梁漱溟先生是一个有个性的思想家，这种刚直不阿的个性，是一个思想家必不可少的品格。但是，也就是这种个性使他受尽了磨难。我无意为梁漱溟先生半个世纪以前的事和做法去分辨是非，但无疑我十分敬佩他高尚的人格。关于这一点，费孝通先生在 1987 年召开的梁漱溟思想国际学术讨论会上曾说："环顾当今之世，在知识分子中能有几个人不唯上、唯书、唯经、唯典？为此舞文弄笔的人也不少，却常常不敢寻根问底，不敢无拘无束地敞开思想，进行独立思考。可见要真正做一个思想家，是多么不容易。"①

思想家最可贵之处在于"思"，而"思"就必须用自己的思想思考，要有自由思考的空间，并且敢于打破人为设置的思想禁区。对于如何思考，美国著名哲学家杜威曾说，真正个人主义就是个性主义。他的特点有两点："一是独立思想，不肯把别人的耳朵当耳朵，不肯把别人的眼睛当眼睛，不肯把别人的脑力当自己的脑力；二是个人对自己的思想信仰的结果要负完全的责任，不怕权威，不怕监禁杀身，只认得真理，不认得个人的利害。"② 这些重要的品格，作为思想家杜威的体会无疑是最深刻的，这恐怕也是他和包括梁漱溟先生在内的一切真正的思想家个人思想修养的极境。

今年是梁漱溟先生诞生 110 周年，他和毛泽东主席在政协会议上的争论事件也已过去半个世纪了。但是，这个不幸的事件却留给人们许多教训，我们应当认真地吸取。我们希望类似梁漱溟先生的不幸遭遇永远不再重演，积极推进政治体制改革，创造真正的自由民主的学术环境，打破思想禁区，让一切有抱负、有见解、有作为的思想家自由成长。这是时代的需要，是东方文化复兴的需要！

---

① 《梁漱溟问答录》，序第 3 页。
② 胡适著：《人生大策略》，湖南文艺出版社，1989 年 5 月第 1 版，第 25 页。

五、中国现代教育改革的先驱者

题记：1988 年 10 月 5 日，我的学生王毅生由安徽师范大学寄赠一套《蔡元培全集》给我。他在信中写道："《蔡元培全集》四卷，放在你的案头，当更有价值，第一卷上题赠一言，虽经苦想，但仍不知当否？"

我十分感谢王毅生的深情厚意，特别是他对我所进行的教育改革的理解与支持。我决无高攀前贤蔡元培先生的非想，但是我是极为崇敬他的，时刻以他为楷模，不断激励我在教育改革的道路上前进。

附王毅生的赠言于后：①

"道玉先生在成千上万个理解者看来，正跋涉在他没有走完的路上"

蔡元培先生出生在清朝末代，受的是科举教育，曾一度崇拜宋明儒家。他 25 岁时中了进士，并且先后在翰林院任庶吉士和编修两年。戊戌变法以后，他已看到清廷政治改革没有希望。于是，他决定托病请假，决绝仕途，南下从事教育。他在京师寓所书斋曾书写了一帧条幅："都无作官意，唯有读书声。"这真实地反映了他那时的思想，是他反叛"学而优则仕"世俗功名迈出的决定性一步。

在废除科举制度以后，他能够冲破传统教育的束缚，接受新的教育，这的确是十分开明的。他在"新教育与旧教育之歧点"的演讲中论述道："吾国之旧教育以养成科名仕宦之才为目的。科名仕宦，必经考试，考试必有诗文，欲作诗文，必不可不识古字，读古书，记古代琐事……进之以四书、五经；又次则学为八股文，五言八韵诗；其他若自然现象，社会状况，虽为儿童所亟欲了解者，均不得阑入教科，以其于应试无关也。"由此可见，蔡元培先生是最早反对科举制和倡导教育改革的先驱者之一。

---

① 高叔平编：《蔡元培全集》（第 1 卷），中华书局，1984 年 9 月第 1 版扉页。

他在谈到旧教育时，已经提到"应试"的问题，它仍然是我们今天教育改革的拦路虎。即使在废除科举教育以后，蔡元培先生对当时的教育仍不满意，他说："吾国教育界，乃尚牢守几本教科书，以强迫全班之学生，其实与往日之《三字经》、四书、五经等，不过五十步与百步之相差。"实际上，科举教育就是应试教育，今日的应试教育就是受科举制的影响而造成的。如果我们不是掩饰矛盾的话，现在我国的基础教育，除了教科书的内容与那时不同外，其他如教学目的、教学方法，考试方法与他指出的"牢守几本教科书"的旧教育又有何差异呢？在谈到新教育时，他说："与其守成法，毋宁尚自然；与其求划一，毋宁展个性。"① 他心目中的新教育应当是，其"课程亦无定时，惟学生之愿；其教授之形式，惟有问答。"这是多么开明的教育思想啊，正如他所说："如此，则始足语于新教育矣。"

蔡元培先生一生从事教育事业，他是一个职业教育家，是一个教育改革家，是一个职业大学校长。他的成功在于他对教育的执著地追求，在于他具有坚实的哲学理论基础，在于他通晓西方国家教育发展的情况，在于他具有创新教育理念。但是，他最为辉煌的教育生涯乃是他任北京大学生校长10多年时间。他的许多教育新理念和改革举措，大多是在这个时期推出的，其影响以至于惠及今天。

北京大学的前身是京师大学堂，它是光绪皇帝正式下令批准设立的，应当说它是戊戌维新的运动的产物。但是，它毕竟是在封建制度下孕育的胎儿，尽管维新派提出了新的办学思想，但面对强大的复古逆流，北京大学的改革举步维艰。实际上，当初的北京大学依然保留着旧衙门作风，讲授经史的大多还是翰林院的腐儒，科举时代的习气仍然很浓，学生们对研究学问不感兴趣，"学而优则仕"仍然是他们读书的主要目的。北京大学仅1912年至1913年，就更换了五任校长，可见当时的北京大学处境极为困难。蔡元培先生就是在这种背景下出任北京大学校长的，真可谓是受命于危难之机，不难想象他面临的改革任务是多么的艰巨。

那么，蔡元培先生在主政北京大学期间，采取了哪些重大的改革措施

---

① 同上书（第3卷）第173－175页。

呢？就其影响的深度和广度来说，概括起来主要有以下几个方面：

（1）制定教育方针，造就"硕学宏材"。教育的根本任务是培养人才，而培养人才必须依据反映时代精神的教育方针。早在1912年他任国民政府教育总长时，就发表了"对于教育方针之意见"，就任北京大学校长以后，也就有了改革的舞台，亲自实践这个方针。应当说蔡元培先生提出的教育方针，是我国近代实施新教育的第一个教育方针。当时，很少人考虑到这个问题，对此他写道："顾教育方针者殊寡，辄先述鄙见以为嚆引，幸海内外教育家是正之"。①

蔡元培先生提出的教育方针，可以概括为五个主义，如他所论述："五者，皆今日之教育所不可偏废者也。军国民主义、实利主义、德育主义三者，为隶属于政治之教育。世界观、美育主义二者，为超轶政治之教育。"他继而解释道："以教育界之分言三育者衡之，军国民主义为体育；实利主义为智育；公民道德及美育毗于德育；而世界观则统三者而一。"很明显，这个教育方针与清政府的教育方针是不同的，它是对旧教育方针的改革。正如蔡元培先生所说："满清时代，有所谓钦定教育宗旨者，曰忠君，曰尊孔，曰尚公，曰尚实。忠君与共和政体不合，尊孔与信教自由相违。"他还说："惟世界观及美育，则为彼所不道，而鄙人尤所注意。"

蔡元培是我国教育史上第一个提出美育的教育家，这是十分开明而富有远见的。何谓美育呢？他论述道："记美术家及美术沿革，写各地风景及所出的美术品，美育也。"他还提出"以美育代替宗教"的观点，认为"鉴激刺感情之弊，而专尚陶养感情之术，则莫如舍宗教而易以纯粹之美育。纯粹之美育，所以陶养吾人之感情，使有高尚纯洁之习惯，而使人我之见、利己损人之思念，以渐消沮者也。"

在我国忽视美育，似乎自古皆然。针对于此，蔡元培先生批评说："美术的教育，除了小学校中机械性的音乐、图画以外，简直可说是没有"，"大学校又没有文学、美学、美术史、乐理等讲座与研究所"，这就不能不影响到受教育者全面素质的提高。于是，他大声疾呼："在这种环境中讨生活，什么能引活泼高尚的感情呢？所以我很望致力文化运动者，

---

① 《蔡元培全集》（第2卷）第134–135页。

不要忘了美育。"①

除了以上体育、智育、德育、美育外，蔡元培先生实际上还提出了群育。他曾说："人者，群性的动物也，不能孤立而生存，动必以群。群有大小，小群常包于大群。大群之休戚，常即为小群以内分子之休戚。学校，群之者小也，不能外于大之群之国家，尤不能外于最大之群之世界。世界之休戚，国家之休戚随之。国家之休戚，学校之休戚随之。学校之休戚，学生之休戚随之。"从这一段论述来看，他十分重视对学生群体精神之培养，它不仅关系到学校，而且关系到国家的利益。蔡元培先生早在上个世纪初，能够提出群育的思想，不仅是十分有远见的，而且也是有很强的针对性的。这是因为，中国在近代历受帝国主义列强的欺负，先后签定了不少不平等的条约。他们曾轻蔑地称中国是"东亚病夫"，是"一盘散沙"，"一个中国人是一条龙，十个中国人是一条虫"。这些虽然带有藐视之意，但从某些方面，也反映出我国国民缺乏精诚合作的精神。现在我们已处在 21 世纪之初，这是一个既竞争又需要合作的时代，因此进行群育教育是十分重要的，也是我国在未来知识经济竞争时代立于不败之地的关键。

概而言之，蔡元培先生提出的教育方针，包括了体育、智育、德育、美育和群育，这是迄今为止关于我国教育方针最全面的表述。在学习蔡元培先生教育思想的基础上，我建议在我国教育方针中再增加一个技育，即加强对学生实际技能的教育。这是因为自古以来，我国教育上就存在"重道轻器"、重理论轻实践的倾向，以至于导致我国学生动手能力很差，这也是我国国民创造能力不强的重要原因之一。智育并不能包括技育，这是因为高分低能和高智商低技能的人比比皆是。因此，针对我国青少年的弱点，有必要把技育单独提出来。如是，我国的教育方针应当是德、智、技、群、体、美六育并重，它应当成为我国教育工作者的共识。可惜的是，我国至今还没有一个全面正确的有关教育方针的表述，这不能不是我国教育工作的一大失误。

（2）提倡学术研究，兼容并包，开展学术自由争鸣。蔡元培在就任

---

① 同上书（第 3 卷）第 33 页。

北京大学校长的演说时说，"第一要改革的，是学生的观念。"他明确提出："大学者，研究高深学问者也。"①他劝告学生，来此求学者，必先知大学之性质。他援引外界的批评说："外人每指摘本校之腐败，以求学于此者，皆有做官发财思想，故毕业预科者，多入法科，入文科者甚少，入理科者尤少，盖以法科为干之禄终南捷径也。因做官心热，对于教员，则不问其学问之浅深，惟问其官阶之大小。官阶大者，特别欢迎，盖为将来毕业有人提携也。"

为了推动教员的研究，引起学生对研究的兴趣，他倡导成立研究所、研究组，各个系也都组织了学会。例如，进德会、国文学会、史学会、哲学会、音乐会、书法研究会、画法研究会、心理学会、数学学会、物理学会、化学学会、生物学会，等等。由各个学会组织学术演讲和专题报告，极大地活跃了北京大学学术空气。这在上个世纪20年代初，的确是十分超前的，也反映出了蔡元培先生的远见卓识。他阐述研究的目的时说："研究也者，非徒输入欧化，而必于欧化之中更进之发明；非徒保存国粹，而必以科学方法，揭国粹之真相。"

创办学术刊物，这既是反映研究成果又是开展学术争鸣的需要。在蔡元培先生的倡导下，那时北京大学创办了《北京大学月刊》、《理科大学月刊》、《数理杂志》、《新闻周刊》、《国民》杂志、《文学季刊》、《音乐杂志》，等等。当时的北京大学，的确是十分开明的，不同的学派可以并存，不同的学术思想，均可以自由争鸣。他认为，"无论为何种学派，苟其言之成理，持之有故，尚不达到自然淘汰之命运者，虽彼此相反，而悉听其自由发展。"这一点是十分重要的，是大学学术研究之灵魂，正如他所说："此思想自由之通则，而大学之所以为大也。"

他维护学术自由的一个典型例子，是如何对待《新潮》杂志及其所发表的观点。新潮社是北大文科部分学生于1918年冬成立的，次年1月又出版了《新潮》杂志。这本杂志的出版，得到了蔡元培先生和陈独秀的支持，蔡元培还亲自给《新潮》杂志题写了刊名。傅斯年是主任编辑，罗家伦任编辑，当时许多著名的人物都是新潮社的社员，如何思源、俞平

---

① 《蔡元培全集》（第3卷）第5页。

伯、顾颉刚、叶圣陶、朱自清、冯友兰、周作人等。这个杂志以介绍西洋近代思潮为宗旨，宣传文学革命，因而在新文化运动中曾产生过广泛的影响。但是，由于《新潮》的反封建文化的宣传，却遭到旧势力的忌恨。他们曾向教育部指控《新青年》、《新潮》等杂志："此等出版物实为纲常名教之罪人"，要求教育部将其取缔制裁。对于教育部的责问，蔡元培先生作了回答，为《新潮》作了辩护，保护了这个刊物。至于这个刊物后来的发展，那是人们所始料不及的，这像任何事物发展一样，都有其变化的过程。

蔡元培先生重视研究工作，提倡大学研究高深之学问，这无疑与他留学德国有关。他于 1907 年至 1911 年在德国学习，后来又到德国、法国、美国等国学习和参观访问，这使他非常了解欧美国家的教育制度和科学技术的最新发展。德国教育家洪堡于 1809 年，创办了腓特烈·威廉大学，首次提出了大学中教学与科研相结合的思想，强调大学教师的主要任务是指导学生进行科学研究，培养学生的研究能力。洪堡的思想是十分先进的，它引起了德国大学的一场改革运动。后来美国借鉴了洪堡的教育思想，进而开创了一批研究型的大学，使之成为基础理论研究和科学发明创造的摇篮，为美国成为世界科技发明大国作出了贡献。毫无疑问，蔡元培在德国的学习经历，不能不受到德国大学改革运动的影响，实际上他当时领导的北京大学已是一所研究型大学的雏形。

（3）改革学制，注重学习方法。蔡元培先生就任北京大学校长以后，极力推进新教育，反对束缚个人和摧残人才的旧教育。他在 1919 年提出："世界有进化的原则，有天才者尤当利用之以为先导。此后新教育，必将渐改学年制为选科制。"① 所谓选科制，就是允许学生在选学本系的必修科以外，还可以按照选修课的比例，自由选修相关系开设的课程。美国哈佛大学于 1914 年率先在世界上实行选科制，而北京大学在 5 年以后，也实行了选科制，这基本上是与世界高等教育改革同步的。自 1922 年开始，全国其他高等学校也先后采用了选科制。选科制代替年级制最大的优点是：调动了学生学习的主动性、积极性和创造性，尊重了学生的兴趣与志

① 《蔡元培全集》（第 3 卷）第 130 - 131 页。

愿，扩大了学生的知识面，增强了他们的适应能力。实际上，选科制后来进一步发展为学分制。

在废除学年制的同时，蔡元培先生还进行了教学内容和教学方法的改革。他在一次演说中说："诸君既研究高深学问，自与中学、高等不同，不惟恃教员讲授，尤赖一己潜修。以后所印讲义，只列纲要，细微末节，以及精旨奥义，或教师口授，或自行参考，以期学有心得，能裨实用。"在这一段论述中，他提出了许多教学改革的原则，如精简教材、讲授少而精、自学和学以致用等。这些都是十分开明的教育原则，仍然是我们今天所需要大力提倡的。

蔡元培先生主张通才教育，他告诫学生说："且诸生须知既名大学，则万不可有专己守残之习。"他进一步指出："近并鉴于文科学生轻忽自然科学、理科学生轻忽文学、哲学之弊，为沟通文、理两科之计划。望诸生亦心知其意，毋涉志已守残之习也。"同时，他还反对文理分科中学的制度，指出："北京大学方鉴文理分科之流弊，提出文理合并之议，而中学教育界乃盛传文实分科之说，异哉！"可是，这些流弊一直流传至今，可见保守的教育思想是多么的顽固！

方法比知识重要，这是当今人们普遍接受的观点。但是，我们现在学校的教学仍然把传授知识放在首位，而忽视学生对方法的掌握。然而，蔡元培先生早在1924年就指出："我们读学者的著作，可以得到两种利益：一是他的知识；二是得他的方法。从前小说家虚构一个故事，说是吕洞宾有点石成金的能事。遇到一个人，要点一石为金送他，那人不要，说是要他点石成金的指头。我们得知识是金，得方法是指头，自然是方法更重要了。"在教学中，怎样才能向学生传授方法呢？除了开设科学方法学课程以外，重要的是教师的指导作用，他们要善于启发学生，通过知识的讲授引出普遍性的方法来。

（4）尊重人才，不拘一格网罗众家。无论是发展教育或是办好大学，人才是头等重要的大事。对此，蔡元培深有体会地说："现在是青黄不接时代，很难得品学兼优的人才呵。"怎么才能解决人才的缺乏的问题呢？广延积学与热心的教员，是蔡元培振兴北京大学的重要举措。他认为："大学者，囊括大典网罗众家之学府也。"所谓"囊括大典"，是指对待古今中外不同学派、思想和典籍的态度，"大学是各种学问的机关"。所谓的"网罗众家"，是指不拘一格广收人才，并用其所长。当然，这两者是相辅相成的，没有"网罗众家"，也就不可能作到"兼容并包"。这既是蔡元培发展学术的方针，又是他"惟才是举"的用人指导思想，二者均是基于他的思想自由办学原则。这正如他一再强调的："此思想自由之通则，而大学之所以为大也。"

学术自由、百家争鸣的方针，是发展科学技术之根本保证，也是西方国家科学技术不断创新的最主要的经验。对于科学研究者来说，蔡元培先生认为："最忌的是知道了一派的学说，就奉为金科玉律，以为什么问题都可以照他的说法去解决，其余的学说都可以置之不顾了。"这是一种固步自封的保守思想，它无论是对科学研究或是对培养学生，都是十分有害的。就拿培养学生来说，只有让他们广泛接触教员中不同学派的观点，有充分自由的选择余地，才能培养他们独立研究和创造能力。

为了真正到"网罗众家"，蔡元培先生成立了一个聘任委员会，委员均为教授出任。该委员会是协助校长选聘、审定或延聘教员，虽然对学术思想是兼容并包的，但资格审查是非常严格的，应聘者必须具有真才实学。在应聘者中，既有新文化运动的代表人物，如陈独秀、李大钊、鲁迅、胡适、刘半农、钱玄同等人；又有蓄长辫、维护帝制和固守封建文化的辜鸿铭、刘师培等人；有留洋派也有自学成才者；还有多名外籍语言和自然科学家。当时的北京大学，真可谓是人才荟萃，自由学术空气浓郁，这也是北京大学盛极一时的主要原因。

（5）民主办学，尊师爱生。蔡元培先生是一位威望极高的校长，但他具有民主作风，在他的倡导下成立了大学评议会，反对校长权力过分集中。他是我国最早倡导实行教授治校的人，评议会是大学最高的立法和权力机构。它的职责是：制定和审核学校的各种章程、管理条例；决定学科的废立；审核教师的学衔、聘任与辞退；提出学校经费的预算等，这一切充分地体现了教授民主治校的精神。

在实际工作中，蔡元培先生的作风十分民主，凡事都让大家充分发表意见，择其善而从之。他事必躬亲，亲自起草文告、通知、启事，回复教授们的信函，为教授们的书著写序言。甚至连自己因病住院，他也要写启事向全校公示，这种作风是何等的民主！正因为如此，他深受教授们的爱戴，以至于他离校时，校务工作仍然运转良好，这充分说明教师对他的绝对信赖和民主制度的优越性。

蔡元培先生与学生亦有良好的关系，他经常劝告青年要"抱定宗旨"、"砥砺德行"，而且还参加学生们组织的学术演讲会。他亲自安排学生到北大校役夜班任教，为大学生求职写推荐信，应学生之请为其著作写序言。虽然他是一校之尊，但是他能够以平等的态度对待学生的批评意见。当时，有学生对把哲学隶属于文科，提出了不同的意见。蔡元培先生亲自回复，认为"哲学隶属于文科诚然有不当"，但"亦非理科所能包也。至于分文、哲、理三科，则彼此错综之处更多。以上两法，似皆不如破除文、理两科之界限，而合组为大学本科之为适当也。"由此可见，蔡元培先生的民主作风，赢得了教授和全体学生的拥护。正因为如此，所以当蔡元培先生提出辞职北大校长后，全校教师、学生一致挽留他。当时北京大学全体学生在致蔡元培先生的信中说："自先生悤然南旋，生等夙夜祗惧，茫无所归。""校务万端待理，请即日北上。临电迫切，惟先生命之。北京大学全体学生叩。"

蔡元培先生明确地表明对政府干涉教育不满，在"五·四运动"后，他把全部被捕的学生保释出来，并问心无愧地说："仆所能尽之责，止于此矣。如不辞职，更待何时？"于是，他一面去意坚决地向教育部、国务院和大总统提出了辞呈，一面不辞而别地离开了北京，行踪保密。为了表明决心，他还发表了"不肯再任北京大学校长宣言"，其中他坦言"世界有这种不自由的大学吗？还要我去充这种大学的校长吗"？

但是，他在全国教育界和社会上都享有极高的威望，北京大学离不开蔡元培先生，北大师生需要蔡校长。于是，在校内外各方面强烈的要求下，他不得不勉为其难地同意回任北京大学校长。在回任北京大学校长后，全体学生和全校教职员分别召开了欢迎会。在1919年9月20日的欢迎大会上，蔡元培先生颇为动情地说："不意我屡次辞职，诸君要求复职，我今勉强来了，与诸君相见，诸君又加以欢迎的名目，并陈极恳挚之欢迎词，真叫我感谢之余，惭愧得不得了。"他向大家表示说："元培决当回校，随先生之后，努力于北大之发展，不敢自弃。"

　　蔡元培先生回任北京大学校长后，仍然不改办学的初衷，继续坚持民主自由的方针。"教育独立"是他发表在 1922 年《新教育》上的一篇论著，他特别强调"教育事业不可不超然于各派政党以外"。其中，他写道："教育是帮助被教育的人，给他们发展自己的能力，完成他的人格，于人类文化上能尽一分子的责任；不是把被教育的人，造成一种特别器具，给抱有他种目的的人去应用的。所以，教育事业当完全交与教育家，保有独立的资格，毫不受各派政党或各派教会的影响。"这个论点是他学术自由思想进一步的发展，是完全符合教育规律的，对于我们今天发展高等教育是十分重要的。

　　从回任北京大学校长以后，蔡元培先生在北大断断续续地工作到 1930 年 9 月，并最终辞去了北京大学校长之职，从此结束了与北京大学的直接联系。蔡元培先生在北京大学实际任职时间虽然不很长，但是他却开创了北京大学发展史上最为辉煌的时期，其影响是深远的。他勇于革新和首创精神，努力创建新的教育制度，追求教育独立，倡导民主自由的学风，都是十分可贵的。他的办学理念和实践经验，其意义已经远远超出了一个学校的范围，他所体现出的大学教育思想和治学精神，是值得我们今天认真地研究和继续发扬光大的！

六、中国第一位创造教育家

创造学作为一门学科，是上个世纪 30 年代在美国诞生的，其创始人是美国的创造之父奥斯本（A. F. Osorn）。创造教育学也是首先创立在美国，大约在 40 年代末，它是教育学与创造学之间的一门交叉学科。那么，创造教育学究竟是什么时候在中国产生的呢？有人说，是上个世纪 80 年代由国外传入的。这种说法显然是不确切的，是对我国教育发展的历史缺乏了解的表现。只要我们翻开《陶行知全集》，不难发现他关于创造教育的许多精辟的论述。实际上，陶行知先生不仅是著名的大众教育家，而且他早在上个世纪 30 年代初就倡导和实践创造教育，所以他又是中国第一位创造教育家。

早在 1933 年，陶行知在上海大夏大学以"创造的教育"为题的演讲中，明确地提出"要打倒传统的教育，同时要提倡创造的教育"。什么是创造的教育？他以鲁滨逊飘流到荒岛上，为了解决口渴喝水的困难，从粘土经火烤变硬的现象得到灵感，于是他用泥土做成了三个瓶子，解决了喝水的问题为例解释道："由行动发生思想，由思想产生新价值，这就是创造的过程。"在演讲中，他还阐述了创造教育的目的，认为："手和脑在一块儿干，是创造教育的开始；手脑双全，是创造教育的目的。""所以我们主张'行动'是中国教育的开始，'创造'是中国教育的完成。"①这是他在 60 年前讲的，虽然对创造教育的论述还是初步的，但是在传统教育还占统治地位的旧中国，能够提出"打倒传统教育"，这是十分难能

① 华中师院教育研究所编：《陶行知全集》（第 2 卷），湖南教育出版社，1984 年 1 月，第 610 页。

可贵的，也是非常有远见和胆识的。

时隔 11 年之后，陶行知发表了"创造宣言"①，这是印在重庆《育才学校手册》上的。宣言是一种很正式的文体，是国家或政治团体用以表明自己的政治纲领和重大问题的立场。在教育家中，用宣言的形式表明自己的教育主张，无论在国内或国外并不多见。仅此一点，就可以看出陶行知先生对创造教育是非常看重的，他对创造教育的追求又是十分执著的。在"创造宣言"中，他主张"教师的成功是创造出值得自己崇拜的人。先生之最大快乐，是创造出值得自己崇拜的学生。说得正确些，先生创造学生，学生也创造先生，学生先生合作而创造出值得彼此崇拜的活人。"他所说的"值得自己崇拜的学生"，就是创造性的人才。同时，他还认为："教育者也要创造值得自己崇拜之创造理论和创造技术。"在这里，陶行知先生是把创造性的人才和创造性的成果同时提出来的，因为这二者是相辅相成的，没有创造性的人才，就没有科学的发明创造。

陶行知先生生活的时代，中国的科学技术不发达，生产力也很低下，所以对发明创造普遍存在迷信思想。于是，他在"创造宣言"中，批驳了种种迷信思想，如：生活太单调了，不能创造；年纪太小，不能创造；我太无能了，不能创造；陷入绝境，不能创造……接着，他斩钉截铁地说："处处是创造之地，天天是创造之时，人人是创造之人。让我们至少走两步退一步，向着创造之路迈进吧。"在"创造宣言"的最后，他大声疾呼："只要有一滴汗，一滴血，一滴热情，便是创造之神所爱住的行宫，就能开创造之花，结创造之果，繁殖创造之森林。"

此外，陶行知先生关于创造教育还有其他许多论述，例如：在一次音乐会上，他大声疾呼："'把创造之神'迎接回来了"，多创作一些适合儿童的歌曲，要"为真理而歌"，"为老百姓而歌"。他在"创造的儿童教育"一文中说："教育不能创造什么，但他能启发解放儿童创造力从事创造之工作。"早在 60 年前，他就号召"解放儿童的创造力"，"把小孩子的头脑、双手、嘴、空间、时间都解放出来，我们就要对小孩子的创造力予以适当之培养。"为了实现他的创造教育的理想，他在重庆育才学校设

---

① 同上书（第 3 卷）第 482 页。

立了"育才学校创造奖金",奖励办法规定:凡对自然科学、社会科学、音乐、戏剧、绘画、文学、人格修养和治事等有贡献者,均可获得创造奖金。但是,评选是十分严格的,办法规定:"奖金之发给,纯以创造意义之大小为标准,贡献不足时宁缺毋滥;贡献超过名额,不使向隅。不努力,则全年可以不发一次奖。"重温陶行知先生这些闪烁着智慧之光的思想,再看看今日争办重点学校和争上重点中小学的应试教育的大战,我们应作何感想呢?那些热心办重点、争重点、培养××状元的人,兴许还认为自己是在培养优秀人才,其实他们是在扼杀学生们的创造性。我们应当很好地向陶行知先生学习,更新教育观念,真正地从应试教育转变到创造教育的正确方向上来。

陶行知先生倡导创造教育,并不是停留在理论上,他的创造精神贯穿在整个的教育实践活动中。他的第一个创造性教育实践活动,就是创办晓庄学校。① 为此,他辞去了南京高等师范学校教务主任之职,白手起家创办新校。他办该校的目的是开展乡村教育,实现教育大众化。该校 1927 年创办,原名叫晓庄试验乡村师范,后师范部设有幼稚园、小学、中学、中等师范和高等师范,所以更名为晓庄学校,实际上实行的是一条龙的全程教育。在陶行知的主政下,晓庄学校办得很成功,培养出了许多优秀的人才,成为抗日和工人运动的骨干。但是,该校的办学宗旨遭到了国民党的反对,1930 年该校被封闭,陶行知被通缉。虽然晓庄学校夭折,但是在办学的实践中,陶行知却形成了许多教育观点。

作为一个创造教育家,陶行知不迷信权威,敢于质疑。陶行知原名叫文濬,后改名为知行。明朝哲学家、教育家王守仁(阳明先生)认为:"知是行之始,行是知之成。"陶行知不同意他的观点,认为:"行是知之始,知是行之成。"这种认识,无疑是符合毛泽东实践论的观点的。为此,他把自己的名字颠倒为陶行知,由此可以看出他的信仰是多么坚定。

陶行知是美国实用主义教育家杜威的门生,他在许多方面受杜威的影响。但是,他并不盲从,敢于挑战老师,这就是创造精神。例如,代表杜威实用主义教育思想的两句名言:"教育即生活"和"学校即社会"。陶

---

① 《陶行知全集》(第 2 卷)第 58、144 页。

行知不同意他老师的观点，他说："我们过去常常用，但是，从来没有问过这里边有什么意思。现在，我翻了半个筋斗，改为"生活即教育"。他又说："与'教育即生活'有联带关系的就是'学校即社会'。'学校即社会'也是跟着'教育即生活'而来的，现在我也翻了半个筋斗。"① 在这两个口号中，陶行知不仅仅是把杜威的口号字序颠倒了一下，但这样一改，无疑更符合唯物辩证法，也更接近真理。

陶行知毕生致力于大众教育，他著有《中国大众教育问题》一书，其中收入了"大众教育与民族解放运动"一文。什么是大众教育？他说："大众教育是大众自己的教育，是大众自己办的教育，是为大众谋福利除痛苦的教育。"为什么要实行大众教育呢？他说："中国是遇着空前的国难。这严重的国难，小众已经解决不了，大众必得起来担负救国的责任而中国才可以得救。""只须大众觉悟起来，不愿做亡国奴，与其拿生命来做敌人的肉炮弹，不如拿生命来争取整个民族的自由平等，我们的国难就必然解决了。"这篇文章是在抗日战争前夕写的，他把大众教育与民族解放紧密的联系起来，说明教育的目的从来就是为国家的解放、建设和发展服务的。即使在今天，我们也必须推行教育的大众化，只有普及了高等教育，全民族的文化、科学素质有了极大的提高，我国才能最终建成现代化的国家。

在80多年以前，陶行知先生就提出了要做"第一流教育家"的思想，这是他从实践中提出来的，是符合教育规律的。什么是第一流的教育家呢？他说："敢探未发明的新理，即创造精神：敢入未开化的边疆，即是开辟精神。创造时，目光要深；开辟时，目光要远。总起来说，创造、开辟都要有胆量。在教育界，有胆量创造的人，即是创造教育家；有胆量开辟的人，即是开辟的教育家，都是第一流的人物。"② 在这里，他不仅阐明创造与开辟（或开拓）的区别，而且提出了作一个教育家的标准。这一段精辟的论述是十分有远见的，即使在今天也有着非常重要的指导意义。

---

① 同上书第180页。
② 《陶行知全集》（1卷）第113页。

　　一所大学办得好与不好，关键在于选拔校长，而校长必须是第一流的教育家。可是，我们今天就是缺乏这样具有创造、开拓的教育家，而现在的情况正像陶行知先生所指出的三种人："一种是政客教育家，他只会运动，把持，说官话；一种是书生教育家，他只会读书，教书，做文章；一种是经验教育家，他只会盲行、盲动，闷起来，办……办……办。"他的论述，与今天的情况是何等的相似乃尔！我奉劝有关领导部门，应当好好地学习陶行知先生的这篇文章，转变选拔校长的观念，循世界著名大学选拔校长之道，使我国大学选拔校长的工作走向正确的方向上来！

七、我心目中的偶像

每个人都有自己崇拜的偶像，有的崇拜领袖人物，有的崇拜科学泰斗，也有人崇拜艺术大师，更多的人甚至是从来不崇拜什么人。这就是人各有志，人各有所爱。2003 年 6 月中旬，新浪网联合多家媒体，举办了"20 世纪十大文化偶像"评选活动。评选结果依序是：鲁迅、金庸、钱钟书、老舍、巴金、张国荣、钱学森、雷锋、梅兰芳、王菲。看了这个结果和排名，真叫人哭笑不得。有的媒体甚至还以头号字的标题报道说："张国荣挑战鲁迅"①，这完全是胡说八道。难怪鲁迅之子周海婴和老舍之子舒乙都不认同这个评选结果，认为是媒体炒作。

据说这项活动从开始到公布结果，一直存在着激烈的争论。本来，在不同的领域都有值得崇敬的人物，每个人也都有表达自己崇拜什么人的权力。问题是把这些不同职业、不同贡献的人排列在一起，他们的价值和影响能等量齐观吗？文化偶像是一个十分广泛的领域，特别是评选一个世纪的文化偶像，更是一件十分严肃的事情。问题就出在评选活动的组织者，他们没有给文化偶像准确的界定，未能提出严格的评选标准，也没有对参加评选者进行分类，所以就导致了那个不伦不类的评选结果。很明显，这样的评选结果除了反映组织者和某些参评者的低下素质以外，还能说明什么呢？

一般来说，人们并不是无缘无故地崇拜什么人，这与他们的兴趣、职业和人生价值取向有着密切的联系。比如，在政治上有抱负的人，他们会把那些英雄式的政治领袖人物作为偶像；矢志于科学研究的人，往往会把

---

① 《武汉晨报》2003 年 6 月 15 日。

对人类作出了杰出贡献的大科学家作为楷模；一切酷爱艺术的人，常常对艺术大师（如著名画家、影星、歌星）产生崇拜。因此，任何偶像绝不可能成为一切人的崇拜者，而每一个人只有严肃认真地选择自己崇拜像，最好与自己所追求的事业紧密联系起来，才能成为自己真正的楷模，并能对自己实现人生的最大价值起到巨大的驱动作用。

我不是一个感情容易冲动的人，相对而言我的迷信思想较少，这是因为我是研究创造教育的。但是，这并不表明我不崇拜任何人，也决非是孤芳自赏。其实，在我心目中也有自己崇拜的偶像，而且是随着我的学术研究兴趣的转变和思想不断成熟而形成的。

到目前为止，我所崇拜的人只有三个人：一是著名化学家、诺贝尔化学奖获得者鲍林（Linus Pauling，1901—1994）；二是西班牙艺术大师毕加索（Pablo Ruiz Picasso，1881—1973）；三是中华人民共和国的缔造者毛泽东（1893—1976）。

首先，我崇拜鲍林是因为我是学化学专业的。我于1953年考入武汉大学化学系，立志要成为一名化学家。说来也十分巧合，就在我入校的第二年（1954年）他因阐明了化学键本质的理论而独自一人获得了诺贝尔化学奖。我崇拜他不仅仅是因为他获得了诺贝尔化学奖，而且还因为他的才华、人格和独特的经历。直到花甲之年以后，我读了托马斯·哈格写的《鲍林》传记①，更感到我年轻时崇拜他决非盲从，而是受到他的才华和人格魅力的感染。

他早年在俄勒冈农学院读本科时，就有"神童"美称，他博学多才，自学能力很强，广泛涉猎各科知识。他在大学一年级时，当时教课的教授不能讲清楚化学键的本质，只是说："这个问题放在以后去研究解决。于是，他就想："为什么要放在以后再解决呢？教授讲不清楚，为什么我不去研究呢？"所以，鲍林获得诺贝尔化学奖的研究成果，实际上从大学一年级就萌发出了灵感，这是十分可贵的。

更为与众不同的是，他在当年诺贝尔授奖仪式上的演说词。按照惯例，12月10日举行颁奖典礼，鲍林被获奖得主推为代表，向几百名瑞典

---

① （美）托马斯·哈格著：《鲍林》，复旦大学出版社，1999年1月第1版。

大学生们发表演说，他没有以权威自居，也没有表现出盛气凌人。他说："作为老一代人中的一员，也许我应当向你们作一点训示，但我不想这样做。我倒向你们提一条建议，就是你们应当怎样看待自己的前辈。一位德高望重的长者在向你们讲话的时候，应当抱着认真的态度听——但别相信他，除了相信你自己的智力以外，不要轻易相信任何事。你们的长者，都有可能出错……因此，你们应当永远持有一种怀疑的态度——永远需要独立思考。"① 这是多么独特的、富有哲理而又让人受到启迪的演讲，就凭这一点，他就足已应当受到人们的尊敬！

鲍林被称为20世纪的奇才、怪才，他32岁当选为美国科学院院士，36岁受命领导美国科学院化学部。他一生发表了500多篇论文和11本专著，除了获得1954年诺贝尔化学奖以外，还获得1962年诺贝尔和平奖，他是迄今为止唯一的个人获得两次诺贝尔奖的人。

可是，就在获得诺贝尔和平奖的一星期后，他举行了一个记者招待会，宣布了一个声明：他将请假离开他工作了41年的加州理工学院，到位于圣巴巴拉市的"民主制度研究中心"去工作。这就意味着他将永远离开成就他的事业的职位，砍倒自己的精神支柱。从此以后，他就过着31年漂泊不定的日子，并且麻烦不断。对于他获得诺贝尔和平奖，各方面表现出了出奇的冷谈，连他任职的化学系、学校和化学学会，都没有发一份祝贺电报。对于他的辞职，校长也不予以挽留，他申请NSF的基金也不予批准。那时，他的起诉不受理，他的论文被退回，他只剩下笔和计算尺了。

这一切麻烦都源于联邦调查局怀疑他是共产党或私通共产党，秘密调查他长达25年。这是十分荒唐的，他是麦卡锡主义的受害者。其实，鲍林一直是以前苏联为首的共产主义国家批判的代表人物，把他视为赤色分子不是太令人可笑吗？

共振论是化学结构理论上的一个术语，是鲍林于1931年提出来的。他认为，苯分子正常状态可表示为两种类型的凯库勒结构和三种价键形式的混合体，由于共振作用，6个碳－碳键是等价的。这本来是一个典型的

① 参见《鲍林》一书第467页。

学术问题。可是前苏联化学理论界，从意识形态出发，把共振论说成是唯心主义的理论，并发起了一场旷日持久的大批判运动。例如，在前苏联的教科书中都专门辟出篇幅批判共振论，他们批判道："在 20 世纪 30 年代发展起来的鲍林的电子共振论，可作为解决分子中各原子相互影响的一个错误的，而实质上是唯心主义的典型实例。""苏联学者首先揭穿了共振论的错误。目前，这个理论在苏联已经遭到所有化学家的驳斥。"① 中国的化学家也跟着批判道："共振论和其他各门科学中的唯心理论共同组成了一个唯心义的战线，来反对唯物主义。科学中唯心论与唯物论的斗争，其实质正反映着两个阶级（资产阶级与无产阶级）、两种世界观、两种社会制度和两个阵营的斗争，这就是这一斗争的阶级基础和社会背景。"在我上大学的年代，正是政治运动连绵不断的时期，意识形态的斗争被扩大到一切领域。我不仅听到老师的批判，自己也不知所以然地跟着批判，认为跟着"老大哥"走是不会错的。

可是，共振论是否批倒了呢？它不仅没有批倒，而且关于苯分子 6 个碳－碳键等价的观点，还得到了实验测量的结果的证明。现在，共振论概念已用于阐述多核芳香烃、含共扼双键体系的分子、自由基和其他以单键、双键、三键均不能满意地表示其结构的分子（如一氧化碳和氧气等）结构。当然，共振论和任何科学真理一样，它们都是有条件限制的，只有满足了其设定的前提，它才是正确的。

自上个世纪 60 年代，他又研究维生素 C 预防和治疗感冒，后来又研究维生素与癌症的关系，并且他亲自服用大量的维生素 C，多则一天服用 18 克。他的这项研究，又使他陷入了与美国公共卫生研究院长达 20 年的斗争。② 但是，不管怎么说，服用维生素 C 对人的健康是有益的，这是无可争辩的事实。从鲍林的经历来看，政治偏见、保守思想、习惯势力是多么的顽强，同它做斗争又需要付出多么大的代价！

鲍林之所以成为我的偶像，是因为我崇敬他献身科学的创造精神和为

---

① O. A 莱乌托夫著：《有机结构理论问题》，高等教育出版社，1959 年 7 月第 1 版，第 53 页。

② 参见《鲍林》一书第 573－661 页。

争取民主、进步、公正、和平的斗争精神。我想，任何一个追求真理的人，都可以从身上吸取巨大的人格力量！

其次，我崇拜毕加索是 20 世纪 80 年代初开始的，这倒不是因为我喜爱艺术而是我崇尚创造精神。大概是从这时开始，我致力于研究创造教育，其目的是开发广大青少年的创造力，同时我的研究又需要创造精神。就这样，素有"创新狂"之称的毕加索，很自然地成了我的偶像。

据说，毕加索诞生时，差一点酿成一个悲剧。他出生后，助产士认为是一个死婴，于是把他丢弃到一边的桌子上，去照料他的母亲。幸好他的叔父是个医生，吸了一口雪茄烟，对着毕加索的口腔吹了进去，于是毕加索奇迹般地活过来了。这不仅仅是救活了一个婴儿，而且还成就了一世的艺术天才。

毕加索的确是艺术方面的超人，他就像物理学超人爱因斯坦和心理学超人弗洛伊德一样，深受世人敬仰。毕加索是继米开朗琪罗和拉斐尔之后最伟大的艺术家，是现代艺术之父，甚至人们把他看成一个真理。人们对毕加索的赞颂似乎到了狂热的程度，以至于超出了画家的身份。对于毕加索来说，在创造上的彻底解放，导致创作观念的改革与变更，从而不断地改变他的形象思维增殖能力。他在创作的时候，好象是在无边的想象天空中自由奔驰，从而他的创意也得到了彻底的解放。他的一句名言是"不是探索，我是发现！"① 他正是用了一根"魔棒式"的画笔，创作了鲜艳夺目、变幻莫测、永恒而欢乐的艺术精品，留下了天文数字的作品，成了价值连城的无价之宝。

毕加索的创造精神和人格魅力，使他成了无以计数的人们的偶像，所以在逝世以后，奉献给他的悼念文章足以装满一个图书馆。我是他的崇拜者之一，无疑受他的影响很深。我崇尚创新，总是喜欢求异、求变、求新，这些都是源于效仿他的创造精神。至今，我已到古稀之年，但与毕加索的 92 岁高龄相比，仍然不能算太老。尽管身体不是太好，但我以他为榜样，在创新的道路上继续求索！

————————

① ［意大利］雷纳托等著：《毕加索》，上海美术出版社，1992 年 6 月第 1 版，序 1 页。

再次，我崇拜毛泽东是从青少年开始的，尽管在"非毛运动"以后，他的声誉受到很大的影响，但我对他的崇敬依然不改初衷。我为什么崇拜毛泽东呢？这当然是由于他领导中国人民推翻了腐败的国民党统治，建立了新中国，继而进行社会主义革命和建设。这是有目共睹的事实，也是每一个热爱他的人的共同之点。此外，就我个人而言，还有崇拜他的特殊原因。最主要的有两点：一是他的自学精神，二是他的创造精神。

毛泽东没有上过大学，更没有出国留洋。但是，他不仅是一位杰出的政治领袖，而且还是一个近乎全才的大学问家。他在文史、诗词、书法、哲学、军事等方面，都有极深的造诣，比大学里某一方面的教授毫不逊色。难怪他在《沁园春·雪》中，评价秦皇汉武是略输文采；唐宗宋祖也稍逊风骚；而一代天骄的成吉思汗，也仅不过是一个骑马射箭的武将而已。他同时又吟咏道："数风流人物，还看今朝。"① 那么，谁是现代的风流人物呢？无疑，毛泽东就是千百年以来最为风流的天才人物之一。

那么，毛泽东的渊博学问是如何获得的呢？是靠自学而来的，他是自学方法最早的倡导者和实践者。早在 1921 年，毛泽东与湖南船山学社社长贺民范共同创办了湖南自修大学，贺任校长，毛泽东任教务长。次年，贺辞职，毛泽东继任校长。毛泽东亲自起草了《湖南自修大学组织大纲》和《湖南自修大学创立宣言》。其中，明确规定：教学方法主要是学生自己看书，自己思索，共同讨论，共同研究，辅以教师的指导。这是多么开明而又超前的教育理念，可是八十多年以来，这种先进的教育方法一直没有推广。两年以前，我所设计的 SSR 大学创造教育模式，正是受到了毛泽东教育思想启发的结果。

我崇拜毛泽东的另一个原因，就是他的创造精神。我认为，毛泽东思想的精髓就是创造性，它贯穿在毛泽东一生的革命实践和各种著作中。毛泽东的创造性的个性也是十分突出的，他不畏强暴、敢于批判、敢破敢立、敢于标新立异……这一切，注定他会成为一个伟人，他不仅是中国几千年历史上最杰出的开国元勋，而且也是世界千年中百名最有贡献的伟人之一。他憎恨旧事物，是一个唯新主义者，这是他创造性的特质所决定

---

① 《毛主席诗词》，人民文学出版社，1963 年版（北京）。

的。毛泽东与其他领导人不同，他的讲话、文章决非是由秘书捉刀的。有时候他亲自起草社论、文件和按语，他的思想是不可能由他人代替的。

毛泽东与其他的伟大人物一样，他不是圣人，有自己的局限性，也犯过错误甚至是严重的错误。我所指的错误主要是他晚年的个人迷信和发动的"文化大革命"，不仅伤害了许多人，而且给中国的经济建设造成了巨大的损失。毛泽东自己说，他一生干了两件事："一是与国民党斗了那么几十年，把他赶到那么几个岛上去了。抗战8年，把日本人请回老家了。"另一件事，"就是发动"文化大革命"。这事拥护的人不多，反对的人不少。"① 但是，不管怎么说，毛泽东的功大于过，就连搞"非毛运动"最起劲的人，也不得不承认毛泽东的错误与功劳是三七开。我无意而且也没有能力评价毛泽东的一生和他的思想体系，只是想借此表示我崇拜他的原因。不过，我认为对毛泽东的评价是一个很复杂的问题，应当以严肃认真的科学态度对待。应当说，对毛泽东的评价还只是开始，随着时间的推移，仍然有必要对毛泽东的思想和实践进行再认识。

以上，抒发了我对鲍林、毕加索和毛泽东的崇拜，也可以说他们是我心目中的偶像。当然，这并不是说再没有其他值得我尊敬的人了，只是说他们三人在我心目中的地位超过了其他任何人；我想，他们之所以成为我的偶像，是因为他们在我成长的不同时期，曾经给我以力量，在人格、人生观和思维方法等方面给我以影响。他们既然是我的偶像，那么他们将继续影响我的人生！

---

① 章子陵著：《毛泽东传》，文献出版社，1997年6月第1版，第4卷封后。

八、现代的亚里士多德

在我国学术界，人们对罗素（Bertrand Russel，1872——1970）并不陌生，他是英国的著名的哲学家、数学家、逻辑学家和教育学家。我对他最早的印象，是听到关于他解放前来华讲学的故事。他于 1921 年来中国讲学，据说他一上台就出了一个题目：2＋2＝？台下听讲的人，都是学者、名流，可是就是没有人敢回答连刚受启蒙教育的幼儿都能回答得出的问题。最后，还是罗素自己回答：2＋2＝4。那么，为什么没有人敢回答呢？这是因为罗素是权威人，人们总以为他不会出如此简单的问题，一定是有用意的，或者另有隐寓。其实，这就是迷信思想，是缺乏自信心的表现。罗素不愧为哲学家，与其说那是一道数学题，倒不如说它是一道心理学题。罗素正是利用一个题目，一方面表现他的幽默，活跃演讲的气氛；另一方面，他也可能有意考查一下听众的判断力和自信心。

我对罗素更深刻的印象是接触到他的教育思想以后，它对我产生了不小的影响。从对罗素的教育思想研究中，我发现教育与哲学有着密切的联系，有不少的哲学家同时又是教育家，如古希腊的苏格拉底、柏拉图、亚里士多德，英国的斯宾塞、洛克、罗素，德国的康德、黑格尔、赫尔巴特、洪堡，美国的杜威，法国的卢梭……这并不奇怪，因为无论是哲学也好或是教育学也好，它们都是研究思维的科学，在这一点上它们是相通的。但奇怪的是，中国的许多哲学家却不研究教育学，也未能出现有影响的教育学家，这的确是值得深思的。

在教育观点上，罗素主张自由教育，认为教育的基本目的是培养"活力、勇气、敏感和智慧"四种品质。过去，中国哲学界把罗素划为唯心主义哲学家，并批判他的教育思想是培养个人主义者。显然，这些批判是不公正的，是唯意识形态论导致的结果。其实，罗素的教育思想是很先进的，即使在今天仍然具有指导作用。例如，罗认为："学习不是发布信息的过程，这些信息是肯定存在的。但是，教师的作用不是惟一的，也不是最重要的。今天这一点比那个时代更加明显，因为那时书面记录比现在更罕见和最难找到。对于我们来说，有理由坚持这一点，任何可以阅读的人可以从图书馆上集信息。现在比先前任何时候更不应当要求教师单纯的传递信息。"他还说："学院机构如完成真正的功能，那它就培养独立思维的习惯和摆脱了当下的偏见与成见的研究精神。就今天的大学不能完成这种任务而言，它堕落到灌输的水平。遗憾的是，有权威的并负有责任的人并不经常意识到这一点。"① 这是多么精辟的见解，特别是对于那些有权势人的批评，与今天教育主管部门的领导人是何其相似乃尔。从上看出，罗素一贯强调学校教育应当提倡自学，培养独立与创造能力，开展研究院工作，教师的作用在于指导。所以这些思想，正是我们今天应当提倡的，是我们教育改革的方向。

1925 年，罗素出版了他的专著《论教育尤其是儿童早期教育》。他在书中指出："应该刺激孩子的创造性，不要鼓励他们人云亦云。虽然必要的规矩是要的，但应重在培养孩子的自律意识，应当比普通学校给予孩子更大的自由。"② 他的这些观点无疑都是正确的，在后来的教育实践中被广泛地接受。我特别崇敬罗素的是，他的教育理念并不是停留在理论上，他还亲自进行改革实践。为了能够以自己满意的方式教育自己的两个孩子，他与妻子多拉创办了比肯山学校。这所学校于 1927 年 9 月开学，当年招收了 12 名寄宿生和 5 名走读生。罗素实行自由教育，培养学生的创造性，他自己给学生教授历史和地理。该校办到 1935 年，直到他与妻子离婚为止，历时 8 年，积累了宝贵的经验。

一年多以前，我有机会读了《罗素传》，使我对他有了更多的了解。这本传记是由传记作者克拉克所写，由世界知识出版社出版。作者对罗素评论道："他是文化巨匠。西方古代有亚里士多德，现代则非罗素莫属。"

---

① ［英］罗素著：《一个自由人的崇拜》，时代文艺出版社（长春），1988 年 4 月第 1 版，第 21 页。

② ［英］罗纳·克拉克著：《罗素传》，世界知识出版社，1998 年 12 月第 1 版，第 447－448 页。

提起亚里士多德，人们不得不称赞这位博学多才的大师，他通晓数学、哲学、逻辑学、伦理学、生物学、生理学、医学等学科的知识。恩格斯曾高度地评价他，称他是"古代世界的黑格尔"，是"最博学的人物"。

那么，罗素是否能与亚里士多德比肩，他为什么又被称为现代的亚里士多德呢？这是因为罗素像亚里士多德一样，具有渊博的知识，他一生出版了 70 多部著作，内容广泛涉及哲学、数学、自然科学、伦理学、社会学、教育学、历史学、宗教、政治等。他于 1950 年获得诺贝尔文学奖，这再一次显示了他出众的才华。罗素从年轻时候开始，就是一个才华横溢的人，是一个天生的感情冒险家，是一个英雄史诗式的巨人。

罗素具有鲜明的个性，它们就像是一颗钻石的不同的刻面。他奋斗了一生，但一生又历经挫折。他在 1915 年，发表了《战争：恐惧的根源》小册子，参加反战活动。为此，他遭到了很大的麻烦，被"国王行为保卫章程"判定有罪。为此，英国剑桥大学三一学院委员会于 1916 年，以参加反战活动为由取消了罗素在该院任职的资格。就这样，罗素不得不流落到美国各大学，从事教学和学术研究活动。1918 年，他在美国因发表反美言论，被美国当局判处 6 个月的监禁。直到 1943 年，英国牛津大学哲学教授普赖斯和他的老朋友布罗德·哈代为了主持公正，同时也是出于对罗素经济状况的同情，联合写了一份题为《罗素与三一学院》的小册子，认为 1916 年解除罗素的教职是不公正的。在各方面的促进下，罗素终于在 1944 年回到了剑桥大学，恢复了教职，从而结束了 28 年漂泊不定的生涯。1961 年，他又因参加反核示威游行，被判 2 个月的监禁。①

从以上的经历来看，罗素确实遭受到不公正的待遇，经历了不少的磨难，这并不是罗素的过错，而是不民主的制度造成的，是时代的悲哀。罗素并不是惟一受迫害的，像他这样的人，甚至受摧残更严重的人，在中国古代和现代多得简直不可计数。从这些人的不幸的经历中，我们可以看到一种反常的现象：凡是有才华而又有鲜明个性者，往往总是遭受到打击和迫害。例如，过去的反对"胡风反革命集团"的斗争，反右派运动、反右倾斗争、文化大革命，其受害者都是有思想、有个性、有创造性的人。

---

① 参见《罗素》第 489 页。

实际上，被整者与整人者之间的对立，实质上是个性与奴性、革新与守旧、才华与平庸、民主与专制、独立与阿谀的区别，历来独裁者总是喜欢那些具有奴性、守旧、平庸和阿谀类型的人，而具有相反特征的人要么受到冷遇，要么遭到打击、迫害。难怪罗素对于思想自由推崇备至，他说："言论和思想自由是一个自由社会的强大动力，在自由社会里，只有可能使探究者跟着真理前进。"

罗素先生还写了一本名叫《中国问题》的书，这是根据他自 1920 年10 月至 1921 年 7 月在中国讲学和旅行的经历写成的。在书中，他指出："将中国改造为现代国家是一件很困难的事，外国人应该静待中国人自己解决。只有中国人最了解，我们并不了解。""我们不应该越俎代庖。"他还说："我们向中国学习的东西，与他们要向我们学习的东西一样多，但我们学习的机会却少得多。"① 这既是开明的主张，又是符合辩证法的，罗素真不愧为见解深邃的哲学家。一个不争的事实是，西方国家的资产阶级民主革命和产业革命走在了前面，世界各国应当向他们学习。但是，西方国家不应当以民族优越论而自居，更不能把自己的价值观念和模式强加给别的国家，更不能干涉其他国家的内政。世界各国的民主和经济建设，虽然有先有后，但是每个国家和民族都有自己的发展历史，也有他们赖以生存的原因和自己的长处。因此，今天任何国家要闭关自守搞建设或搞单边主义、对别的国家搞越俎代庖，都是绝对不可取的。

总之，我读了《罗素传》后，对他的教育思想有了进一步的了解，对这位现代的亚里士多德更加敬佩。今天，中国的教育正面临着彻底改造的艰巨任务，我希望广大的教育工作者，能够认真地研究和借鉴罗素的教育思想，以他的"自由教育理念"来打破"大一统"的教育体制，使学校和学生都得到解放！

---

① 参见《一个自由人的崇拜》，第 13 页。

九、至高无上的事业

　　我与池田大作先生相识是在 1973 年，那次他访问了武汉大学，我校举行了隆重的欢迎仪式。纪辉书记和他别发表了热情洋溢的讲话，他代表日本创价大学向我校赠送了 3000 册图书，并签订了两校交流合作协议。池田大学先生亲自选定北京大学、上海复旦大学和武汉大学，作为日本创价大学的姐妹学校，从此开始了我们两校的友好交流。在这次访问中，我作为学校负责人始终陪同他参观，我校悠久的历史、美丽的校园、图书馆丰富藏书、热情友好的师生，都给他留下了深刻的印象。应当说，池田大作先生是我校与创价大学交流合作的奠基人。

　　后来，我就任了武汉大学的校长，十分珍惜我校与创价大学的友好关系，继续推动我们之间的合作关系。我先后三次访问了日本，每次都受到池田大作先生的邀请和热情款待。特别是 1987 年 11 月 1 日，我受邀专门参加创价大学建校 17 周年的隆重庆祝活动，受到师生夹道欢迎，会上我代表学校发表热情的贺词。会后，池田大人先生在豪华的庭园"万叶之家"设宴款待我们一行，并且在席间与他就教育问题进行了无拘束的、广泛的对话。次日，池田大作先生在创价学会新闻署举行隆重仪式，向我颁发日本东洋哲学学术研究奖章，以表彰我在教育改革、教育学研究上和为推动两校合作所作的贡献。授勋仪式后，创价大学派专人陪同我们访问了日本旅游胜地热海、富士山和箱根国立公园，参观了日莲正宗会所、富士美术馆等名胜古迹。这次访问，给我留下了美好的回忆，也使我进一步加深了对池田大作先生的了解。

　　此后，我与池田大作先生一直保持着密切的联系，互相赠送书著，每逢节日我们互相祝贺。我先后收到他赠送给我的五本著作，它们是：《我的佛教观》、《池田大作选集》、《和平·人生与哲学》、《21 世纪的警钟》、

《21世纪展望》。我十分珍爱这些著作，也不时从他的著作中得到教益，本文就是阅读他的这些著作以后的心得。

日本佛教的中兴之祖

池田大作先生于1928年1月出生在日本东京，他的父母是以制作紫菜为业。他的青少年时代，是在战火、贫穷和疾病中挣扎渡过的。二战日本战败后，在国土一片废墟中，他开始了自己寻求知识、信仰和人生道路。他通过刻苦学习，仅仅获得了富士短期大学经济学科的文凭，后来他拥有的渊博学识，成为作家和桂冠诗人，出版了等身的著作，都是通过自学而获得的成功。

从19岁开始，他在日本创价学会第二任会长户田城圣的影响下，信仰了佛教（日莲正宗），参加了日莲正宗的在家信徒团体创价学会。从此，池田大作就追随他的恩师户田城圣，为振兴日本佛教而走上了一条艰苦曲折的道路。① 户田城圣逝世以后，池田大作接任了创价学会第三任会长。后来，他担任日本创价学会名誉会长、日本日莲正宗法华讲总首席讲师、国际创价学会会长。在他的领导下，日本创价学会获得了巨大的发展，在日本国内拥有约1600万会员，在国外115个国家拥有126万会员，所以他被称为日本创价学会的"中兴之祖"。

日本佛教分为出家和在家信徒，创价学会是日本佛教在家信徒的团体。创价学会原名是创价教育学会，是由曾经担任小学校长的牧口常三郎于1937年创建的，他的宗旨强调以"美"、"利"、"善"三种价值为目标。在第二次世界大战期间，日本法西斯主义迫害宗教，创价教育学会一度宣告解散，牧口死于狱中。牧口的主要弟子户田城圣，于1946年恢复该会，并改名为创价学会。恢复之初，仅有会员3000人，到他逝世时只有75万个信徒。池田大作先生是于1960年接任第三任会长的，在他领导的九年期间，日本在家佛教信徒得到了空前的大发展。

---

① 卞立强选编：《池田大作选集》，北京东方出版社，1988年5月第1版，第220页。

佛教是世界三大宗教之一，它发源于印度。据史载，佛教是大约于公元前六至五世纪中，由古印度迦毗罗卫国王子悉达多？乔答摩（即释迦牟尼）所创立。公元前三世纪时，由于阿育王信奉佛教，在他的支持下，佛教很快在印度各地广泛流传开来。到了公元二世纪，佛教更加发展，传播到今日的斯里兰卡、缅甸、泰国、柬埔寨、老挝等国家。佛教传入中国是在东汉明帝永平11年（公元67年），经三国、两晋到南北朝四五百年间，佛经的翻译和研究得到了很大的发展，并形成了许多宗派。在历史上，佛教思想对于我国的哲学、文学、艺术和民间风俗都产生了一定的影响。

佛教由印度传入中国，后由中国再传入日本，这已有历史明确的记载。我在访问日本时，池田大作先生一再向我介绍说，在日本佛教发展的历史上，唐朝高僧鉴真曾作出过重要的贡献。他应日僧荣睿、普照等的邀请，经过六次航行，历经挫折，终于在公元753年达到日本九州。次年，他在奈良东大寺建筑戒坛，传授戒法，成为日本律宗的创始人。与此同时，鉴真还将中国的建筑、雕塑、医药技术介绍到日本，为中日两国文化交流作出了重要的贡献。对此，池田大作先生明确地说："中国的确是日本文化和佛教的源头，是大恩人。我们日本人必须在心灵深处重新认识这一不言自明的事实，并且要不断付出行动，为报答恩情有诚意地行动。"

从我与池田大作先生的接触中，他的确是一位心地善良的人，对中国人民极为友好。他多次访问中国，同中国的国家领导人、文化人和学者都有广泛的接触，同他们进行无拘束的对话。池田大作先生在解释他从事中日友好活动目的时说："这也就是想报答中国'大恩'的心愿的表露。倾注报恩之念，我一直提倡构筑日中的'金桥'。岂止'金桥'，在日中两国之间，还要构筑通向21世纪的新的'丝绸之路'，即'文化之路'。为此，我将奉献寸草之心。"

佛教有大乘与小乘（也称二乘）之分，它们对待人生和如何达到彼岸的认识是有差别的。大乘以"无所得"为宗旨，故曰"解脱"。小乘以"成果"为目的，故曰"执著"。中国和日本的佛教徒者信奉大乘佛教的，即使不是佛教徒，民众也深受大乘佛教思想的影响。对此，池田大作先生曾作过论述："中国人与日本人，都是与印度人不同的现实主义者，所以他们对于小乘思想没有太大兴趣。即使小乘学说传进来了，也必定变成一部分人爱好的东西。日本与中国同样被称为'与大乘有缘之国'，我想，这是由于有了大乘佛教的缘故，才使佛法在这两个国家得以推广。"①

池田大作先生是一位在家修行的虔诚的佛教徒和佛教理论研究学者，在长期的佛教文化研究与宣传中，他逐步形成了自己的佛教观。概括起来，他的佛教理念主要有以下几点：

（1）他对佛教的真谛的解释是："当然，释尊也曾谈到人生有痛苦，但并未仅仅停留在这一点上。并不是要摆脱痛苦的人生，而是要明确地看到生老病死之苦，并征服它们，这才是佛教的真谛"。他进而解释道："大乘教徒为了救济众生，情愿亲自承受这种人生之苦。而且，他们并不逃避这一苦恼的世界，而是自愿亲自进入这恶趣苦界，以自己之身承受众生之苦。"在解释大乘与小乘之区别时，他认为："所谓大乘，是能济渡一切众生的大的乘载物的意思。与此相反的小乘，由于只停留在济渡自己的个人方面，所以被喻为小的乘载之物。"《法华经》是大乘佛教的主要经文，认为无论是何人，只要进行这种修行，也都可以成佛。这对于出家教团小乘佛教来说，确实是一个惊天动地的革命性的观点。池田大作先生把佛教由小乘向大乘的转变，比喻为"佛教界的文艺复兴"。

（2）池田大作先生从哲学的高度阐明了宗教的意义。他说："恐怕哲学与宗教，都具有人类出于自觉的对人生和世界的反省。基督教的原罪意识也好，克制人类丑恶欲望的佛教生活方式也好，在这里，都可以感受到作为人的严肃认真的求道精神。人类出于自觉的对人生和世界的反省，总是与一种普遍的生活方式相联系的，这种生存方式应成为人类的理想。"②进一步，他把人的反省与人的思维革命联系起来。他认为："在这个意义上，哲学与宗教的立场是，较之社会制度的变革，更应优先考虑人的内在的变革。这就是说，没有人的自身的革命也就没有社会的革命。"

（3）强调实践的观点。池田大作认为："实践《法华经》是很重要的。尽管有人对经典的字字句句都知道得很清楚，而且解释也很熟练，但

---

① ［日］池田大作著：《我的佛教观》，四川人民出版社，1989年（成都），第100-101页。

② 参见《我的佛教观》一书第85-86页。

是，如果不在自己的生活和行动中实践经文所说的内容，那也是没有任何价值的。"应当怎样实践《法华经》呢？池田大作认为："《法华经》中讲到有受持、阅读、念诵、解说、书写等所谓五种修行。以《法华经》为主干，实践着五种修行，称为《法华经》之行、《法华经》实践。不过，这五种修行并非同等重要，它们并不是并列的。受持、阅读、念诵是自行，解说是化他，书写是为了令法久往。《法华经》中一贯强调的是"信"，认为这是受持的基础。"①

信奉佛教与言论自由是否相悖呢？池田大作认为："像言论自由这样的民主主义理念，直至欧洲近代方才确立，但早在古印度就已有了自由思想的市场。虽它产生于印度以'法'为贵的民族特性，但也由于佛教思想的渗透，使它愈益发展了。"他还说："凡权势者，是以政治权力为背景而把自己的意见强加于对手的。若是对手不听从，哪怕是诉诸强权，也要他屈服。这样，就不能辨明真理，也就不能称为哲学家或贤者之论。不，即使是王者之论，这种不能使对手口服心服的做法，也确实是愚蠢的。"作为一位佛教徒，能有如此的高论，不能不认为他是一位信仰开明的贤者。

总之，大乘佛教与小乘佛教是有根本区别的，前者是讲入世，而后者是讲避世；前者是"救渡众生"，后者是"只断灭自身的烦恼。"看来，池田大作先生所从事的一切活动，充分地实践了大乘的精神。他不断地在众生中活动，力求建设"佛的国土"，完成大乘菩萨的崇高使命。

最重要的还是教育

池田大作先生以宗教为基础，以创作学会为舞台，极为关心并积极发展教育事业。他以创作学会为母体，创办了创价大学、高中、初中、小学和创价幼稚园，还有文化研究机构，如东洋哲学研究所、民主音乐协会、富士美术馆等。他为什么创办这么多的学校呢？这是由两方面的原因决定的：一是有意为日本培养人才，提高日本民众的智力；二是希望改革教

---

① 同上书第 146 页。

育，建立"理想的教育机构"。对此，他曾经论述道："教育是很费钱的事业，所以要想使民众普遍地受教育，就不得不由国家来推进。但是，掌握国家权力的人们，往往不愿意民众自己具有思考能力，而希望他们盲目地服从权力，在其权力下对自己的工作发挥才能。其结果，教育变成偏向于掌握知识和技术。也就是说，教育往往受到歪曲，不是培养全面的人，而是塑造作为国家或产业等机构片面的人。"① 从这一段论述来看，池田大作先生对由国家垄断教育是很不满意的，他创办的"一条龙"式全程教育，本身就是一种改革的尝试，以实现教育的独立。

在面临 21 世纪的挑战的今天，人们普遍认识到教育的重要性。池田大作先生在与意大利实业家，罗马俱乐部会长奥锐里偶·贝恰对话时，反复强调教育的重要性。在谈到"南"（发达国家）、"北"（发展中国家）之间差距时，池田大作先生认为："要开辟一个国家的未来，奠定其基石，最重要的还是教育。我认为这一点是共同的，因为国家是由人来建造的，由人来主持的。"对于不发达国家来说，当前最急迫的是解决粮食、衣服、住房的问题。但是，池田大作先生甚至极而言之："尽管今天急于追求的是粮食、衣服和住宅等'物'，但在某些场合，为未来着想，我认为宁可忍受这些物质的贫乏，也应当首先在教育方面倾注力量。"

发展教育事业，必须研究教育，形成自己独特的教育理念，否则是不可能办好教育的。池田大学先生不仅是一位创办教育实业的热心人，而且也是一位研究教育的有心人，从实践中形成了他的许多教育观点。在当前，教育改革的问题，是一个全球关注的焦点。池田大作先生对传统的教育是不满意的，所以他认为："教育要实行质的转变，与此同时，更重要的是变革现实的社会。因为即使在家庭或学校受到多么理想的教育，只要是现实社会不改变，一旦从学校毕业、踏入社会，教授的东西就会变得没有用场，学到的理想会弃置不顾。"

日本创价大学是于 1971 年 4 月月创办的，其创始人就是池田大作先生。他亲自确立了建校的宗旨是：①成为人的教育的最高学府；②成为建

———————————

① ［日］池田大作、［意大利］奥锐里欧

设伟大的新文化的摇篮；③成为维护人类和平的堡垒。① 我曾经两次参观这所新型的大学，她确实与传统的大学有很多不同，该校以"学群"代替系科，让学生在广阔的范围选修课程，以扩大学生的知识面，增强他们对未来工作的适应性。该校还提倡学生自学和培养创造能力。池田大作先生认为："教育仍然存在着过于传授知识的弊端。我至今仍然认为，教育在传授知识的同时，必须要启发智慧。因为知识并不直接等于价值。把知识转化为价值的是具有完整人格的人类睿智，是创造性，即智慧。"

学习不仅取决于学习的态度，而且还依赖于科学的学习方法。关于这方面的问题，池田大作先生与贝恰也有精彩的对话。池田大作有一个座右铭："学问即光明"，他经常以此来教导学生，使他们认识到学习的重要性，他自己也一直保持着不断学习的态度。何谓学习？贝恰认为："所谓学习，是意味朝着知识与人生两者的接近，是重视人要掌握主导权。它还包括在变动的社会中，掌握和实践生活所必须的新的方法论、新的技能、新的态度和新的价值观。学习是对付新状况的准备过程。在模拟的或设想的状况中虽然可以诱发学习，但一般都是通过对实际生活状况的体验，有意识或无意识地进行学习，实际上世界上的人们不论是否是在就学，都是在走着各自的学习过程。"② 通过他们的对话，引起了我的深思：为什么一些并非直接从事教育的学者或社会活动家，反而比直接从事教育的教育工作者对教育中存在的问题看得更清楚呢？我想，这就是"旁观者清"的道理，因为他们是从实践中得到的真知灼见。由此又引起我的另一个想法，那就是教育改革必须要有社会各界的参与，特别是要认真听取那些对教育的批评意见，以作为我们进行教育改革的借鉴。

创价学会的创始人牧口常三郎，是一个教育实践家和理论家，他曾经实行了半工半读式的学校。池田大作先生认为，"这对真正的教育是有效的。"早在上个世纪初，欧洲不少国家都实行过半工半读制的教育，许多外来的学生就是靠这种一方法完成了他们的学业。我国在 20 世纪 50 年代，也试行过半工半读的制度，它对于克服教育脱离实际是有益的。可

---

① 参见《池田大作选集》第 59 页。
② 参见《21 世纪的警钟》第 210 页。

惜，现在这一制度不灵验了，既没有人提倡，也没有人愿意进行试验，这实在是可惜的事。

教育始终离不开青少年，他们既是教育的对象又是各类学校的主人，如果没有了学生，那么学校也就不复存在了。池田大作先生认为："青年将生活于未来，不谈青年就没有人类的未来。"他又说："在一个国家，在全世界，在任何时代或任何社会，在展望未来时，只能寄希望于青年。"① 人类已经进入21世纪，我们今天的教育，正是为着未来造就人才的。从这个意义上来说，教育是超前性的事业，必须走在社会建设的前面。可惜的是，我们现在的教育不仅谈不上前瞻性，而且教育观念、教学内容和教学方法都是滞后的。因此，现在全世界都在谈论教育问题，希望未来的教育有一个根本的变革。

祈求世界永久的和平

佛教十戒之首就是不杀生。从原则上来说，不杀生的重心是不杀人，这是戒杀的根本。因此，杀人是重罪，杀其他动物是轻罪。池田大作作为虔诚的佛教徒，他理所当然地坚决反对杀生，特别是杀戮无辜人类的战争。这正如他在《我的佛教观》一书的序言中所说："我祈求世界永久和平与民众永远繁荣，并为之竭尽绵薄之力。可以说，这一《佛教对话丛书》就是在佛教的悠久历史中探求其现实的理念和思想的尝试。"②

为了和平事业，他的足迹遍布世界各地，与世界各国领导人和知名人士对话，到各大学发表演讲，宣传和呼吁世界和平。他关心中东和平、朝鲜半岛的和平、两伊地区的战争与和平、非洲地区的内战、东西方的冷战与和平，等等。他之所以反对战争，呼吁和平，是因为战争是人类行为中最具有破坏性的。这正如他所说："我出于一定要避免这种战争的愿望，曾经多次会见美国、苏联、中国等各国首脑，为谋求和平而商谈过。不

---

① （日）池田大作、（美）亨利·基辛格著：《和平、人生与哲学》，中国国际广播出版社，1988年10月第1版，第21页。

② 参见《我的佛教观》一书序言第1页。

过，争取和平更重要的是，加强民众的相互信赖与理解的纽带，建立在这一基础上的争取和平的合作体制。"

联合国是二次世界大战以后，世界各国在吸取了战争悲惨教训的基础上，通过协商而建立的各国协商机构。按照她的宗旨，联合国义不容辞地要肩负起维护世界和平的任务。在半个多世纪里，尽管联合国在维护某些地区的和平上做了一些有益的工作，但是她并没有尽到维护世界和平的全部职责。原因何在呢？池田大作认为："联合国也许确实是软弱无力的。但是，不应忘记，使联合国变得软弱无力，乃是美国、苏联、中国、日本，当然也包括意大利，这些与现代国际政治有关系的主权国家的利己主义。使联合国变成强有力的机构，或者变为软弱无力的装饰品，都要看现代的主权国家和民众是否支持。"① 这话是池田大作先生于上个世纪 80 年代初说的，与联合国今天的处境是何其相似乃尔。因此，维护世界和平的主要任务应落在联合国身上，关键在于联合国必须进行改革，各大国不应当把联合国当作维护自己利益的争吵的俱乐部，而应当为世界大多数人民着想，切实担负起维护世界和平之责。

和平与教育有着密切的关系，必须从青少年教育抓起，在他们的心里播下和平的种子，使他们成为维护未来和平的有生力量。为此，联合国把 1985 年定为"国际青年年"，要求对青年进行裁军教育和和平教育。池田大作先生积极响应联合国的号召，先后到美国、苏联、东欧、美洲、亚洲、非洲的许多大学发表演讲，宣传和平思想。例如，他于 1984 年 6 月第六次访问北京大学，曾以"通向和平的康庄大道"为题发表演说，谈了他对和平深信不疑的努力和对建设持久和平的设想。世界为什么会发生战争呢？这是一个很复杂的问题，既涉及到经济利益、对资源的占有、贫富的差距等，又与民主观念、文化冲突、宗教对立等因素有关。但是，不管什么原因，发生战争都是不应该的，特别是造成无辜非战斗人员的死亡，无论如何都是犯罪的行为。从引起战争的人的因素来看，池田大作认为："不论是个人之间的无谓的争吵，还是国家之间的战争，都是在失去了自我抑制能力的时候产生的。尤其是国家之间的关系一旦朝着战争的方

---

① 参见《21 世纪的警钟》一书第 112 – 113 页。

向发展时，那就正如著名的柏拉图和英国哲学家霍布斯把国家比作丧失人性的'怪兽'那样，要想使他发挥自我抑制的能力，那是极为困难的。"①

由于池田大作先生不懈地为和平而奔波，他于 1983 年荣获联合国的和平奖。对于池田大作荣获此项殊荣，人们并不感到意外，对于他来说这是名实相符的。他为什么不知疲倦地致力于和平事业呢？这是他信奉佛法的必然，他认为最悲惨而又愚蠢的就是战争；他说："按照佛法的'业'的思想来说，在战斗中杀人或被杀都是该人的'业'；但并未规定这种'业'是绝对不可改变的，而是说可以由人的意志来改变的。"正是从这一认识出发，他才不遗余力的呼吁和平，如果一切反对战争的人们，或者那些意欲发动战争的人，都能够通过意志的力量抑制战争，那么世界和平就会到来。

人类战争的历史表明，只能以和平的手段来争取和平，战争不可能带来和平，而只能埋下仇恨的种子，以至于造成无穷的后患。不管在任何情况下，发动战争是没有理由的，杀戮无辜人民是不可饶恕的。对此，池田大作先生说："除了不断踏实地进行争取和平的努力外，别无其他办法。在这样的情况下，当务之急就是要以文化和文明的'文'的力量来抑制军备——即'武'的力量。这就是我想说的要发挥'国家的自我抑制能力'。"

今天，世界并不平静，由于文化价值观念的不同，宗教之间的对立和种族的歧视，导致世界许多地方不安宁。虽然人们认为新的世界大战是可以避免的，但是在新形势下另一种形式的战争，正在世界许多地区进行或者酝酿着。这次战争的主要形式就是恐怖袭击，它是由极端的民族主义、宗教主义和分裂主义组成的恐怖分子，通过各种形式的自杀爆炸，造成巨大的破坏，发生在美国的"9·11"事件、印度尼西亚巴厘岛大爆炸和驻伊拉克联合国救援总部的大爆炸，以及发生在以色列接二连三的自杀爆炸，给无辜的人民的生命财产造成了无可估量的损失。这些都是恐怖分子的罪证，他们是在向一切爱好和平的人民挑战。因此，摆在世界人民面前

---

① 参见《池田大作选集》一书第 141 页。

首要的任务就是团结一致，坚决打击恐怖主义，维护世界的和平与安宁！同时，也要加强世界范围内不同种族、不同信仰、不同文化背景的各国人民之间的对话，以增加相互信任、、相互理解，相互帮助、共同发展，为让世界各国人民友好地生活在一个"地球村"而努力！

十、书斋趣话

中国具有悠久的文化历史，以知书尚礼而著称于世。数千年以来，在我国一直流传着《劝学篇》、《进学解》、《读书乐》等脍炙人口的佳篇，并且汇合成一种传统的"书香精神"。"其学必始于观书"，而读书又离不开书房，所以读书人十分重视读书地方的选择与设计。在我国，许多文人学者有着为自己的书房取斋号的习惯。这种雅兴正是传统的"书香精神"的一种表现。

一般说来，书屋命名大多反映着主人的德行、兴趣、志向、治学态度或身世，其名称有的叫斋，也有的叫庵、堂或居。南宋大诗人陆游的书屋名为"老学庵"，意为"活到老，学到老"。明代文学家张溥的书屋名为"七录斋"，自谓每读书必录七遍而后止。近代语言学家扬树达的书屋叫"积微居"，称其学识是由微到积而成的，他的《词诠》、《积微居小学金石论丛》等名著，正是在"积微居"结出的硕果。徐地山是近代一位文学家，自幼酷爱读书，在燕京大学读书时，他把自己的宿舍命名为"面壁斋"，以寓读书要神情专注，心无二用之意。他后去英国牛津大学留学，仍整天沉浸在图书馆里，因而得"牛津书虫"之浑名。周作人先生的书屋名更是别具一格，原名叫"苦雨斋"，后改为"苦茶庵"。横额是沈尹默先生题赠。不难看出，这个斋名反映了主人读书和做学问的心境，他一生离不开苦的味道。林语堂先生的书斋名也颇为诙谐，叫做"有不为斋"，似乎有点道家学气。其实不然，林先生是遵循孟子的教诲："有所不为后可以有为"。这正如他自己所说："也许我一生所做过的许多事，须求上帝宽宥，倒是所未做的事，反是我的美德。""我有好的记忆力，所以不曾今天说月亮是圆的，过一星期月亮是方的"由此看来，他的"有不为斋"是约束他不去做违心的事。语言学家王力先生是靠自学成才的典范。他毕生读书甚勤，著述尤丰。他的书屋名为"龙虫并雕斋"，这是他治学态度的写照。他大处着眼，小处入手，这既反映了他在学术研究上的豪迈气概，又体现了他的谦逊的学风。在我国学术研究的历史中，像这样的读书治学的佳话和妙趣横生的书斋雅名，是不胜枚举的，是我国文化宝库中的重要组成部分。

（本文原载于 1995 年 5 月 15 日《中国图书商报》）

十一、我想有个书斋

　　我自幼好学，也十分崇尚文人饱学之士。我的小学和中学时代，时学时辍，耕读苦读。到了大学以后，似乎茅塞顿开，除了苦学以外，还学会了博学和巧学的方法。在大学时，尽管经济拮据，但每月仍要节省下一两块钱下来买书。在苏联留学期间，各种书籍使我大开眼界，每月助学金的开支，差不多一半是用于买书，所以，当我因中苏关系恶化而首批被驱逐回国后，托运回给我惟一财富是两大箱书籍。

　　大学毕业以后，我开始了教书生涯。于是，读书、买书、教书就成了我的全部生活，也是我惟一的乐趣所在。从当上教师开始，我就盼望着有自己的一个书屋，但这对我一个小助教来说，是完全不可能的。后来，结了婚，我们有了一间小屋，有两张相似的书桌和两个书架，上面整整齐齐摆满了书籍，这几乎就是我们当时的全部家当。以后，我们虽几经搬迁，但不管搬到哪里，这两个书架一直跟着我们。

　　随着年龄的增大，居住条件的改善，图书和书架的增多，同时也是由于著述任务的需要，开辟一个单独书房的愿望越来越强烈了。从70年代后期，我开始有了一间书房，虽然不大，但却很安静，是藏书、读书和写书的好地方。但是，那时的书房是不固定的，因为经常要和儿子换房子，不得不随着四季气候的变化而不断地搬迁。

　　到了1993年，正值我花甲之年，又逢长子一家人要从海外回来省亲，需要对居室进行一次粉刷。我借机对夫人说，我们年纪日增，以后再也折腾不动了，应当把我的书房固定下来，而且永远不再搬动了。她同意了我的建议。于是，我选择了一间朝北的小屋作书房。这是一间10平方米的房间，铺设了地板，入冬以后再铺上一张大地毯。其中，除了一张七兜桌外，摆满了书架。这是一个兼容中西，横贯古今，包罗理化、文史、政法、经营、教育和工具书等近万册各类书籍的一个小图书馆。我对这个书房十分满意，除了吃饭、睡觉、上班和出差以外，我的全部时光都是在这里度过的。在这里，我过得很充实，每当我步入其中，就似乎嗅觉到一种书香的芬芳，感受到一种神怡的快慰！

我本早有起个书斋名的雅兴，只是由于书房一直不固定而未能如愿。随着书房的固定，这种愿望又复发了。当年3月，一位在广州工作的学生求我为他的新著作序。在"有求必应"信条的驱使下，我应允了。序成落款时，在签完名字后，我又信手写上了"于寒宬斋"，似乎有"心有灵犀一点通"的感觉。这是我头一次正式使用我的书斋名，而且它是产生在一瞬间。

我为什么取名"寒宬斋"呢？这大要以要从我求学和工作奋进的轨迹中寻求答案。寒者也，即寒苦、寒微、寒冷……之意也。对于寒，我是既喜欢又是害怕。在学习、工作和生活上，我是崇尚清寒的精神，曾提出过："读书到苦后觉甜"的主张。事实上，我的求学过程就是寒窗苦读的历程，也是一部艰苦开拓的历程。因此，我崇尚苦的精神，以苦为乐。"寒"字凝聚了我的全部情思和成果。

从字意上讲，宬者也，即古代藏书的屋子。藏书是书房的一个主要功能，所以用宬字作书斋名也是名符其实的。同时，我个人在选用宬字时，还有另一层的隐寓。宬字是由成和宝盖头组合而成的。成，即成才、成功、成家、成名……之意。如果在成字上面加上一个宝盖头，那么就是对成长的限制、妨碍成材、成功、成家、成名。事实上，每一个有成就的人，都必须面对着无数的困难，压力、阻力。一个人的成功过程，就是同困难和阻力作斗争的过程，一旦你付出的努力足于克服加予你的困难和阻力，那么你就是一个成功的人了，否则，你是不会成功的。古今中外，一切有成就的人，都有一部艰苦创业的历史，也无不遵循着这条规律。

在我的经历中，有成功也有失败，回顾起来，凡我成功的，那都是因为我能够克服困难和阻力；凡我遭受的失败，也一般的是我未能冲破加予我的羁绊或阻力。

今年我已过花甲之年，身心尚健，仍在教育改革的园地里不停地耕耘。无疑，今后"寒宬斋"仍然是我主要生活的"小天地"。我希望在

"寒宬斋"内添置一台空调和电脑,在继续苦读著述时,不至于遭受寒冻之苦,同时也要劳逸结合。我还希望,通过努力不断冲破我面前的困难和我头上的"紧箍咒",争取在晚年创业有成!

（本文原载于 1995 年 5 月 29 日《中国图书商报》）

思想的碎片

"观察事物是重要的，而观察事物的角度同样是重要的。"

——摘自〔日〕池田大作、〔意〕奥锐里欧·贝恰著：《21 世纪警钟》一书

"凡是有价值的思想都是反思。"

——摘自〔美〕莫里斯·比洛著：《实证相对主义——一个崭新的教育哲学》一书

一、知识分子面面观

《近代中国知识分子》一书，是中国社会科学院近代史研究所吴廷嘉女士的处女作，也是一部论述这一问题比较全面的有力度的专著。我并不认识这位才女，她通过一位朋友向我赠送了这本书，① 这是 1988 年 7 月的事。那时，我刚被免除校长职务不久，真是无官一身轻，有充裕的时间来阅读和思考。我一口气读完了这本书，的确受益匪浅。她不仅重点阐述了近百年间我国近代知识分子的觉醒、革新、救亡和振兴中华的历程，而且还扼要地介绍了我国古代自商周以来士大夫阶层的形成，这对我们从整体上了解我国知识分子的形成、特点和在不同的历史时期的贡献是有好处的。

后来，我又读到她的另一本专著《戊戌思潮纵横论》②，这也是一本极有参考价值的学术著作。特别是，重温戊戌变法的历史经验教训，对于推动我国正在进行的改革是有益处的。我听朋友说，她是在身患疾病时完成这些著作的撰写的，许多人都十分担心她的身体支持不住，但她以顽强的毅力完成了写作任务。再后来，我又听说她终因病不治而逝世。听后，我真的很难过，虽然我们不曾谋面，但她毕竟太年轻了，我为我国失去了这位才女而惋惜！

我作为一名知识分子，不仅对论述知识分子的著作感兴趣，而且我也留意观察我的同类的言行。北宋文学家苏轼有诗云："不识庐山真面目，只缘身在此山中。"由知识分子来论知识分子，难免有局限性，也许外人更能看清知识分子的全貌。但是，我还是想谈谈我的一孔之见，哪怕是管中窥豹，权作一家之言罢了。

---

① 吴廷嘉著：《近代中国的知识分子》，人民出版社，1987 年 11 月第 1 版。

② 吴廷嘉著：《戊戌思潮纵横论》，中国人民大学出版社，1988 年 8 月第 1 版。

一

我国是世界文明古国，有着五千多年悠久的历史。作为一个阶层的知识分子，在春秋以前就存在了，她同样具有悠久的历史渊源和文化传统。不过，那时不叫知识分子，而是称为"士"，由于从她诞生之时起就是官僚——大夫的核心组成部分，所以他们又称为士大夫阶层。再后来，把士解释为"读书人"，这样渐渐地"士"与知识分子就成了同义语。

在西方国家，知识分子一词比中国要晚得多。据说，知识分子的概念是俄国作家彼得·鲍保雷金，于19世纪60年代创造出来的，到了19世纪末，知识分子已经成为俄国中产阶级的一部分。知识分子一词源于拉丁语"Intellegens"，原义为有理解力、有思想的人。① 西方国家，知识分子泛指社会上有学术造诣的人士，如大学教授、学者、科学家、工程师、作家、医生、编辑等，但是并不包括普通的大学生。

前苏联的缔造者列宁给的定义是："知识分子是与体力劳动相区别的脑力劳动者，一般指所有的受过教育的人们，自由职业者（指英格兰人常说的脑力劳动工人）。"毛泽东也说："知识分子是脑力劳动者"，他还把知识分子比喻为"梁上君子"。在1957年那场反右运动中，毛泽东甚至说知识分子是"皮之不存，毛将焉附"的人，把知识分子比喻为毛，要么附在资产阶级那张皮上，要么附在无产阶级这张皮上，否则是没有出路的。这种看法显然是从阶级斗争理论演绎出来的，是不符合知识分子的特性的，在实际工作中造成了不良的影响。

英国作家斯宾司曾写了一本书，其书名是《天安门：中国人和他们的革命》。这是一本描写中国知识分子的书。其中，他写道："他们不能直接对工人、农民说出自己的观点，他们是一些不起作用的旁观者，犹如希腊戏剧中的歌唱队那样。如女作家丁玲就是一例，1930年她被国民党监禁，1940年她受到毛泽东的批评。解放后，她获得了斯大林奖，但她

---

① 参见《苏联大百科全书》（10卷），第311页。

却被流放到乡村 20 多年，直到毛泽东逝世以后她才再次出现。"① 丁玲的遭遇，仅仅只是在左倾路线下受到迫害的知识分子中的一个，是中国知识分子悲惨命运的缩影。

在美国，知识分子被赞誉为"傲然独立的人"，他们享受有比较充分的民主与自由。在英文中，知识分子还有一个别名，它的英文是"Egghead"，直译成中文是"蛋头"。关于它的形成，还有一个故事：1952 年，美国竞选第 34 届总统，共和党的候选人是艾森豪威尔，他是二次世界大战时盟军最高司令，是功勋卓著的五星上将；而民主党的候选人是史蒂文森，他是政治领袖、外交官，曾协助创建联合国，任美国驻联合国首席代表。史蒂文森博学多识，机敏善辩，说话有理有据，仪表端庄，额头谢了顶，一幅知识分子的风度。因此，人们都称他为"蛋头"，尽管美国知识分子大多都投了他的票，但是知识分子在美国毕竟不是多数。最后，艾森豪威尔当选为第 34 届总统。从此以后，"蛋头"就成了知识分子的代名词。

日本人认为："知识分子是合理主义者，同时又是相对主义者。"一个叫达伦多夫的作家极为贬低知识分子，称他们是"傻瓜"，把他们说成是爱喋喋不休地讲述那些不受欢迎的真理，或发表多余的不同政见，无谓地去关心与宣传自由的人。另一个叫科塞的人认为："知识分子是对事物现状似乎永远不满足的人。"中国漫画家康笑字画了一幅漫画，画面上是一个穿着大衣、头发稀疏、耷拉着脑袋的人，他的身旁支架着光秃秃的几根柴火棍子。在画面上配的文字是："什么叫知识分子？发现了比女人更有趣的东西的人，就是知识分子。"②

其实，关于知识分子的定义或形容知识分子的说法，远不止以上那些提法。可以毫不夸张地说，有多少人就会有多少说法，无非是有全面或不全面、褒义或贬义、客观与偏见之分。上面几种尖酸刻薄挖苦知识分子的说法，虽然有失公允，但是知识分子中却有个别书呆子或怪异之人，不过他们决不是知识分子的主流。知识分子作为一个阶层，彼此有道德、职

---

① 黎秀石编：《英美报刊选读》，湖南教育出版社，1985 年版，第 93 页。
② 康笑宇：《中华读书报》，1998 年 10 月 21 日第 15 版。

业、水平、贡献之不同，但是他们都是受过良好教育、具有某种专长，并且以知识为职业的人。从高标准来要求，我十分赞赏杜威先生对知识分子特点的概括："他们的特征有两种：一是独立思想，不肯把别人的耳朵当耳朵，不肯把别人的眼睛当眼睛，不肯把别人的脑力当自己的脑力；二是个人对于自己思想信仰的结果要负完全的责任，不怕权威，不怕监禁杀身，只认得真理，不认得个人利害。"① 这才是真正的知识分子，是知识分子中的精英，也是我们每一个知识分子应当效仿的楷模！

二

中国有一句俗话："秀才不出门，全知天下事"，这里的秀才即知识分子，他们之所以知道天下事，就是通过知识的交流、传播。尽管毛泽东说过："'秀才不出门，全知天下事'，在技术不发达的古代只是一句空话"，但是在技术高度发达的现代，特别是在信息时代的今天，人们可以通过快速传播的信息，能够适时地知道世界任何地方发生的事情。不仅如此，一些从事未来学研究的知识分子，基于对世界过去和现今各种资料的综合分析，还能科学地预见未来社会发展的趋势。

知识分子最大的优势就是知识，以及以知识为基础的创造性的思考能力。正是由于这一特点，所以古今中外的知识分子总是社会中最先觉悟的人群，他们一批又一批地站到历史潮流的前面，为寻求真理，勇敢地投身到变革社会实践中去，谱写出了豪壮的篇章。

中国古代知识分子是以儒家学说为核心的，他们的价值观强调"入世"，投身到社会里去，研究如何面对社会现实的政治和人生。例如，从孔子开始，各个时代的知识分子都有强烈的参政意识，他说："苟有用我者，期月而已可也，三年有成。"其他许多古代知识分子，都怀着远大的抱负，留下了数不清的名言，如汉朝司马迁进行历法变革，在受辱以后，发奋著书，并发出了："人固有一死，或重于泰山，或轻于鸿毛"的人生箴言；三国曹操的"老骥伏枥，志在千里，烈士暮年，壮心不已"；诸葛亮的"鞠躬尽瘁，死而后已"；魏征的"兼听则明，偏听则暗"；王安石

---

① 胡适著：《人生大策略》，湖南文艺出版社，1989 年 5 月，第 25 页。

的"天变不足畏，祖宗不足法，人言不足恤"的变法思想；范仲淹的"先天下之忧而忧，后天下之乐而乐"的亲民思想；文天祥的"人生自古谁无死，留取丹心照汗青"；于谦的"为得苍生俱饱暖，不辞辛苦出山林"；顾炎武的"天下兴亡，匹夫有责"……这些治世的豪言壮语和至理人生格言，是我国古代知识分子爱国思想的体现，是我国民族精神的瑰宝。

进入到近代以后，随着西方列强对我国的侵略，中国的主权与尊严遭到了践踏，我国陷入了半封建、半殖民地的地位。面对国破山河碎的形势，中国的知识分子将作出如何的回答呢？尽管当时的知识分子各有所想，但是鸦片战争使他们的心灵受到震撼，他们为祖国未来的命运而忧虑。于是，在他们当中，一些有觉悟的知识分子表现出了高昂的爱国热情。其中，林则徐就是最早觉醒的典型人物之一，他抱定"苟利国家生死以，岂因祸福避趋之"的座右铭。[①] 他以"壮志未酬死不瞑目"的气慨，投入到禁烟斗争和鸦片战争中去。林则徐雄才大略，功勋卓著，但他累累受贬。

龚自珍是晚清的一位著名思想家，魏源是一位经学家，他们与林则徐是莫逆之交，都是坚决的禁烟派、抗战派。龚自珍追求个性解放，他以"大言不畏、细言不畏、浮言不畏、挟言不畏"的顽强精神，力求在政治上、学术上开辟一个生气勃勃的新局面。魏源是一位变革思想的设计师，他主张"势则日变而不可复"。他们三人形成了一个和谐的整体，是当时知识分子革新的精神领袖，代表了鸦片战争时期知识分子前进的方向。

由于清政府的投降乞和，鸦片战争战败，与帝国主义签订了一系列不平等的条约。连年的战争，当时的知识分子目睹"中国日弱"，"洋人日骄"。通过冷静的思考，他们终于明白了大刀、长矛、盾牌敌不过洋人的军舰、大炮、洋枪，懂得了"能自强者尽可自立，若不自强则事不可知"的道理。于是，一批觉醒了的知识分子愿意去"师夷之长技"，这就是洋务运动兴起的动因。洋务运动的代表人物有奕䜣、曾国藩、左宗棠、李鸿章，后来又有张之洞。他们主要是建立军事工业和学堂、培养洋务外语

---

① 参见《近代中国知识分子》一书第 61 页。

人才、发展工矿、纺织、交通运输企业。这一切，具有一定的进步意义，为中国近代资本主义的产生和发展创造了一些客观条件。

中国近代史是一部多灾多难的历史，帝国主义的铁蹄纷至沓来，不平等的条约一个接着一个。特别是甲午战争，堂堂天朝大国却被倭冠小国日本打败，举国为之震动。在这种历史背景下，最先觉悟的知识分子发出了改良主义的呐喊，并且成为广大知识分子共同的心声。以晚清著名的思想家、政治活动家康有为、梁启超为首的维新派，发起了震惊中外的公车上书事件，公开向朝廷提出"拒和、迁都、变法"的政治要求。虽然戊戌变法提出了建立资本主义"大同理想王国"，发出了几百条新政政令，废除八股，建立新学堂。同时，在文学、艺术、诗歌和自然科学等方面，也都取得了进展。但是，变法只坚持了103天，变法的领袖人物康有为、梁启超出逃，谭嗣同等六君子遇难，最后以失败而告终。然而，"公车上书"，却是中国知识分子在两千多年的历史上从未有过的创举，标志着近代知识分子正式登上了中国的政治舞台。

辛亥革命是中国近代史上最具影响和最为复杂曲折的革命运动，她是由以孙中山先生为首的一批先进的知识分子领导的。孙中山从青年时代开始，在清政府"丧权辱国"的刺激下，决心救亡图存，他到处宣传"非革命不能救中国"的道理。他提出了"民族、民权、民生"三民主义学说，并以"驱除鞑虏、恢复中华、建立民国、平均地权"为革命纲领。辛亥革命虽几经起落，孙中山先生也历经挫折，但是他使民主共和深入人心，并结束了几千年的封建专制制度。

中国近代史上最后的两个运动，就是新文化运动和"五四"运动，前者是为后者作思想准备的，而后者是前者发展的必然结果。新文化运动是一次中国人民思想大解放运动，主要内容是倡导民主与科学，反对封建专制制度与迷信观念。这正如陈独秀所言："要拥护德先生（民主），便不得不反对孔教、礼法、贞节、旧伦理、旧政治；要拥护赛先生（科学），就不得不反对旧艺术和旧宗教"。新文化运动得到了全国青年的热烈的欢迎和支持，她把文化启蒙推向了新的阶段，并涌现出了一批先进的知识分子，如李大钊、陈独秀、瞿秋白、鲁迅、郭沫若、闻一多、郁达夫，等等。

新文化运动与"五·四"运动都发生在北京大学，那里成了新思潮的中坚，这决不是偶然的，因为那时北京大学在蔡元培校长"兼容并包、思想自由"的方针指导之下，聚集了中国知识分子的精英在"五·四"运动中，爱国的知识分子和青年学生提出"内惩国贼，外争国权"的口号，并表示"国权一日不复，国贼一日不除，吾辈之初志一日不渝"①"五·四"运动的大目标是反帝反封建，在运动中中国近代的知识分子表现出了前所未有的组织性、纪律性和团结一致的鲜明特点。而且，他们动员之广、发动程度之深，都是史无前例的。继北京学生之后，全国各大城市的学生纷纷响应，以各种方式声援和支持北京的爱国民主运动。实际上，"五四"运动是中国知识分子掌握国家命运的一次大预演，它促进了中国共产党的诞生，揭开了中国新民主主义革命的序幕！

与中国知识分子悠久的历史相比，西方国家的知识分子的历史要短得多。自欧洲进入到中世纪以后，我们同样可以看到一个规律，那就是知识分子总是站在历史潮流的前列，代表着时代前进的方向，直接影响着历史的进程。这里，我们不妨概述西方国家发展史上的几次重大事件：

文艺复兴发生在 14 至 16 世纪期间，是欧洲文化和思想发展上的一个重要时期。它开始于意大利，后来发展到英国、法国、德国、荷兰等欧洲许多国家。文艺复兴运动的主旨是宣传人文主义思想，主张以人为中心，反对以神为中心；肯定人的现实生活，反对基督教的禁欲主义；提倡个性解放，反对神学对人的精神的束缚。文艺复兴运动的主要代表人物有文学家但丁、莎士比亚、塞万提斯；艺术家达·芬奇、拉斐尔、米开朗琪罗；思想家伊拉思谟、莫尔、康帕内拉；自然科学家哥白尼、布鲁诺、伽利略等。文艺复兴是由一批先进的知识分子领导的一次运动，它的进步意义在于为资产阶级革命制造了舆论，完成了许多重大的科学发现与发明，为欧洲的现代科学和现实文学艺术奠定了基础。

1640 年爆发的英国资产阶级革命，是新生的资产阶级向封建主义发起的斗争，经过几次的内战，最后建立了资产阶级的君主立宪政权。资产阶级革命反映了资本主义产生方式的需要，并继而开辟了资产阶级世界革

---

① 参见《近代中国知识分子》一书第 252 页。

命的时代，因而 1640 年被当作世界近代史的开端。随着英国、法国资产阶级革命的胜利，为生产力的发展扫清了道路，于是就爆发了英国工业革命（也叫产业革命），这也是先进的知识分子对落后的生产方式所进行的变革。这次革命于 18 世纪 60 年代始于英国，继而在法、德、美等国也完成了工业革命。产业革命的进步意义在于，使资本主义的生产方式由作坊手工业向机器大工业转变，科学技术知识的不断积累，导致发明大量增加，以致于当时的英国被称为"世界工厂"。

18 世纪发生在法国的启蒙运动，无论是对当时的法国或是对世界各国，都是一次影响最为深远的运动。那时，法国的进步的思想家伏尔泰、卢梭、狄德罗、孟德斯鸠等人，开展了文化教育运动，打出了"自由、平等、博爱"和"科学与民主"的旗子，公然怀疑和反对宗教的权威和封建制度。伏尔泰、卢梭、狄德罗被称为法国启蒙运动的"三巨人"，实际上后两人都是伏尔泰的门徒。伏尔泰认为"自由首先是个人自由"，"自由就是只服从法律，除了人们共同制定的、代表其共同利益的法律以外，没有任何东西应该侵犯人的权利。"启蒙运动的主旨是让所有的人都受到教育和获得知识，使自由发展个性的理想成为普遍原则。伏尔泰直到逝世的前一年还说："我们必须同自然和命运战斗到最后的时刻，在到极乐世界之前，我们决不要对任何事物丧失信心。"[①] 虽然启蒙运动已经过去两百多年了，但是它所提出的原则，至今仍然具有现实意义，依然是世界上绝大多数国家政治改革的方向。

美国的独立战争是争取独立的革命战争，也是美洲历史上第一次成功的资产阶级革命。它的直接结果是导致美国《独立宣言》的产生，使美利坚合众国的诞生。值得指出的是，美国《独立宣言》是由当时的杰斐逊、富兰克林、约翰·亚当斯等一批知识分子起草的，其中宣布"解除对于英王的一切隶属关系"，建立"独立的合众国"；宣称"人人生而平等"，每个人都享有"造物主"赋予的某些不可转让的权利，政府的权利是来自被统治者的同意，任何政府一旦损害"天赋人权"，人民就有权推翻旧政府，建立新政府。这些原则都是十分有远见的，揭示了人权的实

---

① 姚鹏著：《自由女神的遐想》，东方出版社，1988 年 11 月第 1 版，第 31 页。

质，不仅在美国而且也在全世界树立了民主政府的榜样。杰斐逊能够写出这样有远见卓识的宣言，决不是偶然的，这与他所受的教育和渊博的学问分不开的。杰斐逊学习法律，拥有律师资格，是颇具影响的政治哲学家。他兴趣广泛，知识渊博，精通多种外语，喜爱古典文学、数学、自然科学和建筑艺术等。美国人民是十分爱国的，为了纪念美国独立时的英雄人物，在华盛顿建立了华盛顿纪念碑和杰斐逊纪念馆，它们昭示人们："伟大有不同的表现形式，杰斐逊用他的文章给美国人指明方向，华盛顿用他的行动向美国指明了希望。"①

古往今来的一批知识分子精英，已经超越了个人狭小的生活圈子，他们放眼世界，忧国忧民，情系人类和平与进步。罗素无疑就是其中最杰出的代表，他是 20 世纪声誉卓著、影响深远的思想家之一，被誉称为现代的亚里士多德。在其漫长的一生中，完成了 40 多部有影响的著作，涉及到哲学、数学、科学、伦理学、社会学、历史学、教育学、政治学以及宗教等各方面。他荣获 1950 年诺贝尔文学奖。从上个世纪 50 年代开始，他把注意力从哲学转向国际政治方面，1954 年谴责比基尼氢弹试验；随后又发表了《罗素——爱因斯坦声明》（科学家要求废止战争）；1958 年发起禁止核武器的示威运动。60 年代后期，他猛烈地抨击美国的越南政策，90 高龄时因反对核军备静坐而被捕入狱，94 岁时与法国存在主义哲学家萨特等人组织了国际战争法庭；98 岁时（临终前 3 天）还口授起草了维护中东和平的文件。②看了他的不平凡的经历，每个人都会对他肃然起敬，他一生的社会活动，博动着一颗高贵的社会责任心！

知识分子不仅是促进社会变革的先进力量，而且还是人类物质文明的创造者。翻开人类发展的历史，简直就是一部发明创造的历史，我们今天所享受的一切物质文明，都是无数的科学家前赴后继，以创造性的劳动而获得的。就拿诺贝尔奖来说，自 1901 年创立 102 年以来，共有 700 多名科学家获得这一最高的科学荣誉。值得指出的是，每一位获奖者的重大发

---

① 肖雪慧、韩东屏著：《自我实现——主体论人生哲学》，河南人民出版社，1988 年 7 月第 1 版，第 36 页。

② 《自我实现——主体论人生哲学》，第 36 页。

现或发明，都是某一学科领域里根本性的突破成果，标志着科学上的一个里程碑。尽管那些重大发明当初还是基础科学研究性质的，但是它们却预示着未来新的应用领域，不仅引起生产力的革命，而且还将伴随着人们思维方式和生活方式的变化。

诺贝尔奖仅仅只涵盖物理、化学、生理学或医学、经济学、文学和和平等六个类别，而且还仅限于基础性的重大研究项目，因此远远不能包括人类其他学科和专业领域里的发现与发明。事实上，在世界上还有其他学科或行业领域里的国际单项大奖，各个国家也设有国家奖项，还有专利登记制度，因此世界上的发现与发明是无以计数的。所有这些发现与发明，不仅创造了新的知识、技术，而且还创造了物质文明。发明与创造是高级的原创性的智力劳动，是知识分子价值的最主要的体现。在从事发明创造的劳动中，那些科学家、发明家所表现出来的执著精神、冒险精神、不怕牺牲的精神都是巨大的无形财富，不断地激励着一代又一代的青年科学家们，在探索人类未知的世界领域里奋勇前进！

三

知识分子是一个阶层，它与其他各个阶层、团体、政党一样，并不是完美无缺的。由于历史的背景、社会的影响和职业性质的熏陶，在他们之中往往也表现出一些不尽人意的地方，甚至是十分明显的缺点。下面，我们不妨略举几例：

（1）愚忠思想，等待恩赐。中国经历了两千多年的封建社会，那时的士大夫都是依附于封建帝王的，他们的官职、权力、俸禄等，都是皇上恩赐的。于是，忠君思想也就成了中国千百年以来知识分子的心态，并且一直影响到我国现代的知识分子，文化革命出现的"三忠于"就是最典型的表现。解放以后，在历次政治运动中，知识分子都是挨整的对象，他们本来受到了残酷的批斗，甚至是妻离子散，但一旦被"解放"，他们往往还要感激涕淋。1957年，全国有55万人被打成了右派分子，1980年5月被摘掉右派帽子的有54万人，余下1万人待继续甄别。有的人被摘帽以后，竟然感动得流泪地说："反右派斗争，就像是母亲打儿子，即使打错了，那也是母亲对儿子的爱护。"有的甚至还说："打是亲，骂是爱。"

　　据报道，一位老教授历经坎坷。他半风趣沉郁地说："我从没做过亏心事，但最怕半夜敲门声。某日，他女儿深夜回来看望，但她不知是何人，竟心惊肉跳地披衣去开门。哆哆嗦嗦地嗫嚅："我有罪，开门晚了……"①老教授为何说出这等话来呢？这是文化大革命中半夜抄家、揪斗留下的余悸症。另外，我自己还亲身经历了几件事：一是有一年春节，我去给一个年近九旬的老教授拜年，只听他在家里念念有词地说："我罪大恶极，罪该万死，我老而不死，我将功补罪……"，还有一位老教授，一天，他把儿媳叫到跟前对她说："我有政治历史问题，我博士生导师是假的，组织上正在审查，为了不株连你，请你快与我儿子离婚……"这两件事，其性质是一样的，都是他们过去在受到批斗时违心说的话的再现。这仅仅是那些受到伤害的知识分子中的几例，由此我们可以看到，我国知识分子的命运是多么的悲惨，他们是在一种什么样的气氛之中工作与生活的！我国天津某重点大学化学系有一位著名化学家，他热爱祖国，解放后义无返顾地从美国归来。他领导了国家 1956 年化学学科发展规划的制定工作，动员身为医生的妻子到内蒙支边。可是，在"文化大革命"中，他被作为特务关押起来，无休止的批斗，轮番地审讯。他忍受不了这种委屈和皮肉之苦，在绝望中自缢身亡。在离别人世的时候，身边无一亲人，连吐露一句遗言的权利也没有。无奈，他在绝命书中写道："我没有任何问题，×××万岁！"他死得多么的冤屈呀！又是多么的愚忠啊！

　　在工作中，一些知识分子取得了成果，这本来是自己辛勤劳动的结果。但是，在受到上级或什么人接见时，还要违心地说："成绩归功于×××，光荣归功于×××！"还有不少知识分子，一旦当上了什么"长"、"代表"或什么"委员"，就不再真正地代表广大知识分子说话，也不反映广大群众的切身要求。他们只是人云亦云，随波逐流，似乎只对委任他们的人负责，这不是愚忠思想又是什么呢？

　　（2）恃才傲物，文人相轻。知识分子自以为有知识，所以有些人自以为了不起，彼此互相瞧不起。三国时曹丕曾说："文人相轻，自古而然。"依我看，不仅在中国，国外的知识分子也有文人相轻的毛病。据报

---

① 参见 1990 年 8 月 4 日《武汉晚报》。

道，世界上关于两种文化的争论一直在进行。所谓两种文化，即人文文化和科学文化，搞人文科学的瞧不起科学家，而科学家又瞧不起人文社会科学家。英国斯诺写了一本叫作《两种文化》的书，他在书中说："一极是文学知识分子，另一极是科学家，特别是最有代表性的物理学家。二者之间存在互不理解的鸿沟——有时（特别在青年人中间）还互相憎恨和厌恶，当然大多数是由于缺乏了解。"①

其实，这实在是不应该的，古人曰："闻道有先后，术业有专攻"，这是科学发展到一定程度以后，必然出现的科学分工，任何人都不可能通晓百科知识。因此，各个学科只能互相取长补短，而决不能相互代替。很难想象，如果没有现代的文化和艺术生活，自然科学家们过得将是怎样的一种生活；同样地，如果人文社会科学家们没有科学家创造的现代物质文明，难道他们还要去过自足自给的农耕生活吗？所以，文人相轻的危害性极大，它导致嫉妒心，压制同行，破坏学术同行的合作与交流，影响学术争鸣，最终可能会扼杀科学真理。正确的态度应当是，以"文人相亲"代替"文人相轻"，加强同行之间的交流与合作，促进不同学科之间的相互学习、互相渗透，以便推动各个学科的发展，并且产生我国各个学科领域的科学学派。

（3）没有个性，缺少特立独行的品格。一个人的个性是其文化、科学、思想和心理等品格的综合的体现，是区别于他人的特质。因此，每个人应当有自己的个性，以充分地体现自我。但是，在现实生活中，有个性的人只是凤毛麟角，这是因为有个性的人往往是会碰钉子的。奥地利作家罗伯特·穆齐尔于 1942 年在临死之前，完成了一本叫做《没有个性的人》的思想小说。这既是作者的自况，也是小说主人公的特点。书中主人公本来是有个性的，但在现实生活中累遭失败以后，无奈地表示要做一个没有个性的人。作者评论道："没有个性是一种神秘的时代病"，"没有个性，就好像一块磁铁对着开放的铁屑，而铁屑就会陷入一片混乱。"②

---

① ［英］C·P·斯诺著：《两种文化》，生活·读书·新知三联书店，1999 年 2 日第 2 次印刷，第 4 页。

② 2001 年 5 月 3 日《中国图书商报》。

个性与特立独行的品格是密切相联系的，没有个性，当然就不可能成为特立独行的人；没有个性，也就没有创造性，这恐怕是中国知识分子最大的软肋。在中国知识分子中，比较普遍的特点是"内方外圆"，为数不少的人是庸德之行，庸言之谨，绝大多数的人都是唯唯诺诺的君子。为什么他们会出现这种情况呢？因为在中国知识分子身上的棱角，早已被他们所受的教育和政治生活的环境磨平了。关于这一点，台湾作家李敖曾作过尖锐的批评，他说："中国知识分子失败了。有两大方面的原因：一方面是品格上的，一方面是思想上的。他们集体的悲剧，乃是在不论他们的呈现方式是什么，他们所遭遇的共同命运，都是'被层层桎梏的命运'。"有鉴于此，他的结论是："所以，理论上，特立独行的知识分子，在中国很难存在，存在也很难长大，长大也很难茁壮，茁壮也很难持久，持久也很难善终。"①这的确是我国近现代知识分子状况的真实写照，这不仅是知识分子的不幸，还是时代的悲哀！民族的悲哀！

无论在任何时代或任何社会制度下，知识分子总是一个独立的阶层。他们是社会发展的重要力量，其中的一些精英人物是先知先觉分子，他们以社会变革的新思想，推动着社会前进。从历史发展来看，随着知识分子队伍的不断壮大，特别是先进分子的出现，则社会愈加发展。未来社会发展的趋势是，高等教育越来越普及。这就是说，未来人们的受教育程度越来越高，知识分子队伍也越来越大，这是社会进步和文明的主要表现。

今天，人类已经进入 21 世纪，这是一个知识经济时代，高新技术密集产业将占主导地位，"白领"阶层（即拥有专业技术的人才）是制造业的主力，是社会财富的主要创造者。对于我国来说，为了跻身于世界先进之林，必须加速发展教育，特别是应尽快实现高等教育的大众化，进行实现普及化，以进一步壮大我国知识分子队伍。同时，知识分子也必须不断提高自己的业务素质，特别是创造能力，加强思想修养，培养高尚的职业道德。只有这样，我国的知识分子才能肩负起建设现代精神文明和物质文明的伟大任务！

---

① 李敖著：《独白下的传统》，人民文学出版社，1989 年 8 月第 1 版，第 7－11 页。

二、论思想的融合与学术的发展*

中华民族有着五千多年悠久的文明历史，是世界古代东方四大文明发源地之一。在历史发展的长河中，我国各民族经历了无数次的融合与分化。与此同时，我国的学术研究也经历了无数次的兴旺与衰败。纵观历史，至今大致有过四次大的学术兴旺时期，而这种兴旺总是与那个时期的开明政策、社会变革、生产力的发展、人口的迁徙和民族的融合有着密切的联系。

第一个时期是春秋战国。这是中国历史上知识分子最早形成的时期，也是我国古代学术发展的黄金时代。那时，有着一大批知识分子，不仅人数之众、队伍之大，而且涉猎广泛、思想活跃，对社会政治、经济和文化生活等方面，都产生了重大的影响。

这是一个群星灿烂的时期，广大的知识分子应运而生。他们从事各种学术研究，游历讲学，著书立说。他们关心国事，游说于帝王和谋士之间，提出各种社会改革方略和政治主张。正是由于一些有卓识知识分子的谏言，帮助当时的统治者在制定政策方面发挥了重要的作用，所以各国的统治者都十分重视他们，曾一度出现了争相"养士"的风气。例如，齐宣王召集天下文人学士几千人，聚集都城稷门自由讲学，使临淄成为当时著名的文化名城。燕昭王建筑黄金台，广募四方贤才。战国末年秦相吕不韦集合门客数千人，共同编写《吕氏春秋》。这是杂家的代表作，内容以儒、道思想为主，兼及名、法、墨、农和阴阳各家之言。这部经典，本身就反映了当时百家争鸣、百家共存的思想融合的盛况，为当时秦国统一天

---

* 本文是为纪念耀邦同志逝世周年而作，写于 1990 年 4 月 15 日，改写于 2003 年 8 月 15 日。

下和治理国家提供了思想武器。秦孝公元年，曾下令求贤，命群臣进献富国强兵之策。这正是：开明的人才政策和学术政策促进了知识分子队伍迅速壮大和学术的空前繁荣；反过来，学术的发展又辅佐了当时的统治者，推动了当时的社会进步。

这是一个英雄辈出、百家显露的时代。一大批才华横溢的政治家、思想家、教育家和军事家，纷纷脱颖而出。他们以横空出世的气概，既敢于自成一家、创立新言，又能够相互切磋、取长补短，形成了百家争鸣的局面，带来了中国历史上学术的第一次大繁荣。我国历史上最早的学术派别，也就是在这个时期产生的。这说明，自由的学术争鸣总是与新兴学派的创立紧密联系在一起的，这是一条十分宝贵的历史经验，值得我们今天在发展和繁荣科学、文化时借鉴。

在这个时期，各个学派的开山鼻祖或大师，都是那个时期学术领域里的佼佼者。正是他们开明的学术主张，才开创了学术争鸣的先风，并且奠定了以至于影响到我国至今的各个学派的思想和理论基础。"百家"是形容当时学派之多，也反映了那时学术空气之活跃。也许，当时的学派确有百家甚至更多，但是影响最大的大约只有十家，它们是：以孔丘、孟轲、荀况为代表的儒家；以李聃、庄周为代表的道家；以韩非和李斯为代表的法家；以墨翟为代表的墨家；以惠施和公孙龙为代表的名家；以孙武和吴起为代表的兵家；以许行为代表的农家；以吕不韦为代表的杂家；以鬼谷子为代表的纵横家；以邹衍为代表的阴阳家等。①

"百家争鸣"的确是一个繁荣学术的重要政策，是一种推动学术发展的巨大的动力。正因为如此，所以春秋战国是一个学术成果辉煌的时期。在这个时期，在楚辞、散文、史学、典籍、哲学、教育等方面，都取得了十分瞩目的成果，使之成为我国传统文化宝库中闪烁着光芒的瑰宝。毛泽东是很重视历史研究的，并提出了"古为今用"的方针。在"关于正确处理人民内部矛盾的问题"一文中，他提出："百花齐放、百家争鸣的方针，是促进艺术发展和科学进步的方针，是促进进我国的社会主义文化繁

---

① 吴廷嘉著：《近代的中国知识分子》，人民出版社，1987 年 11 月第 1 版，第 6 – 7 页。

荣的方针。"①可惜的是，这一正确的方针由于受到左的路线的干扰，并没有得到认真的执行，使得我国的科学文化停滞甚至倒退了几十年，这是十分惨痛的历史教训。

为什么在春秋战国出现了"百家争鸣"的学术繁荣的大好局面呢？这是与这个时期的历史特点有关。战国时期，各诸侯纷争，大国兼并小国，因此各国疆域处于不断变化之中，人口迁徙，文化也互相渗透。这种政治态势反映在学术上，也就出现了学术观点相互辩争的风气，它们是当时阶级斗争和社会变革在意识形态上的反映。这种学术观点上的争鸣，使得一时诸子锋起，议论纷纭，以至于产生了百家并立的盛况。

我国历史上第二个学术空前大发展，是魏晋南北朝、隋唐时期。这是中华民族第二次大迁徙、大融合。在这个时期，北方民族大量吸收中原和南方各民族的文化和经济发展的经验，从而使中华各民族之间的思想进一步得到了融合。

在这个时期，开明的知识分子不能不对汉王朝的覆灭进行批判性的思考。他们对奉若神明的儒家文化提出了挑战，表达了要求思想和学术自由的微弱心声。在魏晋南北朝期间，儒家文化与佛教文化进一步结合，发展了逻辑学和思辨科学知识。学术思想上的活跃，又有力地推动了医学、文字学、音韵学、雕塑、舞蹈、音乐、建筑学等方面的学术发展，为我们留下了许多珍贵的文化遗产。

唐朝是我国历史上又一个太平盛世的时代。唐太宗即位后，实行了一系列的改革措施，广招贤才，发展科举制度，广开言路，从而又一次地推动了我国的学术发展。仅以诗词和文学为例，唐朝的诗是我国古代诗歌的高峰，内容丰富，风格各异。在这个时期，出现了像李白、杜甫、白居易、李商隐、杜牧等一大批诗圣和泰斗。唐诗在我国文化史上占有极其重要的地位，一千多年以来一直为人们传诵不衰。为什么会在我国唐朝出现诗词发展的高峰呢？这不是偶然的，它有多方面的原因。但是最主要的原因，还是从长期南北分裂建立起来的唐帝国，对各民族的文化、思想采取

---

① 《毛泽东著作选读》（下册），人民出版社，1986 年 8 月第 1 版，第 783 - 784 页。

了"兼容并包"的态度。① 因此，当时唐人思想比较活跃，言行较少拘束，这就为唐朝群众性的诗歌创作创造了条件。

第三个学术思想大发展时期，是从戊戌变法到辛亥革命这个不太长的时期。这个时期是自 1895 年公车上书到 1911 年的辛亥革命，前后共十多年时间。在这个时期，不仅中华民族的思想融合，而且日本和欧洲各国先进的思想和技术也陆续地被介绍到中国来。康有为是率先提出向西方学习的人，他认为："……知西人治国有法度，不得以古旧之夷狄视之。"他办学堂，讲中外之故，救中国之法。相继写出了《新学伪经考》、《孔子改制考》等著作，在清末学术界，引起了很大的震动。

严复不仅是戊戌变法的一位旗手，而且是著名的启蒙思想家，他通过翻译工作，介绍西方的科学名著。《天演论》就是他翻译的第一本著作，开辟了我国翻译西方名著的新风。他指出："中之人好古而忽今，西之人力今以胜古；中之人信奉历史循环论，为天行事之自然，西之人以日进无疆的社会进化论"②，作为"学术政治之极则"。他极力主张学术自由，提出"以自由为体"，以"民主为用"。这些议论，是当时维新派在思想理论方面的最高水平。黄遵宪是戊戌维新派在诗坛上的领袖。他与梁启超发起了"诗界革命"，探讨诗歌革新的理论，主张写出"古人未有之物，未辟之境"，创造"不名一格，不专一体"的"我之诗"。

在学术研究方面，近代知识分子斥陈说，勇辟新径。这个时期，在诗歌、戏剧、逻辑学、哲学和自然科学等方面，都有新的突破，各种专业性的科技学会相继成立，使中国的学术研究方向发生了本质性的变化。王国维是一位造诣精深的学者，他的学术著作共有 60 多种。他在 1905 年写的《论近年之学术界》中，由衷地赞美"百家争鸣"，批判独尊儒术的传统之说，肯定西方的学术成就，并认为借鉴西学是我国学术发展的一大转机。他在《奏定经学科大学、文学科大学章程书后》一文中，大声疾呼："今日之时代已入自由之时代"。他认为："今日最急者，在授世界最进步学问之大略，使知研究之方法。"这正如郭沫若所评："发前人所未发，

---

① 参见《近代中国知识分子》一书第 14－15 页。
② 同上书第 142 页。

言腐儒所不敢言。"他又说：王国维"留给我们的是他的知识产物，那好像一座崔巍的阁楼，在几千年旧学城垒上，突然燃放出了一段异样的光辉。"

自戊戌维新以后，涌现了一大批进步的知识分子，这决不是偶然的。这是同这个时期的变革风气，发展教育和自由学术研究分不开的。这个时期与前两个时期不同之处在于，思想上的融合不仅限于国内各民族和个阶层之间的交流，而且这种交流与融合还扩大到中国与西方国家。这些国家都经历了资产阶级民主革命和产业革命，他们的进步思想和先进的科学技术，无疑对我国的学术发展起到了一定的促进作用。

中国第四次学术思想大发展，是从 20 世纪 80 年代初改革开放开始的重要时期。这一次改革开放是我国几千年历史上从没有过的事，它有着深刻的国际背景，是世界范围内新技术革命促进的结果，是世界改革潮流的必然反映。实际上，这一次改革，是对封建社会遗留下来的家长制、世袭制、终身制、闭关锁国、小农经济和僵化的社会主义计划经济等保守的思想和体制一次巨大的冲击。改革开放极大地解放了人们的思想，最充分地调动了亿万人民的积极性和创造性，使他们的聪明才智得以完全发挥出来。

我国的沿海一带，已不再是被封锁的战备的前沿阵地，而是建立了像深圳、珠海、厦门、青岛、海南岛等经济特区，那里已成为外商投资和技术引进的热土，建立了现代化的高新技术产业。原来深圳、珠海只是一个边陲渔村，海南岛也是历代统治者放逐政治犯人的荒凉岛屿，可是现在这里都已建成了现代化的都市，成为中国改革开放的先进地区。

自解放以来，中国的知识分子都是一次分配定终身，即使不能发挥作用，也只能成为部门所有制的附属品。随着改革开放的不断深入，知识分子逐步可以自由流动了，他们可以辞职下海，可以要求调到自己能够发挥作用的地方，可以自己研究开发技术产品，创建属于自己的产业。国内外的经验表明，建设一个现代化的大都市，往往需要几十年甚至几百年的时间，可是深圳、珠海却只花了短短十年的时间，其原因就在于他们从全国乃至于从全世界引进资金和先进的技术，同时又能招聘到优秀的技术和管理人才。实际上，深圳、珠海等许多经济特区就是靠人口大迁徙而建设起来的，它们已经成了不同民族、不同籍贯、不同思想的人士相互融合的大熔炉。

改革开放以来的 20 多年，是我国有史以来人口最大迁移的时期。在几千年的封建社会和计划经济时代，中国农民世世代代被束缚在那一小块土地上，只能过着"日出而作，日落而息"的农耕生活。随着改革开放的深入和经济的飞速发展，特别是城市户口政策禁区逐步地被打破，大批农民进入到城市，开辟了许多城市人不愿和不能从事的产业，弥补了城市劳动力的缺乏。现在，每年有亿万农民进入城市，他们有的南下，有的北上，形成了一道中国特有的靓丽的景观。这的确是中国有史以来从未有过的，这种民族大迁徙和思想大融合，所带来的深刻变化是难于估量的。

经济的飞速发展和经济实力的增强，为我国科学、文化和教育的大发展创造了必要的条件。我国的高等教育和科学研究有了很大的发展，研究条件有了很大的改善，科研经费有了很大的增长。知识分子政策得到了落实，百家争鸣的方针也在逐步落实之中，他们被作为科教兴国的依靠力量受到尊重。他们开始从禁锢的"牛棚"中走出来，可以出国留学，参加国际学术会议，与国外科学家进行合作研究。这种学术思想上的融合，已经超出了国界，实现了国际间的学术思想的融合。目前，我国在基础科学和高新技术领域里的研究也取得了许多重要的成果，例如哥德巴赫猜想、水稻杂交、高温超导、热核反应堆、核电站、发射"神州宇宙飞船"、纳米技术、红外光纤材料、人类基因组图谱、干细胞移植……所有这一切，都是改革开放带来的丰硕成果，是学术思想大融合的结果。

历史反复证明，什么时候大兴变革的风气，实行开明的政治和学术政策，则那个时期的教育就发达，人才辈出，学术兴旺。反之，什么时候实行独裁专制、闭关自守，则那个时候人才就受到压制或被埋没，文化就黑暗，学术思想就窒息，学术研究就停滞甚至倒退。这是多么值得重视的一条客观规律，也是应当记取的宝贵历史经验！

三、制造特殊产品的工厂

工厂是工业革命的产物，它们意味着资本主义从以手工业为基础的作坊过渡到使用机器生产的工厂制度。工厂是直接生产和经营工业产品的场所，它们必须具有从事生产的环境、劳动力、生产资料和生产工具，并且生产各种符合消费者需要的产品。几百年以来，工厂经历了从劳动密集、资金密集到知识密集的发展过程，现代工业生产的竞争，就是建立在知识和技术创新的基础之上的。

你听说过生产废品的工厂吗？这话听起来似乎让人难以置信，哪有生产废品的工厂呢？事实上，确有一些工厂曾经或现在仍然在那里生产废品。1990年5月22日，我根据英国广播公司的一则消息，写了一篇札记。那则消息说：英国牛津大学阿尔蒙特教授，曾经访问过罗马尼亚的工厂，他参观后说："罗马尼亚的工业很落后，他们是用优质的原材料生产不受人们欢迎的废品。"何止是罗马尼亚，在计划经济下的前苏联、中国的许多工厂，不也是天天在那里生产废品吗？曾几何时，那些在计划经济指导下建立的大中型国有企业，大多数不是先后倒闭了吗？这的确是一个非常值得深思的问题。为什么会出现这种情况呢？一是长期封闭，不了解也不吸收国外的先进的科学技术；二是产销都是指令性的，实行垄断，没有竞争；三是吃大锅饭，不能调动人们的积极性和创造性。看来，要杜绝工厂生产废品，让优质的原材料生产出优质的产品，必须彻底进行经济体制改革，打破垄断，鼓励竞争，实行优胜劣汰，绝不能保护落后。

学校也是工厂，所不同的是，她生产的不是物质产品，而是"智力产品"。在历史上，有不少的教育家都是以工厂来比喻学校，把学校培养的学生看成是特殊的产品。十七世纪捷克教育家夸美纽斯最早把学校比喻为工厂，他说："在这个工厂里，每个人都发挥自己的积极作用，并懂得自己每一分钟应该做些什么，讨论些什么或教些什么。"① 这话显然是一个形象的比喻，它虽然是几百年以前讲的，但是它并不是消极的，主张"每个人都发挥自己的积极作用"。比喻毕竟是比喻，如果把学校简单地当作工厂对待，那就会丧失教育的特殊功能。因此，也有不少教育家批评工厂化的学校教育，指出这种定型式教育的弊端。瑞典教育学家胡森说："我在 1971 年的报告中指出，不要把学校看成是一个教学工厂，因为机器也不能代替教师。"② 英国教育学家第波尔也认为："由于学校就像是一座工厂，制造出一定型式的产品，所以教育上过度重视一致性的要求，使教育失去了发展个性的理想。"

一般来说，美国的教育是属于民主自由化程度比较高的，所以它们为世界各国所效仿。即便如此，美国著名的未来学家托夫勒对美国的教育还是提出了尖锐的批评。他是这样评论的："美国的学校，仍然像工厂那样运作。它们对原材料（即学生们）进行标准化的指导和检验。"③ 如果说美国的学校存在"像工厂那样运作"，那么在"大一统"体制下的中国的学校教育，其情况就更为严重。所以，有人批评说："中国的学校是千校一面（一副面孔），万人一格（学生是一个规格）。"因此，就全国来讲，中国的教育就是一个大工厂，而每一个学校则是一个小工厂，他们都是按照相同的"设计图纸"，遵照统一的"生产流程"，生产出相同规格的"产品"。这就是中国"大一统"教育最主要的特征。

工业产品就其品质而言，分为极品（或精品）、正品、次品、副品和废品。无论是从生产者或是消费者来说，他们都是追求生产出精品和正品，最大限度地减少次品和副品，希望完全杜绝生产废品。但是，由于生产原材料的品质的保障问题，生产技术和设备上的缘故，特别是惟利是图的不法商人制假，所以市场上总还是存在废品。正因为如此，所以国际上专门设立了保护消费者权益日，坚决打击一切伪、冒、假、劣产品。

---

① 联合国教科文组织编：《世界教育展望》，科学教育出版社，1983 年第 1 版，第 187 页。

② 同上书第 190 页。

③ 阿尔温·托夫勒著：《创造一个新的文明——第三次浪潮的政治》，生活·读书·新知上海三联书店，1996 年 5 月第 1 版，第 80 页。

同样地，学校生产的"产品"也有精品、正品和次品、副品、废品之分。从整体上来说，我们现在培养的学生大多是属于正品或次品，极品（或精品）极少，甚至还有一定数量的副品或废品。我所说的"精品"，是指那些善于自我设计，能够通过自学和自己研究来学习，在学习期间就表现出了突出的创造能力，在毕业后不太长的时间内，作出了重大的发明创造成果，并问鼎各门学科国际大奖的优秀人才。很显然，中国的大学现在还没有或者极少培养出这样的"精品"。至于说到正品，也有一个规格问题，如果说仅仅只是完成教学大纲的要求，各门课程考试达到合格成绩以上的要求，能够获得毕业证为"正品"的话，那么我国各类学校的"正品"率确是很高的。但是，如果按照以培养学生的创造性能力的标准来要求，我们学校生产的产品合格率就要大打折扣了。

说到底，问题还是在于把学校简单地当作工厂，按照标准的模具来铸造"特殊的产品"。这样一来，那些富有创造性学生的个性被抹杀了，他们的特殊的要求被忽略了，积极性被挫伤了，他们的创造性被埋没了。在这种"生产体制"下，怎么能够生产出精品呢？

如果我们仍然把学校比喻为工厂，那么它们应当是一个万能的工厂或车间，要根据不同的原材料规格和对产品的不同要求，设计和制造出不同的产品。不过，我更乐于把它们看成是一个巨大的"超市"，在这里储备了应有尽有的物品，每一个进入到超市的人，都有充分的自由选择权，并且每个人都会得到满足。本着这种思路，面向未来的教育，应当设计一种类似于超级市场的教育机构，充分运用技术革命的最新成就，让学生有效地去获取最有用的新知识。在这种教育机构里，每个学习者享有最充分的自由民主，他们的个性、志趣、智慧和创造性都得到彻底解放，使每个学习者都成为他们自己学习的主人。学校的校长是这种教育机构的设计者，而学校的教师就是这种教育机构里的指导者，他们应当对学习者在学习中提出的问题给予指导和帮助。

毫无疑问，在这种教育机构里，一定会培养出大批富有创造力的人，也就是我所说的"特殊的产品"。他们不仅是知识的储备者，而且是新知识的创造者；不仅仅是学习定律，而且发现新定律；不再是求职者，而是创业者！

四、奇怪的错位

在田径运动竞赛中，当运动员们都站在起跑线上时，裁判员发出口令"各就各位——预备——跑!"。这就是说，每个运动员都有固定的位置，不能站错了，如果站错了，就叫错位。在上海辞书出版社编写的《精编成语词典》中，也有一个条目："各就各位"，释义是："各自到自己的位置上。"位置有各种各样的位置，错位也有各种各样的表现。例如，在官场上有一句约定俗成的名言："宁可失职，不可越权"，如果越了权，那就是一种错位现象。

我这里所说的错位，是发生在一所大学里的怪现象，它出现在深圳。

一提到深圳，我们不能不回忆起我国改革开放的历史。在上个世纪80年代初以前，深圳还是广东省南部海边的一个边陲小镇，不被世人所知。1980年8月26日，根据中央的决定，深圳经济特区正式建立。自此以后，深圳就跨上了时代的骏马，以一日千里的速度向前飞驰。那里，原来没有工业，现在建立了许多新兴的高新技术产业；原来没有高楼大厦，现在高楼林立；那里没有能源，现在建立了大亚湾核电站……的确，深圳变化太大了，一切盼望中国繁荣的人们，无不为深圳的巨变而欢呼。正如新加坡前总理李光耀所说："中国不能没有深圳——深圳有希望，才能推动中国的成功!"

几乎在深圳特区建立的同时，一所新兴的大学——深圳大学也诞生了。我几次参观过这所学校，我和她的创始人罗徵启校长也是老熟人。她凭着天时地利的优势，引进了大批优秀的师资，设计和建筑了全新的图书馆、各种专业实验室、教学楼房、实行了新的管理制度……这一切，的确使新生的深圳大学显得生气勃勃，也使得一些内地大学羡慕不已。

20多年过去了，现在的深圳大学怎样呢? 我差不多十多年没有去了，情况我不清楚，也不便对她作出评价。不过，一则消息报道引起了我对她的注意。据《南方都市报》2003年5月18日报道：深圳大学公布了新的《学生行为为道德规范管理条例》，其中，禁止大学生在校内牵手、搂腰、拥抱、接吻以及女生穿低胸露背装等。否则，将以扣分形式对违例学生处罚，凡扣满30分者将被勒令退学。看到这一消息，我的第一感觉就是困惑莫明，这实在是让人哭笑不得。如果这个管理条例出自于内地边缘地区的一所不开放的学校，也许人们并不感到奇怪。然而，它偏偏发生在改革开放的特区，发生在改革大潮中诞生的大学，这是多么的不可思议，又是多么严重的反差和错位呀！

看到这则消息以后，立即使我想起上个世纪80年代初，在国内高等学校发生的风波。那时，刚刚对外开放，国外的一些服装、发式开始传入到国内。长期处于封闭状态下的青年人，出于好奇一时流行蓄长发，穿喇叭裤，穿高跟鞋、跳交谊舞等。这一下不得了了，这成何体统？而且，还把这些问题上纲到培养什么样的接班人的问题。于是，一些学校纷纷发出禁令；不准蓄长发、不准穿喇叭裤、、不准穿高跟鞋、不准跳交谊舞、不准谈恋爱……可是，这些规定执行得怎么样呢？也许，有的学校暂时执行了，但是我敢说没有哪一所学校能够执行到底，这些规定最后都变成了一纸空文。为什么呢？这是因为时代在前进，人们都追求自由宽松，多元化是必然趋势，改革开放已不可逆转。

那么，时隔20多年，深圳大学推出的这个《行为道德规范管理条例》草案，是否能够得到贯彻执行呢？对此，各方面反映十分强烈。据说，该校的大学生们十分反感，他们认为校方有辱他们的人格，是用管理小学生的办法来管理大学生。一些专家认为，制定这样的管理条例，既没有必要，也不具有操作性，很可能只落得一纸空文。

同时，这则管理条例也使我回忆起我们在上个世纪50年代的大学生活。那时的大学生可谓是真正自由的，不仅没有上面那些禁令，而且大学生在读期间可以结婚，女生妊娠可以休学生孩子。在那个年代，不仅没有发生什么大的问题，而且培养出了大批优秀的人才，他们后来成为我国各条战线上的骨干。

现在，为什么某些学校的领导人热衷于制定这类管理条例呢？说到底，他们对学生不放心。他们担心什么呢？依我看，他们可能担心两点：一是怕这些"不健康"的思想，影响大学生的学习；二是怕大学生们因恋爱而导致行为越轨。虽然在深圳大学的那个管理条例中没有明确地提到禁止恋爱，但牵手、搂腰、拥抱、接吻显然是表达爱慕的方式。大学生谈恋爱真的那么可怕吗？我看不见得，爱是一种力量，是激励学习和工作的一种"核动力"，过去无数的例子都证明了这一点。大学生已经进入了成年，谈恋爱是他们不可剥夺的权利，上面那些规定不仅违背了人的生理规律，而且也违反了我国婚姻法。经验还表明，爱这种心理活动是不可能用行政命令来禁止的，而且"地下活动"比公开的更危险。因此，在改革开放的今天，我们大学的管理者应当以更开明的思想来办学，以更宽容的态度来管理学生，尊重他们的民主和选择权利，让他们在自我教育中成长、成才。也许，有少数学生会出现一点问题，但这并不可怕，挫折也是一种教育，相信他们吸取了错误的教训，会增加免疫力，会更加健康地成长！

自传出深圳大学制定《行为道德规范管理条例》以来，已经快半年了。也许校方在听取了学生们的意见和社会各方面的反应以后，已经改变了初衷，如果是，也仍不失为开明之举。通过这件事，我们应当吸取有益的教训，我们大学的领导者，应当把主要精力放在教学改革上，营造民主、自由、创造、催人奋进的学术氛围，把大学生引向勤奋学习、刻苦研究、勇于创新的方向上去，这才是我们大学领导与管理工作者永远要抓的中心工作！

五、炒作"状元"何时休

我国科举制度始于隋朝，兴于唐朝，废止于清末。科举考试分为乡试、会试和殿试，凡获殿试第一名者称为"状元"。可见，"状元"这个名词，是在特定的历史条件下产生的，有着特殊的含义和目的。科举制设置的主要目的是，为封建王朝选拔官吏，以分科取士而得名。清光绪三十一年推行学校教育，废除科举，于是"状元"也就成了历史的遗闻。

曾几何时，"状元"秀又热起来了，竟然成了每年高考前后新闻宣传中一道靓丽的风景线。究问何也？这是炒作，是中国市场经济初期阶段的一种不高明的商业行为。炒作本是一种烹饪食物的方法，炒作需要具备两个条件：一是必须达到一定的热度，否则达不到炒的目的；二是翻来覆去地折腾，以便炒透、炒熟，似有不达目的不罢休的劲头。无论是炒作状元也好，或是其他商业炒作也好，无不具有这两个特点。

仅以 2003 年为例，据我看到炒作状元的报道就有三则：

炒作之一，在高考前几个月，某市主办了昔日高考状元报告会。他们从北京邀请了几名高考状元，要他们介绍参加高考的经验，特别是所谓的解题的诀窍。据说听众十分火爆，门票收入可观，报告者和组织者都有利可图。但是，效果究竟如何，有没有人去作跟踪调查，那些所谓的经验或诀窍，对听了报告的考生提高成绩起了多大的作用，恐怕只有天知道。谁都知道，学无定法，此一人、彼一人，不同的学习方法，对不同的人效果是完全不同的。依我看，这种作法不一定会起到什么积极的作用，反而会强化应试教育，制造了高考前的紧张空气，增加了某些考生的心理负担，实属弊大于利之举。

炒作之二，北京某区某村于 2003 年 8 月 8 日举办中国"金榜文化节"（也叫"状元"节）。据组织者介绍，届时将有全国 31 个省市自治区的 62

名、外籍 2 名、港澳台 6 名高考状元参加，他们将骑高头大马，胸佩红花绶带，接受与会领导的检阅，他们的名字将被造册铭记，刻石碑传，珍藏在《中国科考文化展览馆》内。他们还振振有辞地介绍，出席开幕式的将有北京大学、清华大学的代表、著名文学家、状元郎的家长等各方面的人士参加。

结果如何呢？据上海一名高考状元和他的母亲回沪后接受采访时说："什么全国高考状元聚首，什么披红坐轿跨马游，就是作了回木偶，当了一次道具，过了个愚人节，奇耻大辱！"① 她的儿子今年数理考了双满分，被清华大学录取。参加"状元节"后，她说："现在完了，去了一趟状元节，儿子说，好名声也变臭了。"事后知情人揭露，什么状元节，全是骗人的把戏，说有 70 个海内外状元参加，结果只有两人到会，其余的人都是当地人冒充的。北京大学、清华大学、著名文学家也无一人到会捧场，在喝状元酒干杯时，竟是一碗矿泉水。

大量事实说明，搞什么状元节是十足的商业炒作行为，而且是十分低劣的炒作。这是对中国传统文化的亵渎，是对高考优胜者们的捉弄。看到这些报道以后，我感到十分痛心，过去被认为是一块净土的教育，也被一些惟利是图的商人们搞得乌烟瘴气。

炒作之三，东北某市于 2003 年 8 月 23 日，举行孔子诞生 2554 年纪念活动。这次活动的主要内容，是举行了规模空前的祭孔乐舞表演。奇怪的是，在祭孔活动中，却穿插了该省 2003 年高考文理科状元坐轿游状元桥。② 孔子是 2500 年前的人，科举制是公元 600 年间隋文帝时代实行的，2003 年的高考状元与前面两件事风马牛不相及，把它们拉扯到一起，这不是炒作又是什么呢？更令人费解的是，搞纪念活动的那个市，既不是逢十大庆之日，也不是什么历史文化城市，更不是孔子的诞生地，这就更彰显了当地仅仅利用一个文庙进行商业炒作的目的。

据报道，整个活动让人们感到一股陈腐的复古味道。参加祭祀者为孔子上香，行三跪九叩之礼，手持祭祀道具举行乐舞，等等。我真不知道搞

---

① 2003 年 8 月 14 日《武汉晨报》。
② 2003 年 8 月 25 日《武汉晨报》。

这样的活动有什么意义，把现在的高考的优胜者等同于科举时代的状元，其用意又是何在？孔子作为中国古代乃至于世界伟大的思想家、教育家，人们纪念他是应当的。问题是如何纪念，我们应当宣传孔子的进步教育思想，如启发式教学、因材施教、教学相长、有教无类等，而不是那些带有封建意识的礼仪。

炒作高考状元远不止以上几例，也不仅仅只是商家在炒作，参加炒作的还有新闻界、出版界，甚至连教育界也难脱干系。难道不是吗？那些有关高考状元的消息，不就是由新闻单位报道的吗？一些有关介绍状元经验的书，状元们签名售书活动，不就是出版发行部门策划的吗？那些培养出了状元的学校，不是开庆功会、重奖有功教师，感到无上光荣吗？某些大学不是拼命地抢高考状元，而且多多益善，以此来宣扬学校的地位吗？至于那些考得了状元的学生和家长，更是兴奋不已，十年寒窗苦读，终于熬到了"金榜题名时"。由此可以看到，在中国人心中或多或少地都存在着"状元情结"，这是由科举制沿袭到应试教育造成的恶果。炒作状元之所以久经不衰，就是因为各方面都会从炒作中得到好处，这就构成了炒作状元的社会基础。

当然，不是没有人对炒作状元持不同意见，报纸上也发表过对炒作状元的批评文章①，但是这些声音太小，未能起到遏止这种炒作的作用。我们之所以反对炒作状元，就是因为这种炒作是误导，是宣传高分低能、追慕虚荣，无形之中起到了强化应试教育的作用。其实，谁都知道，状元并不能说明什么问题，说得好听的话，他们对基础知识掌握得好，在考试中发挥得好，因而取得了优异的成绩。说得不好听的话，他们是考试机器制造出来的，是应试教育的能手。也有参加过高考的考生说，如果有机会让他们再参加一次高考，他相信大多数的高考状元将会易主，这就说明高考状元带有很大的偶然性。

人才成长的规律告诉我们，高分也好，状元也好，不能与人才划等号。获得诺贝尔物理学奖的华裔美国科学家朱隶文的成功，就是最有力的证明。他的哥哥从小学到大学，门门功课都是第一名，而他充其量也只是

---

①   2003 年 8 月 11 日《光明日报》。

在前十名，但是当他已经是正教授并获得诺贝尔物理学奖时，他的哥哥还是同一大学的副教授。国内也有专门报道，提出了一个"高考状元为何辉煌难再"①值得令人深思的问题。也有人作了统计：北京某名牌大学1995年，仅一个学院就招收了14个状元，而且一个专业又集中了12个状元。可是，一年以后，绝大多数的状元成绩落伍，能够保持优异者已属凤毛麟角。调查还表明；那些状元们普遍存在心理脆弱、不敢面对困难与挫折、没有主人翁精神、缺乏创造性等方面的弱点。看来，"状元情结"成了他们的包袱，成了阻碍他们前进的紧箍咒。看了这些报道，那些炒作状元秀的人，难道不应当反省吗，不应当马上停止炒作状元吗？

为什么炒作状元遏止不住？究竟谁来管一管炒作状元？新闻单位管不管，工商部门管不管，直接受影响的教育部门管不管？看来，谁也没有管，似乎是见怪不怪。说到底，还是一个责任心的问题，对应试教育和炒作状元的危害性没有认识。依我看，新闻单位在遏止状元秀的炒作方面负有重要的责任，首先自己不去炒作，在高考前后保持一种平静的调子，即使有商人想炒作，也不给他们创造条件，他们也就炒作不起来了。状元本来就是一个历史遗留的名字，我希望通过采取措施，永远不要再搞状元秀了，逐步淡化人们思想中的"状元情结"。

其实，在高考中值得宣传的东西很多，如高考的改革、自学成才参加高考的优胜者、在高考中有创造性的考生、对于有发明创造成果的破格录取者、身残志不残的高考优胜者……总之，我们宣传什么或不宣传什么，都是政策性很强的问题，也是一种方向性的引导。只有创造教育在我国教育中占主导地位，培养出来大批创造性的人才，那才是振兴我国经济所需要的，也是迎接知识经济竞争制胜的法宝。我们应当为此而大造舆论，如果要炒作的话，那我们就要炒作创造性人才这个问题，这无论于国、于民、于己都是百利而无一害的战略大事。国家得创造性人才则国家兴旺，企业得创造人才则企业发达，个人成为创造性人才则将成为成功的人。

我衷心地希望今后不要再炒作"状元秀"了，能否做到？我们只能拭目以待！

---

① 1997年7月11日《上海法制报》。

六、医院里的等级制度

中国是一个"官学"比较发达的国家，自古皆然，历代不衰，而且还有越来越兴旺的趋势。《孔子》在《论语》中说："学而优则仕。"说白了，读书就是为了做官，而且应当排在优先之列。这是为什么呢？正如台湾著名学者钱穆所说："中国的读书人无有不乐于从政的，做官譬如他的宗教。因为做官可以造福人，可以发展他的抱负与理想，只有做官，最可造福人。"① 这当然是从正面讲的，的确也有许多人是抱着造福人的理想而从政的。但是，无可讳言，也有不少人愿意做官，这与官员们拥有的特权和相应享受的俸禄、待遇不无关系。

就拿干部医疗保健制度来说，自解放以后，就实行了高级干部医病和疗养制度。凡是有一定档次的医院，除了开设高干门诊和高干住院病房以外，有些部门还在风景优美的地方建立了高干疗养院。在计划经济时代，这一切都是按照干部级别高低享受的，即使你有需要，如果你的级别不够，那也只能望医兴叹了。

我国经济改革开放以后，除了保持原有的高级干部（含高级知识分子）的医疗规定以外，另外也开设了面向平民老百姓的专家门诊，有的甚至打出了"著名专家"门诊。至于高干住院部，除了保证高级干部入住以外，也对普通群众开放，只要你能自理住院费就可以了，这就是"一切向钱看"。打开只许高级干部特约门诊和住干部病房的禁区，毕竟为老百姓专家治病开辟了通道，这是一个进步。但是，就实质而言，除了少数大款、大腕以外，普通老百姓是很难问津的。试问：有哪一个大官或有路子的人需要花50或几百元去挂一个专家门诊号呢？而且副部级干部

---

① 钱穆著：《中国文化史导论》，正中书局，1951年版，第103页。

（含副省级）、两院院士们医疗费（包括住院费）都是100％的报销，普通干部和教师则需要自己支付10％或20％的费用，更不用说下岗工人和农民们面临着医疗费的困境了。本来，副部级以上干部和两院院士都是高薪阶层，他们不但自己不付部分医疗费，反而低收入的干部却要自己支付部分医疗费，这不是资产阶级法权又是什么呢？所以我说，这就是"马太效应"，你要是有钱越要让你富有，你要是没有钱那就让你一无所有。这难道公平吗？这难道不是有些人想当官，拼命向上爬的原因之一吗？

随着经济的发展，不断改善医疗和病房的条件，这是无可厚非的。但是，在功利主义的支配下，一些医院的高干病房越盖越大，装修标准越来越高。近年来，我因身体不好，先后在几家医院住过院，对医院里的等级制度略知一二。有一家医院，专门建了一栋干部病房，共有七层。本来都是干部病房，但是又分为干部病房、高等病房和特级病房三个等级。干部病房是两人间，也有一人间的，如果你需要一个人住，可以包一个病房，那一个人得付两个床位费（100元）。我和夫人高伟住在一个病房，医生和护士对我们特别照顾，我们已感满足了，反正住院是为了治病，而不是能论级别、图享受。

春节过后，我的学生从香港回湖北探亲。他得知我们住院后，特地要来看望我们。但是，他不知道怎么找到我们的病房。于是，他打电话问他在该院当基建处处长的同学，他告诉他的同学我们是住在××层×××号病房时，他的同学感到很惊讶。他说："刘校长为什么住在那，他应当住特等病房，我负责把他转到特等病房去。"我感谢我的学生和那位处长，并对他们说："我们住在这里很好，不需要转到特等病房去，我历来认为，住院是为了治病，出差是为了办事，不应当讲究等级和标准，那是不正之风的表现。"

其实，我们并不知道高等病房和特等病房是什么样子，它们又有什么区别。事后，我随便地询问了一下：高等病房是由5个房间组成的（一层楼只有4套病房），建筑面积大约是60平方米，内有两个卧室、客厅、厨房和卫生间，每天的床位费是988元；特等病房建筑面积是200平方米，不知道有多少房间，一层楼只有两套病房，每天的床位费是1988元。据说，特等病房的每一张病床是10万元。听了这么高的收费标准和昂贵的设备，不仅仅令我咋舌，如果住上十天，仅床位费就是 19880 元，在紧急情况下，可以拯救一个普通人的生命啦！

按照规定，只有副部级的干部才能住特等病房，可是实际情况并不是这样的。只要你拥有特权，或者有路子，能够报销那昂贵的住院费，那么你就可以住进特等病房。据说，有一个大学主管财务的副校长，论级别仅仅只是个副厅级，但是他却因患感冒而住进了特等病房，而且连妻子一同住入享受特等待遇。还有一个副市长，论级别也不过是个正厅级，他的年迈的父亲也住进了特等病房，而且出院时还没有结账，也不知是谁给他买单。像这样利用特权搞腐败的情况，只是冰山一角，群众只能是敢怒而不敢言了。

我并不主张绝对的平均主义，领导干部根据工作需要，提供与其级别相符的必要的工作条件是可以的。但是，必须把公与私、本人与亲属分开，不能任意扩大其享受的特权。英国历史学家阿克顿爵士曾提出了警世名言："权力使人腐败"。这话也许有些偏颇，美国纽约大学社会学教授丹尼斯·朗说得更为全面些："权力可以使人崇高，正像使人腐败一样。"① 那么，崇高与腐败之间的界限就在于如何使用权力，如果不受公开监督和制约的权力，以权谋私，那就必然导致腐败。近年来，中国开展的反腐败是必要的，我认为反总比不反要好。但是，群众反映说："反腐败，反腐败，反而不败，腐而不败。"这是什么原因呢？这里涉及到政治体制改革问题，其中包括等级制度的改革，这是无论任何不可阻挡的必然趋势。

在经济领域里，我们已经基本上实行了商品经济。既然商品经济的原则是可行的，那么为什么在等级待遇方面不按照商品经济的原则办呢？我认为，领导干部包括最高层的领导在内，他们只需要与其应享受的薪俸挂钩，其他的待遇基本上应当取消。在商品经济条件下，住房、汽车、电讯、医药、饮食等都是商品，在商品面前人人平等，谁消费谁买单。

说实在的，现在老百姓中的铁饭碗、大锅饭打破了，他们只能变为"下岗"或待业人员，靠吃最低的社保度日。可是，高级干部中的铁饭碗和大锅饭并没有打破。不改能行吗？老百姓能信服吗？

---

① 2001 年 6 月 7 日《中国图书商报》。

七、在口号下的国度里

有些不了解中国国情的外国人，当他们一踏进中国的国土，发现到处都悬挂着标语、口号，于是他们以为中国是一个习惯喊口号的国度。这种看法不管是褒或是贬，中国人爱喊口号确是事实，这至少反映出了我国在政治宣传中存在的某些形式主义的东西。难道不是吗？无论是在城镇或乡村；无论是大街小巷或高速公路路口；也无论是在大学校园或是公共场所，到处都悬挂着各式各样的标语、口号。如果遇到什么节日或全国重大会议，那标语、口号、五彩缤纷的彩旗，更是把城市装点得华丽非凡。有人作过估计，每年用于标语、横幅、剪彩和佩带的绶带等红布或红色绸缎，加起来真是一个天文数字，可以绕地球十来个圈。中国太大了，哪怕是像标语、横幅这样的小事，如果不注意节约，那浪费也是惊人的！

提起口号，我们怎么也不能忘记那个疯狂的和令人心悸的时代。在"文化大革命"期间，标语、口号铺天盖地，"帽子"、"棍子"满天飞，高音喇叭响彻云霄，"高帽子"、"黑牌子"五花八门，游街示众是家常便饭。什么"千万不要忘记阶级斗争！""造反有理、革命无罪！""横扫一切牛鬼蛇神！""触及灵魂的大革命"，"文攻武卫"、"扫除一切害人虫！"；还有什么"三个突出"、"三忠于"、"四无限"、"四个第一"、"五个统一"……真是应有尽有，俯拾即是。历时十年的文化大革命的浩劫，使国民经济滑到了崩溃的边缘，给干部、知识分子和人民群众造成的伤害是惨重的。祸国殃民的"四人帮"终于被粉碎了，"文化大革命"也被扫进了历史的垃圾堆，但是它们的遗毒并不是短期能够消除的。

口号当然不是始于"文化大革命"，在它的以前有过，以后也仍然还有。所谓口号，就是为达到一定的政治目的或实现某项重大任务而提出的、带有鼓动性作用的、言简意明的语句。例如，马克思、恩格斯在

《共产党宣言》中最后一句口号是"全世界无产者，联合起来!"① 这句口号，一百多年以来，曾经鼓舞过全世界无数被压迫的人民争取解放的斗争。列宁在《论口号》一文中提到的"一切政权归苏维埃!"的口号②，对于当时的苏联政权建设和巩固，也起到过重要的作用。毛泽东在新中国成立大典上喊出了"中国人民从此站起来了!"的口号，让全中国人民和世界所有的华人，都感到扬眉吐气了，并一直鼓舞着全国人民奋勇前进!

但是，任何事物都是一分为二，真理跨过一步，也就会变成谬误。像政治口号也是一样，如果口号的内容不真实、不科学、不符合辩证法或流于形式主义，那么它们不仅起不到积极的作用，反而会产生危害作用。例如，在那个"大跃进"的年代里，曾提出过"全民大办钢铁"、"人有多大胆，地有多大产"、"放高产卫星"、"十五年超英赶美"、"吃饭不要钱"、"跑步进入共产主义"……毫无疑问，这些口号都违背了客观规律，它们不仅没有起到积极的作用，反而对当时的工业、农业造成了巨大的破坏作用。

通过贯彻"八字方针"（调整、整顿、巩固、提高），用了数年的时间，才使国民经济得到恢复，逐步走上正确的发展方向。在遭遇挫折以后，虽然乱提口号的毛病有所遏制，但是由于没有彻底革除滋生形式主义的根源，所以到了一定的气候下，乱提口号的形式主义又冒出来了。

据报道，长江三峡工程被称为"全球一号工程"，也许为了与这个一号工程相匹配，再创造一个全球第一吧! 于是，在长江右岸三斗坪的山坡上树立了一个特大的标语口号："建设三峡，开发长江!"③ 据参观者介绍说，这条标语确实雄伟无比，总高度足有四五层楼房那么高，令过往游人咋舌! 这八个大字每个字高 15 米，宽 10 米，以钢筋为骨架，再用铁板制成，涂以红色；每个字约 12.5 吨，总共 100 吨，总造价近 150 万元。无论是以其大小、重量或是造价，在世界上也是绝无仅有的，肯定可以入选世界吉尼斯大全!

---

① 《马克思恩格斯选集》（第 1 卷），人民出版社，1995 年 6 月第 2 版，第 307 页。

② 《列宁选集》（第 3 卷），人民出版社，1972 年 10 月第 2 版，第 107 页。

③ 张弛文："头号标语"，《当代杂文》，1995 年 9 月 18 日。

　　诚然，为了宣传长江三峡建设、鼓励建设者们的士气，采用适当形式的宣传是必要的。但是，是否真有必要建造如此庞大的标语口号呢？无论是从舆论或是实际效果来看，反应都是否定的。据说，就在离这个标语的不远处，许多建筑工人们都住在拥挤、简陋的窝棚里，睡在地上。如果领导决策者们有一点亲民思想，把那150万元用于改善工人们的居住和饮食条件，不是更可以调动工人们的积极性，更有利于提高工程建设的效率吗？这样一举两得的好事，我们为什么何乐而不为呢？另外，在长江沿岸三斗坪的山坡上建造这样高大的标语牌，对于环境的破坏也是很严重的，它与山清水秀的风光也是极不协调的。

　　天下第一标语既然已经建了，但也没有必要再去把它拆掉，否则又将造成新的浪费。但是，我们希望它是空前绝后的，可惜它是空前的但并不绝后。又据报道，湖北省郧西县店子镇姜家沟村，在一个山头上修建了"封禁治理"四个石头字大标语，它的意思是指封山、禁伐、治理荒山，内容并没有问题。但是，为修建这条大标语口号，竟动员了5个村的1200多位农民，他们自带被子和粮食，吃住在荒山上，起早贪黑地苦干了一个多月才完成。这条标语的每一个字竟有930平方米，相当于一个蓝球场的2.25倍！该县夹河镇也有两条石头标语，一条是"封禁治理，美化汉江！"这八个字，竟然横跨两公里，4个村的2000多个农民前后干了两个月才完成；另一条是："做好水土文章，绿化湖北山川！"这12个字的大标语，竟然跨越5公里，动员了4个村的2000多个农民前后干了两个月才完成。① 像这样的"石头标语"，不止这两处，不仅郧西县有，其他县也有；不仅湖北省，其他省也许还有。

　　建造这样的巨大标语，不仅劳民伤财，而且还破坏了环境。当地农民反映，要是用这些人力、物力来修建公路、绿化荒山、新建水利，造福于民该有多好！可是，当地的领导人没有这样做，他们为什么要建造这样的巨大的石头标语呢？一个农民一针见血地指出："这还不是给他们脸上贴金，给上级领导来视察时看的！而植树造林、兴修水利靠的是苦干，不是靠喊口号、搞形式主义！"

---

　　① 　参见2003年1月10日《湖北日报》。

现在，全国搞所谓的"工程"成风，如"绿化工程"、"亮化工程"、"形象工程"、"菜蓝子工程"、"社区工程"，等等。这些建设项目不是不可搞，但是上自首都下至县城，刮起了一股大搞"绿化工程"之风。在这种思想指导下，我国西南某市提出了"大树进城，建成林城××！"的口号。所谓"大树进城"，就是从农村、林区购买成材的大树，移植到城市，迅速提高城市绿化覆盖率。几年下来，大树、古树、珍稀树种涌进了这座城市，使其绿化覆盖率达到36.96％，人均拥有绿化地12.6平方米，一跃进入全国绿化先进行列。可是，效果怎么样呢？据国家有关部门调查，这个城市移植大树的死亡率达到70％，某小区移植的30多棵棕榈树全部死亡，机场高速公路两旁移植的800多株香樟大树，已经死亡了600多棵，其他主要干道移植的大树死亡率更高。这是一种短期行为，是形式主义的表现，造成的经济损失和不良影响都是巨大的。

有些口号明显是不真实的，但是我们却年复一年地照喊不误。例如，每一届人大代表换届选举，可以看到每个选区都悬挂着"人民代表人民选，人民代表为人民！"这样的口号。人民代表是否真正体现了人民的意志呢？如果要说真话，没有，那只不过是走个过场而已。我们现在的选举，既没有公正性，也没有民主性，完全是按计划指令选举的。一般的程序是：按计划下达指标、内定候选人、层层动员、确保候选人当选。这样选出来的代表，不可能有当政的意识，而只有一种荣誉感或者把它当作自己的一种政治资本。因此，他们只对指定选举他们的领导负责，不可能真正地代表人民的利益，这是每个人都心照不宣的事。

有一次，我到新华书店浏览新书，看到了一本美国人斯图尔特的著作，书名是《中国宗教与文化的比较》。作者曾在我国西南一所大学任教，对中国的文化与社会颇有研究。他在序言中，第一句话就引用了中国近代一直流行的一个口号："反对文化侵略！"这是一个典型的自我封闭的口号，也是一个民族自杀的口号。在这个口号的影响下，曾经在很长的时期内，我国处于闭关锁国的状态。不仅是文化领域，而且在一切领域都要划分无产阶级与资产阶级的思想界限，凡是西方国家的东西，都要贴上资产阶级的标签，如音乐、美术、油画、雕塑、电影、美学、心理学、教育学、经济学、哲学等，都要批判资产阶级思想，更不用说宗教、神学了。其结果，使我国处于与世界文化隔绝的状态，我国古代文明在衰落，中国人长期处于文化饥饿状态。

本来，文化更不用说科学和教育了，从来就是人类的共同财富，每个民族或国家，都是在不断地吸取或借鉴其他民族或国家的文化而不断发展的。文化只有交流的功能，断无什么侵略之说。各个民族文化既有特点又有差异，但是人民自己会知道应当吸收什么样的文化，应当拒绝什么样的文化，我们应当相信人民的辨别能力。其实，改革开放以后，我们不仅实行了市场经济，而且像股票、证券、招标、租赁、典当、股份制、连锁超市、私营企业等，都是借鉴资本主义国家经济管理的作法，这是不是经济侵略呢？而且，外国资本家在中国办工厂、开设银行、兴办百货公司，这又是不是经济侵略呢？在文化领域，我们现在不是也引进了西方的选美、模特表演、性教育、人体模特、抽象派艺术、爵士音乐、摇滚乐、卡拉OK、迪斯科舞蹈、跑马竞赛、高尔夫俱乐部等，这是不是文化侵略呢？显然不能这样看，如果谁现在还持这种观点，那就等于说要使人们重新回到自我封闭的文化生活中去。

报纸上不断披露，有不少口号、标语的内容是不科学的，有的是语法或标点符号使用不当。这不仅是极不严肃的，有的甚至会造成不良的后果。例如，在一些乡村里出现了这样的口号标语："谁富谁光荣，谁穷谁无能"、"致富光荣、贫穷可耻"、"宁添十座坟，不添一个人"、"计划生育工作咋搞咋有理"……很明显这些口号的内容是不妥的，没有正确地反映致富和计划生育的精神。还有，在一些公共汽车或运输汽车的挡风玻璃板或车身上，张贴："严禁超速！超载！"① 这条标语的问题出在标点符号上，在这条标语中，用了两个感叹号，使它们成了两句独立的话。从句法上来说，严禁只能管超速，而不能管超载。于是，超速是禁止的，而超载并没有被禁止，似乎是可以超载甚至鼓励超载。幸好这条标语的意思是不言而喻的，如果按照句法机械地操作，那就可能导致不良的后果。因此，有人说这是一条危险的口号，这对于不讲科学地乱提口号无疑是敲起了警钟！

---

① 1994 年 7 月 30 日《教育报》。

我并不笼统地反对一切口号，也不否认正确的口号对工作的促进作用。但是，我们应当杜绝不科学的、不实事求是的假大空式的口号，更不能让这些口号泛滥成灾。实际上，口号也是一种文化，为什么有人认为中国是一个口号式的国家呢？我认为，口号现象不是孤立的，它与一个国家的政治、经济制度，与历史文化传统，与国民的思维习惯都有密切的联系。从体制上来说，我国过去是集权和计划经济的体制，只强调集中而不重视民主，只强调纪律而忽视自由，只强调统一而反对"政出多门"。于是，"统一思想、统一口号、统一指挥、统一步调、统一行动"，就被认为是"最佳的组织状态"。果真如此吗？这种组织状态，只有少数人的积极性，而压抑了绝大多数人的积极性和创造性。这样以来，在实际工作中，真正起作用的是行政干预和长官意志。于是，上面发号召，下面就一呼百应，这就为以口号指导工作创造了条件。从历史文化传统上来说，我国经历了两千多年的封建社会，家长制、世袭制的官本位文化和"三纲五常"的伦理道德标准，就为口号的流行提供了社会基础。从思维方法上来说，我国国民长期存在着"从众心理"，宁肯随波逐流而决不敢特立独行，只求同而不求异，这就是口号成为我国国粹的思想根源。

口号过于泛滥，必须进行治理，并借以克服官僚主义和形式主义的不正之风，恢复实事求是的优良传统。怎么才能抑制乱提口号的不良风气呢？我认为，最根本的是要进行全方位的改革，包括政治体制、经济体制、教育体制、文化体制的改革，转变干部特别是高级领导干部的思想与工作作风，认识到过去乱提口号的危害性。其次，要坚决地杜绝搞政治运动和群众运动，因为许多口号都是与这些运动或中心工作相联系的，如果不再搞运动了，那么乱提口号的现象也就能够得到遏制。再次，必须转变人民群众的思想观念，克服"从众心态"。要充分发扬民主，实行言论自由，尊重他们的自主权、选择权，支持他们敢于标新立异的创造精神。有了这些条件，乱提口号的现象是可以得到遏制的，即使有些不当的口号，群众也不会再盲从。同时，我们也应当学会提口号的科学艺术性，让正确的口号成为人们自觉的行动！

八、中国节日何其多

从我孩提时，就对过节很感兴趣。因为在旧中国，农村十分落后，生活贫苦，只能盼望到了春节，才能吃上丰盛的菜肴，穿上新衣服，那才是真正的过节。除了春节以外，在我记忆里只有元宵节、端午节、中秋节了，这就是我对节最早的概念了。解放以后，又知道了"三·八"国际妇女节，"五·四"青年节，"六·一"国际儿童节，"七·一"建党节，"八·一"建军节，"十·一"国庆节。无论是我国传统的节日或是解放以后兴起的节日，它们都是在某种历史条件下形成的，具有特定的意义，并且已为全国人所接受。因此，庆祝这些节日，已是我国人民习俗或政治生活中的一个组成部分。

自从我国改革开放以后，随着与西方国家的文化和科学交流的发展，一些西方国家的节日也开始传入到我国。例如，圣诞节、复活节、感恩节、万圣节、母亲节、父亲节、情人节等，也受到一部分人的欢迎，虽然我国绝大多数的人并不是基督徒，但每到圣诞节来临，不少人都互寄圣诞卡、祝愿圣诞快乐。在人民群众中，影响比较大的有母亲节、父亲节和情人节。每年5月第二个星期的星期日，是母亲节，6月第三个星期的星期日，是父亲节，每年这个时候，许多年轻人向父母亲表示祝福，感激他们的恩情，记住他们的爱，追思父母带领自己走过的路。每年2月14日，是情人节，无论是热恋中的年轻情侣或历经风雨的老年夫妇，也会在这一天送上一束红玫瑰或节日的礼物。虽然这些节日诞生在西方国家，由于它们蕴涵着积极的意义，所以它们超出了国界，为人们所普遍接受。

从上个世纪80年代中期开始，随着商品经济的发展，出现了一股人为造节的现象。一些地方政府和商家利用那些人造的节日，或招商引资，或推销商品。于是，什么荔枝节、菠萝节、樱桃节、苹果节、柑橘节、桃子节、琼花节、小枣节、啤酒节、白酒节、葡萄酒节、龙舟节、风筝节、沙滩节……都应运而生了。如果不是夸张地说，某个地方有什么土特产或历史典故，就有什么样的人造节日，多得简直无以计数。说到底，搞这些人为节日，无非是想推销商品，那为什么不搞某个特产品的销售周或销售月，这岂不是更名副其实吗？作为一个节日，如果没有深厚的历史渊源和丰富的文化底蕴，那是不会持久的，更不可能世代相传了。事实上，上面提到的那些节日，其中不少就自生自灭了。

鉴于人造节日泛滥，在这里，似乎有必要对节日作一个诠释。什么叫节日呢？《简明不列颠百科全书》的诠释是："原专指举行宗教仪式的日子；现也指举行世俗纪念活动的日子……在世界许多国家，世俗节日多是历史事件的日子或民族英雄的诞辰。"① 由此看来，所谓的节日具有历史的传统和文化内涵，这就划清了世俗节日与人造节日之间的界限。

在进入到21世纪以后，我国又掀起了自上个世纪80年代以来的第二个人造节日的热潮，这与我国商品经济持续发展有关。在这次热潮中，有两个鲜明的特点，一是打国际牌；二是打文化牌，这大概又是一股新的潮流吧。也许，造节者是为了提高节日的层次，但是它的欺骗性更大，当然危险性也就更大了。例如，国际电影节、国际电视节、国际杂技节，甚至还搞了什么国际牛奶节。什么叫国际？所谓国际，就是国与国之间的，各个国家之间的或与世界各国有关的事。我国所搞的国际节日，无非是弄几个老外来参加：拉大旗、作虎皮，只不过装装门面而已。有的甚至完全没有外国人参加，也冠以"国际"二字，这是对国际最大的玷污。这样的国际节，能说明什么呢？是说明与国际接轨，还是表明获得了各个国家的认同？依我看，什么都不是，完全是商业炒作。就拿那个国际牛奶节来说吧，在一位名人的主持下，搞什么"牛小姐"、"牛皇后"、"牛贵妃"选美比赛。② 据说，最后从十个美丽富态的"牛小姐"中选出了"牛皇后"和"牛贵妃"，而它们的主人分别获得了一万元、五千元和两千元的奖

---

① 《简明不列颠百科全书》（第4卷），中国百科全书出版社，1985年10月第1版，第357页。

② 2003年10月22日《江南日报》。

金。这哪是搞什么国际节，而是商业炒作，甚至是恶作剧，是对人的尊严的亵渎！像这样低层次的活动，不仅没有人制止，反而有许多人去捧场，甚至包括一些领导人，这难道不令人们深思吗？

在上个世纪80年代中期，针对人们重视经济而忽视文化的现象，我写了一篇叫"文化也是硬任务"的文章。可是，时隔不久，文化一下热了起来。在所谓的"文化搭台、经贸唱戏"的口号下，人为造节的另一个特色是打文化牌。例如，敦煌文化节、孔子文化节、青铜文化节等，把这些节日与文化联系在一起尚且说得过去，因为它们确有文化的内涵。但是，有些人造节日冠上文化二字，确实是不伦不类，如数学文化节、牛奶文化节、手机文化节、赛马文化节，等等。如果有数学文化节，那是否还应当有物理文化节、化学文化节、生物文化节呢？如果有牛奶文化节，那是否还应当有牛肉文化节、猪肉文化节呢？如果有手机文化节，那是否还应当有冰箱文化节、空调机文化节、汽车文化节呢？特别应当指出的是，那个搞手机文化节的是我国华中地区最大的城市，它既没有发明手机，也没有生产手机的厂家，没有任何骄人的业绩可以宣扬的。说到底，不就是卖手机嘛，那就搞一个手机营销月不是很好吗？

由此看来，人为造节确实已经泛滥成灾。据统计，全国各地见诸报端的文化旅游节就有580多个，有案可查的人造节日有1600多个，而且人造节日的势头仍是有增无减。① 因此，有人戏称：中国大陆人天天过节，这决不是耸人听闻的夸张，而是中国人造节日真实情况的写照。

人造节日的泛滥，已经造成了不良的后果。它们的副作用之一是，助长了华而不实的作风。办一个节日，需要投入大量的人力、物力和财力，但是一些城市并不具备这种能力。为了讲排场、摆气派，有些举办者不讲经济效益，甚至个别城镇为办节而负债。

大办节日的副作用之二是，助长了弄虚作假的作风。一些主办单位，为了显示"文化搭台、经贸唱戏"的业绩，不惜弄虚作假，把一些老客户拉来"签定单"，以意向协议代替真实的合同，以营造节日的气氛。这些作法，实际上是心照不宣，最后到底有什么实际的效益，只有天老爷知

---

① 1993年9月4日《参考消息》。

道。令人不可思议的是，被称为"净土"的教育也有作秀的现象。据报道，十年以前，有所重点大学为了摘校庆宣传需要，拉来一个投资商，准备投资数亿元建立科技园。可是，十年过去了，投资一事也就不了了之。

盲目办节的副作用之三是，引起了文化争夺战和地区之间的矛盾。近年来，有关一些文化资源的争夺一直不断，如关于诸葛亮的宗谱、躬耕田到底在哪里？李白的冠冢、屈原的投江处究竟在哪里？……为了抢夺所谓的文化资源，大打口舌战，甚至不惜诉诸报端。据报道，有关武大郎祖籍的争论，也是弄得剑拔弩张。武大郎本是《水浒传》中的一个人物，他五短身材，靠挑担子卖烧饼为生。他因娶了花枝招展的潘金莲为妻，遭到被毒死的厄运。武大郎本是一个普普通通人物，历来被人瞧不起，可是现在却变成大名人了。武大郎到底是河北清河人，还是正宗山东人，两地打起了笔墨官司，甚至还在酝酿成立武大郎研究会 。① 我们不能不问：像这样的争论有价值吗，炒作这样一个悲惨身世的人物不觉得荒唐吗？

人造节日已经泛滥成灾，不仅亵渎了节日这个名称的严肃意义，而且也助长了不正之风。有的借节日大吃大喝，请客送礼，也为公费旅游大开方便之门，不仅造成极大的浪费，而且在群众中也造成了不良的影响。现在，已经到了应该整顿人为造节的时候了，可是谁来管这个问题呢？看来，似乎没有哪个单位管理这件事，正是由于这个原因，所以才使得人造节日肆意泛滥。应当说，这个问题是政府部门的事，属于全国的节日应当由中央政府管，属于地方的节日应当由地方政府管。为了遏制人为造节，必须对节日实行申请、论证、登记制度，只有依法注册的节日才是合法的，否则一律予以取消。同时，人民群众也要保持清醒的头脑，决不要为那些人造节日捧场，让那些没有任何文化意义和承袭价值的人造节日自生自灭好了。

①　2002 年 12 月 4 日《光明日报》。

九、我看马后炮

本来，马后炮是中国象棋中的一种走棋的方法。无论是在古代象棋或是现代象棋中，马后炮都是很厉害的一着棋，它是往往可以致对方于死地的绝招。这样说来，马后炮原来的涵义是积极的，完全不同于现在人们口头禅上关于马后炮所寓含的意思。

在现代，马后炮是一个人们日常生活或工作中的口头用语了，它与"事后诸葛亮"具有相同的蕴意，已经从原来积极的涵义转化为消极的涵义了。据元·无名氏《隔江斗智》中云："今日军师升帐，大哥须要计较此事，不要做了马后炮，弄的迟了。"这么看来，马后炮是比喻事发后采取措施的一种思维方法和工作作风。它与"防患于未然"、"未雨绸缪"和超前科学预测的思想方法相对应，前者是应当避免的，而后者是我们应当提倡的。

我对马后炮这一问题感兴趣，是由于近年来国内各地工厂事故和矿难不断地发生，死伤人数太多了，实在令人痛心！仅就烟花厂爆炸事故来说，近年以来，江西、湖南、广东等省都陆续发生过重大事故，死伤人数巨大，但是有关方面并没有吸取教训，也未采取预防措施，以致于此类事故仍不断发生。现仅列举近期发生的几例：

2003年7月26日，山东枣庄矿难，井下37人作业，2人生还，11人死亡，24人下落不明。现已查明，事故原因是越界开采薄层煤，酿成悲剧。

同年7月28日，河北省辛集市王口镇郭西烟花厂发生爆炸，全厂200余名职工，169人在现场，29人死亡，91人受伤，12人重伤。事故发生后，河北省政府发出通知，要求省内所有的烟花厂一律停产。①

可是，时隔几天以后，也就是 7 月 31 日，福建省侯县荆溪烟花厂发生爆炸，造成 5 人死亡，36 人受伤；8 月 26 日，该县上街镇沙堤村烟花厂又发生大爆炸，造成 21 人死亡，20 人受伤。②

据报道，2003 年上半年全国各地死于矿井爆炸、塌方、透水事故的矿工达 6995 人，比去年同期增长 10．3%。湖北省 2003 年 1 至 6 月，发生各种伤亡事故 13608 起，造成 1556 人死亡，直接经济损失为 7268．26 万元。据国际劳工组织估计，中国每 10 万工人中每年有 11.1 人死于行业事故，而美国每 10 万工人中只有 2.19 人死于工作场所的事故，显然中国要比美国高得多。我国现在有 500 万矿工，工作条件恶劣，安全隐患颇多，仅 2002 年一年就有 14924 人死于行业事故。③

工伤事故虽然不可能完全避免，但是如果我们事先采取预防措施，是可以把伤亡数字降低到最小的程度的。可是，各级政府和企业的领导人并没有这样做，事前不预防，事后马后炮，这就使得事故接连不断。这些年来，我简直是听腻了一副腔调，凡是哪里发生了事故，几乎所有的媒体都是一样的报道："事故发生后，有关主要领导人，迅速（或连夜）赶到现场，亲自指挥抢救工作，探望伤病员，查看事故现场，要求千方百计地确保伤员的生命安全，迅速查明事故原因，认真地做好善后处理工作……"

当然，去现场比不去要好，但是我觉得这仅仅是一种姿态，显示自己很重视，或者怕追究自己的责任。如果把这种雷厉风行的作风，用在平常的工作上，经常性地检查、督促安全问题，切实地采取有效的安全措施，兴许那些事故是可以避免的。实际上，这些千篇一律的作法，正反映出了目前在我们某些领导部门存在的官僚主义作风。难道不是吗？几年以前，《芙蓉》杂志透露了一个令人深思的事故。一个初夏的早晨，某磷矿矿区发生山崩，矿区的职工和家属还在睡梦中，无情的泥石流吞噬了 84 条生命。事故并非不可避免，几年前就发现矿床后山坡有裂缝，矿务局和矿工

---

① 2003 年 7 月 29 日《武汉晨报》。
② 2003 年 8 月 28 日《武汉晨报》。
③ 2003 年 8 月 21 日《武汉晨报》，2003 年 7 月 29 日《参考消息》。

们多次向领导反映了。可是，主持工作的地区燃化局一位副局长却说："不要搞大疏散，不要惊慌失措，但也不要麻痹大意。"后来，险情进一步加剧，矿区领导专程到燃化局汇报，要求采取紧急措施。可是，几位局长一下说要向党委汇报，一下又说要向上级请示。然而，险情是不等人的，直到矿难发生时，燃化局也未采取任何一条措施，就这样84条生命一瞬间变成了一堆控诉官僚主义的泥塑！

马后炮的工作作风还表现在工程建设、旅游景区开发、环境保护、卫生治理等方面，由此而造成的不良后果也是十分惊人的。2005年以来，四川省两个工程项目引起了极大的争议，一个是在都江堰附近建设杨柳湖大坝（离都江堰只有1310米），另一个是在贡嘎山建设仁宗海水坝。对于这两个项目的建设，主管部门没有经过充分的科学论证，尽管有些关心环境生态的人士坚决反对，但是主管部门还是准备强行上马。后来，经过媒体紧急呼吁，这才引起社会各界强烈的关注。在这种情况下，于2003年8月初，由国家建设部、国家文物局、中国联合国教科文组织委员会及四川省有关部门组织专家进行论证，他们指出："不能低估杨柳湖工程上马对都江堰带来的影响，工程必须履行包括《保护世界自然和文化遗产公约》在内的报批手续，没有万分把握，决不允许建任何工程。①迫于各方的压力，都江堰管理局才宣布，暂停杨柳湖大坝的各项工作。

这个事例，充分说明在我们许多工程建设中存在着马后炮的现象。造成这些现象的原因是，在我国工程论证与决策中存在一种可怕的作风，那就是搞同观点论证，不允许持不同意见的人参加；决策只提出一个方案，不作不同方案的比较与选择。有人戏称，这就是皇帝选妃子，只送一个，要也得要，不要也得要。说到底，这是一个政体和法制建设的问题，如果没有自由民主和法制的制约，像这样的瞎指挥和马后炮的现象是难以根除的。

近几年以来，在全国各地刮起了一股"亮化工程"、"形象工程"之风。如今，"亮化"风潮在全国各地掀起，不论是大中城市，还是县城、小镇，都大兴土木，建设大广场、街心花园、江滩大公园，江堤沿岸大公

---

① 2003年9月18日《南方周末》。

园；安装霓虹灯、镭射灯、楼房上的轮廓灯；强行折掉街旁商户，拓宽马路，铺设草坪……即使不是节日，每到晚上，火树银花，五彩缤纷，令人眼花缭乱。与此形成鲜明对比的是，一些老城区，道路破损，照明路灯残缺不全，市民怨声载道。这些都是形式主义在作怪，也是某些官员为自己脸上贴金。事实证明，"亮化工程"已经过滥，造成的经济损失是难以估计的，事情达到了这一步，于是有关部门领导又出来放马后炮，提出严禁"形象工程"和"政绩工程"，防止"一哄而起，乡乡建镇，遍地开花，贪大求洋，互相攀比的现象"。还有，现在假文凭、假药、假广告已经泛滥成灾，虽然也在打假，但是打不胜打。为什么呢？原因就是马后炮，如果当初把这些造假行为消灭于萌芽之中，那也不至于现在这样困难了。

有一篇国外的报纸报道说，上海经济在增长，地壳在下沉。据统计，截止到 2002 年年底，上海有 18 层以上的高楼 2800 栋，明显地加重了上海地区地壳的承载能力。自 20 世纪以来，上海地壳已下沉了 1 米多，而且每年还以 12 至 15 厘米的速度下沉。据说地壳下沉的原因，70％是因为提取地下水，30％是由高层建筑造成的。地壳持续下沉，就会产生安全问题，上海有关当局开始重视这个问题。① 但是，这又是马后炮，为什么当初搞建筑规划时不进行严格的科学论证呢？

我国土地荒漠化已达到惊人的程度，全国土地荒漠化面积已达 260 万平方公里。为什么会造成土地荒漠化呢？主要的原因是，某些地方的领导干部，片面地追求发展速度，一味地要增加 GDP 的指标，于是在未进行环保评估的情况下，盲目地上马经济建设项目，结果给环境造成了极大的破坏。另据报道，在山西、陕西、内蒙古三省交界地带，黄河沿岸出现了"村村点火，处处冒烟"的景象，小白灰、小炼焦、小炼铁、小电石、小水泥、小煤窑遍地开花，烟尘排放量严重超标，给"母亲河"沿岸造成了严重的污染。② 事情到了如此严重的地步，有关方面才提出要保护"母亲河"和遏止土地荒漠化，这自然又是在放马后炮了。

在风景旅游景区开发方面，一哄而起乱开发的现象也十分严重，前面

① 2003 年 10 月 11 日《参考消息》。
② 2003 年 10 月 21 日《武汉晨报》。

建设，后面拆除，造成的浪费触目惊心。中国目前有 29 个名胜风景，被联合国教科文组织列入《世界遗产名录》。但是，目前这些在国际上已打出名堂的风景名胜区，都面临着错位和过量开发，直接导致景区的人工化、城市化和商业化。① 近年来破坏名胜遗产的例子，可谓比比皆是。例如，"中国第一水乡"昆山市周庄，原来的水边小筑，现在变了鳞次栉比的店铺；在东岳泰山上修建了索道，炸破了月观峰，砍伐了沿途的大量的松树，建立了林立的宾馆和商店；湖南张家界武陵源，本是鬼斧神工造就的优美的自然景区，可是去年修建了一座号称"世界第一的天梯"，运载旅客来往于山谷与山顶之间，被批评为破坏了景区内的自然景观；此类不伦不类的开发，在四川九寨沟、安徽黄山、北京长城等风景区，也都屡见不鲜。

开发旅游资源，这本来是一件好事，可是为什么会造成开发过滥呢？这个问题涉及到多方面的原因：首先，从科学决策与管理来看，没有建立一套行之有效的科学民主决策管理体制，做到调查、论证、决策、实施分步进行，对待有争议的重大问题，应当滞后决定；而现在流行的做法是"三同决策"，即同观点论证，执法与立法同一机构，决策与施工同步进行。实际上，论证只不过是走过场而已，于是就导致盲目上马。一旦出了问题，又采取马后炮返工，造成极大的浪费。其次，从思维方法上来说，绝大多数国民习于同向思维思考，如果出现了什么新鲜的事物，马上一哄而起。例如，我国拆乡建镇，层层建立科技开发区，到处搞旅游开发，各地搞重复引进……一旦出现了生产或开发过剩，又马上进行整顿、调整，真是劳民伤财。几十年来，我国在建设上存在的"一管就死，一放就乱"的老毛病，至今也未能从根本上克服。再次，从工作作风上来说，主要是官僚主义、形式主义在作怪。有些部门的领导干部，高高在上，责任心不强，情况不明但决心大，重视权力但轻科学决策，这就不可避免地导致瞎指挥。

当然，要整治马后炮的作风，并非一日之功，需要从多方面作持久的努力。不过，我认为最重要的是：一要建立科学、民主的决策、监督机

---

① 2003 年 10 月 7 日《参考消息》。

制，任何不经过认真的科学论证和综合评估的项目，任何人都无权批准上马；二是对工程决策失误或责任事故所造成的损失，必须建立赔偿制度，严重的还要追究当事人的刑事责任；三是加强对干部的思想和职业道德教育，提高他们的决策与管理水平，学会超前预测，做到未雨绸缪，对可能发生的事故要消灭于萌芽之中。如果对任何事情，我们能做到"三年早知道"，再加上从严治政，严格管理，树立踏实认真的工作作风，那种因马后炮所造成的损失就可以降低到最小的程度。

如是也，那真是中国老百姓的万福！

十、有感于穷大方

当前，我国现代化建设的目标是，全面建设小康社会。其具体的目标是，到 2020 年，国内生产总值比 2000 年翻两番，人民过上更加美好富足的生活。相对于温饱型的生活来说，这无疑是一个令人欣欣鼓舞的奋斗目标，全国人民在更加美好的憧憬中期待着。

何谓小康社会呢？小康一词，早在西周的时候就已经有了。在《诗经·民劳》中，有"民亦劳止，汔可小康"的句子，是指生活比较安定的意思。在古代，儒家把小康视为比"大同"理想较低级的一种社会。现在，我们所说的小康社会，是介于温饱与富裕之间的一个生活发展阶段。具体地说，是指国民生产总值人均达到 800 美元的标准。按照世界银行 1990 年制定的标准：国民生产总值人均 600 美元以下，属于低收入的国家；610～2400 美元为下中等收入的国家；2450～6000 美元为上中等收入的国家；6020 美元以上为高收入的国家。按照这一划分标准，即使 20 年以后我国达到了小康水平，也只是相当于世界中下等收入国家的平均水平，我国仍然是一个不太富裕的国家。①

中国太大了，人口太多了，任何时候我们都不可以盲目地乐观，贫穷并不可怕，但是"穷大方"却是十分有害的。毛泽东在四十多年以前就说过："要使我国富强起来，需要几十年艰苦奋斗的时间，其中包括执行厉行节约、反对浪费这样一个勤俭建国的方针。"② 但是，这一正确的方针并没有认真地贯彻执行，特别是在改革开放以后，由于不能从根本上遏

---

① 2002 年 11 月 24 日《武汉晨报》。
② 《毛泽东著作选读》（下册），人民出版社，1986 年 8 月第 1 版，第 760 页。

制高级干部的腐败，以致于使吃喝、行贿受贿、贪污、浮夸成风。

请客吃饭，这是人之常情，或者是朋友相聚，或者是商业往来需要，古今中外概莫例外。但是，在现代中国请客吃饭，那就昔非今比了。据报道，深圳宝安一个局用公款请客，12 个人一桌尽吃掉 36000 港元，听起来真让人咋舌。① 但是，在深圳像这样的豪华消费司空见惯，比这更高的消费标准也不足奇。据说，在深圳有几千家中档酒楼，高档名牌酒楼也有几百家。在这些名牌酒店，都是香港名厨主理，集中了来自全国的珍馐百味，供应中国各式风味菜肴不算，还荟萃了日本、韩国、泰国、越南、法国、俄罗斯、欧美等各国的风味。深圳是如此，北京、上海、广州等其他城市也跟着来。像这样丰盛的酒席，主要是摆阔气，哪里吃得完呢？浪费是惊人的，没有任何人痛心。据报道，世界上最高消费十个城市中，北京、上海、香港都名列前五名之内。我国的人均收入远不能与发达国家相比，但我们的消费却超过了他们，这不是穷大方又是什么呢！

目前，我国大中城市夜总会的消费也是惊人的，其中公费开支是占主要的。据我国东北某市调查，在夜总会消费中公款占 80%，有的甚至高达 90%。按保守的测算，该市每天至少有 22 万元公款花费在夜总会歌舞厅的消费上。② 令人费解的是，某些亏损企业，也常去豪华的夜总会做"东"，一个亏损企业一个月在夜总会就花费了近万元的费用。这是典型的败家子作风，像这样的当家人不把企业搞垮才怪呢！

据法新社的一篇报道称，在北京各家大饭店里，每天要倒掉 10 多吨珍馐佳肴，那么一年就是 3650 吨，全国又要倒掉多少呢？这该是多么大的浪费呀！据报道：我国每年仅餐桌上的浪费就是 800 亿！③ 在中国，吃喝风主要是在官场和一部分富裕起来的人中盛行。他们大吃特吃，什么稀奇他们就吃什么，这似乎成了一部分富裕人们的外部特征。近年来，我国流行一种可怕的时病，那就是摆阔气、讲排场，那些大款们一掷千金，而那些并不富裕的人也跟着效仿，这种风气日盛一日。可是，我国广大农村

---

① 1991 年 11 月 27 日《中国妇女报》。
② 1994 年 10 月 12 日《江城晚报》。
③ 2006 年 4 月 18 日《光明日报》。

有近 10 亿的农民，他们当中至少还有 8000 万 1.2 亿穷人，他们还存在温饱的问题。我们为什么不把节约下来的钱或食物，支援那些贫困地区的人民呢？毛泽东曾说，浪费就是犯罪，西方人也说，浪费者就是"撒旦"。我真地希望那些搞穷大方的人应当深刻地反省，想一想是否对得起那些真正创造财富的人们？

外国人也请客吃饭，我在国外参观或开会时，也经常受邀参加过他们的宴会。他们都很实惠，吃多少点多少，很少浪费。有时吃不完，主人们分别打包带回家。有一次，美国圣地亚戈大学校长和几位教授请我吃饭，饭后他们把剩下的菜打了包。校长开玩笑地说，打包袋叫狗袋（英文是 Dog bag），其实并不是给狗吃的，而是人吃的，既然人们付了钱，他就有权把剩下的食物带回去，没有理由浪费。西方国家的知识分子是很富有的，但他们又很节约，这是一种美德。我也是一个十分节约的人，一只圆珠笔要用上十年，一副刮胡子刀架，我已用了 30 多年。我认为，无论人们多么富有，但他没有权利浪费，因为人类物资资源是有限的，你的任何浪费行为，都是对他人享有物资权的剥夺。

我国各大城市建了许多四星、五星级饭店，据说利用率很低，这也是穷大方的一种表现。我住过许多饭店，每个饭店每天都要换新的牙刷、牙膏、香皂，即使用不完，也都要丢弃，全国各饭店都是如此，这该是多么惊人的浪费！另一方面，许多饭店管理不善，抽水马桶昼夜漏水，墙壁上的插座、按钮也都残缺不全，这也是巨大的浪费。

过去，我国执行的是计划经济，但是计划经济并没有计划。现在，我国执行的市场经济，但是又有没有建立科学的决策和有序的竞争机制。因此，盲目地上马、瞎指挥、浮夸风盛行，因此造成的浪费损失也是惊人的。据我国一位高级经济官员透露，① 近年以来全国有上千亿元的投资，因决策失误而造成巨大的浪费。其中，彩电生产线利用率只有 45%，冰箱、洗衣机生产线利用率只有 40%，吸尘器生产线利用率只有 17%。有个别工厂，投资上亿元，但一建就是十几年，建成之日就是报废之时。某市投资 1500 万元建成一个肉类加工厂，剪彩后竟闲置 6 年之久，几乎成

---

① 1994 年 11 月 11 日《经济日报》。

了一堆废物。颇受国内外瞩目的国家重点工程——川东化学工业公司天然气氯碱工程，投资预算为30亿元。自1994年开工以来，总支出已达13.2亿元，从11个国家进口的5亿元的设备，随便堆放闲置，部分裸装设备已锈迹斑斑，只能报废。该项工程仅开工典礼就花费了170万元，其中用了90万元为典礼抢修临时道路，现在已荡然无存。在无可奈何的情况下，国家计划发展委员会不得不责令下马。这项被当地视为"致富工程"的国家重点项目，竟然落到如此地步，这不能不令人扼腕，令人痛心不已！①

据一项调查表明，目前中国重点企业生产的产品中，优等和一等品加在一起，还不足总产量的三成半，而劣质产品造成的浪费相当于全国工业总产值的15%至20%。令人不能容忍的是，大量的原材料、能源、资金、劳动力却被低劣产品这只"硕鼠"所吞噬。据专家估计，每年生产的劣质产品造成的损失高达2000亿元，这个数字足够弥补全国十年的财政赤字，它相当于全国居民100天的消费总额，能够建成几座长江三峡工程。我们国家现在还很穷，造成这么严重的浪费，为什么我们的企业领导人不痛心呢？

说到底，还是因为大锅饭，是穷大方的一种表现。所谓"大锅饭"，是一个特定的用语，用以形容平均主义的一种分配方式。在那种分配制度下，干多干少一个样，干与不干一个样。"大锅饭"的根源在于公有制，因为吃喝的花费都是公款，正像有人所说的，不吃白不吃，吃了也白吃；不拿白不拿，拿了也白拿。为什么那些高档酒楼生意兴隆呢？原因就在于公款吃喝，越是价格贵，食客越多，互相攀比，谁也不示弱，反正自己不掏腰包。正如深圳一位机关干部痛心地说，正因为是公款吃喝，所以一桌吃掉上万元也不足惜；正因为是公款吃喝，所以那些高档酒楼越来越兴旺。但是，这样吃下去怎样了得，即使中国再富裕，也经不起这样吃喝，何况我国还有那么多的贫穷地区的人口？

怎么理解公有制？按照权威的解释是，生产资料归公共所有的制度。在现阶段，我国的公有制有两种形式，即社会主义全民所有制和社会主义

---

① 《半月谈》（内部版）1999年第1期。

集体所有制。无论是全民也好，集体也好，都是十分抽象的概念。就拿一个全民所有制的工厂或企业来说，到底谁是主人，是厂长或经理，还是全体职工？看来，谁都不是？似乎都可以负责，但任何人又都可以不负责任。正是由于这个原因，所以决策失误、银行贷款失败，不管数额多么巨大，并不追究当事人的责任；物资霉烂变质、产品积压浪费，当事人一点也不痛心；行贿送礼、吃喝玩乐等，都是公款开支，大家都视而不见。所以，有人调侃道：什么叫公司？公司就是化公为私、假公济私、吃公攒私，这是对某些公有制公司的写照，也是对公司制的极大讽刺！

十一、令人心烦的广告

21世纪被称为信息时代,作为传播信息形式之一的广告,无疑具有重要的作用。广告的历史由来已久,据考古学家发现,在古希腊底比斯城的废墟中,挖掘出了一件文字广告,已有3000年的历史。但是,广告的大发展是与活版印刷术、无线电广播、电视的发明与应用分不开的。同时,现代工业产品的急剧增加,商品营销的激烈竞争,使得广告的策划与制作进入到了一个新纪元。

目前,广告的形式真是五花八门,除了传统的文字广告以外,还有户外广告牌、汽车流动广告、霓虹灯广告,但最为流行的是无线电广播、电视、卡通广告等。在工业发达国家,广告被视为是推销商品的必不可少的工具,经济越发达则广告业也越兴旺。据报道,北美地区是世界上广告最发达的地区。美国报纸每天要登42亿条广告,电台每天播出73万次广告,电视台每天播出10万次广告,《纽约时报》星期日版厚达946页,2/3是被广告占据。广告费的开支也是惊人的,美国广告费每年近千亿美元,平均每人每年为241美元。加拿大消费者每天听看到的广告,竟多达800多个,堪为世界之最。①

我国在计划经济时代,广告是被禁止的,这是因为一切产品都是计划分配的,没有必要用广告进行宣传。同时,出于对新闻的管制,也不允许广告存在。改革开放以后,随着商品经济的发展,广告业也呼之欲出了。这毕竟是一个进步,是与市场经济相辅相成的。当然,我国从没有广告业

---

① [美]艾·里斯著:《广告攻心战略》,中国友谊出版公司,1994年4月第1版,第7-8页。

到出现广告业，必须经过从无到有、从低级到高级的发展过程。因此，我们应当以宽容的态度对待我国年轻的广告业，让其在自由的空间中发展壮大。

广告的目的是传递信息，树立商业的形象与信誉，影响、引导人们的消费。既然如此，那么广告的设计与制作就是非常重要的，只有高雅的广告才能达到所要求的目的。正像一份广告词所说的："出色的广告，不由你不信；而平庸的广告，信不信由你。"[①] 什么是出色的广告呢？根据国外成功的经验，出色的广告就是创意要出奇，要有幽默感，使人感到可信，让人回味无穷。德国广告设计师认为："第一个把姑娘比作鲜花的是天才，第二个把姑娘比作鲜花的是庸才，第三个把姑娘比作鲜花的那就是蠢才了。"例如，德国眼镜商作的一则广告是：一对青年男女相对而立，女的正在戴眼镜，男的微笑闲逸，正出神地观察对方。字白是："看看你戴不戴是否一个样！"另一则广告是宣传安全作业，广告的画面是：工地上的施工人员，个个脑袋都模拟为鸡蛋，而脑袋上面是即将掉下来的石头。这个设计可信、风趣，提醒人们不要忘记戴安全帽。然而，中国的安全广告画，几乎千篇一律的画一个戴安全帽的工人，旁边的字白一定是："百年大计，安全第一！"

日本是一个经济大国，用广告推销产品自然是其商家的拿手好戏。在这一方面，日本丰田汽车公司的公关活动是十分成功的，制作的广告也著称于世。有一条广告词，恐怕许多中国人都是知道的，那就是："有路必有车，有路必有丰田车"。正是由于这条成功的广告，丰田车才在中国占有很大的市场。同样地，丰田汽车公司在美国的广告也获得了成功，这就是一则"汽车摔跤"的广告。[②] 丰田汽车公司针对美国人注重安全的心理，设计了一幅"悬崖勒马"的广告画面。一个丰田汽车驾驶员，面对着峭壁，从十多米高的地方冲了下去，结果人和汽车都安然无恙，这就使得美国人对丰田汽车的安全性能表示折服。当然，丰田汽车公司的广告也不是每一个都成功，但是他们能够不断吸取教训，随时对广告进行不断地

---

① 1998 年 3 月 11 日《工商时报》。
② 《致富之夜》1994 年第 4 期。

创新。

与国外成功的广告相比，我国的商业产告恐怕是成功的少，平庸的多。在众多的中国广告中，我比较欣赏由《海外星云》策划的一则招收经纪人培训的广告，那则广告是这样写的："功名心、成功欲人皆有之，昨天已成为历史，创业永远从现在开始。起来！不甘落后的人们：没有钱、没有背景、没有学历、没有经验、没有……都没有关系！只要你力行本班传授的训练秘诀，要想创业发财不是梦，机会就在你身边。"①

说实在的，在中国成功的广告太少了，而充斥在各种媒体上的广告大多是平庸的，虚假的，有的甚至是低级的。我看到有的药厂，给自己生产的药品起的名字，不仅乏味而且也缺乏逻辑性。有的演员念的广告词，明明是在说假话，但他们一点也不感到心里有愧。反而观之，我国一些成功的企业的广告，都是由外国广告公司代理的，如中国家电制造商海尔集团公司，是格雷广告公司的客户；李宁运动用品公司，是李奥贝纳广告公司的客户，等等。这是颇值得深思的！

广告是信息，一旦信息过剩，将会导致不良的后果。目前，我国的广告业正面临着这样的情况。前面我已经说到，我是赞成广告的，它是市场经济不可缺少的组成部分。但是，现在中国的广告已经泛滥成灾，甚至令人们感到心烦。我认为，让人心烦的原因之一是，它扰乱了人们正常的娱乐生活。电视连续剧是人们喜爱的文艺生活，连续剧就在于连续。可是，在黄金档播出的电视连续剧，常常受到广告的严重干扰，使得连续剧不连续了。一般一集电视剧大约要播放 45 分钟，可是其间要插播数次几十个广告，耗费的时间比电视剧播放的时间还要多。而且，那些广告都很平庸，有的声嘶力竭，有的手舞足蹈，还有的露胸裸背，真是丑态百出。但是，为了等待看电视，你不得不耐着性子看完那些你实在不愿看的广告，还有什么贴片广告，它遮盖了电视屏幕上的字幕，让人看不清写的是什么，更是让人心烦不已。

令人心烦的原因之二是，不能让人们辨别真假。在所有的广告中，保健品、药品的广告占据了统治的地位。无论是在报纸上或是在电视上，那

---

① 《海外星云》1994 年第 2 期第 39 页。

些保健品、药品的广告真是铺天盖地，令人目不暇接。从媒体上看到，什么乙肝转阴王、抗癌王简直多得不胜枚举，既然是王，那只能有一个，到底谁是王呢？依我看，谁都不是，都是夸大其辞。脑白金是一家颇有实力的公司推出的保健品，可是它的广告却不怎么的，人们颇有微词。什么"今年过节不收礼，收礼只收脑白金"的广告词，似有强加于人的霸道作风。现在是多元社会，你有权推销你的产品，但别的厂家也有权销售自己的产品；收礼人可以收你的产品，也可以收别的厂家的产品，为什么只能收你的产品呢？这有不平等竞争之嫌，是违反"反不平等竞争法"的。现在，它的广告词虽然作了修改，但那种痕迹仍然没有消除，而且那些人的广告表演也是令人作呕的。还有那些口服液、补钙片、增高药品、增加记忆的药品、治疗前列腺炎的药品、抗癌药品……真是应有尽有。可是，那些药品有多少是真的呢？对此，人们是很难分辨真假的。不过，广告过多过滥，也会使人们产生逆反心理，有一位女士通过电视表示，她宁死也不吃那些广告的药品，这大概也是她对广告心烦的一些反应吧！

广告令人心烦的原因之三是，它扰乱了人们的安静生活。除了那些媒体广告以外，还有大量的"广告游击队"，他们或上门向信箱里投广告页，或把广告资料塞进门缝里，你不得不每天清理信箱和门上的广告材料，把它们收集起来再丢到垃圾桶里去。如果你在大街上行走，在十字街口、商场门口、街道两旁，站着许多散发广告的男女青年，硬性地向你手上递广告，不收吧，似乎对他们的劳动不尊重，收吧，那些广告都是相同的。收下来以后，你还得再把它们投到废物桶里去。面对这种情况，我甚至不愿上街，如果必须上街的话，当我看到那些散发广告的人，我总是绕道走，避开那种尴尬的场面。

为什么广告过滥呢？问题在于，制造商要推销产品，广告商要靠设计与制造广告吃饭，而广告的载体要收取高额的广告费，正是金钱把他们联系在一起。实际上，他们都是广告的受益者，而真正吃亏的是老百姓，因为他们作为纳税人不仅要分担广告费，而且还要承担如雷贯耳广告的"轰炸"。我国的广告业与其他行业一样，都是先乱后治，这是缺乏法制和科学管理的表现。也许，有关部门已经察觉到老百姓对广告的怨声载道，于是不久前国家广播电影电视总局出台了《广播电视广告播放管理暂行办法》，限定黄金段时间播发广告的次数，不准在黄金时间播放连续电视剧时插播广告，不许在吃饭时间播放令人倒胃口的广告，等等①。"亡羊补牢，未为迟也。"虽然过去广告过滥，但是有了一部管理办法，对于不实的虚假广告和不适宜的广告，总是可以起到一定的遏制作用。

当然，要使我国的广告业走出平庸，最重要的是要提高广告设计人员的创造性。② 这个问题，是我国国民的一个致命的弱点，它是我国教育长期不重视培养学生创造思维能力所造成的。现在，我们已经认识到了这个问题的严重性，正在倡导创造教育，克服应试教育的弊端，着力培养创造性的人才。在过去十多年中，一些国际广告公司先后进入到中国，培养出了一批颇有创意的广告人才，为中国广告业注入了新的生机。同时，我们还要看到，汉文字的语汇是十分丰富的，它的歇后语、双关语远远多于西方的拉丁文字，这就为设计富有创意的广告提供了有利的条件。我们有理由相信，只要我们营造自由的思想环境，发挥广告设计人员的创造性，加强对广告的监督与管理，树立诚信的商业道德风尚，就一定能够使我国的广告业进入一个全新的时代！我们盼望那一天的到来，到那时，幽默、富有创意的广告，不仅是我们的好向导，而且还可以使我们从中获得极大的乐趣！

① 2003 年 9 月 25 日《武汉晨报》。
② 2003 年 11 月 3 日《参考消息》。

十二、闲话狗患

近几年以来，有关狗伤人事件，不断地披露于报端。无论是在乡村，或是在城镇，狗的繁衍越来越快，狗伤人的一些事件也越来越多。据国家卫生部 2003 年 7 月 16 日公布的数字：2001 年，全国狂犬病发病 891 例，死亡 854 例；2002 年，全国狂犬病发病 1122 例，死亡 1003 例；2003 年 1 至 6 月，发狂犬病人数达到 545 例，比同时期超出了 89 人，死亡率在 90％左右。① 在农村，狂犬病更是日益猖獗，群众感叹道："狂犬病猛于虎"。城市养犬户占居民的 19％，农村中养犬户占 58％。而且，农村中养的犬，100％没有注射狂犬病疫苗，17％的狗都带有狂犬病毒。② 因此，无论是在城市或乡村，狂犬病已成为各种传染病的第一杀手。

在众多的养狗人之中，有的是以养肉食狗为业，有的是以养宠物狗为乐，当然也有因职业需要而驯养猎犬者。本来，对于人们按规范养狗是不应当非议的。但是，由于许多养狗人不按规定办理必要的手续，再加上有关部门管理不善，以至于屡屡出现狗伤人的事故，大有形成狗患之势。

在百兽之中，狗恐怕是与人最为亲近的动物了，因而倍受人们的宠爱。西方人认为，狗是人类的朋友，所以他们把狗视为宠物，于是养狗也就成了最为流行的时尚。有人说，狗是忠臣，猫是奸臣。这话大概是因为，狗可以替主人看守家门，而猫却会偷吃主人家金鱼缸里的小鱼。然而，狗就是那么好，而猫就是那么坏吗？其实并不尽然，只要看一看狗患给人所造成的恶果，就足以说明狗的危害性比猫大得多。

十分有趣的是，在汉语中所有关于狗的成语、谚语，几乎都是贬义

① 2003 年 7 月 17 日《武汉晨报》。
② 2003 年 11 月 17 日《光明日报》。

的。在这里，我们不妨列举一些，例如："狼心狗肺"（比喻心肠像狼和狗一样狠毒）、"狂犬吠日"（形容痴心妄想）、"吠形吠声"（形容随声附和、没有主见）、"狗仗人势"（形容依仗某种势力欺压人）、"狗彘不若"（比喻猪狗不如）、"狗头军师"（比喻在背后出坏主意的人）、"狗屁不通"（形容说话或写的文章不通顺）、"狗偷鼠窃"（比喻作了见不得人的事）、"狗尾续貂"（比喻好坏不相称）、"狗血喷头"（形容骂得很厉害）、"狗皮膏药"（比喻江湖骗子）、"狗拿耗子"（比喻多管闲事）、"狗急跳墙"（比喻走投无路时的冒险行为）、"蝇营狗苟"（比喻卑劣的品行）、"狗胆包天"（斥责别人胆大妄为）、"狗党狐群"（比喻结党营私）、"鸡鸣狗盗"（比喻耍弄卑劣技能的人）……另外还有，如"狗腿子"、"哈巴狗"、"癞皮狗"、"狗尾巴"、"臭狗屎"，等等。更有甚者，连卖狗肉也要挂着羊头，即所谓的"挂羊头卖狗肉"，这说明狗肉也不受人们的欢迎，需要用羊肉来冒充。

以上只是列举了部分有关狗的成语，实际上有关狗的成语、谚语还很多，真是不胜枚举。在汉语中，为什么有关狗的成语都是贬义的呢？也许在中国古代，狗是不受欢迎的，当然那时人们也就不会把狗当作宠物了。

在狗类中，无论是疯狗，抑或是巴儿狗、癞皮狗等，都是人们所憎恶的。就狗患而言，其狗患最大的莫过于疯狗了。疯狗是一种患了狂犬病的狗，它带有一种传染性极强的病毒，传染给家畜则家畜变疯，传染给人，使人精神失常。疯狗的危害性就在于"疯"，其表现为"疯狂"和"残忍"等。

狗患远不止于狗类之中，而且也传染到了人类之中。人是有思维能力的高等动物，与狗本来有根本的区别。但是，在某些情况下，人性是可以异化的。印度著名诗人泰戈尔曾说过："当人是兽时，他比兽还要坏。"[①]由此可见，确实存在人性变成兽性的情况，这不是对人的尊严的不恭，而是对极少数丧失人性的丑类的揭露。从属性上来说，人当然是不能变成兽的，但是从品格上来说，有那么一小撮人是可以异化为兽类的。在现实生活中，那些杀人如麻的暴君，作恶多端的暴徒，贪婪无厌身居高位的腐败

---

① 金马著：《生存智慧论》，知识出版社，1988年8月第1版，第477页。

分子，手段毒辣的整人狂、两面三刀的阴谋家、恩将仇报的小人等，不就是一些丧失了人性的疯狗吗？

疯狗是狗患的祸首。但是，造成狗患的远不止疯狗，其实那些"助桀为虐"的狗腿子、巴儿狗、癞皮狗的危害性更为广泛。所谓狗腿子，就是那些终日尾随其主人，受主人唆使到处咬人的人。他们受主子的旨意，暗中跟踪、监视他人，向主子打小报告，无事生非地诬陷好人。巴儿狗表面上看起来好似很温顺，其实也实属可恶，它们是一群"有奶便是娘"的东西，没有一丝的灵魂，随时都会出卖朋友、师长和恩人。

提起癞皮狗，人们不禁想起了文化革命时期某市搞打、砸、抢最凶狠的造反派"钢二司"。这个组织的一些头头，信奉戈培尔的"谣言重复千遍就是真理"的法西斯信条，他们翻手为云、覆手为雨，信口雌黄，因而该市老百姓给他们起了一个诨名，叫做"二癞子"。无论是"癞皮狗"也好，"二癞子"也好，人们憎恶的就在于"癞"字上，世上没有比不要脸的人更赖皮的了。

狗患流行病，主要病发于那个特殊的年代和适合于滋生此病的地方。中国的传统文化是"官本位主义"，所以有人说，只要带上一个"官"，不管大小，都不免染上官气，个别人甚至会丧失良知。世人无不感叹，今日道德沦丧，究问何也？原因就在于狗患。

狗患流行，必医无疑。如何医治呢？看来，还得借用鲁迅先生"痛打落水狗"的名方来医治。为什么对落水狗也不怜悯呢？若是放走了它们，又会形成遗患无穷的狗患，落得东郭先生的可悲下场。这正如鲁迅先生所说："总之，倘是咬人之狗，我觉得都在可打之列，无论它在岸上或在水中。①因此，对于疯狗、巴儿狗、狗腿子、癞皮狗等，都要像痛打"落水狗"那样，除恶务尽！

---

① 鲁迅著：《鲁迅语录》，四川人民出版社，1995年第1版，第477页。

十三、再说狗患

狗是要咬人的，这是连一个孩童都知道的事实。狗咬什么人呢？好人抑或坏人？一般来说，普通的狗是不能判断的。狗的行为完全是按其主子的意志行事的，主子唆使它去咬人，它就听命而去。除了经过专门训练的警犬以外，普通的狗并没有什么本事，它们的存在价值就是唯主子命是从。有时候，狗在生人面前，狂吠不止，似乎有一点要吞噬日头的样子，其实那只是狗仗人势，也只能是狂犬吠日而已。

狗是成群的，这大概是一些动物的生活习性和自卫的需要。俗话说："一犬吠形，百犬吠声。"这种现象，在我们生活中是屡见不鲜的，如有一只狗叫喊，就有众多的狗跟着狂叫。到底发生了什么事情呢？天知道，它们狂吠不止，无非是壮壮自己的胆子而已，同时也是投其主子欢心。

狗咬人的事件，无论是在国内或是国外，都是屡见不鲜的。《参考消息》曾刊载了一幅照片，展示的是美国马里兰州邮电局邮递员小腿和足踝被狗咬伤的疤痕。看后，的确发人深思，为什么人们对于这类狗患无动于衷呢？据报道，仅1989年一年，美国就有2729名邮递员在上门送邮件时，被主人的狗扑出咬伤，甚至有为此而丧命。

狗患实在太多，确有必要大刹特刹一下，不然狗患造成的恶果难以消除。据英国《独立报》对7500名儿童的调查，1/3的儿童被狗咬伤过，有1/4的儿童受至狗的袭击。调查还表明，有80％的儿童怕狗，整个青少年越来越怕狗，这是多么可怕的一种社会怪现象。又据报导，巴西的巴西利亚市有200万市民，而街头流浪狗就有10万之多，狗与人的比例为1:20，当局卫生官员警告说，流浪狗太多，势必导致传染病的蔓延。

狗的嗅觉是十分灵敏的，比人的嗅觉要强100万倍，它超出了任何高灵敏度的仪器装置。狗凭着特殊的嗅觉，可以把藏在鱼腹内、干电池内或人体血的大麻或可卡因辨别出来。据统计，美国 1989 年的 80 只警犬在海关就搜出了 8 亿美元的非法毒品，平均每只狗每年的产值是 1000 万美元。仅从这一方面来说，经过训练的警犬，在军事上、刑侦破案中和地震救灾中，还是功不可没的。

我们所说的狗患当然是指那些患狂犬病的疯狗和携带狂犬病毒的流浪狗。在狗患当中，儿童、老人和邮递员是最大的受害者。对于此类狗患，不知那些养狗者作何感想？政府和警察部门作何感想？社会舆论又有什么反响？据说，英国政府正在考虑采取措施，要求养狗者必须登记，缴纳登记费 15£，否则要罚 60£。但是，这项法案未能获得下议院通过，面对狗患只能是无可奈何。目前，狗患在世界上许多国家都有蔓延之势，如美国、巴西、泰国等，他们整治狗患的做法有的是捕杀，有的是对流浪狗实行绝育，也有的是让人们认养那些经过检疫后没有病毒的流浪狗。我国的情况不可乐观，无论是城市或乡村，流浪狗也越来越多，应当引起有关部门的高度重视。

狗患自然是起因于狗，但根源还在于养狗的人。值得注意的是，那些养狗者是以养狗取乐，可是狗伤人的痛苦却加于别人身上，这是多么的不公平啊！世上美丽可爱的动物很多，供观赏的鸟兽也不计其数，为什么却偏偏养狗成风呢？养狗者爱狗的什么呢？狗又是如何使他们取乐的呢？这要从狗的本性说起。对于狗来说，无论是爱也好，乐也好，归根到底就是爱它们的一副奴才相。香港《九十年代》杂志，于 1994 年 2 月号上刊登了著名画家黄永玉的一幅双狗画。画面上的文字是："无论土狗，洋狗，杂种狗，半唐番狗，会摇尾巴就是好狗。"这就活灵活现地勾画出了狗的特性，养狗者所爱的也就是这种奴性。狗可以任其主人摆布，用铁链子系住也好，把它关在笼子里也好，给它乔装打扮也好，让它跳舞、翻跟头也好，一切均俯首贴耳，决无反抗之意。当主子嗟以美食，它们会摇尾以报答其主人，从而赢得主子的欢笑。这大概就是养狗的乐趣吧。

奴性是可恶的，人们往往对那些唯唯诺诺的拍马屁者，送一个"狗奴才"的诨名。的确，这是很恰当的形容，既反映了狗的本性，也是对那些惟命是从的人的真实写照。狗的奴性是如何形成的呢？对此我没有考究，但是在狗的驯化过程中，豢养人对狗的奴性化无疑起了至关重要的作用。

狗除了有让人取乐的一面，还有伤人的一面，前面提到的那张被狗咬伤邮递员的照片，正是狗患所造成的。既然狗患泛滥，就应当设法根治，这是与现代文明社会不相符的。怎么治理狗患呢？这是一项系统工程，需要从各方面着手。对于野狗、疯狗，一定要坚决捕杀，决不能留下后患。对于豢养的宠物犬，一定要加强严格的管理，包括养犬登记、注射疫苗、防止污染环境、注意公共场所人员的安全。同时，应当加强对养狗人的文明教育，尊重他人的合法权益，保证他人的安全，特别是不能伤害儿童和老人。

至于部分人群当中的奴性，这是封建社会和极左时期遗留下来的病症，也应当通过教育予以克服。在这一方面，学校的教育担负着重要的责任。我们应当从少年儿童抓起，彻底根除传统文化遗留下来的劣根性，重新塑造民族的优根性，包括他们的民主权利、自主权利、选择权力、批判权力等。总之，我们应当看到狗性与人性是对立的，人的独立性与依附性是相悖的。只有消除了狗患，社会才会有安全，好人才不致于受伤害。同理，只有消除了人的奴性，他们的独立性才能发扬，进而开发出他们的创造性！

十四、三说狗患

所谓的狗患，主要是指狗伤人的事件。此外，如果养狗泛滥，养狗人把它们牵到公共场所随地排泄粪便，对环境也会造成污染。还有，狗是许多病菌的携带者，如果不慎，也可能成为某种传染病的传染源。一般来说，狗伤人的事件，大体上有两种情况：一是被动地受狗伤害者；二是自找麻烦受狗伤害者。无论是哪一种情况，受伤害者都是值得同情的，也是应当避免发生的。

首先，让我们看一看被动受狗伤害的情况。

不久以前，我在路上遇见法学院的一位老教授，见他拄着拐杖艰难地往家里一走。我赶紧上前搀扶着他，并问道："你老为何行走不便，莫非是不幸摔过跤？"答曰："唉，此乃祸从天降，是被狗咬了！"我说："竟有这种事情发生，真是莫名其妙！"接着，我一直搀扶着他，把他送回到家，问清楚了事情发生的经过。

事故发生在 1991 年二月底。当日晨 8 时许，这位教授从住宅出来，准备去法学院上班，与他的博士研究生讨论准备发表文章的修改问题。他刚下到一楼楼梯口，突然一只大黄狗冲入楼内，疯狂地向他扑去，狠狠地把他的右小腿咬了一口，裤腿被撕破了，血流不止。

听到呼叫后，家人和邻居闻声赶到，可是恶狗却已逃之夭夭。为防不测，他们立即把老教授送到医院就医。经检查，他的小腿肚上留下了四个深深的牙印，幸亏那腿上的肉还没有被撕下来。从这只恶狗主动窜入楼内袭击人来看，它很可能是一只疯狗。为了抑制毒素的扩散，当即注射了防狂犬的疫苗。治疗持续了一个多月，总共注射了 5 只防狂犬病的疫苗，老教授的身心受到了不小的影响。

事发后，校内教师们议论纷纷。有的说："狗也太猖狂了，竟敢跑到家门口伤人！"有的说："养狗者应当受到起诉！"更多的人呼吁校方开展打狗活动。维护校园的宁静，保证教职工特别是儿童和老人的安全！

虽然意见反映上去了，但是回答却是荒唐的。答曰："校长不在家，打狗需要校长批准。"怪哉！市政府早有明文规定，禁止在市区养狗、养鸡，维护市区环境卫生，保证市民人身安全。为何有令不行，到底是政纪大，还是校长的权力大？

事情已过去半年了，关于消除狗患的事，仍未见诸行动。然而，养狗的人却越来越多，狗的胆子越来越大，受狗的威胁越来越严重，狗伤人的事件仍时有发生。于是，人们不禁发出感叹：为何人受狗欺负？原来，政府有关部门对狗患视而不见，有不少人对狗患无动于衷，甚至有为狗作伥者！

又据报导，在 2003 年第 19 个教师节前夕，南京市某幼儿园女教师竟被一个仓库无证豢养的四条大狼狗咬成重伤。这位女教师本来打算高高兴兴地过一个教师节，可是这飞来的横祸，使她不得不躺在医院里接受治疗。事发后，市民反强烈，他们说："现在南京市各家医院每天都要收治许多被狗咬伤的患者，这绝不只是狗的错，更是我们人的错。"

其次，是自找麻烦受到狗的伤害者。据报道，上海某重点大学一研究生，暑假回安徽农村老家省亲。一日，他信步到田间散步，忽然间看到一只小黄狗卧在田埂上，不知是出于怜悯抑或是好奇，他把那只小狗带回了家，给它喂食物、饮水，似有豢养它的意思。那小狗渐渐地恢复了，但它恩将仇报，冷不防把那个研究生的手腕咬了一口。此事没有引起他的警惕，只是自己清洗包扎了一下。过了一天，伤口处肿起了一个大包，而且越来越大。这时他感到问题的严重性，首先到当地卫生院就医，但卫生院没有狂犬疫苗，于是又转到县医院。在县医院虽然注射了狂犬疫苗，但是为时已晚，错过了有效的治疗期。最后，该生不治身亡，成了一位当代的东郭先生。

对于这位即将学成的研究生来说，过早的不幸逝世，情未了、业未尽、国未报，像杜甫的诗句所云："出师为捷身先死，长使英雄泪满襟。"他的死是不是幸的。不仅给他的家人、师长和同学带来了巨大的悲痛，同时也给我们留下了许多的教训。第一，每个人必须增强安全意识，懂得在危机时刻必须掌握的急救知识，如果发生意外事故，必须在第一帮助的有效时间内到医院接受紧急治疗。第二，政府各有关部门，必须下决心治理狗患，要坚决捕杀疯狗、野狗，加强对广大市民的安全教育，普及安全和急救知识的宣传。第三，要给各级医院和卫生院配备预防毒蛇、疯狗伤害和各种中毒急救的药物，培训专门治疗人员，提高他们的医疗技术水平。如果采取了这些措施，我想狗患造成的伤人事件可以防止，至少可以降到最低的限度。

狗患的悲剧不要再重演了。现代化的建设，呼唤现代文明的环境，我们应当为此而不懈地努力！

文 前 书 后

"不论什么书,序言总是写于最后而放在最前。"

——摘自(丹麦)乔治·勃兰兑斯:《尼采》

"多数作者只有在序言里,才会丢开学者腔,不拘礼节地讲话,你也可以在这里会见并了解一名普通人的作者。一旦这样作了,在你阅读课本时,就会发现你能够与作者交谈,甚至争论。"

——摘自〔美〕沃尔特·波克:《创造性的方法》

一、祝《法国研究》创刊*

那是两年以前的事了。

当我第一次踏上法兰西共和国的国土的时候，一个伟大民族的古老文明，从多方面震撼着我的心灵。高耸雄伟的埃菲尔铁塔，崇高奇妙的巴黎圣母院，庄严长明的凯旋门，不停地把我的心绪领回到八达岭万里长城西峰之巅，名城白帝的古刹之中，首都的前门之上。中、法两个民族的悠久历史是那样曲折、相似而令人景仰赞美，中、法两国人民的往来是那样的亲如手足而源远流长。

早在七百年以前，中、法两国就存在着文化的交往。在漫长的年代中，中国的古代文明，曾对法国的文化发展起过重大的影响；同时，中国也从法国灿烂的文化中吸取了精髓而充实自己。在罗浮宫、巴黎自然博物馆、巴黎中央技艺学院的科技馆，陈列着中国古代、近代科学发明的样品、古玩和植物标本，这些都是中、法两国交往的见证。

自文艺复兴以来的五百多年中，法国该有多少作家、思想家需要我们去评论，该有多少学派需要我们去研究。著名哲学家伽森狄对宗教禁欲主义和经院哲学的批判，启迪了多少人文主义者，影响了多少古典主义作家；伟大的莫里哀"攻击我们时代的恶习"的剧作及其公演，至今仍给我们多少宝贵的精神财富；还有中古的《罗兰之歌》，布瓦洛的《诗艺》，伏尔泰的《哲学通讯》，布封的《自然史》，吕埃夫和他的《货币现象的理论》，莱尼达维德和他的《现代法学体系》，雨果之于浪漫主义运动，巴尔扎克之于批判现实主义潮流，赛加兰、克罗岱、圣一琼、佩斯之于当

---

* 在文前书后这一篇中，只有少数序言原来有标题。为了明晰起见，在收入本书时，作者给每篇序言都增加了一个标题，特此说明。

代诗歌以及萨特和加缪之于当代哲学和戏剧，无不起着推进作用。

在自然科学方面，法国也曾涌现过许多著名的科学家和学派，对人类作出巨大的贡献。著名的布巴基学派，对世界数学的发展有着重大的影响；穆瓦桑征服了人们曾经费时一百多年寻求的新元素——氟；萨巴梯尔发明了氢化催化，是今日石油化学的先导；居里夫人发现了放射性元素钋和镭，为科学开辟了一条新的道路，鲁迅先生誉之为"辉新世界之光"。法国不仅在历史上出现过科学鼎盛时期，而且现在也是世界上科学技术发达国家之一。

在中法文化科技交流日益向前发展的大好形势下，《法国研究》诞生了，我们对她的诞生表示祝贺。我们希望《法国研究》成为中法两国人民友好合作的纽带，成为文苑中争芳斗艳的一朵耀眼夺目的鲜花。

《法国研究》是武汉大学法国问题研究所主办的多学科的学术、双语季刊，是交流成果，开展学术讨论，介绍法国语言、文学、哲学、历史、经济、法律等学科理论和研究方法的园地。他的宗旨是在党的领导下，以马列主义、毛泽东思想为指导，坚持理论联系实际的原则，为提高各学科教学水平以促进法国问题研究，为实现新时期的总任务服务。

本刊创办伊如始，就得到了法国学术界的许多朋友们的热情关注和支持，在此，我受编辑部的委托，一并致以诚挚的谢意！

（本文曾发表于《法国研究》1982 年创刊号）

二、《在人才成长的摇篮里》序言

一开始，我就这被美妙的书名吸引住了。爱才、育才和盼才，也许是教育工作者的职业偏爱。我正是怀着这种心情，积极支持这本书撰写，并且成为它的第一个读者。

近年来，为了适应广大青年的思想、学习、生活和工作的需要，已经编辑出版了不少有关青年修养的书籍。但是，专门反映大学生学习和生活的书并不多，特别是指导大学生从入校到毕业全过程中如何学习成才的书，至今还未见到。本书的作者，正是从这一思想出发，根据他们多年做学生工作的经验，试图用自然科学、教育学、人才学和管理学的现代知识，力求回答这些问题，以期对大学生的思想修养和学习成才有所帮助。

自古以来，学校就是传授知识和培养人才的地方。在欧洲，大学的名称是由拉丁语而来的，原意为教者与学者的总汇，其后衍变为知识的总汇。如果说，社会主义大学的任务是培育人才，那么把大学比喻为人才成长的摇篮是贴切的。摇篮，一般泛指青少年学习、生活和成长的环境，也指重要事件的发源地。作为最高学府的大学，应当成为青年汲取知识的摇篮，成为传播社会主义精神文明的摇篮。

当前，我国大学的数量还比较少，适龄青年升大学率也很低，有的形容说，是"十里挑一"。因此，在这种情况下，对一个有机会到大学学习的青年来说，的确是很幸运的。当你佩戴上最高学府的大学校徽时，你可知道大学生的含意吗？知道肩负的使命有多么重大吗？知道怎么做一名合格的大学生吗？

大学生一词，也是来自于拉丁语，其原意为"如饥似渴地刻苦的学习"。当上一名大学生，只意味着成长的开始，好似刚刚接近知识海洋岸边的学童，不能有任何的歇息思想，更不能拿着"铁饭碗"来吃"大锅饭"。大学生，意味着进入更高层次的教育阶梯，是受过高等教育的人，已进入到人生观、世界观和道德观形成时期，应当成为有理想、有道德、有文化、守纪律的优秀青年。因此，每个大学生都应当十分珍惜来之不易的学习权利，要维护"社会主义大学生"这一称号的纯洁性。

自党的十一届三中全会以来，我们党已经完成了历史性的伟大转变，进入到一个崭新的历史时期。当前，摆在全国人民面前的总任务是：团结全国各族人民，自力更生，艰苦奋斗，逐步实现工业、农业、国防和科学技术现代化，把我国建设成为高度文明、高度民主的社会主义国家。建设四个现代化，必须依靠科学技术，依靠知识和知识分子。青年是祖国的希望，是未来的希望。当前的大学生，大都生于动乱之年，就学于调整时期，将服务于经济振兴之时。应当说，这一代大学生，欣逢盛世，使命不凡，英雄大有用武之地。今天的大学生，就是明天的栋梁之材。每一个有作为的大学生，都应当站在时代的前列，与祖国同呼吸共命运，以"振兴中华"为己任，立志成才，献身科学，把自己的青春贡献给人类最美的事业——共产主义。

社会主义大学不同于资本主义国家的大学，我们鼓励学生努力进取，但不主张大面积的自然淘汰。我国大学生的合格率，是世界上任何国家所不能比拟的。社会主义大学对学生负责与对人民负责是一致的。对每一个进入到大学的人，我们都是严格地要求，耐心地培养，循循善诱地引导，使之成为一名合格的大学生。在科学技术高度发展的今天，如何培养适应"四化"要求的合格人才呢？根据社会主义大学的培养目标，一个合格的大学生应该是：第一，要热爱党、热爱社会主义，坚持四项基本原则，坚持正确的政治方向，端正学习目的，树立远大的理想；第二，树立辩证唯物主义的世界观和方法论，并自觉地应用马克思主义哲学指导自己的学习和工作；第三，合理地组织自己的知识结构，培养"多功能"的能力，以适应经济和社会迅速发展和更新的需要；第四，讲文明礼貌，遵守法纪，维护社会公德，培养高尚的职业道德；第五，锻炼身体，培养广泛的兴趣，保持健全的体魄和青春的活力。总之，一个合格的大学生，应当又红又专，德才兼备，文武双全。我希望每个大学生，都成为四化建设需要的合格产品，而不是次品或废品。

成才之心人人有。一切立志成才的大学生，不仅应当树立远大的目标，而且还要选择最优的成才道路。目标和道路，犹如过河和桥的关系，不解决桥的问题，过河只能是一句空话。所谓最优成才道路，并不是寻觅捷径，而是从实际出发，因人因地制宜，选择适合自己的最有效的学习和研究方法。前人为我们积累了许多宝贵的治学经验，我们不妨拿来借鉴，但是，最好的方法，还有待我们自己亲身去实践和总结。

《在人才成长的摇篮里》即将和广大读者见面了，我相信：它的出版，对在校大学生的思想修养，掌握科学的学习方法，组成合理的知识结构，业余研究与创作，开展广泛的文化生活，塑造美好的心灵等，都将起到一定的指导作用。我热切地希望，更多的教育工作者、理论工作者，都来关心大学生的成长，撰写指导大学生学习和生活的书籍，总结做大学生工作的经验，以便多出人才、快出人才、出合格的人才。

（本文原载于《我的大学生活》，天津人民出版社，1985 年 8 月第 1版）

三、为新的技术革命传递信息

——《科技咨询》创刊周年祝辞

当前，在世界范围内，正酝酿着一场新的技术革命。未来学家们认为，新的技术革命将使工业化的社会变为信息化的社会。所谓信息化的社会，有三个标志：第一，信息是资本，而且是"核心资本"，对生产率提高起着决定性的作用；第二，从事信息工作的人，在社会劳动力中将占主导地位；第三，信息将进入到社会的每一个部门，每个人都要同信息打交道。对未来社会的预测，尽管有着不同的看法，但有一点是肯定的，那就是信息或知识对经济社会的发展，将起着决定性的作用。因此，关于信息的采集、传输、存贮和加工的研究与开发具有重要的意义。

首先，要为科技成果的开发应用提供信息。我国现有各类研究机构一万多个，有各类企业四十多万个，有各类科技干部六百多万人，每年用于科学研究的经费几十个亿，每年都要完成一批科研成果和新的发明。往往存在两种情况：一是有些科研成果不为产业部门所了解，不能获得应用；二是生产部门的技术难题，无人研究，的确存在一个互通信息的问题。宣传、推广科学研究成果，缩短科研成果的"物化"过程，对于把科学技术转化为生产力是十分重要的。

第二，要为领导决策提供信息。现代化的管理，对领导部门要求更高了。因此，建立各种信息中心，对于领导工作的预测和决策是十分重要的。

第三，要为赶超世界先进水平提供信息。当前，在世界范围内，新的科学技术有着许多重大的突破。这些，为我们引进先进的科技成果提供了机会。要赶超先进水平，必须了解科学的前沿。因此，有关部门不妨也可有计划地介绍一些国外的科技成果，介绍一些新兴学科领域的动态，以有助于了解世界先进水平，赶超世界先进水平。

（本文原载于 1984 年 4 月 15 日《科技咨询》）

四、学报要把提高质量放在首位
——在湖北省高等学校学报研究会成立
大会上的讲话

同志们：

经过充分地酝酿，并经过省教育厅批准，湖北省高等学校学报研究会成立了。请允许我向你们表示衷心的祝贺。

省学报研究会的成立，说明湖北省教育厅是高度重视高等学校的学报工作的，也说明我省高校的学报工作者是有很高的积极性的。

在酝酿成立湖北省高等学校学报研究会的过程中，同志们要求我来担任会长，本来我是不称职的，考虑到大家的热情要求和反复建议，我也不好再推迟了。今天，我来参加大会，是特地向你们表示感谢的。

高等学校的学报工作是一项很重要的工作。她对于提高教学质量和学术水平，促进国内外学术交流，建设高度发达的社会主义的物质文明和精神文明都有着不可低估的重要作用。有人说，学报是学校的一个窗口，透过这个窗口，可以从一个侧面了解一个学校的教学、科研工作和学术水平的高低，我认为，这个比喻是有道理的。

目前，各校绝大多数同志是关心学报的，是热心学报工作的。大家作了很多工作，取得了很大的成绩。我们湖北省地区的高等学校的学报工作是做的比较好的，在全国来说，也是比较有特色的。各省市都很重视我们这一支学报工作者的力量。当然，也有少数同志、部分教师对学报工作的重要性认识不足。有人说，学报工作是一条看不见的战线，默默无闻，埋头工作，当无名英雄，为他人作嫁裳。我认为这句话说对了一半，一方面，它的确是一条看不见的战线，大家的确是无名英雄。但是，另一半又没有说对。我认为，学报工作是一条很重要的战线，可以把它比喻为一条赤道线，是阳光最充足的一条战线。高等学校学报工作的好坏，学术水平的高低，直接影响到学校的声誉，可以说，学报是衡量学校水平的一个重要方面。因此，学校领导应当高度重视学报工作。

学报不仅是反映学校学术成果的园地，而且也是衡量学校学术水平的重要尺度。我们学报发表的论文、成果，有利于提高和促进学校的学术水平，有利于学术交流，有利于智力的开发。我们说，尊重知识，尊重知识分子，就必须尊重知识分子的劳动成果，我们办好学报就是尊重知识分子劳动成果的一种表现。只要努力办好学报，就能达到调动知识分子的创造性和积极性，繁荣和提高学术水平的目的。

一种学术刊物，还是进行学术交流，发现人才和培养人才的中心。我们的学报编辑为了征求稿件，必然要同各方面的学者专家打交道，和他们互通学术信息，交流学术成果。这样，我们的学报就会成为学术交流的中心，它是一个大有作为的地方。我们说学报还是发现人才和培养人才的中心，这是因为我们的学报不但要发表中年、老年学者的论文成果，而且也要发表青年学者的论文成果。对于青年，我们要热心关怀，精心培养，从他们中间就可以发现那些有创造性的人才，有时甚至会发现出类拔萃的奇才！

如何办好我们的学报呢？我省许多院校，如华中工学院、华中师范学院、武汉水利电力学院、武汉地质学院、武汉测绘学院、武汉医学院、湖北大学、湖北财经学院等，都有不少好的经验，值得我们学习借鉴。这里，我谈不出什么新的看法，只是提出几点想法和大家一起讨论。

一、我觉得，要办好学报，首要的问题是端正指导思想，坚持四项基本原则，正确处理好普及与提高的关系，中心的问题是质量问题，应当把提高质量放在首要的位置。我们高等学校的学报，特别是重点院校，国家最高学府的学术刊物，在提高质量的问题上应当下功夫。宣传马克思列宁主义、毛泽东思想，这是我们责无旁贷的光荣职责。形势在发展，新事物、新情况、新问题层出不穷，我们如何正确对待这些新事物，如何正确分析这些新情况，如何正确解决这些新问题呢？我们总不能在原有水平上止步不前。因此，摆在我们面前的就有一个发展马克思列宁主义、毛泽东思想的任务。我们的思想要解放，眼界要开阔。我们既要发展马克思列宁主义、毛泽东思想，但是又不能丢掉马克思列宁主义、毛泽东思想的基本原则。因此，我们必须坚持四项基本原则。只有坚持马克思列宁主义、毛泽东思想，才能发展马克思列宁主义、毛泽东思想。

二、要贯彻党的"双百"方针，敢于争论，敢于创新，不断活跃学术空气，提高学术水平，建立和发展中国自己的学派。新的学术观点，新的学术理论问题总是会有人提出来的。但是，一个新的理论提出来以后，会不会受到压抑，甚至打击呢？在这方面，我们是有深刻的教训的。我痛感"双百"方针贯彻得很不够，敢于争辩的学术氛围不甚浓厚。比如，对于专家、权威的文章能不能讨论，甚至商榷批评，我认为是可以的。为了把"双百"方针很好地加以贯彻，应当有那么一些积极分子站出来开展争辩，对此，我们应当予以支持，应当加以扶植。我们的学报应当不慕名人，要慕名文，要敢于为不知名的小人物宣传、立传。

我们要树立敢于争论、敢于创新的良好风气，积极开展学术讨论，积极参加国内外学术界不同观点的讨论，在讨论和争论的过程中创立和发展中国自己的学派。中国人民的聪明才智是举世公认的，为什么长期以来中国人的发明创造微乎其微呢？我想，恐怕其主要原因要归究于我们的教育制度和教学方法。这是当前教育改革中一个很值得注意的问题。如果中国没有自己的学派，没有雄厚的理论储备，没有自己拔尖的人才，那么就不可能有自己独立的科学技术和经济，就不可能实现四个现代化。我认为，要贯彻"双百"方针，必须真正做到以下几点：一是一定要划清政治与学术之间的界限，不能无限上纲，动辄追动机，查根源，搞过火的政治批判；二是在学术批评与反批评上一定要对事不对人，对不同的学术观点，哪怕是错误的，也不能围剿，抓住一点不及其余；不能因人废言，也不能因言废人；三是要允许个人有研究和争鸣的自由。"绝对必须保证有个人创造性和个人爱好的广阔天地"，（列宁语），以鼓励新的学术思想，支持创立新的学派；四是坚持实践是检验真理的唯一标准，对学术争论中的不同意见，不能用行政裁决，不能以少数服从多数，不要急于作结论。

三、坚持理论联系实际的原则。我国目前正处在大转折、大改革、大创新的伟大历史时期，党的十二大确定了建设具有高度物质文明和精神文明的现代化社会主义国家，力争在2000年工农业总产值"翻两番"。实现这个宏伟的目标，一方面需要大量的理论人才和建设人才，培养这些人才是我们高等学校责无旁贷的光荣任务；另一方面，为了适应四化的需要，要充分发挥高等学校的智力优势，面向经济建设和社会的发展，使我们的科研成果尽可能地直接为经济和社会的发展服务。因此，我们的学报工作应当"面向现代化，面向世界，面向未来"，切实贯彻理论联系实际的原则，应当积极提倡，优先发表经过认真研究、对解决现实问题有创见、有理论深度的论作，克服轻视实践，脱离实际的倾向。

当然，理论联系实际的道路是广阔的，我们也不要理解得过分偏狭。我想，重要的问题还在于从学校的实际出发。我们的学报还是以反映学校的基础科学研究成果为主。要发挥学校的传统的优势，扬长补短，把学报办出特色。综合大学、师范院校各不相同，工科大学也不一样，都要从自己的学校的实际出发，适应自己学校的性质和学科的发展趋势。不能离开学校的任务而另搞一套，而要与学校的性质、任务相协调，同学校的教学、科学研究工作同步发展。

四、建立一支精干的又红又专的编辑队伍。对于这个问题，曾有不同的看法，有人主张，一个人办学报，来稿照登。这当然可以办，但绝对不可能提高学报的质量，不可能促进学校的教学和科研工作，最多只能起一个收发作用而已。我认为要办好学报，一定要建立一支又红又专的精干的编辑队伍，人少了是不行的。教育部教高一字［1984］27 号文件要重视编辑部建设的意见是好的。文件指出："高等学校的党委要进一步加强对学报的领导，重视编辑部的建设，会议重申，学校要确定一名校级领导干部切实地主管文科学报工作，领导的主要责任，是明确方针，掌握政策，帮助编辑人员提高政治和学术水平。公开发行的学报的编辑部应当相当于系或校属研究所一级的学术机构。要配备政治水平较高，学术上有一定造诣、善于和知识分子交往的人员担任学报编辑部的领导。要从实际出发，配备足够的编辑工作人员，列入科研编制，务必使编辑人员在完成编务工作后有一定的时间读书，参加学术活动和作调查研究。为了有利于工作，学校党委在阅读文件、参加会议等方面，对党员编辑要给予照顾，使他们及时了解党在思想理论工作方面的重要指示精神。"所有这些，都是很好的，一定要认真贯彻执行。现在的问题是，在我们学报编辑队伍中，年纪大的力不从心，年纪轻的力不胜任；水平高的不愿干，水平低的又干不了。因此，我们一定要重视学报工作，一定要宣传学报工作，使这条看不见的战线成为看得见的战线，使学报工作者的劳动受到应有的重视和尊重，使他们的一些需要解决又能解决的问题得到及时的解决和关注。

为了办好学报，还有一些实际问题要解决，比如说，学报编辑人员的职称问题、奖金问题都要合理解决。我们应当为学报工作的同志解除后顾之忧，使大家专心致志地搞好学报工作。我认为，学报编辑人员所从事的编辑工作，直接服务于教学和科研，是教学和科研的后续部分，他们的工作是教师队伍内部的不同分工，他们的职称应当按相应水平的教师办理，由教育部门审批，并授予教师职称。我认为，这样解决为好，可解决各类人员之间的矛盾，有利于稳定编辑队伍，有利于加强学报工作。

以上我讲了一些不成熟的意见，目的在于抛砖引玉。我希望大家都来研究如何办好学报，献计献策。我深信，在省教育厅的领导和大家的努力下，一定能够开创我省学报工作的新局面。

（原载于《武汉大学学报》1984 年第 6 期）

五、敢为天下先
——《社会主义招标与投标》序言

在第六届全国人民代表大会第二次全会精神的鼓舞下，我国城乡改革的热潮正向着深入广泛的方向发展。在这种大好形势下，《社会主义的招标与投标》一书出版了。无疑，它既是改革的产物，又是进一步改革的需要。

我是支持招标改革的。因此，作者要我对这本书的出版说几句话。

提及这本书，还要从我校教学改革说起。

为了继续贯彻理论联系实际，研究"四化"建设中提出的重大理论问题和实际问题，一九八二年秋，我校经济管理系的部分师生曾到武汉洗衣机厂进行教学实践。根据中共武汉市委的指示，并应武汉洗衣机厂的要求，他们承担了该厂的咨询任务。当时，工厂面临的问题较多，有经营管理不善，也有分配上的平均主义；有本厂的问题，也有外购、外协中的"铁饭碗"；有领导部门的问题，也有职工中的"大锅饭"；有思想上的问题，也有技术难关……究竟什么是主要矛盾？从哪里着手咨询？经过认真的调查了解，发现该厂生产的荷花牌洗衣机有百分之六十以上的原材料和配件要靠外购外协。但由于受"肥水不能外流"和"关系户"的束缚，所以外购件的成本高，质量差，严重地影响了洗衣机的质量和经济效益。主要矛盾找到了，用什么办法解决呢？是循规蹈矩，还是大胆改革？经过反复研究，咨询组大胆改革，提出了用公开招标择优选购的办法来解决外购、外协件，鼓励竞争，砸烂"铁饭碗"，冲破"关系网"。经过周密准备，于一九八三年三月，举行了武汉洗衣机首次外购、外协件公开招标大会，也是全国首次实行公开招标的尝试。

改革之花，带来了丰硕的经济之果。在中共武汉市委和市人民政府的领导下，经过广大职工和师生的努力，武汉洗衣机厂的公开招标获得了成功，提高了荷花牌洗衣机的产量和质量，提高了经济效益。教学改革和经济改革是互相促进的。开发智力，提高了经济效益，经济改革的成果，丰富了教学内容，有利于提高教学质量和促进科学研究。《社会主义的招标与投标》一书，正是在总结武汉洗衣机、武汉自行车二厂等单位招标实践的基础上撰写的，它体现了理论与实践、知识分子与广大职工、教学改革与经济改革的紧密结合。

在去年武汉洗衣机厂首次招标大会上，我曾说，公开招标是改革的一枝报春花，而且将越开越艳。现在我们高兴地看到，时间仅隔一年多，她已在武汉市的其他企业和全国其他城市，也开出了绚丽的花朵。如果把《社会主义的招标与投标》一书比喻为经济改革的果实，那么它的出版，犹如播撒在祖国大地的种子，定会迎来百花盛开的春天！

（本文原载于《社会主义招标与投标》一书，武汉大学出版社，1984年）

六、一门综合的学问

——《城市经济管理学》序言

为适应城市经济社会发展的需要，山东人民出版社将出版《城市经济管理学》一书。这本书是由武汉大学等单位的教师和长期从事管理工作的领导干部共同编写的。应本书作者之求，我为这本书的出版写几句话。我对他们说：你们找错人了，我既不懂城市经济，又不懂管理学，实在没有发言权。可他们说："你是武汉市城市科学研究会的会长，理所当然。"至于说到城市科学研究会会长，那更是名不符实，纯是一种偶然机会促成的。这么说来，是不是与城市管理就没有一点关系呢？那倒也不是。我是一个市民，既是城市里一个教育机构的管理者，又是城市的管理对象。因此，我想从一个市民的角度，对《城市经济管理学》的出版发表一点感想。

城市的管理工作古已有之。但是，城市经济管理学作为一门独立的学科，还是近年来才发展起来的。城市经济管理学是城市学，经济学和管理学相互渗透的产物，它是一门新兴的综合学科。

一个城市就是一个小社会，也是一个大系统。在这个系统中，从手工业到现代化的大生产，从生产到消费，从金融到物资，从教育到就业，从生、老、病、死到衣、食、住、行……真可谓无所不包，应有尽有。在这样的系统中，人们怎样和谐地生活呢？各行各业怎样有计划地协调发展呢？这里，管理起着重要的作用。

管理工作的任务，是研究一个系统中人们的相互作用和人与人的关系，协调人们的行为，创造和维护一种良好的环境，使其中的每个人努力工作，以便高效率地达到某一时期内集体的共同奋斗目标。建设好一座城市，需要管理，搞好一个企业，需要管理；领导好一所学校，也离不开管理。不同的部门或企业的同志，尽管担负的管理任务不同，拥有的权力范围不同，处理问题的方式不同，但是，他们所使用的管理的原理、方法和技术是基本相同的。因此，城市的每个组织里的管理者，都需要学习管理知识，既要善于把一般的管理理论运用到城市工作中去，又要勇于探索城市各项工作的管理规律。

随着全党工作重点的转移，我国的社会主义现代化建设已经出现了崭新的局面。农村的改革，已卓见成效，以城市为重点的整个经济体制改革，正根据党的十二届三中全会的决定加快步伐进行，科学和教育的改革，也进行了有益的探索。从这些改革中可以看到，城市经济的概念在发生变化，一批以中心城市为依托的包括农村在内的城市经济区正在形成。今后，农村的改革方向，将向着专业化，商品化的方向发展，农村城市化的趋势是明显的，可望有大批中、小城镇出现。这种趋势，是现代化建设的必然结果，它将有利于经济的发展，有利于缩小"三大差别"，也将为社会主义社会向共产主义社会过渡创造必要的条件。

由此看来，城市经济的概念将随着城市概念的扩大而扩大，城市经济管理的任务必然越来越繁重。面对这种新的大好形势，《城市经济管理学》的组织编写和出版，的确是十分有益的和必要的。同时，由于它是一门新兴的正在探索中的学科，因此，也像任何其它处女作一样，可能不尽完备或有疏忽之处。但是，我相信，在广大从事城市经济科学研究者和实际工作者的共同努力下，必将逐步完善成为中国式的社会主义的《城市经济管理学》。

（本文原载于《城市经济管理学》，山东人民出版社，1985 年）

七、必须重视的一个课题

——《行政管理》序言

　　管理工作自古有之。可以说，它是伴随着人类的集体生产活动的出现而产生的。不同的是，在不同的时代，有着不同的管理方式。纵观历史，管理也是不断发展的，从内容、形式到手段，都曾经历了一个由低到高的渐进的过程。时至今日，管理的普及程度和发展水平，都远非昔日可比。

　　管理作为一门学科，还只是近代的事。它是近代科学技术互相渗透的产物，同时它又与其它学科结合，导致了管理学的各分支学科的建立，如经济管理、企业管理、财务管理、科技管理、市政管理、环境管理和行政管理，等等。可以毫不夸张地说，一切工作部门都有管理学问，一切工作的成败都与管理有着密切的关系。

　　行政管理是管理学的一个分支学科，是管理学的原理和知识在行政工作上的应用。这是一个十分广阔的领域，从党到政，从军到民，从中央到基层等，无不包括在行政管理之内。行政管理十分重要，大到国家职能的行使，小至群众的衣食住行，都要仰赖于行政管理的功能。因此，行政管理的好坏，不仅影响到行政工作的效率，而且还关系到社会的安定、国家的前途和命运。

　　社会主义社会制度的建立，为社会主义的行政管理开辟了广阔的前景。党的领导，社会主义的民主与法制，精兵简政，同志式的平等关系，群众路线的工作方法等，都显示出了社会主义制度的优越性。但是，我们还应看到，在我们的行政管理体制中，还存在某些弊端，如机构臃肿，人浮于事，官僚主义和徇私舞弊等不正之风。这些不仅影响了行政管理的效率，而且也妨碍着社会主义行政管理系统的建设。为了卓有成效地进行管理，必须改革，克服存在于我们行政管理中的某些弊端，建立科学的领导体系、合理的管理制度和有效的工作秩序。

加强行政管理与造就大批专业化的行政管理人才有着密切的关系。从根本上说，我国行政管理的落后，应归咎于行政管理教育的落后。现在，我国有党政管理干部四百多万人，但真正受过专门行政管理训练的却很少。在国外，管理教育是一个十分发达和活跃的领域，不仅有很多行政管理学院，而且还没有高级行政管理学院，以培养高级政界的管理人才。对比一下，我国的行政管理教育实在可怜至极。直到几年以前，行政管理教育在我国还是空白点。近年来，虽在少数院校试办了行政管理专业，但招生数量极少，远远供不应求。怎么解决这个矛盾呢？看来，只能采取两条腿走路的方针，一方面要加强正规的行政管理教育，多设一些专业点，扩大招生规模，多培养人才；另一方面，要大力普及成人教育，提高现有行政管理干部的专业化水平。本书的编写，正是为广大行政管理干部学习而奉献一点精神食粮。

党的十二届三中全会决定指出："经济体制改革和国民经济的发展，迫切需要大批既有现代经济、技术知识，又有革新精神，勇于创造，能够开创新局面的经营管理人才，特别是企业管理干部。"同样地，为了加强行政管理，以适应现代化建设的需要，也必须造就一大批社会主义行政管理的宏大队伍。现在的情况是，我们对这一紧迫性认识不够，对于行政管理干部后继乏人的严重性估计不足。有些人认为，行政干部是"万金油"，没有什么专业。也有些行政干部认为，行政工作没有出息，低人一等，只有搞具体业务工作，才算是专业化。凡此种种，都是糊涂认识。关键问题没有把行政管理看成是一门学科。俗话说："七十二行，行行出状元。"行政管理是七十二行中的一行，它也可以出专家，出权威。要在全社会，大力宣传行政工作的重要性，摒弃鄙视行政管理的陋习。我希望所有的党政部门的干部，充分认识到自己的使命，热爱本职工作，努力学习和钻研行政管理知识，为实现行政管理的科学化、现代化和高效率化而努力！

（本文原载于《行政管理学》，上海交通大学出版社，1985 年）

八、认识长江 开发长江

——祝《长江开发报》出版并倡议 成立长江学研究会

长江，多么迷人而令人神往的地方！

百十万年以来，我们的祖先在这里生息和劳动。这里，又留下了多少诗人的华章，留下了多少游人的赞美，又留下了多少探险家、科学家的足迹和汗水！

的确，长江是伟大的。她象征着中华民族的古老文明，她展示首美好的未来。她是农业的命脉，这里有着辽阔的平原、棋布的湖泊，是著名的鱼米之乡。她是中国工业的发祥地，这里有纺织、电力、钢铁、机械、造船、电子和国防工厂，从东到西逐步形成一道工业走廊。她是全国最大的水陆空交通网络所在，江河湖泊纵横，铁路公路交错，座座金桥飞架，把东西南北连成一体。

但是，富饶的长江尚未得到充分的开发和利用。她犹如巨人，双手被捆绑，有力用不上。她尚在沉睡，有许许多多未曾开采的矿藏，还有大面积的宜林荒山。滔滔的江水，白白地流入大洋。洪水的灾害，环境的污染，生态的平衡，都是需要解决的重大问题。

研究长江，开发长江，造福于人民，是长江流域三亿五千万人民的愿望，是振兴长江流域经济的重大战略决策。《长江开发报》正是为了这个目的而创刊的。她的宗旨是：在中国共产党的领导下，以马列主义、毛泽东思想为指导，立足长江流域，面向现代化、面向世界、面向未来，为综合开发利用长江、促进长江流域经济与社会发展服务。

研究长江是开发长江的前提。对于神秘的长江，我们远远没有充分认识，众多的奥秘有待于揭示。长江的研究与开发，是一个综合的课题，是横跨各科的边缘学科，非多学科联合起来，是不可能奏效的。为此，我们的一些单位倡议成立长江学研究会。她将在党的领导下，团结各方面的专家、学者，围绕着长江的开发，从各个方面进行研究，为开发长江的战略决策提供理论、方案和信息。

长江流域，是人才荟萃的地方。这里，有数百万各类专门人才，是一个智力密集区。我深信，在中央和长江流域各省市党政部门的领导下，在广大致力于长江研究与开发的志士仁人的努力下，长江一定会沸腾起来，为中华的腾飞作出巨大的贡献。一门新兴的学科——长江学，将在中国诞生！

（本文原载于 1984 年 12 月 15 日《长江开发报》（试刊号）头版头条）

九、研究生教育要适应新时代的需要

——《新技术革命与研究生培养》序言

当前，我们正处于一个新的时代。就国内而言，自党的十一届三中全会以来，经过一系列的拨乱反正，实现了伟大的历史性的转变，城乡改革正在向着纵深的方向发展，社会主义建设已经进入到了一个崭新的时期。从世界来看，自七十年代中期，已经出现了一场新的技术革命，正在深刻地影响着文化、教育、经济和社会等各个方面。国内与国际形势是互相紧密联系的。一方面，我国的现代化建设，对世界的经济、政治形势的发展将产生很大的影响；另一方面，新的技术革命对我国经济的发展是一种新的机遇和挑战。形势要求我们，要吸收当代最新科技成就，大力进行改革，创造出更高的生产力，使我们伟大祖国立于世界先进之林。

马克思指出，生产力里面当然包括科学在内。近百年来的历史证明，马克思的论断是十分正确的。早在本世纪初，发达国家国民生产总值的增长只有5％是靠科学技术，而到了七十年代，生产增长的60～80％是来自于新的科学技术。所以，智力是资源，是资本，是一种特殊的生产力。

当前，最大限度地开发智力，是摆在全党面前的一项战略任务。开发智力，不仅教育部门要抓，而且全社会都应当抓。发展教育，开发智力，既有一个形式问题，又有一个层次和结构问题。从形式上讲，要两条腿走路，多种形式办学；从层次上讲，既有普及又有提高，要输送不同规格的人才。目前的情况是，我们的人才数量远远不足，而且质量尚不能满足要求，所以既要发展数量，又要着手提高质量。

研究生教育肩负着提高任务，为四化建设源源不断地输送高水平的专门人才。一个国家研究生教育的水准，在一定程度上代表着一个国家的教育水准，反映了一个国家智力资源的开发与储备，标志着一个国家科学技术和经济的竞争能力，从科技发达的国家所走过的道路看，研究生教育同科学技术发展几乎是同步进行的。从世界范围看，第二次世界大战后，许多国家为了满足经济建设和一系列现代化学科发展的需要，大力加强研究生教育。不少国家把研究生特别是博士生，视为"怀宝"，作为发展基础学科和发明创造的源泉。

在十二届三中全会精神的指引下，各条战线都在积极进行改革，研究生教育也不例外，也必须改革。改革的指导思想是，根据"面向现代化、面向世界、面向未来"的精神，从我国实际出发，积极发展数量，保证质量，多出人才、多出成果，努力使我国研究生教育适应现代化建设的需要。

研究生教育改革要做的事很多，全国不少学校和研究单位都积累了一些宝贵的经验。我们应当在已有成绩的基础上，进一步解放思想，放开手脚，大胆试验。为了引起对研究生教育改革的讨论，仅就研究生教育的几个问题谈谈自己的看法。

研究生教育要有一个较大的发展

近几年来，我国研究生教育有了很大的发展。不仅招生人数有了很大的增长，而且培养研究生的专业也有了较大的发展，先后已有三届共一万多名研究生毕业。在我国教育史上，首次建立了学位制度，并已有了我国自己培养的博士。为了进一步加强研究生教育，在全国二十二所院校，成立了研究生院。这些都说明，我国研究生教育已进入到了一个新的阶段。但是，我们也应看到，我国研究生教育，已进入到了一个新的阶段。但是，我们也应看到，我国研究生教育还远远不能适应新的形势，同发达国家相比，还存在很大的差距。主要问题是：在规模上，数量太少，现在仅有三万九千多人，占在校大学生人数的3%；在专业品目上，布局很不平衡，一般来说，老学科较强，新兴学科较弱；在研究条件方面，资料缺乏，经费不足，设备落后；在招生上，以分取才，近亲繁殖严重，对本科生教学冲击较大；在培养办法上，重学轻术，基本上沿用了大学生的培养方法；在管理上，存在着"铁饭碗"、"大锅饭"，缺乏竞争性，等等。

大力发展研究生教育，造就大批高级人才，尽快改变研究生教育同现代化建设不相适应的状况，这是摆在全党面前的一项艰巨的任务。当前，各条战线都对研究生的培养提出了迫切的要求。领导体制的改革，将需要大批的高学历、有才华的人才源源不断地补充到各级领导班子中去。国民经济的预测和决策，也需要大量的智囊型人才；为了迎接新的技术革命，赶超世界先进水平，各科研部门也急待补充有创造能力的新鲜血液。这些高层次人才从哪里来，主要从研究生中来。据统计，到本世纪末，我国需要研究生七八十万人。如果按照现在的发展速度，需要三十年才能满足这个要求。如果我们不采取措施，那么翻两番的目标就要推迟十几年。怎样才能满足这个要求呢？出路在于改革，把研究生教育搞活。为此，特建议如下：（1）扩大培养研究生的专业点，挖掘潜力多招生。特别是对硕士生专业点，不宜要求太高，可以把审批授予权下放到重点学校，对非重点院校，也要适当放宽。（2）依靠集体力量，多办研究班，使培养人才由手工方式到工业化，批量化。（3）建立在职研究生制度，允许专业人员申请学位。现在虽也有在职研究生，但名不符实，几乎都是变相脱产学习，在职而不任职。在职研究生必须坚持半工半读的原则，只有这样，才有可能获得发展，提高经济利益。（4）实行学分制。为了多出人才、快出人才，研究生也可以采用学分制，允许他们修满学分后提前作论文，通过答辩后，可以提前毕业。（5）实行研究生任助教的制度。现在各大学中，普遍是讲师多，助教少，从长远来看，不可能大量配备助教。因此，这个矛盾还会更加突出起来。实行研究生任助教制，不仅可以解决矛盾，而且还可以多招研究生，使他们边学习、边工作，打破铁饭碗，培养他们的独立工作能力。

要真正体现以研究为主

我没有专门考究过研究生这一名称的来源，对它的真实含意也说不甚清楚。在英文里，叫做 Graduate Student，意指已毕业的大学生。在俄文里，叫做 Асперант，含有探索，探索者的意思。在中文里因何得名，我不清楚，不过，我认为这个名称起得好，它反映了这一教育层次的特点，也指明了这一类学生的主要任务。但是，我感到不足的是，现行的研究生教育，尚未完全反映出这些特点。我国研究生分为硕士和博士两种，学制分别为三年。有关文件规定，硕士生在三年中，头一年半要学六至七门课程，后一年半搞科学研究，据研究生们反映，问题主要有三，一是课目太多，负担重；二是规定各门功课均在 75 分以上才能答辩，标准太死；三是学习与研究截然分为两个阶段，安排不太合理。从教学来看，基础教育深度不够，专业课又太窄，所以效果不佳。因此，有些研究生反映说："现在的研究生教育没有特点，是大学生教育的延伸。"

为对比起见，我回忆二十多年前在苏联科学院作副博士研究生的情况。苏联副博士研究生学制三年，据我估计，它高于欧美硕士水平而低于博士水平。对中国学生来说，由于语言困难，时间为三年半。导师规定，获得副博士学位的条件是：通过两门哲学课考试（根据协议，在中国学习和考试）；通过三门专业课的考试；作出有创新的研究成果，通过论文答辩。在培养方法上，是十分灵活的，学习与研究没有划分阶段。导师既不上课，也没有教材，仅仅指定一批参考书目。课目考试的时间，也不限定，如果自己愿意的话，可以入学后考，也可以在答辩之前考试。我感到了这种办法的好处是：（1）学生享有主动权。当时，我采取了学习与研究并进的方法，白天在实验室搞科研，晚上和节假日复习功课。这样，就等于把科研时间延长了，并且有利于把学习课程与研究结合起来，以促进出成果。例如，在头一年半内，在复习功课的同时，我已完成三篇研究报告。（2）有利于培养独立研究能力。由于导师完全不上课，全靠自学，所以学习的过程就是独立钻研的过程。大约在一年的时间内，我阅读了几十本参考书，并且编写成了一本几十万字的讲义。我深感，这种方法比老师讲授和死背书本要深刻得多，牢固得多。以上的做法，虽然是二十多年前的事了，但对今天的研究生培养仍不失借鉴的意义。

研究生教育以研究为主，包含着两层意思：一是要体现以科学研究为重点，以培养独立的科研能力和完成新颖的科研成果为目的。二是用研究式的方法学习。怎么才能达到这个目的呢？我认为，应当从三个方面进行改革。第一，改革课程结构，减少课目，围绕着研究生的专业方向，开设少而精的课程。第二，提倡自学，引导学生自己研究问题。第三，增加科研时间，尽早把科研题目交给学生，使科学研究贯穿于研究生全过程。

要着力培养研究生的创新意识。所谓创新意识是一种创造性的思维能力，也是大脑对信息加工的能力。创新意识对于创立新理论、新系统、新观点、新学派具有决定性的作用。创造能力既是一种高层次的思维能力，也是一种高层次的实践能力。

从哲学观点来看，意识是人类大脑所特有的属性，它是人脑对客观事物的反映，是人脑的机能。有什么样的客观事物存在，就会产生什么样的意识。人的大脑，就是一个存储各种意识的信息库，也是一个意识的加工厂。虽然，意识不能离开物质而存在，但是人的大脑却可以在物质的基础上，加工出复杂的意识，如理论、纲领、方针、战略和战术等。人的意识虽然不是先天的，但却是可以后天培养的。人的智力的差别，除了先天性缺陷以外，主要是后天培养的。教育是培养人才的，应当培养反映客观世界的能力和加工信息的能力。

研究生教育是我国教育的最高学阶，是输送高级专门人才的主要源泉。高级人才应当高级在哪里呢？我认为，研究生不仅要在知识容量上超过大学生，更重要的是要在创造能力方面高出大学生一筹。这就是我之所以强调培养研究生创新意识的原因。

研究生教育是大学生教育的深化，但不是大学生教育的简单的继续。从大学生到研究生，无论在培养目标上或在方法上，都应当有一个质的飞跃。对于研究生来说，传授知识和打好基础无疑是重要的，但更重要的是在传授知识的过程中，培养他们的创新意识。

意识是客观事物在人脑中的反映。一个成年人，大脑中储存了各种各样的意识。什么意识最富有创造性呢？这是一个很复杂的问题。所谓创造性的意识，不是孤立的，而是一种综合的思维能力的表现。一般来说，这种能力主要包括灵感、好奇、逞强、好胜、标新、立异等意思。其中，灵感是最基本的、最重要的。一切发明和创造，无不源于创造性的灵感。但是，这种灵感，只有在一定的条件下才能发出灿烂的光辉。

在研究生教育中，如何才能培养这种创新的意识呢？我认为，首先要破除对发明创造的迷信。要使研究们认识到，发明创造并不是高不可攀的。它作为一种高层次的思维和实践活动，人们是可以认识的。特别是研究生正处在黄金时代，发明创造的几率最大。其次，要有良好的创新的环境，这就是民主、自由、无拘无束的环境。我们都知道，美国加州大学伯克莱分校和英国剑桥大学卡文迪什实验室被誉为学术温床，所以它们作出了很多世界性的重大发明。第三，充分发挥教师的指导作用。我认为，导师这个名字起得好，关键在导字上面。俗话说："指引者，师之功也"，现在还有为数不少的指导教师应当摒弃"抱着走"的培养方式，放手让研究生闯新路，培养他们的创造能力。第四，既教知识又传方法。现在，研究生的课程设置，多偏重于业务知识，对于软科学重视不够。因此，建议开设"科学发展史"、"科学方法论"、"创造心理学"等选修课，以培养他们的科学思维方法和创新意识。

近代高等教育在我国发展的历史不算太长，而研究生教育更加薄弱。大规模招收研究生和正式建立学位制度，还是近几年来的事。很显然，在研究生的招生、培养、管理、答辩、学位授予和分配等方面，我们还缺乏经验。毫无疑问，对于外国研究生教育的经验，我们应当借鉴，但是更重要的是要积极进行改革试验，总结我国自己的经验。当前，研究生教育的势头很好，广大教师和学生对研究生教育表现出了极高的积极性。我们深信，在党的十二届三中全会精神的指引下，经过广大教师和研究生的深入、广泛的实践，我们一定能逐步建立适合我国国情的一整套研究生教育制度。

（本文原载于《新技术革命与研究生培养》，武汉大学出版社，1986 年）

十、必须重视人才学研究

——《中国人才思想史》序言

自党的十一届三中全会以后，全党的工作着重点逐步地转移到了四个现代化建设上。就在这个关键时刻，邓小平同志对实现四个现代化与人才的关系作了大量的论述。他指出："我们要实现现代化，关键是科学技术要能上去。发展科学技术，不抓教育不行。靠空讲不能实现现代化，必须有知识，有人才。""我们培养，选拔人才，有广阔的源泉，有巨大的潜力。""在人才的问题上，要特别强调一下，必须打破常规去发现、选拔和培养杰出的人才。"在这里，邓小平同志不仅尖锐地指出了人才的极端重要性，而且还阐明了有关人才的一些理论问题。

恩格斯在总结流体静力学产生时指出："社会一旦有技术上的需要，则这种需要就会比十所大学更能把科学推向前进，"回顾科学产生和发展的历史，任何一门新兴学科的产生无不遵守着这一规律。

近年来，一门新兴的科学——人才学首先在中国诞生了。它的诞生，是现代化建设的需要，是多学科交叉的结果，是时代的产物，是历史发展的必然。

本书的作者雷祯孝同志，于1979年7月在《人民教育》发表了《应当建立一门"人才学"》一文，首次提出了人才学的概念。这种敢于创新的精神是十分可贵的，在他和其他一些同志的积极的倡导下，在从中央到地方各级组织领导的关怀和支持下，关于人才学的研究如雨后春笋般地开展起来了，一些人才学的研究机构应时而生，有关人才学方面的杂志也纷纷问世。应当说，雷祯孝同志的建议得到了社会的反馈，受到了实践的检验。

作为人才学的倡导者，他没有仅仅只是停留在口头上，而是脚踏实地开展了人才学的研究工作。《中国人才思想史》（第一卷）正是他三年孜孜以求的结晶。他不仅首次倡议建立才学，而且还首次编撰了一部人才学的著作，这两个"首次"不是偶然的结合，而是互为因果的。

我们伟大的祖国是世界文明古国之一，有着悠久的灿烂的文化，也涌现过无数的杰出的人才。一部中国古代思想史和哲学史，实际上也可以说是一部人才思想史。因此，研究人才学从中国人才思想史起步是有道理的。这不仅有利于总结我国几千年人才成长的主客观因素、社会条件等发展规律，让这些珍宝发出灿烂的光辉，而且从我国国情出发，有助于我国当代人才的开发。

俗话说："万事开头难。"何谓之难呢？难就难在开头，难在前无先例可循，行无路标指引。《中国人才思想史》（第一卷）的编写，正如其他处女作一样，在它问世的时候，也难免还带着一些稚气。例如，资料的搜集、观点的切磋、文字的提炼等，并不是没有工作继续可作。但是，这些并不影响它的学术价值，而且也只有通过实践才能使它臻于完善。

我对人才的兴趣，由来早矣。从小就羡慕许多杰出的人才，求学时也立志成才，可是到了天命之年却仍然不才。不过聊以自慰的是，我无时无刻不在同人才打交道。爱才之心是有的，也许这是我的职业注定的。这正是我与雷祯孝同志相识的原因。几年以前，读过他的文章，他作为一个人才学的研究者给我留下了深刻的印象。去年，经人介绍我们互相通了信，我表示有意聘请他到武汉大学任教，他应允了。就这样，他成了武汉大学的一名教师。这时，正值他的《中国人才思想史》（第一卷）即将出版，他邀我为这本书写几句话，由于上述的原因，我无法推辞，于是就写了如上的一点感想。

最后，我衷心地希望一切有志于人才学研究的同志，在这一领域中多工作，加强交流与合作，为创建中国的人才学和为最大限度地开发我国人才资源而努力！

（本文原载于《中国人才思想史》，中国展望出版社，1986 年）

十一、《青年论坛》创刊周年寄语

《青年论坛》编辑部约我在"前辈寄语"一栏中谈点感想，作为前辈我实在不敢当，我想还是作为青年们的朋友来说话更符合我的身份。

我今年五十有余，已是"万事休"的年纪了。不过，我还不太服老，不断磨练自己的性格和毅力，努力保持青年人朝气蓬勃的进取精神。据我个人体会，防止思想老化的最好办法是，多接触青年，多与青年们交朋友，经常阅读青年学者的论著，不断从他们之中吸取新鲜的思想。

《青年论坛》是在改革之年诞生的。她像小荷一样，在刚刚露头角之时，就格外引人注目，显示出了她强大的生命力。值此创刊周年之际，我特向编辑部致以衷心祝贺，并希望青年理论工作者们在学术研究中获得丰硕的成果！

目前，国内公开发行的各种刊物犹如汗牛充栋。但是，专一地反映青年理论工作者论著的综合性刊物，似乎仅此一家。对比之下，更显得这个刊物的重要，由此也可看出倡导者们的远见卓识。

我荣幸地被聘为《青年论坛》的顾问，感谢编辑部给我寄来每期刊物，使我有机会学习和增长见识。通常，我总要翻阅各期的要目，有时也看看一些感兴趣篇章。如果说感想的话，她给我印象最深的是，改革、创新和争鸣在这个刊物中占有突出的地位。这是合乎逻辑的，也是与青年的特点相吻合的。

青年人朝气蓬勃，思想活跃，正值创造发明的黄金时代。他们思想解放，不囿于陈规旧习；他们事业心强，具有革命的献身精神；他们锐意改革，敢想敢说敢干。但是，青年人毕竟还处在成长时期，他们思想尚不成熟，知识根基欠厚实，缺乏生活经验，甚至有时还会出点毛病。尽管如此，他们的优点却是主要的，他们有着其他年龄阶段的人所没有的可贵的品格。

我国当代青年正面临着改革的伟大时代，这个时代赋予我们伟大的使命。这使命就是要在本世纪末，逐步实现工业、农业、国防和科学技术现代化，把我国建设为高度文明、高度民主的社会主义国家。为了实现这一宏伟的目标，就必须坚持把改革放在首位，使改革与建设互相适应，互相促进。"七五"期间是全面改革我国经济、科技、教育管理体制的关键时期。与这些改革相适应的是，人们之间的关系、人们的思想方式和生活方式等也会发生改变。在这样的大改革的年代，有许多的新课题需要去研究，有大量问题需要去解决。我衷心希望青年理论工作者们，发扬创新和开拓进取的精神，坚持理论与实践相结合的原则，为活跃学术空气、贯彻"双百方针"，为开创理论工作的新局面，创立各门学科的新学派而发挥先锋的作用！

（本文原载于《青年论坛》1986 年 1 月号总第 8 期）

十二、必须正确处理科学研究与写作的关系

——《怎样写学术论文》序言

写作学是一门既古老又年轻的学科。说古老，是因为它源远流长，可以远溯到几千年以前的古代；说年轻，是因为在现代化建设的今天，它焕发了青春，正展现出一派生机勃勃的景象。

近年来，一门新兴的学科——应用写作学诞生了，它既是各门学科对写作提出的需要，又是写作学深入发展的结果。

应用写作学包括的范围十分广泛。可以毫不夸张地说，一切文字工作或文字工作部门，都离不开写作知识。《怎样写学术论文》一书，也是应用写作学的一个组成部分。

这本书的编写，缘起于读者的要求。近年来，一些刚刚涉足于学术研究的大学生，研究生和青年科学工作者，纷纷写信给《写作》杂志编辑部，希望多刊登一些有关怎样写毕业论文的文章。编辑部根据读者需要，决定约请部分有述著的科学工作者撰文，出版一本怎样写学术论文的书。应当说，这是一件很有意义的事情，我相信，这本书一定会受到读者的欢迎。

本书的作者，从不同的学科和不同的角度，分别阐述了写作毕业论文的基本要点，要求和技能，指出了一些带有一定规律性的问题，内容是比较丰富的。在知识爆炸的今天，文化的继承，信息的交流，智力的开发，无不依赖于学术论文，可见，写作和出版论文集是十分重要的。因为这件事本身，就是知识和智力广泛传播与不断开拓的一种形态，对于一个从事学术研究工作的人来说，具备撰写学术论文的技能，更是一种不可缺少的基本功。美国哈佛大学有一句名言："不出版即死亡"。这说明，学者们

往往把论文看作学术生命，可见其意义之重大。因此，每一个科学工作者，都要十分重视学术论文的写作，为努力繁荣我国的科学文化事业作出贡献。

所谓学术论文，指的是对某一学科问题有所研究并提出自己独创性见解的文章。论文产生于研究工作的末尾，它是用语言形式来表达事物的客观规律。因此，学习写作论文必须打好两个基础；即学科研究基础和写作基础，并且还应当正确处理科学研究与写作的关系。就两者关系来说，研究工作是论文的更重要的基础，是起决定作用的，而写作是工具，是为反映研究成果服务的。如果打一比喻的话，研究与写作的关系，犹如米与巧妇的关系。如果没有坚实的研究基础，没有丰富的资料，没有可靠的实验数据，即使有高超的写作技巧，那也只能是巧妇难为无米之炊。反过来说，写作基本功对撰写论文也是很重要的。在实际工作中，我们常常见到这样的例子，有些人，十分重视打基础，但述而不著，故一事无成或建树甚微，也有的人，潜心研究，获得了大量的资料和数据，但就是写不出论文来，颇有"茶壶装饺子"倒不出之苦。有些青年想早出成果，这无疑是好的，但有时急于求成，不注意基本功的训练，一味寻求捷径。这种作法，往往事倍功半，欲速而不达。对于学习自然科学的人来说往往有重理轻文的思想，不注意语言文学的修养。其结果是，不但影响了论文的撰写，而且也导致知识结构的不合理。因此，每个研究工作者，都必须加强通晓研究工作和提高写作水平这两项基本功的训练，以便快出成果，多出成果。

学无止境，对于写作论文也是一样，既不能一朝成就，也不能一劳永逸。进行研究工作和写作，都有不同水平和层次。因此，不仅青年工作者要学习，而且每一个从事科研工作的人，也都要不断提高自己的学术和写作水平。只有这样，才能不断提高我们科学队伍的素质，提高各类学科的学术水平，使我们伟大的祖国，在不远的将来，跻于世界先进科学之列！

（本文原载于《怎样写学术论文》，武汉大学出版社，1986 年）

十三、让想像力插上翅膀

——《周中华漫画选》序言

周中华于 1982 年 8 月以优良的成绩毕业于武汉大学哲学系，获学士学位。他在校读书时，我就认识他，不止一次地看过他主办的《哈哈镜》漫画橱展。他毕业前夕，正值我患病住院，他到医院去探望我，向我辞行，并要求我对他提出希望与要求。他到北京工作后，我们常有书信来往。每当我到北京出差，只要是被他知道了，他总是要来看望我，向我介绍他的创作情况和未来的理想。他和武汉大学的另一个毕业生，小说和电影《女大学生宿舍》的作者喻杉姑娘相爱，并于去年 4 月完婚。在他们新婚之喜时，我发去了电报，向他们表示了衷心地祝贺！

爱心是每个教育工作者所共有的。爱什么呢？爱党的教育事业，爱学生，爱才。周中华是我喜爱的众多学生中的一个。他已毕业四年多了，通过实际工作，他更成熟了。几年以来，他先后发表了四百多幅作品，八次获得国际和国内的优秀奖和特别奖，两次举办画展，是国内比较瞩目的青年漫画家之一。现在，《周中华漫画选》又将出版，的确又是一个喜讯。当看到这些成果的时候，我是无限高兴的，这篇文字，正是寄托了我的喜悦、祝贺和希望。

周中华本是学哲学的，但他却成了漫画家。在我们的校友当中，也有一个这样的例子。《人民日报》的方成同志原是武汉大学化学系的毕业生，但他成了大名鼎鼎的漫画家。我知道，周中华对方成同志是很敬佩的，也许周中华是受了方成同志的影响而走了画漫画的道路。

从唯物辩证法来看，周中华的道路既有偶然性又有必然性。高考时，他被录取到大学哲学系学习，毕业分配时，他被分配到一个职工大学当教师，这些都是带有偶然性的。但是，他自幼喜欢画画，勤奋刻苦，虚心拜师，从未放弃对漫画艺术的追求，这就是他成为一个漫画家的必然性因素。

研究人才学，不仅要研究荐才、育才和用才的学问，而且还应当研究人才成长道路的规律。那么，周中华的道路给我们什么启示呢？我以为有三点：

第一，要尊重和保护青年的志趣。爱因斯坦说过："热爱是最好的老师"。一个人无论做何种事情，一定要使他对那件事发生兴趣，否则是不可能有所创建的。周中华对漫画的爱好是执著的，这正是他成功的原因之一。我认为，重要的还不在此，而在于各部门、各级领导能否尊重和保护青年们的兴趣。可幸的是，周中华的愿望实现了。在大学期间，他主办《哈哈镜》漫画专栏，使他的爱好得到了发展。他毕业分配的工作，虽不遂人意，但很快就调到了《中国青年报》工作。正是在各方面的关怀和爱护下，这棵幼苗不仅没有被压抑，而且茁壮地成长起来了。

第二，关键是在结合上下功夫。马克思在中学毕业时，曾说过一句话，"我们并不总是能选择我们自己认为合适的那种职业，我们在社会中的关系，早在我们能对他起一定的影响以前就多少已经开始决定。"我想，周中华在高中毕业后也遇到了这个问题，他没有被录取到艺术学院，而是进入了武汉大学哲学系。类似的问题，恐怕有一些大学生也会碰上。面对着这种现实，是沮丧、颓废、弃学，还是因地制宜，把个人的兴趣与所学的专业结合起来呢？周中华选择了后者。他认为，世界本是统一的，艺术形式与抽象思维都是反映世界的，于是他把对哲学和对艺术的兴趣统一起来了。在创作的探索中，他重新发现了绘画，也重新发现了哲学与思想。周中华发挥了自己的优势，把哲理寓意于漫画之中，从而开创了富有哲理性漫画的特点。

第三，重要的是出成果。幻想是重要的，它往往导致科学的发现与发明。但是，幻想不等于现实，科学幻想的实现，是要靠脚踏实地的精神。青年人富有幻想，这是可贵的，但他们往往又不愿刻苦治学，这又是要克服的。青年希望早日成才，尽快扩大在学术界的影响。这是可以理解的，也是应当得到支持的。但是，如何才能提高知名度呢？所谓知名度，就是一个人在社会上或在学术领域里的名气大小，对一个科学家来说，其知名度就是他的贡献大小。衡量贡献大小的标准有二：一是经济和社会价值，即对解决经济和社会实际问题所起的作用，二是学术价值，即发表的论文和著作多少以及这些著述对科学发展所起的作用。

周中华作为一个青年漫画家，现在已有了一点知名度。这知名度是用汗水换来的，是作品与奖章的积分。但是，对于周中华来说，今后的道路还是漫长的，在艺术的追求上也还仅仅是开始。因此，我希望他谦虚谨慎，再接再厉，永远进取，不断创新！

（本文原载于《周中华漫画选》，武汉大学出版社，1988 年）

十四、开拓者之歌

——《教育探索者》丛书序言

现代科学的一个很重要的特点，是各学科纵横交错，既不断地高度分化，又不断地高度综合，但系统综合化则是当代学科发展的主要趋势。科学上的这种分化与综合，致使在原来一些学科的交叉点或边界处，诞生了或孕育着一批新兴的学科。

现代教育科学的情况也是这样。近半个世纪以来，随着科学技术的迅猛发展，一批教育新学科相继产生。这是人类教育意识的又一次新的觉醒，它标志着人类教育将进入一个新的发展阶段。正是在这一时代背景下，我们决定编撰一套《教育探索者》丛书。

《教育探索者》丛书将以马列主义、毛泽东思想为指导，坚持一切从实际出发和理论联系实际的原则，贯彻"百家争鸣、百花齐放"的方针，对当代新兴的教育学科要认真地进行研究，对各种教育理论问题要大胆地探索，对外国有益的教育新经验要善于借鉴。具体来说，撰写这套丛书的目的有三：

第一，探讨和建立一批新兴的教育边缘学科。教育从柏拉图的学园算起，迄今已有两千多年的历史，其间经历了古代、近代、现代几个阶段，形成了与之相适应的各个时期的教育思想、教育理论、教育方针和教育制度。教育科学是随着教育实践和各门科学的发展而不断发展的。

当今，教育科学正向着两个方向发展：一是向着纵向深化，既包括教育学的繁衍与分化，也包括一门学科的丰富与发展。例如，教育学、高等教育学、普通教育学、儿童教育学、学前教育学、超智教育学和继续教育学，等等。二是向着横向渗透，即教育学与其它有关学科的交叉。维纳曾说过："在科学发展上，可以得到最大的收获的领域是各种已经建立起来的部门之间的被忽视的无人区。"维纳对此体会是很深刻的，他创立了控制论科学，从而享有国际盛誉。他的成功，正是产生于数学与工程、医学和物理学等学科之间。在教育学上也是如此，例如教育哲学、教育伦理学、教育社会学、创造教育学等，就是教育学与哲学、伦理学、社会学、创造学相互渗透而产生的。

教育新学科到底有多少？目前尚无准确统计，看来对动态中发展的新学科，似乎难以准确统计，不过，粗略地统计一下，至少也在五十个以上。在这些新学科中，情况也不尽相同，有的已经成熟或基本成熟，有的尚处在发展阶段，还有的孕育于胚胎之中。就我国而言，关于教育新学科的研究，起步较晚，充其量也只不过三五年的时间，对某些新学科的研究甚至尚未起步。有鉴于此，加强教育新学科的介绍和研究是很必要的，这对于克服我国在教育理论研究上的落后状态，缩小同外国在教育新学科研究上的差距都是很重要的。

第二、鼓励创新，支持青年研究者脱颖而出。我历来崇尚创新，对那些勇于创新的人深为景仰，对于创造性的成果也极为赞誉。就我个人来说，也一直是把致力于创造性的工作奉为毕生的追求。

一个月以前，美国《纽约时报》刊载了一则消息：鉴于诺贝尔奖金不承认教育和政治方面的成绩，所以肯塔基州退休实业家查尔斯·格劳迈耶捐赠了 1200 至 1500 万美元，作为设立教育和政治学的奖金的基金。查尔斯·格劳迈耶说："我认为我也许能填补这项空白。"他还说："这两种新设立的奖金不同于诺贝尔奖金，它们奖励的是创新精神，而不是一项具体的成就。比如，就拿教育奖金来说吧，参赛者必须提供新的主张、政策或能加强教学的技术性建议。"对于查尔斯·格劳迈耶的倡议，我是很欣赏的。我认为他颇有远见，这一奖金的设立与颁发，一定会推动教育学、教育新兴学科和教育改革在全世界范围内的深入发展，也一定会对创造性人才的成长起到激励的作用。

创新是一种高智能活动。所谓创新，就是开拓，即走前人未走过的路，做前人没做过的事。从这个意义上说，《教育探索者》丛书的撰写，也是一种创新的尝试。

　　参加本书编撰的作者，人数甚众，他们之中有教育界的专家学者，有长期从事教育行政工作并具有丰富管理经验的领导干部，也有正在崭露头角的研究生。我们在组织这套丛书时，立下了这样一个原则：不慕名人，要慕名文。名人与名文当然是紧密联系在一起的。但是，在现实的学术研究中；情况又不尽然一致，往往有这样的情况：名人之作并非全然名作，名作亦非皆名人之作。这就是为什么我们要不拘一格选题和选人的原因。对于那些名人名作，我们极表欢迎；但是对那些不见经传的凡人名作，我们更要力荐。从长远来看，我国教育学的振兴，新学派的发展，将寄希望于他们。

　　编撰《教育探索者》丛书，虽然是一件新的工作，但要做到创新是不容易的。这里，就编撰丛书而言，也有两种方法：一是编，我暂且把它叫作编书法。采用这种方法，仅仅是把零星的教育新学科知识汇集起来，编辑成册。这虽然也是一种劳动，但缺乏创造性，尽管介绍了百家，但唯独没有自家之言，这就是所谓的编书。二是研与编相结合。这是一种研究式的方法，它包含着两方面的意思：一方面，它不光是收集资料，更重要的是消化、研究所收集到的资料，发表自己的评论，进行纵向和横向的对比，引出新的观点和结论；另一方面，又要善于总结个人和我国教育工作者的实践经验，反映我国正在进行的教育改革的经验，把感性认识上升为理性认识，以便建立我国教育新学科，发展我国教育学的新学派。

　　第三、传播当代教育学的新信息，促进传统观念的转变，推动教育改革。由于我国在较长时间内实行闭关锁国政策，使得我们在学术上与世隔绝了许多年。这一情况，在包括教育学在内的哲学、社会科学方面，尤为突出。这是因为，由于意识形态上的对立，我们长期把西方国家的社会科学的理论视为对立面，从而影响了我们对它的研究和借鉴。

　　现在看来，这种观点是形而上学的。中共中央关于社会主义精神文明建设指导方针的决议指出："近代世界和中国的历史都表明，拒绝接受外国的先进科学文化，任何国家任何民族要发展进步都是不可能的。""对外开放作为一项不可动摇的基本国策，不仅适用于物质文明建设，而且适用于精神文明建设。"中央的方针是完全正确的，为我们广泛地研究和吸取世界各国包括资本主义发达国家的先进的科学技术、经济行政管理经验和其他有益文化指明了方向。

教育学和其他社会科学一样，受着社会制度和政治观点的影响。但是，教育作为人类一项共同的实践活动，又不同于政治、哲学、法律和经济等这一类社会科学，它又具有自己的共同的规律。因此，对于外国教育理论和教育新学科的研究，视野还应更开阔一些，步子要更大一些。

当前，我国教育理论界不仅落后，而且比较沉闷。搞教育工作的不懂教育学，当教师的不关心、不研究教育学和教学法；搞教育学研究的，不重视研究教育改革的实际，以揭示教育改革的规律，指导教育改革的进行……此类情况，所在多有，着实令人焦急。

在中共中央关于教育体制改革决定的指导下，我国的教育改革取得了很大的成绩，这是有目共睹的。但是，我从实际工作中深深地感受到，要深化教育改革，不仅面临着新的高度，而且还存在着很大的阻力。从根本上来说，教改中的一切阻力均来自陈腐的传统教育思想。这种教育思想可归结为一个旧字，也就是用旧思想来指导新的改革，用旧标准衡量新型人才，用旧方法教授新内容，用旧眼光看待新事物。很显然，教育改革必须先改思想，陈腐的传统思想不转变，教育改革的阻力不排除，要获得教育改革的根本突破是不可能的。

《教育探索者》丛书，有意想打破我国教育理论界沉闷的气氛。本丛书在内容上，力求反映世界教育理论近三十年的成果，尤其是近十年的最新观点。我深信，对这些新学科、新理论的介绍和研究，一定会有助于活跃人们的学术思想，转变陈腐的传统教育思想，推动正在进行的教育改革。

德国作家茨威格曾说过："一个勇敢者的成功，总会激起整整一代人的奋发努力和勇往直前。"我不敢自诩《教育探索者》丛书一定是成功的，但它无疑是勇敢的尝试。我深信，这套丛书一定能激起大家对教育新学科的兴趣，它将与新时代一道，唤起这一代人对发展教育新学科的执著追求和探索！

（本文原载于《知识·智力·创造力——谈创造教育》，湖南教育出版社，1989 年）

十五、自觉认识与运用高等学校管理的规律

——《高等学校管理学》代序

学校的教育工作是人类社会实践活动的一个组成部分，它与其他各行各业工作一样，也有其自身的客观规律。我们常常说，办学校要按照教育规律办事。这句话包含着两层意思，一是说教育工作确有客观规律，只有按照教育规律办事，教育事业才能不断地、健康地发展，二是说在过去和现在确有未按照教育规律办事的情况，只有按照教育规律办事，才能避免教育受折腾，工作受损失。

回顾三十多年来我国教育事业所走过的道路，对于要按照教育规律办学的体会就更加深刻。解放以来，尽管我国的教育事业取得了很大的成绩，但也发生过几次违背教育规律的"左倾"错误。主要原因一是不尊重教育科学，不重视教育科学的研究，要么是不懂教育的外行瞎指挥，要么是大搞群众运动，一哄而起；二是不从实际出发，要么生搬硬套外国的一套，一边倒，一刀切，要么不顾主客观条件，追求高速度，高指标。所有这些，都是脱离了教育科学理论指导的盲目实践，因而也就不可能不违背教育规律。

根据当代教育的新观念，高等学校已不再是单功能的传授知识的教育机构，而兼有教育、科学研究和社会服务等多种功能。高等学校的管理工作是围绕着高等学校的任务而开展的。由于高等学校任务的扩展，因而其管理工作比过去任何时候更重要，也变得更为复杂了。显然，要搞好高等学校的管理工作，单凭个人经验和手工业的管理方式已经显得不适应了，而应当运用高等教育和现代管理科学的理论去管理学校，指导学校各项管理工作的改革。

高等学校管理学是研究高等学校管理规律的科学，它是高等教育学与

管理科学相交叉而产生的一门年轻的学科。高等学校的管理，按照不同的分类方法，又可分为不同类型、不同层次的管理。例如，按照管理机制划分，可分为宏观管理和微观管理。宏观与微观是相对的，一个学校对全国而言，它是微观的；但对学校的基层而言，它又是宏观的。按照管理的对象划分，又可分为教学、科研、人员、财务和物质五大类。如果按照部门或战线划分，可分为教学、科研、研究生、人事、外事等 18 个类别，它们在本书中都将分别予以介绍。

正确地认识高等学校管理工作的特点，对认识高等学校管理规律和搞好高等学校管理工作是非常重要的。那么，高等学校管理工作有哪些特点呢？我以为有以下五点：

1. 出人才、出成果的周期长。俗话说："十年树木，百年树人。"这是一个形象的比喻，说明人才生产的周期比其他物质生产周期长得多，教育的经济效益比其他物质生产的效益要慢得多。就培养一个高等专门人才而言，从大学生入校到博士生毕业，前后共需 10 年时间，耗资数万元。从管理上说，评价培养一个学生质量的高低，不但看他在校学习的成绩，而且更主要看他对实际工作的适应能力和在实际工作中的贡献大小。对教学管理来说，要评价一门基础课的效果，也至少需要经过一年的教学实践。科学研究的管理，周期也是较长的。例如，完成一个中等的应用项目，从选题到成果鉴定，一般需要三至五年，对那些重大的研究项目，其周期自然更长了。鉴于这一特点，高等学校管理应当有预见性，要统筹安排，分阶段实施管理。

2. 政策性比较强。高等学校的管理不仅受到党的政策的制约，而且政策也是一种重要的管理手段。例如，我们经常说，用政策调动广大教职工的积极性，这就是政策在人的管理上的作用。由于高等学校工作的特殊性，使得许多管理工作都具有鲜明的政策性。例如，关于知识分子的安排、使用与管理，必须贯彻党的知识分子政策；关于学术研究与讨论，必须贯彻"百花齐放、百家争鸣"的方针；关于科研方向和规划问题，必须贯彻国家的科技方针；关于民主党派和华侨工作，必须贯彻党的统战政策等等。正确的政策是客观规律的具体反映，执行正确的政策就是按客观规律办事，是实行有效管理的可靠保证。

3. 学术性很鲜明。如果把教育也看作生产力的话，那么学校也生产产品，所不同的是，工厂生产的是物质产品，而学校则生产的是知识产品，例如人才、构想、理论、观念等。知识产品的生产不是以数量和成本来界定的，而是以成果和贡献大小来衡量的。在高等学校的管理中，许多工作的管理均具有鲜明的学术性。例如教学大纲和教学计划的制订、教材的编写、科研方向的制定、优秀教材和科研成果的评选、研究生学位的评审、教师职务的评审等等。对这些学术性比较强的管理工作，只要尊重科学、尊重知识，也是可以管理好的。

4. 民主管理要求高。从历史发展来看，民主建设是与文化教育的水准紧密相联系的，也就是说，文化教育水准越高，民主就越充分。高等学校是最高学府，是传播科学文化知识和精神文明的主要阵地，是知识分子集聚的地方。因此，高等学校的民主建设，应当走在前面，高等学校的管理，也应当尽可能地实行民主管理。在高等学校加强民主建设，不仅是管理的需要，也是造就人才和繁荣学术的需要。民主管理是科学决策的前提，民主管理不仅可以提高管理的效率，而且还可以杜绝官僚主义的产生。

5. 综合交叉管理多。高等学校的管理工作，很多都是互相交叉的。这一特点，对综合管理提出了更高的要求。例如，高等学校的学生管理就是一项综合性的管理工作，其中包括思想政治工作、学习管理、行政管理、奖学金与贷学金的管理等。很显然，要把学生工作做好，培养合格的人才，学校各部门必须互相配合，实行综合管理。其他诸如教师的考核、教学质量的评估、研究生的培养，重点学科建设、开放实验管理等，也都具有明显的交叉的特点，只有综合管理，才能搞好这些工作。

以上各点，仅仅只是从管理工作的角度所作的归纳，远非高等学校管理工作的全部特点。在科学上，学科的划分，是以研究对象所具有的特殊矛盾为依据的。我们研究高等学校管理工作的特点，是为了认识高等学校管理的特殊矛盾，把握住它与其他管理形式相区别的本质。认清了高等学校管理的特殊矛盾，就为解决这些矛盾奠定了基础，进而就可以揭示高等学校管理的规律。

近年来，在《中共中央关于教育体制改革的决定》精神的指导下，全国各高等学校从不同的角度，对高等教育与学校的管理工作进行了改革试验，积累了不少有益的经验。这些不仅对于加强和改善高等学校的管理是有益的，而且对于认识高等学校管理的规律，丰富和发展高等学校管理学科也具有重要的意义。

根据中央有关高等教育工作的方针、政策，我国高等学校的领导和管理工作者，通过实践已经摸索和总结出了关于高等学校管理工作的某些规律。依我之见，以下几点应当特别加以强调：

1. 出人才、出成果是高等学校管理的中心任务

讲高等学校管理，首先要明确高等学校管理的任务或目标是什么，高等学校为什么要管理。关于这个问题，从理论上似乎是明确的，但在实际上至少有些人不明确或不甚明确。有人认为，高等学校管理的主要目的是创造学术自由的环境；另一些人则认为是提高教育的经济效益；还有的人认为是为了提高各个部门的工作效率。所有这些提法，虽然都不算错并且都包括在高等学校管理的范畴之内，但是都没有点到问题的要害上，没有道出高等学校管理的中心任务。

什么是高等学校管理的中心任务？这个问题是与高等学校的中心任务紧密相联系的。高等学校的管理，不能为管理而管理，一定要围绕着学校的中心工作而展开。高等学校的主要功能是培养人才和开展科学研究，因此出人才，出成果就是中心任务，学校的改革和一切工作，也都是为其中心工作服务的。

讲管理，就离不开讲效益，怎样才能获得高等学校管理的最大效益呢？根据质量管理的原则，只有抓住中心工作，培养出高质量的人才和完成高水平的研究成果，才算是获得最大的管理效益。否则，如果我们抓不住中心工作，尽管在具体管理方面也作出了不小的成绩，那也只能是捡了芝麻而丢了西瓜。

既然高等学校管理的中心任务是出人才、出成果，那么我们就应当以此为标准来检验和衡量学校的各项管理工作。当然，出人才、出成果绝不仅仅是教务和科研管理部门的事，而同学校各个管理部门都有关系。因此，学校每个管理部门和全体管理人员，都必须端正业务思想，树立为中心服务的观念，只有这样，才能搞好高等学校的管理，才能办好高等

学校。

2. 目标管理是高等学校管理的核心

在管理学上，实施管理的手段是很多的，如目标管理、计划管理、系统管理、成本管理和激励管理等。一般来说，这些管理手段在高等学校的管理上，也都是适用的。在诸多的管理办法中，什么是最主要的呢？近十多年来，在整个管理学界，出现了一个令人注意的发展动向，就是普遍推行目标管理或成果管理。据美国《幸福》杂志对 500 家最大的实业公司的调查，其中有 45％实行了目标管理，事后证明都是比较成功的。

目标管理不仅适用于各行各业，而且更适宜周期长、指标难于量化的高等学校的管理。为什么目标管理是高等学校管理的核心呢？这是因为，没有目标就没有明确的方向和考核、评估的标准，就不能制订精确的计划和有力的措施，就不能调动各类人员为实现某一目标而协同一致努力奋斗的积极性。

要办好一所大学，一定要有一个目标，如办学模式、发展规模、系科和专业设置、科研机构与规划等等。每一个大学的校长，都想办好自己的学校，并且希望成为名牌大学，进而向世界先进水平的学校看齐。这就是目标管理，是校长给自己制订的目标。

目标管理是一个完整的体系。从层次上说，学校、院、系和基层单位，都应当有明确的目标。从类别来说，教学、科研、研究生、师资等，也应当有各自的目标。这种不同层次和不同类别的目标，综合起来形成了一个目标网络，总目标包括网络上的各个子目标，而各个子目标又都是为着实现总目标而服务的。

目标管理虽然是高等学校管理的核心，但它并不排斥其他管理手段的作用，相反地，还需要其他的管理措施相配合。一个管理目标确定之后，如果没有与之相适应的管理计划和切实可行的措施，没有强有力的思想政治工作，不经过艰苦奋斗，那么再好的目标也是不能实现的，因而也是毫无意义的。

3. 科学决策是高等学校有效管理的关键

所谓决策，通俗地理解，就是选择和决定最佳的策略、政策和方案。就每一个管理过程而言，为了决策的需要，一定要提出可供决策的几个方案。在管理中，最忌讳的是只有一种方案，因为这往往是某些领导人和管理者作出错误决策的主要原因。决策对于管理是非常重要的，它贯穿于管理的全过程，是管理工作的关键，是实现各项管理职能的基础。一个领导人和主管人员，总是把作决策看成是他们的中心任务，因为他们经常要对诸如做什么、谁去做、如何做等一系列的问题作出选择。对一个管理者来说，正确的决策不仅可以提高效益，而且往往导致事业均成功；而错误的决策，将导致工作的失误，甚至于失败。

我国高等教育正处在一个关键时期，无论是高等教育的发展与改革，还是高等学校的管理，都有不少问题需要研究和决策。例如：关于大学管理体制、党政分工、校长负责制、简政放权以及教学、科研和后勤工作的责任制等，都面临着如何改的问题。如果我们能就这些问题作出正确的决策，不仅有利于高等学校的管理，而且将会大大地促进高等教育改革的深入发展。

在管理学上，正确的决策与合理性总是联系在一起的。什么叫合理？所谓合理，就是合乎事物发展的客观规律，并以解决问题和获得最佳的效果为标准。衡量高等教育和高等学校管理决策方案的合理与否，有两个基本标准：一个是内部规律，即高等教育和高等学校管理的规律，要有利于出人才、出成果；二是外部规律，即教育必须与经济、社会的发展相适应，必须为四化建设服务。

在高等学校管理中，决策者要做出正确的决策，应当具有多方面的素质。首先是要学习现代教育学和管理科学的理论，掌握决策的"诀窍"，充分发挥理论对决策过程的指导作用；第二是要注意积累经验，包括个人的和他人的经验，既要重视成功的经验，又要注意失败的教训。俗话说：经验是最好的老师。这话是有一定道理的。一个资望高的主管人员，凭借他的经验能够对一个复杂的问题作出判断；第三是要大量收集信息，掌握最新的科学理论和方法，并且对信息要善于加工；第四要掌握决策的实验方法和技术。由于科学技术的发展，诸如电子计算机之类的新技术，不仅用于管理而且也参与了决策。有时为了作出一项决策，光凭逻辑推理是不够的，还需要进行某种科学实验，以实验的结果证明其决策的正确性；第五要掌握研究和分析方法。这是一种逻辑思维能力和方法，也是科学发现的基本方法之一。管理者使用这种方法，可以对要决策的问题的限定条件和前提条件之间的关系进行比较和选择，以作出最后的正确决策。

4. 人员的管理是高等学校管理的重点

近年来，管理界的一些专家们说，他们通常要把40％的时间花在用人的各种工作上。这个数字说明，人员的管理在各种管理中占有重要的地位。无论从工作量或从重要性来看，人的管理始终是管理工作的重点。

对于高等学校管理来说，人员的管理比企业更重要、更复杂。这是因为，高等学校生产的产品是人才，为了生产合格的产品要依靠人，要充分调动人的积极性。总之，高等学校的每一项工作都是与人紧密相连的，只有搞好了人的管理，才能使学校的各项工作具有活力。

高等学校的人员管理，范围很广，情况比较复杂。就学生管理来说，包括招生、培养、分配、思想教育、行政管理、奖励与惩处等；对教师管理，包括教师的选配、职称评定、聘用、考评、培养提高、梯队建设、奖惩、离退等；在职工管理方面，包括职前培训、招工（合同制）、考核、培养提高、奖惩等。总之，高等学校的人员管理，可以概括为：培养三个层次的人才，建设三支队伍。三个层次的人才是：本、专科生，硕士生和博士生；三支队伍是：质量合格的教师队伍，又红又专的干部队伍和受过专门职业训练的职工队伍。要培养合格的三个层次的人才，建设好三支队伍并使之彼此合作共事是非常必要的。

当前，高等教育和高等学校管理的改革，正在向纵深发展。人事管理制度的改革，是高等学校管理改革的重要内容，也是难点之一。对待高等学校的人事改革，一是要积极，二是要慎重。高等学校人事管理改革，涉及到的内容很多，不过我以为有两点原则是要特别强调的。对于学生的培养来说，要坚持"因材施教"的原则，让那些出类拔萃的人才脱颖而出；对于教职工来说，要做到"知人善任"，把那些有才华、有干劲、有创新精神的人才，安排到最能发挥他们作用的岗位上，以展其才。

5. 党的思想政治工作是高等学校管理的保证

当今，在世界管理界流传着三句名言：第一句是，人的知识不如人的智力；第二句是，人的智力不如人的素质；第三句是，人的素质不如人的觉悟。这说明，当代最有效的管理是充分调动人的积极性。日本是经济发达的国家，管理水平也是先进的。日本人认为，他们是从美国引进了先进的质量管理法和中国的思想工作才创造了高效率的管理。

我国是社会主义国家，党的思想政治工作是我们的优良传统，是完成党的各项任务的保证。当前，我国正在进行全面的改革，加强党的思想政治工作，是端正业务思想、促进改革顺利进行的保证。

党的思想政治工作，其本身既是管理的对象，同时又是实施各项管理的保证。思想政治工作在高等学校管理中的作用，我以为主要有三点：

第一，提高人们的社会主义觉悟，建立高尚的职业道德，树立全心全意为人民服务的思想。辩证唯物论认为，物质可以变精神，精神可以变物质。其意思是说，先进的思想一旦为群众所掌握，就会变成巨大的物质力量。

第二，思想政治工作可以起到精神奖励的作用。在实施管理时，我们不能不承认激励因素的作用。什么叫激励？心理学家认为，在行为发生后给予某种刺激，并使这种刺激具有维持或增强"行为倾向的效果。在管理学上，激励的办法很多，著名的胡萝卜和大棒政策就是一对相辅相成的管理办法。根据我国的国情，我们是坚持精神奖励为主、物质奖励为辅的办法。所谓精神奖励，是用表扬模范、宣传先进事迹和授予荣誉称号等办法，充分肯定优秀者的成就，以增强他们的责任感、荣誉感和使命感。

第三，通过思想政治工作，调整人际之间的关系，解决人员之间的矛盾，克服内耗，变消极因素为积极因素，变后进为先进。高等学校管理的规律，远不止以上所列诸点，只不过我认为这几点比较重要而已。事实上，在高等学校管理中，除了共同规律以外，每个部门也还有自己的特殊规律。我希望高等学校的广大管理工作者，努力学习，敢于实践，大胆改革，共同探索，更加自觉地认识与运用高等学校管理规律，为实现高等学校管理的科学化、现代化而努力。

（本文原载于《当代高等学校管理学》，湖北人民出版社，1989 年）

十六、人人都需要掌握的技巧

——《给公关先生和公关小姐的一本书》序言

第二次世界大战以后，随着世界文明的进步，新的科学技术发明的大量诞生，现代化的电讯和交通工具的广泛使用，大大地缩短了人类生活的各大陆之间的距离。从某种意义上说，世界似乎变得越来越小了。但与此同时，人与人之间的接触与交往也增大了。我们正是生活在这样一个既高度专门化又日益复杂化的新时代。

面对着世界改革、开放的新形势，任何人都不可能在真空中生活，任何国家也不可能在闭关自守的状态下进行现代化建设。现在的趋势是：人类从来没有像现在这样变得越来越相互依赖了，对话代替了冷战，协作代替了封锁，竞争代替了垄断。为了适应这种需要，人们必须学习一门新的科学知识——公共关系学；必须创造最佳的工作和生活环境——和谐的公共关系。

公共关系学是一门交叉学科，它产生于上个世纪 50 年代中期，而第一个公共关系企业早在 20 世纪初就已经出现了。在我国，公共关系无论是作为一门学科或是作为一项事业，都是十分年轻的。令人高兴的是，近几年来，公共关系事业，已经在沿海城市的中外合资企业中出现了，公共关系也成为沿海城市人们的热门话题，并且成为大批有才华的男女青年们追求的理想职业。

公共关系事业的兴起，对公共关系学教育和介绍公共关系的图书提出了新的要求。为了适应这种形势的需要，陈慎明先生编选辑录了《给公共先生和公共小姐的一本书》。为此，陈慎明先生付出了辛勤的劳动，应当说，这是一项十分有益的工作。在本书中，既介绍了各家之言，但亦有编者的体会；内容虽不尽全面，但尚通俗实用；体系虽不够完美，但在编排上亦有他的特色。通观全书，作者的原意，旨在普及公共关系学知识，其精神是十分可嘉的！

编者嘱我作序，却之不恭，谨以以上赘语，权作我对发展公共关系学的一点情思。作为全国公共关系协会的顾问，我热切地希望公共关系学在我国得到蓬勃的发展，也衷心地希望从事公共关系学研究的学者，从事公共关系事业的专门人士，通过对公共关系学的研究，总结出有实用价值的经验，撰写出高质量的、各具风格的公共关系学专著来！

1988 年 10 月 5 日于湛江市霞山

十七、创造成功的人生
——《成功创业》丛书序言

　　1993 年春节前夕，武汉东湖新技术开发区管委会的几位领导来寒舍看望，我们就东湖新技术开发区的发展问题交换了看法。在言谈中，针对新技术开发区缺乏创新活力和大型高新技术产业发展缓慢的状况，我建议成立一个"创业者俱乐部"或"创业者协会"的民间社团，使它成为创业者之家，成为孕育创新思想的温床，以促进武汉地区的高新技术产业。几位领导当即肯定了我的建议，并表示要尽快促成其事。

　　武汉东湖新技术创业中心，是一个以扶植创业为宗旨的半官半民的机构，是一个发明与创新的"孵化器"。她欣然地接受了筹建"武汉创业者协会"的任务。在各有关领导部门的支持下，经过三个多月紧张而又有效的工作，"武汉创业者协会"于 1993 年 5 月 27 日正式成立了。承蒙广大创业者的关爱，我被推荐为第一届理事会的会长。作为一贯崇尚创造精神和追求创新事业的一名知识分子，我愿为武汉地区的创新活动的开展，为武汉东湖新技术开发区的发展，为武汉地区的经济振兴，竭尽绵薄之力！

　　在成立大会上，我曾引用了一句古人的话："石本无火，相击方显灵光；水尚无华，相荡方现涟漪。"这说明，物质只有通过碰撞，才能产生新的物质或新奇的景象。同样地，人们的思想也需要碰撞，这是产生新思想、新观点和新发明的催化剂。怎么才能发生思想碰撞呢？方法很多，如无拘无束的座谈会，内容新颖的报告会，慷慨激昂的辩论会等，都可以砥砺思想，萌发创新的灵感。从根本上说，创业者协会的任务就是创造和创新，以创造精神激励广大的创业者，造就武汉地区的大发明家、大企业家、大富豪！

当今，各种学会、研究会、协会多得不胜枚举，但是徒有虚名的多，办实事的少。因此，从"武汉创业者协会"成立一开始，我们就力图多开展一些活动，内容生动活泼，形式多种多样。我们先后举行了全国金融形势报告会、中国现代化的历史回顾与展望讲座和"说梦"的畅谈会，收到了良好的效果。接着，我又倡议编撰一套《成功创业》丛书，以适应广大企业家们开展创业的需要。所幸的是，这一倡议又得到了武汉东湖新技术创业中心和"武汉创业者协会"的支持，武汉大学和华中理工大学的一批热心于创新事业的中青年学者也表示响应。于是，《成功创业》丛书编委会很快就正式组成了。

1993 年 12 月 21 日，召开了《成功创业》丛书编委会第一次会议，就丛书的撰写指导思想、书目与作者、进度与要求，一一作了研究，并形成了纪要。后来，又先后召开了三次编委会，具体审订各书的写作大纲，以及出版发行的细节问题。

今年 3 月，武汉东湖新技术创业中心主任、本丛书编委会副主任顾建国先生，带着《成功创业》丛书撰写大纲，亲自赴京寻找合作的出版社。中国青年出版社的领导，在审查了《成功创业》丛书的撰写指导思想和各册的编写大纲后，认为这套丛书选题好、内容新颖、体系完整，并欣然同意出版。6 日上旬，中国青年出版社编辑部的同志专程来汉，除了与丛书编委会主任、副主任交换意见外，还亲自与各书的作者谈话，对丛书的撰写提出了很多宝贵的意见。因此，本丛书能得以顺利出版发行，当首先感谢中国青年出版社的同志们。

《成功创业》丛书的撰写指导思想是：坚持贯彻改革开放的方针，以社会主义市场经济为主导，积极促进社会主义企业制度的建立；坚持理论与实际结合的原则，既要注重各学科新理论的介绍与应用，又要力求在实践的基础上总结新的经验与规律；要解放思想，敢于走新路、立新论、创新见；要吸收各发达国家在市场经济运行中的新理沦、新经验和规范化的管理办法，逐步使我国市场经济的管理与国际接轨。总之，要弘扬创造精神，传播创造学知识，推广创新技法，点拨创业机会，促进创业成功。

这套丛书是由九本书组成的，它们既彼此呼应又各成体系。从各册书的内容可以看出，该丛书涵盖面广泛，涉及到人生哲学、行为科学、高新技术、市场经济学、金融投资学、法学、财会学、企业管理学、公共关系学、国际关系学等十多个学科的基础理论、专业知识和方法，在创新这个总原则之下，它们又构成了丛书的体系。这是我们的一个大胆尝试，也是本丛书的创新之处。

参加这套丛书撰写的作者有 20 多位，他们都是在相关学科领域里从事教学和科研的专家、学者。他们不仅学有专长，著述颇丰，同时又是创新活动的积极参加者和支持者。本丛书的撰写采取个人与集体相结合的办法，由个人提出写作大纲，后由编委会讨论修改，由一人或几人分头执笔，最后由编委会主任和副主任分工进行审稿和修改，以便做到"集思广益"和"精益求精"。

从写作的体裁来看，本丛书既不同于教科书，也区别于纯实务案例参考书，而是介乎二者之间。一般来说，这套丛书在内容上有以下的特点：一是内容简明、容量适中，便于携带和阅读；二是取材较新，见解独到，在不少方面有创新；三是信息量大，实例多，可读性强，具有较大的实用参考价值。

改革开放十多年以来，我国的企业管理虽有所改善，但我国的企业状况仍令人十分忧虑。这既与政企不分的企业体制有关，同时又与我国缺乏足够数量和合格的企业家有着密切的联系，有人认为，没有合格的职业企业家就没有现代企业制度，也不可能有高效率的现代化企业。什么样的人才能称得上是企业家呢？企业家应当是这样的一类人，他们应当善于洞察市场的需要及变化，要有满足这种需求的适应性和创造性，并且要有敢于探索和承担风险的勇气。一句话，企业家必须要有创新精神。但是，很坦率地说，我国的企业家的素质还不高，不仅谈不到国际市场上去创业、竞争，甚至连领导和管理好现代化的企业还差得很远。为了提高企业家们的素质，必须要用新观念、新内容、新方法开展培训，同时企业家们也应当坚持自学，使自己成为合格的创业者。

1991 年秋，报纸上曾围绕着企业家冯根生的考试与罢考进行过讨论，有人为他罢考而"拍案叫好"，也有人"劝其应考"。这个讨论是颇发人深思的。问题不在于考和罢考上，这仅仅是个表面现象，实质性的问题是用什么思想和方法培训企业家和对他们考核。有些人，一提起培训，就是传统教育的一套做法，"先生讲学生听"。理论脱离实际；一提考试，就是沿用"突然袭击的方法，考死记硬背的教条。这些做法都是不适合企业家的，因此是不可取的。我始终认为，培养和造就企业家应主要采取案例教学，应当选聘既有理论又懂实务的专家任教，同时要倡导企业家们坚持自学，为他们编写适宜的参考书。如果我们不是自不量力的话，《成功创业》丛书正是有意为企业家提供一套简明的、实用的综合参考书。它们是全面的，但并不包罗万象；是系统的，但又不庞杂、繁乱；是简明的，但又不空洞，具有实际的参考价值。

这套丛书的读者对象是：一切从事经济活动的企业家、业务主管、领导和管理干部；一切正在寻求创业机会和拓展事业的有为青年；也可以作为一切期望在金融、投资、财会、管理、法律、公共关系等学科自学成才者和接受成人教育者的参考书。

在激烈的市场竞争之下，企业家和创业者们是紧张的，他们业务工作纷繁、生活节奏快、劳动强度大，针对他们的这些特点，我们是想把这套丛书作为提供给他们的"压缩饼干"或"精炼的口服液"。这套丛书，每册平均 15 万字左右，大约一两天可以看完一本。在装帧上，力求便于携带，我们真心地希望它能够成为广大创业者们的良师益友！

（本文原载于《成功创业》丛书，中国青年出版社，1995 年）

十八、没有爱就没有教育
——《爱的学校》自序

自而立之年始，我就参与高等教育的领导工作，至今已三十多年了。在繁忙的行政工作之余，我一边从事金属有机化学研究工作，还一边从事教育理论与实践的研究，这既是兴之所至，又是使命的驱使。

近年来，我在教育学研究方面，新出版了两本相关的姊妹篇：一本是《知识·智力·创造力——谈创造教育》，另一本是《创业与人生设计》。这两部书虽然体系和风格不尽相同，但是通过创造学的原理与方法把它们串联起来了，使之成为姊妹篇，前者主要阐述创造教育原理与方法，后者则是创造学的应用。

《爱的学校》是我准备新撰写的教育三部曲的第一部，其他两部将在今后的两三年内完成。武汉新世纪外国语学校是我为推行教育改革而躬耕的一块"试验田"。《爱的学校》正是在这块"试验田"里收获的第一个学术成果。

该书作为一本教育著作，它具有以下的特点：

（1）力求反映当代教育的新观点，大胆创新。这主要反映在"爱心教育导论"中。例如，关于"六育"并重教育方针、"三并办学"的模式、十六字校训、成功教育的办学目标和以班主任为首的导师制等。这些教育思想和观点，都具有超前性，不仅在国内首次提出，而且在本校已付诸改革的实践。

（2）倡导爱抚教育与管理，寓爱于教、寓爱于学、寓爱于管理。我始终认为，没有爱就没有教育，爱心无价，爱抚应当贯彻于教育的始终。爱的力量是巨大的，"爱心教育的实践"中的每一件事、每一个人都充分体现了爱心的作用，也反映出武汉新世纪外国语学校的办学特色。

（3）内容真实，亲切感人。书中记叙的人和事都是真实的，个别人隐去了真名，那是出于对学生和家长的尊重，避免不必要的副作用。对于一所创办不久的新校来说，在不太长的时间里，既出了人才又出了经验，这的确是不容易的，它再一次体现了名家、名师按教育规律办学的效率和风格。

该书是以记叙文书写，夹叙夹议，内容真实生动，有可读性，有参考价值。它的阅读对象是普通公立和私立中小学的领导、教师和初中程度以上的学生。

当前，基础教育中的问题很多，例如应试教育压力重重，惩罚现象不时出现，素质教育流于形式，因材施教难于实施，有创造力的学生受到压抑，等等。多年来，我一直痴情于教育改革，希望把进行教育改革的一份成果权作自己的一份爱心，奉献给教育界的同仁们。

（本文原载于《爱的学校》，湖北人民出版社，1996 年）

十九、充分利用业余时间的教育作用

——《假日方案》序言

随着我国经济改革的深入发展，为满足全国人民不断增长的物质与精神文明生活的需要，自 1995 年 5 月起，国家颁布了逐步实行五天工作日的制度。对于一个人口众多，生产率和工作效率不高的国家来说，这无疑是一个积极的措施，它不仅有利于提高劳动就业率，而且也有利于提高全民族的健康素质。

但是，对于学校教育来说，在没有充分论证和准备的情况下，匆匆忙忙地急于推行五天教学制，未必是得当的。我们不能不看到，学校的教学活动与工厂里和机关里的工作性质是不同的，有着它自己固有的规律和自调机制，因此，不少教育界、社会界人士发出呼吁：学校不宜实行五天工作制。更何况，在西方某些发达国家和港澳地区，虽然早已实行了五天工作日制度，但仍实行六天教学制。

对于中、小学生来说，实行五天工作制带来的冲击是很大的，学生家长们的忧心是自不待言的。目前来看，学校实行五天教学制至少有三个主要问题：一是浪费教育资源。伟大的物理学家爱因斯坦曾说："伟人和平凡的人之间的差别就在于利用业余时间。"我国教育人口占全国人口的四分之一，双休日累积的时间也约占全年时间的四分之一，如果再加上寒暑假和公休假日在内，非教学时间几乎占了全年时间的二分之一，从小学到高中的 12 年中；双休日就多达 1056 天，也就是说，12 年中大约有 3 年的时间没有用于教学，这该是多大的浪费啊！二是不利于加强管理。学校的教育就是全面的陶冶学生，它需要连续性，如果"三天打鱼、两天晒网"，那么对于巩固学校教育的效果是不利的。特别是对于某些无暇和不善于对孩子管教的家庭来说，双休日也许就成了学校与家庭两不管的"真空时段"。三是增加了社会负担，造成了严重的社会问题。现在，社会上的游戏机、不健康的影厅、书市和娱乐场所，对于双休日的学生有很大的吸引力。再加之，广大青少年们正处在生理和心理突变时期，缺乏辨别是非和自控能力，少数学生会受到不健康东西的侵蚀。虽然，各有关方面采取了一些措施，但问题还是不断地出现。面对此情，不仅应当引起学生家长们的高度重视，而且每个教育工作者也不能无动于衷。问题既然暴露出来了，那么采取积极措施方为良策！

由冯德全先生撰写的《假日方案》，正是在这种形势下产生的，可以说它是"有感而发"、"应时而生"，同时它也必定会"因需而畅"。德全先生推出的《假日方案》，不仅体现了他的远见卓识，而且也是他奉献给社会的一份爱心！

所谓《假日方案》，实际上就是利用假日对青少年实施教育的方案。这也是一项教育工程，它是学校教育计划的一种补充，是实施社会教育的一种形式。《假日方案》的实施，可以是学生的家长，也可以是任何形式的校外辅导站或业余教育学校。实际上，只有当全社会都来关心下一代的成长，都来担负起假日对他们的教育职责，那么才能更有效地抵制各种不良的思想和行为对他们的污染，使他们沿着阳光照射的方向健康向上！

《假日方案》是一本集知识与方法为一体的书著，既可以帮助学生家长开展假日教育活动，也适宜青少年自学钻研。书中涉及到的知识内容比较广泛，如教育学、心理学、文学、科技和艺术等。同时，书中也反映了作者的教育观、人才观和儿童观。我相信，广大的学生家长和小学的老师们在阅读了本书以后，既可以更新一些教育观念，又可以学习到具体指导少儿假日教育活动的知识与方法，如假日生活内容、小实验、劳技制作等。当然，本书也仅仅是一种有限的尝试，更多和更有效的假日教育活动的内容、方法以及实施的措施，尚需要各级教育领导部门、广大中、小学教师和学生家长们去创造，以便出版和制作出更多的供假日或业余时间使用的教育软件来（如图书、教具、玩具和影视录像片等）。

冯德全先生从青年时代就开始了他的儿童教育生涯，矢志于儿童教育的研究与实践。四十多年来，他当过教师，担任过中小学的领导工作，从事儿童教育的实验研究，主编儿童教育刊物等。特别是从七十年代末期，他潜心研究儿童的早期教育，设计了"0岁方案"教育工程，并把这项研究成果推向实际应用，在实施智力早期开发上获得了良好的效益。在长期的研究与实践中，他不仅积累了丰富的经验，而且还撰写了大量的论著。现在即将由广西人民出版社出版的《假日方案》，是他对儿童教育研究的拓展，是在这个百花园中结出的又一硕果。在该书出版之际，我欣喜不已，特写了以上的感言，是为序。

（本文原载于《假日方案》，广西人民出版社，1996年）

二十、曙光从地平线上升起

——《新世纪曙光》序言

从现在到 21 世纪，仅仅只剩下七百多天了，在人类历史的长河中，这实在是短暂的一瞬。应该说，我们已经步入了世纪之交的边缘时代，新世纪的曙光已隐约可见了。

历史经验表明，每当世纪之交的前后，无论是在社会范畴或是在科学技术领域里，都伴随着急剧的社会变革和科学技术的巨大的突破。例如，18 世纪末，西方世界政治历史发生了深远的变革，使过去几个世纪所孕育的各种倾向达到了顶峰，如法国大革命、英国工业革命，以及缝纫机、自行车、电池、火柴和火箭等重要的技术发明。

从 19 世纪末到 20 世纪初，这种变化尤为激烈，日本明治维新后的崛起、苏联的十月革命和中国的辛亥革命等就是例证。在自然科学方面，这个时期是自哥白尼时代以来，出现的剧烈变革超过了以往任何时期，从而开创了自然科学的新纪元。这个时代被称为电子时代，是以电子、X 射线、放射性、相对论、量子力学和细胞学说的发现和建立为标志的。同时，这一时期新技术的发明，像雨后春笋般地一个一个地冒了出来，如汽车、飞机、无线电报、望远镜、磁性录音机、超级显微镜、彩色摄像机、钨丝灯、二极真空管、三极真空管、合成肾上腺素、合成橡胶等等，真是目不暇接。难怪有人说，20 世纪是生机勃勃的世纪，其间发明的成果超过了此前数千年发明成果的总和。可以毫不夸张地说。我们今天所享受的一切工业文明，几乎全部是得益于这个世纪发明家们的奉献！

为什么在世纪之交容易发生变革和诞生重大发明呢？这里的因素很多，既有生产力与生产关系对立统一的推动，又有科学积累与人才成长周期的影响。就拿"生存代"来说，人类已存在 5 万年的历史了，按照托夫勒的观点，如果以平均 62 岁为一个"生成代"的话，那么我们现在正好是生活在第八百个"生存代"。从一个"生成代"到下一个"生成代"的黄金时代（35 岁），大约是 97 年，这正是人的发明创造最佳的年龄，也是世纪之交的年代。

在 2500 年以前，古希腊哲学家赫拉克来塔斯曾说："除却变化，别无永恒之物。"客观世界的变化是按照螺旋式方向上升的，而人的思维也具有螺旋式的特点。人类社会经过一段较长的平稳发展阶段以后，求变、求新乃是人的本性，而且到了世纪之交变得越来越强烈，以致于最后总爆发出来。无怪乎，世纪之交是科技发明频频诞生的年代，是英雄人物辈出的年代！

回顾过去，我们为人类取得的伟大成就而自豪；展望未来，尽管人类面临着严峻的挑战，但没有理由悲观。宇宙是无限的，人的认识能力是无限的，创造力也是无穷的。既然人类创造了辉煌的过去，那么他们也一定能够创造更加美好的未来！我们已经听到了新时代的脚步声，已经呼吸到新世纪徐徐吹来的新空气。难道不是吗？请睁开眼睛看一看：人类即将实现奔月旅游的梦想，"火星探路者"已完成了它的使命，"深蓝"战胜了国际象棋超级冠军，无杀伤性的致胜武器正在研制，水陆两用汽车、飞机初试已获成功，基因药物已经商业化，人的衰老、记忆基因已经破译，信息高速公路已联成网络，等等。我们有充分的理由相信，在下一个世纪，人类将生活在一个更高的文明社会里，那时所享受的物质文明，也将是 20 世纪不曾有过的。

正是在这世纪之交的特殊的年代里，一所新的民办学校在武汉诞生了，它是迎接 21 世纪挑战的一项对策，也是为适应教育改革需要而诞生的，办学两年多以来，我们始终以 21 世纪为坐标，以国际发达国家教育为参照系，以培养创造性人才为目的。为此，我们大力推行博爱教育、创造教育、成功教育、全程教育和国际通才教育工程，努力把它办成适应于 21 世纪需要的新型学校。

"改革之花，结出研究之果"。现在，呈现在读者面前的《新世纪曙光》一书，是该校师生献给即将到来的新世纪的礼物，是向各级领导、社会各界和学生家长们提交的一份汇报。

提起写书，未免让人有些望而生畏。在过去，对于著书之说，向来被认为是专家、学者们的事，至少是大学研究生才能企及的。至于中小学生出书，恐怕是"天方夜谭"吧！但是，《新世纪曙光》一书，的确是一批名不见经传的"小人物"所写，他们是一所创办不到三年的新校的学生和教师。其中，有毕生从事教育的老园丁，也有崭露头角的青年教师；有高初中学生，也有刚脱掉乳臭的幼儿。

这是一本特别的书，由于作者的年龄、学识、阅历相差甚远，所以该书的内容、体裁和风格也是多姿多彩的，甚至不免还带有一些稚气。但是，这并不十分重要，我们强调的是科学创新的学风和敢于创新的精神。须知，这种精神是下个世纪新型人才最重要的素质，它不可能从"书山题海"式的应试教育中获得，而只能在以创造教育为指导的教学制度中培养。这本书的意义就在于，我们把一批青少年引入了一个无限广阔的创造园地，使我们尝试一种新的学习方式，从小体验到创造的价值与欢乐！

"今日的桃李，明日的栋梁"。现在的中小学生还只是十几岁的少儿，大概到 21 世纪的头十年之内，他们将陆续地完成大学教育，到 2020 年前后，正是他们展现才华的年龄，也是未来学家们预测的巨变的时代。因此，借《新世纪曙光》出版之机，我寄希望于我校的学子们，要牢记"博爱博学、乐教乐学、自立自强、创新创业"的校训，实践"新世纪学子价值标准"，争做成功的人。同时，我也衷心希望当代的少年儿童们，牢记时代赋予你们的使命，以创造性姿态学习，努力笃志成才，迎接新世纪的到来！

时代将铸造你们新一代！

你们又将开创一个新的时代！

（本文原载于《新世纪曙光》，湖北人民出版社，1999 年）

二十一、把颠倒了的教与学的关系再倒过来
——对"学长式"教学法研究课题的论证意见

今天，我很高兴来参加由武汉市教育学研究会召开的"学长式"教学研究课题的论证会。借此机会，我谨向"学长式"教学研究课题组的成立表示祝贺！向"学长式"教学法的创立者胡明道老师表示衷心地祝贺！同时，我也对"学长式"教学法的研究与推广表示坚决地支持！

据天气预报，今天武汉的天气是小雪，气温是2至6度，这当属武汉的严冬了。其实，我国的教育早已处于严冬了，只不过我们一直处于这种"寒冷"的氛围中，似乎已经被冻麻木了，已不感到"寒冷"了。这里，我借用了"寒冷"和"严冬"比喻我国教育面临的困境，形容我国教育界保守、僵化的严重性。就拿教学来说，长期以来，我们学校中的教学，一直是把教与学的关系颠倒了，而且至今还是深深地陷入在这种误区之中。

我认为，这种颠倒主要表现在三个关系上：一是在教师与学生的关系上，颠倒了客体与主体的关系。长期以来，我们都是把教师当作主体，只强调发挥教师的主体作用，而忽视了真正主体学生的作用。二是在教与学的关系上，颠倒了外因与内因的关系。固然教师的教是重要的，但是只有当学习者有了求知的欲望时，学习者的学习才是有效的。三是在知识与能力上，颠倒了本与末的关系。知识与能力有着密切的关系，前者是末，是构成后者的基础；但后者是本，是知识能力化的高级表现。但是，现在的教学主要还是传授知识，追求的基本上只是反映学生记忆力的分数，忽视了人的最本质的创造力。

要把颠倒的教学关系颠倒过来，就必须进行教学改革，以新的教学法代替"灌输式"的教学法。由武汉市六中特级语文教师胡明道首创的

"学长式"教学法，就是教学改革园地里一朵耀眼的奇葩。所谓"学长式"的教学法，是教师以"先学者"的身份来组织课堂教学，以民主平等的态度对待学生，充分调动学习者学习的主动性、积极性和能动性，挖掘学生的潜能，以达到培养学生创造力的目的的。

"学长式"教学法是产生于教学改革的实践，是符合人的认识规律的，是值得推广的好经验。我认为，它的科学性、先进性和实用性主要表现在：

首先，从理论上讲是有根据的。什么叫教育？从传统观点来看，长期把教育当作一个名词来看待，把它理解为"学校对儿童、少年、青年进行培养的过程"。怎么培养？是否仍然还是采用单向的由教师向学生"传道、授业、解惑"呢？因为按照这种教学观，传、授、解的大权完全掌握在"教师爷"的手里。现在看来，这种方法已经显得陈旧了。其实，教育是由教与育两个词组成的，包括两层意思。在说文解字上的解释是："教，上所施，下所效也。育，养子使作善也。"在英文中，教与育也分别是由 Instruction and Education 表示的。无论在汉语或是在英语里，教是施教，是由外施于内，是讲的教师的作用，强调的是外因。而育是发育、养育，是发自于内，是讲学习者的作用，强调的是内因。因此，只有调动教与学双方的积极性，外因与内因协调一致的教育，才是真正意义上的教育。但遗憾的是，迄今为止的传统教育，只重视教师的作用，忽视了学习者内因的决定性的作用，因而是消极的教学法。而"学长式"的教学法，正是从学习者主体出发调动他们的积极性，挖掘他们的潜能，因而是一种科学的教学法，应当大力推广。

其次，从面向未来看，"学长式"教学法反映了时代精神，因而是先进的教学法。早在20世纪70年代，联合国教科文组织就提出了"教育即解放"的观点，指出"在解放教育实践中，教育工作者作为受教育者的教育者必然'死去'，以便作为受教育者的受教育者重新诞生"。毛泽东也说过："先当学生后当先生"。"学长式"教学法认为，教师是先于学生的"闻道人"，是先学者，即学长，而不是学生的救世主。这种教学主张与联合国教科文组织提出的观点是一致的，它反映了教学中的民主思想，也意味着教师与学生一样，也必须终身学习。

再次，从教学的效果来看，"学长式"教学是有效的学习方法。所谓有效的学习，"乃是依靠学习者和知识源泉间的关系性"。学习者是指学生，知识源泉包括直接知识和间接知识，那关系性是指什么呢？所谓关系性，即解决通向知识彼岸的船或桥。美国教育家卡赞札克曾说："一个理想的教师应当肯于把自己当作桥梁，他邀请学生跨上这座桥，并帮助他们走过来之后，高高兴兴地把它拆掉，鼓励学生建筑他们自己的桥梁。"我认为，"学长式"教学所倡导的思想，其核心也在于要求每个教师充当桥梁的作用，引导学生走向成功。

总之，"学长式"教学法是科学的、先进的和有效的教学法，应当大力推广。它是一座金矿，应当把它挖掘出来，充分发挥它的作用。它是一把火炬，但愿给处于严冬的教育带来温暖，进而促进更多的教育工作者进行教育改革，迎接我国教育的春天！

（本文是在 1999 年 1 月 12 日上午，在武汉市 39 中召开的"学长式"教学法课题论证会上的发言）

二十二、功夫不负有心人

——为《传世智慧诗语荟萃》写的序言

摆在我面前的这部书稿，并非出自于大学或研究所的专门研究家之手，而是出自于一名普通记者秦垂世同志，是他在业余时间用心血和汗水凝成的一部文字创作。

和我一样，秦垂世也是一个普通农民的儿子，他长期在基层做新闻工作。这样一个"小人物"大胆闯入古典诗歌的艺术殿堂，写出一部宏篇大作，生发出他人心中有，他人笔下无的议论，提供了一本人人用得着的学习工具书。作者"小人物"大作为般的举动深深地打动着我，他的身世和敢于开拓创新的精神引起了我的极大的共鸣，故于兴奋中我提笔为其作了这个序。

最动人的声音，莫过于音乐；最美丽的文字，莫过于诗歌。我国是个诗歌的王国，古典诗歌尤为博大精深，源远流长，早在两千五百年前，我国第一部诗歌总集——《诗经》就问世了；战国时期的楚辞，特别是《离骚》更广泛地开辟了诗歌的新天地；唐诗、宋词则把古代诗歌推向了艺术的峰巅。两千多年的诗史事实上也可以说是一部英雄史诗，其间的杰出诗人如繁星满天，数不胜数；无数优美的诗篇，似百花争艳，美不胜收；精妙绝伦、脍炙人口的名句（警句、秀句、佳句）则是诗歌中的传神之笔，点睛之处，闪耀着哲理的光辉，放射出智慧的火花，对后世产生着深远的影响，千百年来传诵不衰，屡屡被人们借鉴和引用。

在我国，引用古诗的传统由来已久，春秋战国时期，列国争夺之中，君臣和游学之士经常用《诗经》中的句子作为外交辞令；儒学圣贤孔子、孟子则借《诗经》中的句子阐明自己的主张；到了后代，引用古诗越来越普遍；延续发展到今天，人们逐步形成一种引用古诗的习惯。通常人们在写诗作文、编辑报刊、题词作画、互励共勉、教育子女时，引用古诗来阐明观点、润色文章、表达思想感情。一句诗往往能顶十句话，起到言简意赅、以一当十的作用，给谈吐增彩，使文章生辉。在古诗今用方面，毛泽东、周恩来、陈毅等老一辈革命家给我们树立了榜样，鲁迅、郭沫若这些文坛巨斗也为我们作出了典范。

秦垂世同志学以致用，从中得到启迪，由此破题，欣然命笔为著。他博览群书，采集众家之长，在浩如烟海的古典诗歌中精选出现代常用名句2000余条，上起《诗经》，下迄清末诗歌，可谓慧眼识"珠"，选择精当而全面；释字词准确严谨，解说文字流畅精彩，有许多独到见解；在探析古诗现代用法方面匠心独具，多有建树；旁征博引，收集名家引用古诗的例句来加以佐证，有较强的说服力。

《传世智慧诗语荟萃》适应范围广泛，实用性强，具有一定的学术价值和使用价值。在该书即将与读者见面之时，我特意把她推荐给大家，《传世智慧诗语荟萃》确实是一本有益的好书，著作者呕心沥血为我们办了一件好事。我相信此书一出，很快会受到同行的重视，也一定会得到广大读者的喜爱。

一定会有这一天的。对此，我深信不疑！

（本文原载于《传世智慧诗语荟萃》，湖北人民出版社，1999年）

二十三、只有激动才有创造

——为《激动 为什么激动》写的序言

　　鲁成文是武汉大学81级同学。他进校那年，也正好是我开始主持武汉大学的工作的时候。所以，1981年于他于我都是难以忘却的。我一眼就从《激动 为什么激动》中，看到了他对他的大学的爱已是那样的深沉和那样的恒久，作为校长，再也没有比这更让我高兴和欣慰的了。

　　成文在校四年，专业是没怎么读好的，倒是对专业以外的东西学得相当多和相当认真。幸好那时我倡导实行学分制，容许学生跨系选课，所以他选修了当时还不向非法律系学生开放的《刑事侦查学》；选修历史系的《二战史专题》，他两个多月就把前苏联出的十二卷本的《卫国战争史》啃了一遍。从此可见一斑。所以，当去年底，他给我寄来《激动 为什么激动》的初稿和一份关于音乐旅游的大型项目策划书的时候，我的意外感很快就消失了。

　　我记得在他大三的时候，为学生暑假社会实践活动，和科学普及社的朱征夫一道来我家里谈过他们的构思。毕业好多年后，他和几个同学去广东试办经济信息有偿化服务的时候，又回学校来看望过我。我和这个学生见面只这两次，但给我的印象却是深刻的，所以，我比较记得他，比较关心他。我也记得和关心其他同成文一样的或类似的学生，因为他们通过大学生活，已比较良好地树立起了批判和自我批判的精神，而这是一种创新精神，对于做出学问、对于做出其他有益的建设性的事业具有纲领性的价值和意义。

　　学得专和学得杂，各有千秋，成文属于后一种，并且为之吃了很大的苦头。就才具发挥的重心不同划分，有实干着的思想家和思想着的实干家，成文也属于后一种，或者说，他正在那样去进一步锤炼自己。《激动为什么激动》生动地浮现出他的类型取向。而正是这样的类型取向，决定了《激动　为什么激动》这本书有不同凡响之处。

《激动　为什么激动》没有就音乐讲音乐，而是视音乐为已汇合进生活江河的一支溪流，把音乐彻底溶解到了活生生的人的存在之中，没有楚河汉界，没有泾渭分明，以至于让你分不清楚是在谈音乐还是在谈全面的生活，而这一切都有着坚实的基础和真实的根据。可以毫不夸张地讲，这是一种成功的、很有吸引力的普及古典音乐的努力。还值得一提的是，《激动　为什么激动》所作的普及，没有被弄到俗不可耐的地步，它避免了一般写法通常会出现的品位的滑落，而是恰恰相反，在仍然保持着高雅的格调的同时，透出好的人性的可爱的光辉。

我估计可能是受到文体的限制，也可能是思考得还不透彻，还可能是思想已够但受一些可以意会的原因而不能形诸于文字，所以《激动　为什么激动》的有些地方展示得还不够，让人感到缺憾。无论是什么原因，我都希望成文能把他已接触的问题自在地思考下去，即使一时不能面世，最终都是有意义的。

教育、再教育、不断教育，是一个国家达到民主和富强的大事，也是一个个人实现生存和幸福的大事。音乐是一种很好的教育手段，尤其是古典音乐，它不仅仅关乎美的、智的教育，也特别有助于纯净灵魂、培植理性、尊重生命。这方面的教育我们还开展得远远不够，但我们现在已认识到了这个问题，并正在采取有力的措施改变落后的局面。我相信成文的这本书生逢其世，并会起到很好的作用。

（本文原载于《激动　为什么激动》，广东人民出版社，1999年）

二十四、认识教育的新视野

——不能不为《教育是什么》的出版说几句话

去年岁末，吴宗燨教授等学人，千里迢迢来汉访我，不料我因疾住院，未晤为憾。他托人将几本《主客体关系学系列丛书》和《教育是什么》的书稿转交我，并希望我为他的大作写序。由于几经转手，我没有收到书稿，宗燨先生得知后，又以特快专递寄来一大摞资料。可见其情甚笃，尽管我才疏学浅，但不能有负于他的信托，故不能不为《教育是什么》的出版说几句话。

也许，当人们乍一看到《教育是什么》的书名时，可能大不以为然，对于这样一个不言而喻的问题，值得大书特书吗？依我看，非常值得，该书的可贵之处就在于，它阐明了一个似乎人人都知道但又不懂得其真谛的问题。不真正懂得教育是什么，就等于我们的教育没有目标，不知向何处发展，我们的学校是在"生产"没有严格质量标准的"产品"。

四年以前，我在一篇文章中也提出教育是什么的问题，并从《说文解字》的诠释加以阐述，认为教育的正确解释是学者（主体）和教者（客体）的互动过程，是内因与外因的有机结合，是学者内在自然生长的作用与教者外施于内的作用的统一。那时我甚至极而言之，如果以这个问题来考一考我们各级教育部门的领导人的话，我看绝大部分的人是考不及格的。理论是行动的先导，理论上的模糊必然导致行动上的盲目。这大概是我国教育改革裹足不前，以至于各级教育仍深深地陷入应试教育的误区而不能自拔的重要原因。

教育是什么？这是一个教育哲学的命题，是回答教育的本质，规定着教育的目的，是制订培养人才规格的理论依据。人类已经步入纪元年的第二个千年，面临着新的时代，我们应当如何理解教育的新内涵呢？《教育是什么》一书的作者，针对我国教育的痼疾，从认识的本原入手，以大胆探索的精神，对教育的本质、素质教育的界定、创新模式、教育与认识的规律等重要问题，进行了开拓性的研究，给予了科学的回答，得出了与众不同的新观点。搞科学研究贵在创新，要敢于标新立异，新与异是互相联系的，新对于旧来说，当然就是异，同时没有异也就没有发明创造。陶行知先生曾说："敢探未发明的新理，即是创造精神；敢入未开化的边疆，即是开辟精神。"我之所以摘引这句至理名言，是因为《教育是什么》的作者，在书中较好地体现了创造和开辟这两种可贵的精神。我是十分赞赏这种精神的，也极力推崇这种创新的研究学风。本书的不同之处在于，它摒弃了注经派的学究习气，摆脱了人云亦云的思维窠臼。无疑，这种新的研究风气，他们的新的学术观点，为深刻认识我国教育的状况，为推进我国的教育改革，打开了新的视野；同时，给我国万马齐喑的教育学研究和教育改革，也吹入了一缕清新的空气。

纵观古今中外的创造发明的历史，几乎每一个重大理论创立时，都会遭到非议，甚至被视为异端邪说，不屑一顾。因此，在《教育是什么》一书即将出版时，我还有两句真话要说：第一，对于研究者来说，提出一个新的学术观点固然难能可贵，但是要对这一新理论进行严格的科学论证，使它具有科学性、逻辑性和实用性，还有许多艰巨的工作要做。教育是以人为对象的实践科学，任何一个新的教育理论，如果它没有可操作性，不能付诸实践，并接受实践的检验，那么它就失去了赖以存在的根基。第二，既然是创新性的工作，那就要有接受教育同行和广大读者的质疑的思想准备。真理总是在同谬误的斗争中发展的，如果是真理，那就不怕质疑、怀疑，甚至于批判。因此，我希望作者要站得高一些，要孜孜不倦地继续求索，抱着坚持真理修正不足的态度，从不同的声音中汲取有益的养分，以便使自己的新理论、新观点日臻完善，并为学术界所普遍接受。我想大概只有在这个时候，方可说是创建新理论的成功！

我热切地期盼着中国教育学学派的早日诞生！

（本文原载于《教育是什么》，北京：商务印书馆，2000 年）

二十五、教学改革的一个重要课题

——《创造教育》丛书总序

生理学家和心理学家的研究表明，开发创造力应当从少年儿童抓起，因为他们所处的年龄段是智力发展的关键期和敏感期。基于这种认识，自1995年秋季起，我就在新创办的一所民办学校进行创造教育的实验，希望为克服应试教育的弊端作一些改革的尝试。

为了使这次实验有目的、有计划、有步骤地进行，我们正式向武汉市教育科学研究所申请科研课题，希望把我们进行的"创造教育实验研究"纳入"九五"教育科研规划。经过专家组的论证，并报请武汉市教育科学规划办公室批准，于1997年6月正式把我们的"创造教育实验研究"列为市"九五"教育科研重点课题。

在两年的实验研究中，我们设计了一主、二辅、三结合的"创造教育模式"，开设了《创造思维方法》选修课，培训教师掌握创造性的教学方法，要求他们把创造思维能力的培养贯穿于学的全过程，积极开展OM（Odysey of mind）头脑奥林匹克竞赛活动等等。实验内容是多方面的，无论是在开发学生的创造思维能力或是在提高其学习成绩方面，都起到了积极的作用。

为了总结和汇报实施创造教育实验研究的成果，1999年4月酝酿出版《创造教育》丛书，包括4本书：《创造思维方法大纲》、《创造性教学个案集》、《作文教学与创造能力的培养》和《创意思考题汇编》。随后，学校成立编委会，确定了各册的编撰人员。消息传出，国内几家出版社希望出版这套丛书。经再三考虑，决定优先与湖北教育出版社联系。1999年10月，我去湖北教育出版社拜会娄齐贵社长和袁定坤总编辑，受到了他们的热情接待。在交谈中，二位领导得知早先我还出版了两本创造教育方面的著作，一本是《知识·智力·创造力——谈创造教育》，另一本是《创业与人生设计》，于是，他们建议把《创造教育》丛书写作计划扩大，变成两辑或三辑，把我的三本书作为第一辑。

对湖北教育出版社的建议，我极为重视，立即约请有关的专家学者，就《创造教育》丛书的内容拓展、新增书目名称和作者等进行磋商。经过反复讨论，报经湖北教育出版社审定，最后确定这套丛书由两辑 7 册组成。它们是：

第一辑：

1. 刘道玉著：《创造教育概论——谈知识·智力·创造力》

2. 刘道玉著：《创造思维方法大纲》

3. 刘道玉著：《创造成功的人生》

第二辑：

4. 李小平著：《创造理论的技法与应用》

5. 李新业等著：《非智力因素与创造力的培养》

6. 汪子为等著：《校园文化与创造力的培养》

7. 王焱明主编：《教学创新与创造思维的培养》

应当说，这套书目的选定是慎重的，是有基础的。所选定的书目，要么是他们个人的研究方向，要么是他们工作单位的特色。参加撰写的人员，素质是高的，功底是厚实的。在他们之中，有的是从事教育工作三四十年的教授、特级教师，也有武汉大学、华中科技大学高教所的年轻的副教授、博士和硕士。他们写作是认真的，工作是努力的，特别是武汉今年夏季的天数长、平均气温高，他们克服了种种困难，终于较好地完成了撰写任务。

总的来说，这套丛书是在全国倡导创新教育大好形势下"催生"出来的，是积极响应和参加创造教育实践的具体表现，是编撰者们的一次创新尝试。概括地说，本套丛书具有三个特点：一是实践性强。例如《创造思维方法大纲》、《教学创新与创造思维培养》等，都是在 3 年以上教学实践基础上，经过反复实践、总结和推敲而写成的。二是针对性强。当前，我国的教育特别是基础教育，正处在从应试教育向素质教育转变阶段，既需要从理论上又需要从实践上予以指导，本丛书可以部分地起到这种作用。三是应用性强。创造力的培养不仅仅是个理论问题，更重要的在于实践，本丛书考虑到了这一点。例如，《创造理论的技法与应用》、《创造成功的人生》等，不仅对在校学生创造性的学习，而且对在工作岗位上的青年人从事创业，都是有借鉴作用的。

这套丛书涉猎广泛，跨度较大，格式不尽统一。有的重点是理论阐述，有的侧重于实际训练。从读者对象看，有的适用于中小学生的思维训练，有的可以作为中等专科学生和大学生们的自学材料，也可以作为中小学教师和学生家长培训学生的参考书。如果说本丛书没有把读者定位在某个群体上，这是我们感到遗憾的一点，那只能请读者"各取所需"了。

尽管本丛书的作者都是崇尚和热心于创造教育的研究和实践的，但由于创造学和创造教育学毕竟还是新兴的学科，我们对它仍然存在一个重新学习的问题。因此，在写作中难免有理解不准、表达欠妥的地方，我们恳请同行专家和广大读者不吝指正。

（本文原载于《创造教育》丛书，湖北教育出版社，2002 年）

二十六、方法比知识更重要

——《创造思维方法大纲》自序

我在花甲年以后，萌发撰写一本名叫《创造思维方法大纲》的书，这不仅仅是为了适应当前大力倡导的素质教育的需要，而更主要的是要了却我童年的一个梦。

每个人都有过做梦的经历，体验过梦境中的千奇百怪的现象。梦有两种：一是梦幻，是人在睡眠状态中大脑所产生的杂乱无章的心理活动；二是梦想，是人在醒着时所企及的希望。

自蒙育之初，我就知道了祖国古代的四大发明：指南针、造纸术、印刷术和火药。这四大发明，大约是自公元前400年到公元600年的千年间的先贤们杰出的创造，后来相继传入世界各地，对人类的文明发展作出了伟大的贡献。每思及此，我就感到无比的激动和自豪，并在我幼小的心田中播下了"创造的种子"。大约在十四岁的时候，我有机会读了一本发明大王诺贝尔故事的书，他的发明创造的事迹，献身科学的伟大精神，又极大地震撼着我的心灵，对于先前播下的那颗"种子"起到了"催芽"的作用，使我立下鸿鹄之志——做一个诺贝尔式的发明家。

但是，时值而立之年，正当我步入有机氟化学研究前沿领域之时，由于历史误会的原因，把我推上了大学领导工作的岗位上。接着，又是十年浩劫的"文化大革命"，被下放到工厂接受"再教育"，使我失去了从事发明创造的舞台——化学实验室。重新工作之后，又先后出任教育部高教司司长和武汉大学的副校长、校长，拨乱反正和改革的繁重任务，不允许我有空暇的时间去实现我的创造之梦。这虽然是一大遗憾，但创造的梦并没有消失，只是异化为另一个梦：研究创造教育，致力于创造性人才的培养。

在近 20 年之中，我的创造教育研究大致分为两个阶段：头 15 年以高等教育为对象，主要从事创造教育理论研究，发表了不少的论著。第二阶段是从 1995 年创办参与一所民办学校开始的，我把它当作实施创造教育的试验田。为此，我承担了武汉市教育科学研究"九五"重点课题——创造教育实验研究，这使我对创造教育的研究从理论转向实践，从高等教育步入了基础教育。

说实在的，当我对创造教育的研究越是进入角色，我的心情则越加沉重，绕着我国国民的创造性的一系列问题一直萦绕着我的心头：为什么继"四大发明"以后我国再没有作出过震撼世界的发明创造？为什么"四大发明"传到世界各地后又要从发达国家引进这些发明的技术和设备？为什么我国诺贝尔奖还是空白？为什么在尖端技术原创成果领域里没有中国人的记录？为什么不能产生为世界公认的科学学派？为什么没有中国的莎士比亚、贝多芬和毕加索？等等。

不久以前，国家颁布了 1999 年科技奖评选的结果，其中自然科学和技术发明一等奖都出现了空白。事实上，从 1989 至 1999 的十年间，这两类一等奖多次出现空缺，更不用说去问鼎世界级各类学科的大奖了。这的确是令人忧虑的，也是应当深刻反思的。究其原因，最根本的是我国国民缺乏创造力，绝大部分的科研工作还是限于模仿和尾随国外的研究，缺少无人涉足的敢于攻尖的原创性的工作，致使我国几乎没有自主知识产权的重大成果。

如果再追究下去，那更深层的原因又是什么呢？创造力又是为何培养的呢？很明显，直接的原因乃是教育，这正如联合国教科文组织所指出的："教育既有培养创造精神的力量，也有压抑创造精神的力量。"如果说在世界范围内存在这种情况，那么我国教育压抑乃至于扼杀创造性人才的现象尤为严重。这是因为千百年以来，自私塾学校、科举制度到今天的应试教育，基本上实施的是知识灌输教育，注重死记硬背，训练考试的"机器"，从而泯灭了广大青少年的创造性的能力。

现代教育认同的观点是：教育应当较少地致力于传递和储存知识，而应该更努力教授获得知识的方法和能力。人的创造力是可以通过训练来实现的，因此在欧美和日本等国家中，不仅在大学而且在中小学中，都开设了科学思维方法、创造学、创造思维方法、创造技法等课程或专题讲座，借以培养学生的创造思维能力和独立的分析、解决问题的能力。然而在我国，中小学的教学计划只开设语、数、外、理、化、生和政、史、地等课，音、体、美仅仅作为副课起一点陪衬作用。大学里专业划分太细，也仅仅开设各专业所需要的、知识性的基础课、专业基础课和专业课，几乎不向学生传授科学思维方法和学习方法，致使相当多的大学毕业生成了"知识仓储"式的人。

针对我国教学制度的弊端，为了进行创造教育实验，自 1996 年秋季开始，我在一所民办学校面向初二学生，开设了创造思维方法选修课。这是一种新的尝试，在全国尚无先例。从 1997 年秋，我把这门选修课设定在初中一年级，现已讲授三个轮回了。为什么要把这样一门重要的选修课放在初一年级开设呢？这是因为培养创造力，必须从少年儿童抓起，要十分重视开发他们智力的关键期和敏感期。据心理学家研究，在少年儿童中，每个年龄层中约有 5％的智力早熟的儿童，并且他们的成熟年龄为 10至 13 岁。这个年龄段，正好是处于初中一年级阶段，是由儿童向少年转化的年龄，是从学内容到学习方法的转折阶段，是人的一生中智力、心理、身体、良好的习惯和思维方法养成的重要时期。

既然开设《创造思维方法》选修课是一种创新的尝试，那么讲授方法也必须打破常规，既不能"讲说章句"，也不能追求课程的"三性"（即系统性、严密性和完整性）。我是以专题讲座的形式，一题一讲，每次讲座首先提出一个形象的问题，然后引出一种创造性的思维方法，在讲授中穿插游戏、故事、谜语、竞赛等趣味活动，熔科普、高新技术、文学和百科知识为一炉，非常符合青少年学生的兴趣和认知方式，因而对训练他们的创造思维能力和提高学习成绩都收到了良好的效果。

在经过几轮讲授创造思维方法课的基础上，我把收集到的新资料，充实到讲授大纲中去，并写成了《创造思维方法大纲》一书。我的目的是以此推动实施创造教育，希望有更多的学校开设出类似于创造思维方法的课程，把诸如航天技术、火星探测、克隆技术、"深蓝"、信息高速公路、基因治疗等当代新科学、新发明，以及导致这些发明的创造思维方法，以通俗的方式传授给广大的青少年，相信这对于提高我国国民的创造性的素质是大有裨益的。

创造不是梦，是无时无刻不伴随我你他的真实，问题是我们要善于发现它。

（本文原载于《创造思维方法大纲》，湖北教育出版社，2002 年）

二十七、老而弥坚勇开拓

——为《何微新闻思想与实践》作序

何微教授是我国当代著名新闻学家、新闻教育家和思想家。他从事新闻实际工作、领导工作、教学与研究工作 60 载，把毕生精力和才华贡献给了新中国的新闻事业。他品德高尚、聪颖好学、文思敏捷、勤于笔耕、治学严谨，一生著作甚丰，据统计已愈一千万字，为后人留下了丰富的精神财富。

我认识何微教授是一种缘分，这得从武汉大学创办新闻学系说起。自1981 年我任武汉大学校长起，深感学校发展缓慢，办学模式陈旧，半个多世纪以来，仍然停留在文、史、哲、经和数、理、化、生的传统基础学科上，与现代化的市场经济建设很明显地不相适应。为此，当时在全校开展了自下而上的校内专业调整的大讨论，集思广益。在此基础上，形成了武汉大学新的办学模式——"文、法、理、技、信、管"六大学科的多学科模式。新闻学系是 1983 年开始筹办的，是实施新办学模式的一个改革举措。根据我的经验，要创办一个新的系，物色一两个筹建负责人是至关重要的，他们既要懂业务又要有干劲和创新精神。带着这个问题，我专门拜访了中文系的老教授李格非先生，向他说明意图，请他推荐一名可以担任新闻学系主任的人。听后，他起身在书房里踱着步子，锁着眉头思索着。片刻之后，他又坐了下来，说道："有了，我看吴肇荣可担当此任。"接着，他介绍吴肇荣的表现、个性和业务情况。我满意地采纳了格非先生的建议，于是吴肇荣同志出任了新闻学系的第一届系主任。筹备组另一位负责人是吴高福，他是由我排除阻力推荐的，担任新闻学系党总支书记。

新闻学系创办伊始，物色和调配专业教师乃是百事之先。为此，两吴全力以赴，跑了不少路，吃了很多苦，而我也一直是为他们开绿灯的。1984 年初春的一天，两吴急切地到我家里找我，要求把何微教授调入我校新闻学系。他们介绍说："在武汉和北京物色教师过程中，有人推荐何微教授，他是国内新闻学界的老领导、老前辈，在全国新闻学研究领域里，素有'北甘（北京中国人民大学的甘惜分教授）、南王（上海复旦大学的王中教授）、西北何（陕西省社会科学院的何微教授）三足鼎立'之说，他堪为中国新闻学界的巨擘之一。"他们介绍时显得有些激动，而我听后也很兴奋，都希望我校新闻学系能有这一面大旗。

在办学实践中，我一向倡导"追求卓越、力争第一"。我深信，要实现这个目标，至关重要的是物色和培养大师级的人物。何谓大师？用法国著名艺术家罗丹的话说："就是这样的人，他们用自己的眼睛去看别人见过的东西，在别人司空见惯的东西上能够发现出美来。"这种发现依靠的就是创造力，大师与凡人最根本的区别也表现在这一点上。

我们大家都知道，美国加州大学伯克莱分校是美国最好的十所研究型大学之一。它之所以著名，乃是由于该校十分重视物色和培养大师级的学者。例如，劳伦斯教授原本在东部耶鲁大学工作，他提出要制造原子分裂器的研究计划，校方不予支持。加州大学伯克莱分校知道后，立即把劳伦斯聘请去，资助他的研究计划，建立了劳伦斯实验室。劳伦斯正是这样的大师。得人才者得"天下"。现在，劳伦斯实验室不仅是世界上最大的原子核加速器研究基地，而且形成了劳伦斯学派，已涌现出了 10 位诺贝尔奖获得者。

无疑，何微教授是我国当代新闻学界的一位大师，是我校办好新闻学系正要寻求的一位学术带头人。因此，我毅然决定要聘请何微教授来我校任教，并派两吴代表我去古城西安求贤搬帅，幸得何微教授应允。但是，在具体办理调动手续过程中，却是困难重重。首先，是遇到校内舆论的压力，什么"已是退休的教授，偌大的年龄，划得来吗？"其次，要通过省里多道关卡的审批，因为他是正教授、副省级干部，年龄六十又八，所以必须经过省人事厅、省委组织部和省委常委批准。按常理，要调动一个已退休的教授，是很难获得通过的。办理这样棘手的问题，由学校的组织人事部门出面，肯定是不行的，于是我不得不亲自多次到省里组织人事部门去汇报。有的负责人好心地劝我说："刘校长，何微教授年事高、级别高（10级），你可要慎重啊，不要自找麻烦啦！"

我感谢有关领导的提醒，同时也对我们的申请进行了辩解。我说：年纪大是事实，但不能一刀切，何微教授身体健康，精神矍铄，笔耕不辍，每日仍工作十七八个小时，他再工作十年不成问题。再说，在古今中外历史上，在这个年龄开始创大业者也不乏其人。例如，我国唐代武则天就是68岁登基称帝的，执政15载，是我国历史上惟一的女皇帝。英国首相丘吉尔，也是在70岁以后当选为首相，连任两届，不仅是英国历史上最有成就的首相之一，而且还荣获了诺贝尔文学奖。我的要求是诚恳的，辩解是有力的。但是，最后成全何微教授来武汉大学的，还是省委常委、组织部长刘启智同志。他是一位开明的部长，又是老校友，对我执著办好武汉大学的心愿是理解和支持的。所以，事成以后他对我说："真是好事多磨呀！愿母校越办越好。"

1984年秋，何微教授正式由陕西省社会科学院调入了武汉大学，他不仅成为我校新闻学研究所所长，而且我和他也成了在教育改革与创新事业上的挚友。他到任不久，就提出了办好武汉大学新闻学系的三大目标，即一个所、一个点和一个刊。这再一次体现他"老骥伏枥"、志在创新的可贵的精神。一个所就是新闻学研究所，把新闻学系办成既是教学又是科学研究的中心。一个点就是硕士学位授予点，由于有何微教授领衔，这个点很快获得批准，成为全国第三个有资格招收研究生的新闻学系，并使我校新闻学系很快进入全国同行的前列。一个刊就是创办《新闻学刊》（或《新闻教育》），为广大师生提供学术创作与争鸣的园也。前两个目标早已达到了，既出了人才又出了成果。遗憾的是，创办刊物一事，由于正值全国报刊进行整顿，停止受理申报，直到1988年我被免职为止，未能实现这一目标。对于何微教授和我来说，不是不想为也，而是不能为也！

俗话说："万事开头难。"的确，新闻学系和新闻学研究所创办伊始，千头万绪，百事待兴。在工作中碰到困难时，何微教授总是喜欢直接找我，而我也有事必躬亲的习惯，经常主动去拜访他，关心他的生活，及时解决他工作中的困难。这样就避免了文牍主义，减少了"中梗阻"。我之所以这样做，是我不忍心年近古稀的何老把宝贵的时间，耗费在琐碎的事务工作上，希望他多培养人才、多出成果。同时，我也向他建议道："一般说来，知识是可以突击的，但经验和理论是不能速成的，要靠长期的积累和提炼。您从事新闻实践与理论研究半个多世纪，积累了丰富的经验与资料，希望您把它们整理出来，写成专著出版，以教诲后人。"他说："是呀，我也是这么想的，希望利用武汉大学良好的学术环境，在有生之年完成我的夙愿。"

何微教授在武汉大学任教的 8 年，是他的新闻学思想进一步成熟和继续实践的 8 年，也是他在学术研究上最辉煌的 8 年。在此期间，他除了授课、培养研究生以外，还撰写了大量有学术价值的论文，写出了《新闻科学纲要》专著，主编了《中国新闻思想发展研究文集》等数百万字的文稿。8 年的岁月弹指一挥间，然而何微教授却完成了如此巨大的工程，他的渊博的学问、孜孜不倦的奋发精神，给武汉大学新闻学系的师生们留下了极为深刻的印象！

现在，何微教授的同事和学生们，为了缅怀这位已经仙逝的著名学者，准备编辑出版《何微新闻思想与实践》一书。我有感而发，写了关于何教授到武汉大学前前后后的一篇文字，是为序。

（本文原载于《何微新闻思想与实践》，武汉大学出版社，2001 年）

二十八、转变学习的观念

——为《新学习学概论》写的序言

学习的浪潮席卷全球，也拍打着古老的华夏大地。一个学习化的社会已现端倪。

学习浪潮的掀起是由科技的高速发展而带来的，科技的高速发展，改变了人类的生活与生存方式，依"适者生存"的自然准则，能适应现代高节奏、高效率生活与生存方式者，有望成功；反之，墨守成规者将被时代所淘汰。

科技的高速发展，还大大充实、更新与改写了人类一万年文明史所留存下来的知识内容。从量上说，现今的知识门类已达5000多门，其中少数是新建立起来的知识，大部分是在原来经典理论的基础上更新、突破、嫁接、交叉、重组、发展而来。自然科学已从19世纪的"电气时代"进入了20世纪的"原子时代"，现在又步入了21世纪的"DNA时代"。

人类生活与生存方式的改变，最集中、最典型地反映在学习方式的改变上，现代年轻一代的科研人员一改"泡图书馆"的传统的工作方式，而成为"网上冲浪"的强手，他们花大量时间上网阅读电子杂志，索取电子论文预印本，了解最新的研究进展，否则就不能跻身科技的前沿阵地。所以当代中国知识分子要获得成功，必须首先更新自己的学习方式，进而更新自己的知识和技能，以适应社会经济高速度的发展。

20世纪90年代初，中科院周光召院长与一位刚从英国剑桥大学回国的优秀青年生物学家交谈时提出：植物的无性繁殖技术能否在高等动物身上实现？这位青年学者以他熟悉的一套理论为依据，做出否定的答复。但不足十年，克隆羊"多莉"就诞生了，这说明，今日的高新技术真是日新月异！这给我们昭示：当代学习策略的重心应当从接受、模仿、认同转变到批判、突破与创新上来。但要实现这种转变并非易事，要突破传统，首先要熟悉传统，不为传统所束缚，要有所创新、有所前进。我们青年一代，真正了解东方传统文化的人并不多。近100年来，中国知识界的主流思想是向世界先进国家学习，首先是戊戌变法的先驱们，提出学习西方，提倡科学文化，改革政治、教育制度。20世纪50年代初，又提出学习苏联"老大哥"，80年代初，又转向学习美、英等西方国家。而当我们略有成绩时，西方的"老师"便将东方的"学生"当作对手，这种情况最集中反映在美国哈佛大学学者塞缪尔·亨廷顿提出的"世界文明冲突论"之中。他预言：21世纪世界的冲突，将主要是基督教文明与伊斯兰文明、儒教文明的冲突。亨廷顿深谙哀兵动人的策略，其动机是欲将由西方文明取代世界上所有国家的古代文明，将西方商品化的价值观推销到全世界。而作为东方文明代表的中国，许多人似乎并未对此有所警觉。他们在津津有味地品尝麦当劳与肯德基之时，不厌其烦地欣赏潮水般涌来的西方音像制品。在这种歌舞升平的氛围中，我们民族的传统文化有可能被洗刷干净，我们的民族立足点将被动摇。现在我们若不努力创造出具有民族特色的文化产品，我们将在世界文化浪潮中失去自我。所以，在我们学习西方文明中先进的精华的同时，要继承从孔夫子至今的文化价值传统，不能忘却我们民族的文化传统中丰富的，思想宝藏，这是一座可供后人挖掘的金矿。

我很高兴地看到《新学习学概论》这本书稿。作者既采集筛选了西方有关学习学理论之精华，又开发了我国源远流长的学习理论。在融汇中西文化之长的基础上，提出了一个全新的学习理论框架，将二体学习观推进到三体学习观，并在此基础上提出了许多创新观念，如学习场、学习势等等。另外在学用结合，继承与批判等问题上，也有独到的论述。它是一本讲述中国人自己的学习传统的故事书。全书列举了大量的事实，说明中国人自古至今对学习的执著，对学习的独到见解以及一套行之有效的方法。

《新学习学概论》全书结构严谨，系统而有条理，条分缕析而言简意赅的阐述了有关学习的方方面面理论与实践问题，是学校对学生进行学习方法教育的极好教材。对教师来说，阅读此书对于提高自身素养和改进自己的教学方法也大有益处。对社会各界有志于学的同志来说，也是实施终生学习、学会生存的一部有益的参考书。

我以为该书是弘扬我国民族文化、在学习学方面有所创新与突破的优秀著作。21世纪中国知识分子的庄严使命是重建中国的学术，捍卫中国的文化，为东方文化的复兴而努力。显然，作者是不辱这个神圣的使命的，他们为中华民族文化的振兴作出了一份贡献。

这里应当提及的是，该书的两位作者都是改革开放的前沿地带福建的著名教育活动家，他们在教育第一线有过丰富的教育体验，长期从事教学研究与行政管理工作，从教学改革实践中他们深刻体会到教学改革的关键问题是学习方法与学习策略的改革。因此，他们在十年前转入系统而深刻的学习问题的研究与探索。积十年之功而毕于一时，堪为"十年磨一剑"。我深信，他们的研究成果将为我国蜂拥而起的亿万学习大军提供一把金钥匙，借以打开知识宫殿的大门。

还值得一提的是，两位作者都是数、理教师，他们在本学科专业内的研究也多有建树，出版过许多专业著作。同时，他们对我国古代的史传诗词也有一定的造诣，有了这样的条件，才能使他们的研究工作取得突破性的进展。我们希望中国的学术界有更多这样的复合型的人才出现，有更多的锐意改革的教育家，为中国学术的振兴描绘出绚丽多姿的画卷，为开创教育改革的大好局面作出贡献！

（本文原载于《新学习学概论》，福建教育出版社，2001年8月）

二十九、创造未有穷期

——《21 世纪中国创新教育理论与实践研究》代序

从严格的概念上讲，创新与创造是不同的，依理，创新教育与创造教育也是有区别的。就实质而言，创新是革新或改革，而创新教育也是指教育改革，创建一种反映时代精神的新型教育。然而，创造是一种高级的心态素质，它在本质上是独特的，是相对于原本不存在的东西，它所构建的观点、概念、理论和成果是新颖的、首次的和前所未有的。与创新教育不同的是，创造教育是一个学科概念，它是横跨于教育学和创造学之间的一门交叉学科。它的任务是：通过教育活动以弘扬创造精神，塑造创造性的个性素质，培养创造思维能力，造就大批创造性的人才。

在教育学的研究方向上，我从事创造教育学研究二十多年，大力倡导在各级各类学校实施创造教育，开发广大青少年人皆具有的潜创造力。我从事教育工作 40 多年，其中担任高等教育的领导工作有 22 年。在长期的教育实践中，我崇尚创新，立志于教育改革，对创新教育进行了很多有益的尝试。因此，无论是创造教育抑或是创新教育，对于我来说都不陌生，是我全部情趣之所在。回顾我研究创造教育的道路，这对于坚定信心，更加自觉和更有成效的研究、宣传和实施创造教育，也许是十分有益的。

在少年时代，我就崇尚创造，立志将来成为一个发明家。1962 年初，我赴苏联攻读副博士研究生，从事尖端科学技术研究，这是实现我的创造之梦的大好时机。但是，由于中苏交恶，我参加了揭露苏修反华的斗争，遭致苏方的驱逐，作为一名反修战士而辍学归国。于是，我成了新闻人物，成了革命接班人，并从此改变了我的人生轨迹。然而，我的创造之梦并没有消失，而是异化为另一个梦：研究创造教育，致力于创造性人才的培养。

我对创造教育的研究是始于 1981 年，时值我被任命为武汉大学校长之初。我研究创造教育的第一篇论文是：《要重视大学生智能的培养》。文章一开头，我头一次对 17 世纪英国著名哲学家培根的至理名言"知识就是力量"提出了质疑。我认为："知识不等于能力。书本知识多的人，不一定工作能力强，考分高的学生，不一定是优秀人才。知识与能力是有差异的。只有当知识被人们所掌握并转化为独立工作能力和科学研究能力时，它才成为一种力量。论文宣读后，与会者感到震惊，但也认为言之有理，并被评为当年湖北省高等教育研究会优秀论文一等奖。后来，这一观点又被国内多家报刊摘转，所幸的是得到学术界的认同。

人才观是培养人才的指导思想，是衡量人才的标准，有什么样的人才观，就会培养什么样的人才。在系统思考的基础上，1985 年我提出了有史以来人才观的 6 种类型，即"工具型"、"知识型"、"全面型"、"智能型"、"创造型"和"审美型"。每种人才观都是一定历史时期的产物，而且是为一定的政治和经济服务的。我特别强调，为了迎接新的技术革命的挑战，当代必须确立"创造型"人才观，大力培养创造性的人才。我还预言，在未来各类教育高度普及和物质极大地丰富以后，教育将不再是谋求职业的手段，而是充实自己和完善自我的需要，也即第一需要。到了那时，人才观将是审美型的。这无疑是一个十分超前的教育观点。对此，著名学者金马评论道："这种高明的主张，可以说，从哲学智慧的高度，较完美地逼近了马克思所提出的'人也按照美的规律来建造自己'的精辟人才观点。"

1988 年春节前夕，年仅 54 岁的我，突然被免去了校长之职。丢官并非可惜，遗憾的是我正在策划的第二次教学改革的大手笔不得不就此作罢，并从此失去了教育改革的舞台。无官一身轻，我为此也因祸得福，使我得以有充裕的时间撰写《知识·智力·创造力——谈创造教育》一书。尽管该书在出版过程中，遇到了某领导部门的阻挠，但它毕竟还是于 1989 年 7 月付梓出版了。该书是由我主编的《教育探索者》丛书中的一本，它的确是一次大胆的探索。在书中，不仅对知识、智力、创造力作了充分的阐述，而且还对创造教育理论框架和实施创造教育的各要素也作了系统的概括。

创造力到底是什么？它又是由哪些要素组成的呢？这又是一个众说纷纭的问题，莫衷一是。正如心理学家 J·爱肯所说："在心理学文献中没有比创造性这个课题研究得更多和被人理解得更少了。"经过研究，我提出了"创造力三要素说"，即创造力的二级智力要素是由观察能力、抽象思维能力和实践能力组成的，这个见解无疑是符合唯物辩证法的，因为创造力的形成和发展必须遵照实践（观察）——认识（思维）——再实践（创造行为）的过程，而观察能力、抽象思维能力和实践能力恰好反映了创造性认识过程中所必需的三种智力。

1995 年是我感到比较宽松的一年，也是在研究创造教育方面成果较多的一年。在这一年，我取得了三项成果。首先，出版了我在创造教育研究方面的第二本专著：《创业与人生设计》。这是一本侧重于创造力应用的书，其中比较全面、具体地论述了创业与人生设计的关系，分析了创业所需要的各种素质，特别是探讨了创业的各种理论与方法。其次，我参与了创办一所民办学校的工作。我认为，研究教育学不能仅仅停留在理论上，而必须进行实践，教育改革也不能只是"纸上谈兵"，而必须身先士卒。因此，从一开始，我就把它作为我进行教育改革的试验田。我亲自设计了反映创造精神的校训、校风和校徽，提出了"成长之家"的原则，实施了一系列的改革举措，效果是十分明显的。第三，我提出了一个反映时代精神和符合教育规律的教育方针。这个方针的文字表述是："教育必须为社会主义建设服务，坚持德、智、技、群、体、美六育并重，全面开发人的智力，培养具有创造性素质的多功能人才。"对于这个方针，我思考了 10 多年的时间，特别是在考察了我国广大青少年和国民素质的弱点的基础上提出来的。与通常的提法相比，在多层面上是有区别的，但核心的是多了"技"和"群"二字。技育和群育之所以十分重要，一方面是因为自古到今它们被我国教育所忽视，另一方面它们又是未来知识经济时代特别重视的两项素质。教育方针是教育思想的体现，是国家制订教育政策和指导学校教育工作的纲，是学校制订培养目标和各项工作的依据。因此，只有制订了正确的教育方针，才能有针对性地培养未来时代所需要的创造性人才。

现在的学校，尤其是中小学，基本上是向学生灌输知识，而很少向学生传授方法。为了改变这种局面，自 1996 年秋，我面向初中一年级学生开设了《创造思维方法》选修课，至 1999 年 6 月，先后讲授三个轮回。我的选修课以专题讲座形式，每一讲介绍一种创新思维方法，寓科普知识、技术、文艺百科与方法为一炉，深入浅出，穿插讲故事、做游戏，因而受到了学生们的欢迎，对于提高他们的学习能力和学习成绩都起到了良好的作用。

几年以前，自下而上都在呼吁减轻中小学生的学习负担，实施素质教育，以便把广大的青少年从应试教育的桎梏下解放出来。对此，一些地方和学校闻风而动，有的提出以"两小"（小科技发明和小论文）为重点，也有的提出以"小三门"（是指相对于语文、数学和外语大三门以外的音乐、体育和美术）为素质教育的突破口，等等。见此情景，我似乎觉得有不少人，对于什么是素质教育，以及它与创造教育的关系等问题并不清楚，如果不加以澄清，那么就可能对实施素质教育进行误导，并且最终会模糊了实施创造教育的大方向。为此，1997 年我写了两篇文章：《素质教育与创造教育》和《培养创造力是实施素质教育的核心》，前者发表在《光明日报》上，获素质教育征文一等奖；后者发表在《教育时报》上，也被评为该报当年优秀论文一等奖。这说明，我的观点得到学术界和新闻媒体的认同，我也为对宣传创造教育所起到的微薄作用而感到欣慰。

最近两年以来，我对创造教育的研究，已经进入总体设计阶段。我认为，要真正实施创造教育，已不能再满足于舆论宣传，也不能再停留在"添枝加叶"的修饰工程上了，而必须触及到本源即必须转变教育观念，改革教学制度、教学内容和教学方法。这就需要打攻坚战，非经过持久的努力是不可奏效的。为此，针对中小学和大学的特点，分别设计了中小学实施创造教育的模式和大学实施创造教育的模式。

针对中小学生的特点，他们尚处于"长身体、长知识、打基础"的阶段，我为他们设计的创造教育模式是："一主、二辅、三结合"模式。在这里，一、二、三是序数，依次表明它们在实施创造教育中的地位与作用。所谓主，就是把现行规定的必修课作为实施创造教育的主渠道，把培养学生创造思维能力贯穿于主课教学的全过程。为此，必须对必修课的教学内容和教学方法进行全面的改革。所谓辅，是把开设有特色的选修课，作为培养学生创造思维能力的辅助措施。"三结合"是学与思结合、动脑与动手相结合、开发左脑与开发右脑相结合，这对于开发广大青少年的创造力是十分重要的。这个模式，曾在一所民办学校的小学部进行过实验，取得了令人满意的效果。

在《教育发展研究》2000 年第 12 期上，发表了我的《关于大学创造教育式的构建》一文。我设计的模式叫做"SSR 模式"，这是我思考了 10多年而得出的结论。在这个模式中，第一个 S 是英文词组"Study inde-pendently"的缩写，可译为自学或独立的学习。第二个 S 是英文单字 Sem-inar 的缩写，意指课堂讨论。R 是 Research 的缩写，意思是研究、探索。SSR 分别代表三种学习方法，它们既是独立的又是相互联系的。同时，它们又代表三个学习阶段，由初级到高级，一环扣一环，一步比一步深入。我认为，SSR 模式是切实可行的，具有普遍的推广价值。实施 SSR 模式，挑战"传授知识——接受知识"的"三中心"的旧模式，必将引发教学领域里的一场"哥白尼式的革命"。

去年，我主编了一套《创造教育丛书》，共 2 辑 7 册，约 150 万字。据知，这是目前国内研究创造教育比较全面和翔实的一套参考书。该丛书第一辑是我的 3 本专著，其中《创造教育概论——谈知识·智力·创造力》和《创造成功的人生》是我过去旧作修订再版，而《创造思维方法大纲》是我的一本新作。这三本书，是我历时 12 年学习与研究创造教育的心得体会。它们正好是由创造教育的理论、方法和实践三部分组成，堪为我研究创造教育的三部曲。这是我在 20 世纪自 80 年代研究创造教育的一个总结，又是我献给以创造为特征的 21 世纪的一份礼物。

在谈到总结人类经验时，毛泽东有一段精辟的论述；"人类总是不断发展的，自然界也总是不断发展的，永远不会停留在一个水平上。因此，人类总得不断地总结经验，有所发现、有所发明、有所创造、有所前进。"教育也是一样，由于电脑的发明和网络技术的广泛应用，它正经历着自文字发明以来的第四次革命，也许像比尔·盖茨所预言的那样："也许被改得几乎面目全非。"

总之，21 世纪是自产业革命后两百年以来，催生发明创造的发酵的时代，一切都在激剧变化着：教育创新未有穷期，创造教育的研究未有穷期，人类的发明创造也未有穷期！

（本文原载于《21世纪中国创新教育理论与实践研究》，珠海出版社，2001年）

三十、千古文章根肺腑

——《创造教育新论》序言与跋语

　　我一生与书打交道，从私塾到去前苏联攻读副博士研究生，前后共18年。大学毕业后，留校当教师，开始了又是18年的教书生涯。再后来，我步入高等教育管理工作，一边从事化学科学研究，一边又研究创造教育的理论与实践。在开展化学科学研究和撰写化学论文的同时，自1981年开始发表第一篇教育论文至今，我出版了教育专著6本，与人合作撰写书著12本，主编教育著作5种共24本。除此以外，我还发表了200多篇教育方面的文章。这22年，是我著文写书的主要时期，它使我品尝到了"闲里生忙为著书"（袁枚诗句）和"千古文章根肺腑"（郑燮诗句）的滋味。

　　从我做学问的经历中，逐步地养成了一个习惯：读书，我总是要先浏览书的序言，因为无论是作者或是作序文的人，总是要对该书的体系、特点和重点作一个交代，这就为我提供了一条阅读的思路，可以提高读书的效率。写书，我总是在书稿脱手之后再写序言，因为只有在这个时候才能够把书的结构、体例、论点和论据定下来。无疑，在这个时候来写序言，才能观其全书大略，也才能抒发真切的写作感受。我正是怀着这种心境来写这篇序言的。

　　实际上，这本书是一本研究论文集，收集了我研究创造教育的最新成果。我之所以把书名定为《创造教育新论》，是因为去年出版了我研究创造教育的"三部曲"，其中有一本书叫《创造教育概论》，显然《创造教育新论》是《创造教育概论》的延伸。但是，这只是相对而言的，它们在体系上并没有联系。

　　当然，《创造教育新论》中的"新"，主要的不是与前一本书的书名相区别，而的确是在内容上有新的发展。全书共收集了研究论文 38 篇，其中 26 篇是在近一年内写成的，占了全书文章的 68.4%，近 80% 的文章尚没有发表过。为了使全书构成一个完整的体系，我把过去 5 年中写就或发表的 14 篇文章也收集到本书中。我要特别提到的是，本书理论篇中的 13 篇论文，无论是从论题或是其中的论点，目前国内尚未看到报道，这无疑具有新颖性。

作者把全书分为理论、改革和实践三个篇目，这主要是为了避免目录过于庞杂，也为读者有选择地阅读提供方便。实际上，这与任何分类学遇到的问题一样，分类只是相对的，就像原子分割一样不可能穷尽。理论与实践本来就是对立统一的，理论来自于实践，而实践有待上升为理论，二者是你中有我、我中有你，不可能分得一清二楚。改革篇更是一个综合篇目，改革离不开理论的指导，而理论又必须付诸于实践并接受实践的检验。所以，我把《转变教育观念，迎接世界第四次教育革命》、《面向 21世纪大学生学习观》、《中国怎样建成世界一流水平的大学》、《关于大学创造教育模式的构建》等颇带理论色彩的文章也放在改革篇中，我的初衷是突出改革的重要性，否则，再好的理论观点也难以实施。

在实践篇中，也并不是完全没有理论观点，例如《实施创造教育，培养创造性人才》一文中，其中有关实施创造教育的理论基础的论述，本应当放在理论篇，但是我为了强调创造教育的实践，所以就把它一并放在实践篇。从全书的内容来看，无论是理论篇或是实践篇，它们大多是围绕着教育改革这个中心展开的。因此，本书不仅具有一定的学术价值，更重要的是它对于当前进行的教育改革有着某些借鉴作用，特别是高等教育的改革。例如，关于《怎样建成世界一流水平的大学》、《关于大学创造教育模式的构建》、《大学文科必须改造》、《大学素质教育之我见》等文章，都具有较强的实用性和可操作性。因此，我希望书中的某些观点能受到教育同行们的重视，并且能够在教育改革中发挥应有的作用。

最后，我有两点需要说明：一是书中的某些理论观点，只是作者在学习与探讨创造教育时的心得，是否正确，尚有待接受实践和同行们的检验。例如，关于《试谈创造性的本质》、《论大脑的创造状态》、《简论意识革命》等文，都是在国内首次论述这些问题；关于《质疑创造性阶级》、《浅析创造性地缘差异》是对国外学者的论点提出不同的看法。我并不认为我的那些论点是正确无疑的，但重要的是，作为一个研究创造教育的工作者，应当敢于质疑，敢于标新立异，要想其所想，写其所想。从这一点来说，作者的目的达到了，已感足矣！

二是书中某些地方存在重复的现象，主要是一些观点和某些例子，这是本书的结构造成的。这是一本研究论文集，它们写成于不同的时间。从全书看是有某些重复，但是就每一篇文章来看，其中的论点和材料又都是不可少的。于是就出现了这样的矛盾：如果删减吧，单篇文章就会变得残缺不全；不删减吧，就会存在某些重复。在两难的情况下，作者只能求其次，再加上作者身体的原因，于是就基本保持了文章的原貌。这是希望读者原谅的，并希望对拙作中的谬误提出指正。如果说，重复是为了加深，那是我感到聊以自慰的了！

跋　语

今年是我古稀之年。

去年，我的学生们按照给老人做生日"做九不做十"的习俗，他们派出代表，在中南花园大酒店为我举办了一场生日活动。那时，我正在撰写《创造教育新论》一书，不巧的是我的夫人高伟因病第二次住入医院。今年元旦过后，高伟病情又加重，第三次住进了医院，我也因病同时住入同一病房，我们可以相互照顾。时间过得真快，一晃三个月过去了。清明节那天，我和高伟总算是出院了。虽然病痛并没有完全消除，但我不能割舍《创造教育新论》书稿，于是我又带病继续完成该书的剩余部分。现在，书稿终于杀青了，就把她算是给自己生日的一份礼物吧！

孔子在《论语》为政第二篇中曰："吾十有五而志于学。三十而立。四十而不惑。五十而知天命。六十而耳顺。七十而从心所欲。不逾矩。"这是孔子自我修养经验之谈。可惜的是，直到六十岁以前，我对这位至圣先师的教诲全然没有体会。到了花甲之年，我才体会到"耳顺"的含义，所以我就以"生命六十始"为题写了一篇数万言的传记，发表于1994年第9期的《传记文学》上。现在，我已到古稀之年，似乎对孔子的"七十而心所欲，不逾矩。"有了较深的体会。其实，孔子的"从心所欲"与"不逾矩"这七个字，说起来容易而做起来难，它既是道德修养的极境，又是做学问的极境。有时侯，"从心所欲"与"不逾矩"又是矛盾的，至少在中国现实条件下是这样的。如果你要"从心所欲"，往往就会"逾矩"；如果不"逾矩"，你又很难做到"从心所欲"。怎么办呢？我的准则是：在真理标准之下，在做人的底线之内，要尽可能地做到"从心所欲"，

我研究创造教育已有 20 余年，它已成了我生命中的一部分。现在，"创造"二字，像魂灵一样萦绕着我的生活，乃至于我的生命。我对创造教育的研究，可以说已到了痴迷的程度，不管是看书、看报、看电视、看足球比赛或是对社会现象、对人、对事的观察，我都会立即联系到创造性这个问题上来。在本书中，有不少的文章，就是在这种心境下有感而发的。对于创造教育的思考与写作，我从来没有像现在这样得心应手。从这一点上来说，我似乎到了"从心所欲"的地步了。这并非狂妄之言，事实确实如此，我不能说假话。借此抒发心怀是以为跋。

（这篇序言与跋语原载于《创造教育新论》，武汉大学出版社，2003年）

没有忘却的纪念

"漫故而知新，可以为师矣。"

——摘自孔子《论语》。

"前事不忘，后事之师。"

——摘自《战国策·赵策一》。

一、在纪念黄侃先生诞生一百周年逝世 五十周年大会上的讲话

（1985 年 10 月 15 日）

各位领导，各位女士、先生们，各位来宾：

今天是我国近代著名学者、国学大师黄侃先生诞生一百周年，逝世五十周年。黄侃生前曾先后在武昌高师（武大前身）和南京大学（原中央大学）任教多年。为了纪念这位学者，繁荣社会主义文化事业，我校和南京大学、南京师范大学、中国训诂学会、中国音韵学会、江苏省语言学会六个单位共同发起在武汉和南京两地先后举行纪念会和学术讨论会。从去年五月份起，经过一年多的积极筹备，今天在武汉正式召开了。在这里，我代表武汉大学向大会表示衷心的祝贺，向从全国各地来参加大会的代表表示亲切问候。

这次盛会具有十分重要的意义。

第一，黄侃在语言文字方面有极高的造诣，这方面的成就使他在国内外学术界享有很高的声誉。我们今天纪念这位对祖国文化作出重大贡献的学者和学术名人，能够使我们更好地继承和发扬祖国的优秀文化传统，繁荣社会主义文化，进行爱国主义的教育，促进社会主义精神文明的建设。

第二，通过纪念活动和学术讨论，介绍黄侃先生的生平事迹和学术成就，治学态度和方法，可以使我们的后一代更好地学习前辈的刻苦治学精神，严谨的治学态度，优良的学风和科学的方法，通过会议达到表彰先哲，激励后进，促进学术事业发展的目的。

第三，黄侃先生是我国近代著名国学大师，在北京大学、武汉大学、中央大学任教二十多年，桃李满天下，在今天的台湾、港澳及日本还有不少的弟子和研究"黄学"的人。我们在国内纪念他，出版他的著作，讨论他的学术，必将在海内外学术界产生强烈反响，在国际文化交流中扩大

中国文化的影响，同时对祖国统一大业也一定会起到促进作用。

第四，黄侃先生生前在南京和武汉两地任教时间最长，他是湖北人，而逝世在南京。我们这次会议又在南京、武汉召开，共同讨论、评价黄侃学术，会后还要共同编印出版《黄侃学术论丛》等著作。我们相信这次会议一定能促进江苏、湖北两省的学术研究工作，这次会也一定能合作好，为高校间学术交流作出贡献。总之，我们希望这次会议能开成一个纪念名人，交流学术的大会！

最后，预祝会议圆满成功！

二、学习和继承章黄学派之优良传统

　　国学大师章炳麟（号太炎）及其弟子黄侃（号季刚）相继谢世已经五十多年了。今天，召开章太炎、黄季刚国际学术讨论会，纪念这两位在我国现代训诂学史上曾经做出过卓越贡献的巨擘，实在是学术界的一大盛事。

　　章太炎先生是资产阶级民主革命家，也是一位著名的学者；是辛亥革命的元勋，也是一代国学泰斗。鲁迅先生生前十分景仰他，曾评价说："考其生平，以大勋章作扇坠，临总统府之门，大诟袁世凯的包藏祸心者，并世无第二人；七被追捕，三入牢狱，而革命之志终不屈挠者，并世亦无第二人，这才是先哲的精神，后生的楷模。"[1] 对他的晚年，鲁迅评价说："既离民众，渐入颓唐，后来的参與投壶，接受馈赠，遂每为论者所不满，但这也不过是白圭之玷，并非晚节不终。"[2] 他比较客观地评价了章太炎先生的一生。后来，章太炎先生在苏州讲学，专事语言文字的研究。著有《新方言》、《小学问答》、《文始》等书。探语源，明流变；立论精深，颇多创见。在《文始》一书中，提出建立中国语言文字学的观点。其探讨语源的方法，在当时实属创举。同时，为汉语语源学的研究，也奠定了坚实的基础。

　　黄季刚是章太炎先生的入室弟子，是章氏以后我国著名的音韵训诂学家之一。青年时代，抱有旧民主主义思想，并参加了推翻满清王朝的政治活动。后来避难日本，时逢章太炎在日本讲学，便参加了他主办的国学讲

----

①　《鲁迅全集》（第 6 卷），人民文学出版社，1987 年版，第 547 页。

②　同上书第 546 – 547 页。

习会，师从章太炎四年。辛亥革命以后，袁世凯窃取了大总统职位。黄季刚见国事日非，从此不再过问政治，专门从事教学之研究。他先后任武昌高等师范学校、北京大学、东北大学、中央大学、金陵大学等校教授。黄季刚擅长语言文字学，提出古韵二十八部，立古声十九组。归纳出训诂和训诂学的义例、条理、法式，建立起训诂和训诂学较为完整的学科体系。在研究文字、音韵、训诂方面开创了一条新路。

纵观古今，一切大学者，在他们治学的过程中，不仅成就斐然，而且还积累了丰富的治学经验，形成了自己独特的风格。章黄二人就是这样的一代宗师。他们不仅继承了乾嘉学派的治学传统，而且又有自身的特点。概而论之，就是：治学严谨，精心考证，不囿师说，勇于创新。

章黄治学严谨，早已为学界所知。他们的这种严谨是建立在广博精深的学术基础上的。章太炎先生曾应江苏省教育会邀请，在上海讲授国学。《申报》载文评价说："是日章氏讲解，颇多趣语，听者无不捧腹。以其趣语，要都从经史中证明出来故也。"又说：章氏讲"经学之派别，就五经、七经、九经、汉唐宋明清学者之派别，条分缕析，阐发无遗，听者动容"。[①] 章氏学识渊博，由此可见一斑。

黄季刚所治的经、史、语言文字诸书，都反复阅读，认真圈点。其对古籍的熟练程度，达到能说出自哪篇、哪页、哪行，而且十九无错。正是因为有了这样深厚的学术功底，才保证了他们治学严谨的作风。

自乾嘉以来，我国的语言文字学研究在不断地提高。但这时，有少数学者在治学上出现了不严谨的现象。然而，黄季刚仍然坚持实事求是的精神，治经学，以汉注唐疏为主。他曾对章太炎说："侃前为尊言，熟诵注疏，推导汉诂，正为臆说穿凿者太众，思欲遏制其流"。[②] 他的严谨的治学精神，出自高尚的治学态度，那就是"为后世负责"。他十分推崇汉儒治学精神，其原因是"汉学之所以可畏，在不放松一字"。他常对学生说："学问之道有五：一曰，不欺人；二曰，不知者不道；三曰，不背所本；四曰，为后世负责；五曰，不窃"。因而，他主张治学要"当谨於语

---

① 《申报》1922 年 4 月 30 日《章太炎讲学第四日记》。
② 上太炎生书。

言"，"不放松一字"。①

中国的古籍，浩如烟海。中国学问如仰山铸铜，煮海为盐，终无止境。章黄学派在治学方法上，特别注意精心考证。这也是严谨治学的具体表现。黄季刚 21 岁从太炎先生学，在音韵学上，章太炎教授他古音二十三部之说。清代学者在古音分部问题上多有分歧，其说不一。黄季刚经过潜心钻研，精心考证，根据大量文献材料综合清代以来各大家的发明，最后把古音分成二十八部，并在各部之下，一一标明为某人所立，这是集乾嘉以来之大成。

黄季刚严谨治学、精心考证的学风，还表现在认真读书上。他一生所读的书近百部之多。每一部书，都是从头读到尾，一卷一卷详加圈点，有些地方圈了又改，书上还有详细的批识。他点读书籍，总是反复琢磨，一字一句读透读通，完全理解书中义理。还曾谦虚地说："侃所点书，句读颇有误处，望随时改正"。②

在回味章黄大师严谨治学精神之时，我们不能不看到目前国人在学风上存在的时病。由于种种原因，现在学校的语文教育被削弱了，大学生乃至于一部分教师的写作能力太低，难以精深理解文义，也缺乏运用文字表达研究成果之能力。不仅理工科学生如此，而某些人文科学的学生亦然。在学生中，不思进步，考试舞弊，六十分万岁。在学人中，急功近利，粗制滥造，一月数十万言的作者有之，抄袭者也不乏其例。每思及此，深感今人作学问功夫焉能与古人相比也。因此，我觉得大有光大一代国学大师们所倡导的"不欺人"，"不窃"，"不放松一字"之学风的必要！

章黄学派严谨治学的精神，只是他们治学之道的一方面。长期以来，对此点宣传得较多，似乎给人以印象：章黄学派是"严谨有余，而创新不足"。这是一种误解。其实，章黄学派在"师古与趋新"上是统一的。

章太炎师从余樾，黄季刚师从太炎，他们都极重视师承，这也是我国学术研究的一个好传统。但是，他们既充分继承老师治学的成果和治学的方法，又不一味盲从，墨守成规。在学问上，不囿师说，勇于创新。梁启

---

① 《蕲春黄先生雅言札记》。
② 1932 年元月《给陆宗达书》。

超在评论章太炎学术成就时说："……所著《文始》及《国故论衡》中，论文字音韵诸篇，其精义多乾嘉诸老所未发明。应用正统之方法，而廓大其内容，延辟其新径，实章氏一大成功也"；① 在这里，一方面说明章太炎的著作本身就是创新的成果；另一方面还指出了创新的方法，即"廓大"和"延辟"。从方法论上，这对于培养创造性思维能力是有借鉴意义的。

黄季刚是章氏门中的高足，成就最大。章太炎在谈到弟子时说："弟子成就者，蕲春黄侃（季刚）、归安钱夏（玄同）"。而刘季友先生曾把黄季刚治学方法概括七：一曰：从师承入手，又能创新。二曰：为学不趋新，证实不蹈虚。三曰：公关精神，锲而不舍。四曰：淹贯古今，严谨不苟。五曰：重基础知识，不好高骛远。六曰：以关心国家命运为出发点，治学贯彻此精神。七曰：辩才无碍，气盛言昌。②他的这些治学之精神，乃是我们从事教育工作和培养人才的宝贵财富。

在如何对待"师古"和"趋新"问题上，黄季刚先生曾有精深的见解。他在《书后汉书论赞后》中说："师古不为所役，趋新不畔其规"。③这话是很符合辩证法的，也是他治学方法之高度概括。黄季刚虽受业于章师，但他并不盲从。例如，黄季刚分古音为二十八部，与章太炎先生看法就不相同。对音韵学上的旁转、反切等问题，他与老师也不尽一致。他的一些观点，章太炎后来也表示赞同，认为"此亦一发明"。对《文始》一书中的许多问题，他也有自己的看法，曾对学生说："《文始》中十分之四可以商榷"对《新方言》中一些问题，也持有不同意见。他还对学生说："虽师说，亦妄说也"。④ 这是不是对老师不恭敬呢？不是的，这是"教学相长"精神的体现。虽然他对章师的学术观点持有不同的看法，但他对老师始终执弟子之礼。只要有谁非议太炎师，他必盛气争之。这种纯真的感情，才是我们要发扬的优良学风。

---

① 曹聚仁：《中国学术思想史随笔》，生活、读书、新知三联书店，1986 年 6 月第 1 版，第 8 页。

② 《黄季刚先生逝世 50 周年诞生 100 周年纪念文集》第 36 页。

③ 见黄焯先生所编《蕲春黄氏文存》。

④ 《黄季刚先生逝世 50 周年诞生 100 周年纪念文集》第 96 页。

章黄学派的创立，不仅为弘扬中华传统文化作出了贡献，而且还积累了丰富的治学育人的经验，开创了建立新型师生关系的新风。韩愈说："是故弟子不必不如师，师不必贤于弟子。闻道有先后，术业有专攻，如是而已"。古人的这句话，用在章太炎和黄季刚身上是十分恰当的。章黄大师的一生，是教书育人的一生。他们对教学一丝不苟，对学生"殷勤传学"，直到生命最后一息，真不愧为"诲人不倦"的一代宗师。

章黄学派专心治学，是基于他们对知识价值重要性的认识。黄季刚曾说："学问是为天地立心，为民立命，为往圣继绝学，为万世开太平"。这个见解是深邃，阐明了知识的重要性，是强国富民之本。

当前，我们正在建设现代化的国家，教育被确立为战略重点。但是，近年来，国内许多学校出现了一股"读书无用"之风。这是一种反常的现象，也是同建设高度民主、文明和发达的国家不协调的。在这种情形下，我们学习和发扬章黄学派的勤奋治学的精神，对于扭转现今流行的不良学风，着实有巨大的现实意义。

（本文曾于 1989 年 3 月 30 日召开的"章太炎、黄季刚学术思想研讨会"（香港）上宣读，并发表于《教育研究》1989 年第 7 期）

三、前贤风范诲后人

早在 50 年代，伍修权这个名字，我就如雷贯耳，知道他是一位出色的军事家和外交家。60 年代初，我到苏联留学以后，从大使馆和留学生中，听到了更多的有关他的事迹。特别是，他作为一位苏东欧事务的知名专家，更是受到留学生们的尊敬，但遗憾的是，那时我既没有机会目睹他的风姿，更无缘聆听他的教诲。

1981 年 7 月，我被国务院任命为武汉大学的校长，是当时全国重点大学最年轻的校长。为把武汉大学办成一流的大学，调动校内外所有武大人的积极性，我们着手建立各地的校友会，尽管这在当时还是犯忌的，但我们还是较早地在全国各地成立了校友分会。正是在筹备校友会的过程中，通过查阅史料发现，伍老早在 20 年代初，曾就读于武昌高师（武汉大学前身）的附小和附中，当属武大校友。这一发现，令我们无比兴奋与骄傲，他是我校校友中继罗荣桓元帅之后又一位高级将领，是母校的巨大光荣。从此，学校与伍老之间建立了密切的联系，同时也奠定了我与这位名将持续了十多年的情缘。这迟到的缘份，我十分珍惜，它也使我有机会向这位文武双全的前辈学习，从而弥补了我年轻时的遗憾。

1983 年 5 月 29 日，在中国历史博物馆礼堂，隆重地举行了北京校友会成立大会。首都人杰地灵，时彦荟萃，参加成立大会的有许德珩，伍修权，郭述申，曹瑛，杨作材，李锐，叶圣陶，朱光潜，方成和董辅礽等知名人士，七百多人参加了大会，气氛热烈，盛况空前。我受学校的委托，参加了成立大会，向在京的校友汇报了学校的发展概况与远景，受到了大家的欢迎。成立大会的头一天下午，我专门到东城区前永康胡同甲 5 号宅院，拜望我久仰的伍老。按响门铃后，警卫战士把我引到了会客室，其时伍老已在那里等候了。我抢步上前双手握住他的手说道："伍老，我代表学校领导和全体师生员工来看望您，向您表示敬意，并邀请您回母校参加建校七十周年的庆典，"伍老问道："是什么时候呀？"我答道："今年11月15日，正值秋高气爽，是迎接宾客的好时节，"伍老接着说："好，到时候如果没有特别的公务，我一定参加，"接着伍老询问道："校长，你是哪里人，在苏联留学，学什么专业，现在还作科学研究吗？"我答道："湖北枣阳县人，那是东汉开国皇帝刘秀的故乡。1958年毕业于武汉大学化学系，1962年初到苏联科学院攻读副博士研究生，由于中苏关系失和，被迫辍学和奉召回国。现在，我一边从事学校的行政管理工作，一边从事金属有机化学研究工作，指导研究生，这样虽然很累，但我觉得很充实"。听后，伍老朗朗笑答："好哇，我们既是同乡又是留苏的同学。"我抢着插话道："伍老，同乡不假，同学不敢当，您是老前辈，我是后学晚辈。"他接着又说道："中央号召实现干部的革命化、年轻化、专业化、知识化，你坚持双肩挑是正确的，应当坚持下去。"这次谈话约个把小时，眼看时间不早了，我起身告辞。伍老也随同站了起来，拉着我的手说："欢迎你再来！"我欠身答道："伍老，占用了您的不少宝贵时间，十分感谢您，希望您多多保重！"在回归的车上，我思绪翻滚，反复回味着他的教诲，使我沉浸在一种极度的愉悦之中。

是年11月14日，天气晴朗，近黄昏时分，伍老和夫人徐和一行乘坐的火车徐徐驶入武昌火车站。我和学校领导以及学生代表十多人，早已等候在站台上，企盼着贵客的到来。随同伍老夫妇前来参加校庆的还有郭述申、孔原将军和夫人等。当列车停稳，启开车门后，我们争先到达伍老的车厢，簇拥着把他们一行扶下列车。随即，一行车队把客人们送往下榻的东湖宾馆。次日上午9时，伍老一行贵宾来到小操场——庆祝大会的中心会场，当他们在主席台前排就坐时，全场两万多人爆发出经久不息的雷鸣般的掌声。这掌声是全体校友们对这位戎马生涯的军事家、外交家的崇敬之情的汇合，是对他的丰功伟迹的赞颂！

在主席台上，伍老、孔原和武汉军区周世忠司令员几位将军身着军装，威风凛凛，鲜红的领章熠熠发光，把五彩缤纷的会场，衬托得更加多彩多姿。伍老作为最受尊敬的领导人，在大会上发表了演讲，他勉励"所有在校的校友，要努力学习，学好本领，把知识面相对扩大一点"，

"学员要学好，教师要教好，后勤人员把后勤工作保证好，三者结合起来，才能把学校办好，培养出更多的人才，对四化作出更大的贡献"。伍老的讲话，博得了听众阵阵掌声。在伍老发表演讲时，还发生了一件趣事，一位来自美国的年长宾客指着伍老问我："这位军人是谁？"我答："这是伍修权将军。""哪个伍修权？""就是1950年联合国辩论朝鲜问题，代表我国政府发言的伍修权！"这位美国客人惊奇地说："啊！他就是伍将军，久闻其名，今日方见其人，真是万幸！"

　　1986年秋，我率团赴美国访问，参加著名的耶鲁大学第二十任校长班洛·斯密特先生的就职典礼，随后又访问了匹兹堡大学、俄亥俄州大学、西东大学、圣地亚哥州大学、多明斯克赫尔大学，长堤大学和加拿大的渥太华大学和曼尼托巴大学，与多所大学签订了合作协议。回到北京后，我利用空隙时间，到伍老府上探望，向他汇报了美加之行的观感，聆听他对母校教学改革的卓见。伍老谦和地说："我没有直接办过学校，但办学校与训练军队的道理是相通的。一所学校办得好坏，是看学术水平的高低，是看为国家所作贡献的大小。武大要狠抓教学和科研，力争为社会主义事业培养更多的优秀人才。"伍老的话，切中了学校工作的要害，指明了教学改革的方向。我补充汇报道："改革很难哪，每前进一步都有阻力，这些年武大取得的进步，首先要归功于改革。"伍老颇带深情地说："是呀！改革确实不容易，说起来容易做起来难。最近，我参加了党的十三大的筹备工作，据我知道有关领导对武大的改革基本上是肯定的，对你的工作也是肯定的，中央对你的安排还有所考虑，希望你继续坚定不移地进行教育改革。"伍老的一席话，给我极大的鼓励，表示要为办好武大而继续努力。这时，伍老起身到书屋里，拿出了他的回忆录《往事沧桑》赠给我，并签上了他的大名，是时为1986年11月20日。端详这凝聚着将军六十多年心血的著作，我如获至宝地告辞了伍老，并说："谢谢您。我一定认真拜读，作为人生的活教材。"

　　1994年7月10日，我赴英国海滨城市布莱顿，参加国际第16届金属有机化学学术讨论，并是这次会议的国际组织委员会的领导成员。会后，我应邀顺访了著名的剑桥大学、牛津大学、伦敦大学等，于7月28日回到北京。回京后，我的学生李为和她在301医院当内科主任的丈夫沈洪告诉我，说伍修权将军在301住院。听后，我急不可待地于次日下午3时去探望许久未见的伍老。沈洪夫妇领我到医院内的礼品店，买了一束刚刚到店的鲜花，然后又引导我通过一条长长的、弯曲的地下通道，最后到达一幢干部楼，找到了住在二层的伍老病房。我们轻轻地敲了两下房门，是伍老秘书开的门，我们是老相识，免去了介绍。秘书安排我们在外间沙发上坐下，他手持鲜花走到伍老病榻前，贴近他的耳边说："武大刘校长看望您来了。"他把鲜花放在床边的床头柜上，把伍老搀扶起来，向着会客室走来。见状，我忙上前劝阻，表示不要惊动病中老人。但伍老还是执意出来见我，无法劝阻，于是我和秘书一起把伍老搀扶坐到沙发上，我在他身边坐下。我先开口问道："伍老，您感觉怎样？我刚从英国回来，特地来看望，祝您早日康复。"伍老会意地点了头，但没有说话。我见他的头歪躺在沙发上，精神不佳，口角不断流着涎水，故不敢再打扰他，便起身告辞。在离开病房后，我在内心里一遍又一遍为他祝福，愿他早日康复。这次探视，时值"八·一"建军节67周年的前夕，我特地为他祝贺节日，同时也希望这位历经艰难困苦的将军，以顽强的意志，战胜疾病，实现他过去当着我的面许诺的要活过百岁的宏愿。

这次探视，实际上是我最后一次见到伍老，直至去年11月9日他不幸仙逝，噩耗传来，不胜悲痛，由于身患恙疾，未能赴京致哀，深感歉疚。在伍老逝世周年之际，特写出此文，以示缅怀。伍老的一生是光明磊落的一生，是为人民无私奉献的一生。我从与伍老交往的十多年中，从他的精神财富中受益诸多，也深受他的人格的熏陶，这的确是一段难以忘怀的情缘。如今，我虽已年过花甲，但仍要继续努力，继前贤之风范，品尝人生真谛！

1998年6月15日深夜

（本文被收入《历史风云中的一代英杰——伍修权》一书，当代中国出版社，1998年10月第1版，第496页）

四、实事求是，坚持真理

——纪念李达同志九十五周年诞辰

今年十月二日，是李达同志诞辰九十五周年纪念日。我们纪念这位在文革中被迫害致死的老校长，正是为了给他恢复名誉，为了宣传和继承他的未竟事业。

李达同志是我国老一辈无产阶级革命家，马克思主义理论家，是一位著名的身体力行的无产阶级教育家。他在宣传和研究马克思主义理论方面的光辉业绩和深湛造诣是尽人皆知的，他不仅对马克思主义哲学、政治经济学和科学社会主义都有深入的研究，而且在法学、货币学、史学理论领域也做了重要的开拓性工作。他在无产阶级教育事业中所建树的功勋，他在武汉大学担任校长期间（1953—1966 年）为武汉大学的发展，为中国社会主义改造和社会主义建设事业培养人才所作出的卓越贡献，更使我们永生不忘。

我和李达同志是上下辈关系。李达同志是 1953 年调任武汉大学校长的，恰恰我也正是在李达同志就任武汉大学校长之际考上武汉大学的。我虽然在这一段时间内和李达同志没有什么直接的接触，但我和广大的同学一样，对自己的校长却怀有崇敬之情。我虽没有直接受教于他，但也直接和间接地受到了他的思想的影响。

在毕业留校工作后，我和李达同志有过几次直接交往，给我印象最深的是我们在北京的一次会见。那是 1963 年 8 月中旬的一个炎热的上午。当时，我刚从苏联回到北京。他知道我回来了，想见见我，谈谈苏联的情况；我也想看望老校长，汇报我在苏联的学习情况，也想了解一下学校的情况。当时，他通过秘书曾勉之同志约我去见面。我记得我们见面的地点是在颐和园的排云殿，那时这里是国务院的招待所。师生无拘无束地谈了很长的时间。中午他还设宴款待了我。在谈话中，他向我询问了苏联国内的情况。他说，苏联背信弃义、反华排华是不得人心的，想对我们搞关卡压，要我们作他们的附庸，也是办不到的。李达同志对我本人也很关心。当时，周总理要留我在北京工作，李达同志劝我还是回武大工作。他说，要办好武大，要有一批年轻有为的人。当时，他讲到武大内部的两派斗争。他说，学校情况复杂，对1958年的问题争论不休，伤透了脑筋，不能再那么搞了，再那么搞，武大的水平还要下降。李达同志对五八年左倾路线是坚决反对的，不幸的是，李达同志的正确意见不仅没有被接受，反而受到了批判。文化大革命一开始，就给他强加了三顶帽子（地主、叛徒和反革命修正主义分子），并对他进行了声势浩大的示威、批判斗争，直至被迫害致死。历史已经充分证明，"李达三家村"完全是一桩冤案、假案和错案，李达同志是坚持正确路线的。我们必须否定"文化大革命"，否定"李达三家村"，为李达同志彻底平反，为一切受株连的同志平反。

李达同志毕生从事教育事业；担任教学和教育行政领导工作，长达四十年之久。他早年创办外语学校、平民学校，担任过毛泽东同志创办的湖南自修大学的校长，后来又在各大学长期任教。解放后，他先后担任过湖南大学和武汉大学的校长。李达同志勤勤恳恳，扎扎实实，全心全意为党和人民办教育，培养了大批优秀人才，为发展我国的教育事业作出了重大的贡献。他在长期教育工作实践中，逐步形成了一套办学经验和教育思想，这正是我们应当学习和继承的宝贵财富。

几年前，我接任了武汉大学校长的职务，在一定程度上说，我是接替了李达同志的未竟事业。我在文章的标题中写到要"实事求是，坚持真理"，李达同志是当乏无愧为坚持真理而奋斗的前贤。那么，我们如何在教育方面继承租发扬他的革命风范泥？

首先，要学习和继承李达同志的爱才之心。作为一个教育家，作为一个大学的校长，不爱才，就是不称职，不爱才，就不能办好学校。李达同志是十分重视人才的，在武汉大学工作期间，他就经常讲，一个学校，一个系办得好不好的一个标志就是看有没有一批知名的教授、学者。又说，大学是最高学府，教师要有最高学术水平才行；教师的教学水平和马克思列宁主义的科学水平，是反映学校水平的重要标志之一，是出成品，出人才的最基本条件。还说，科学上没有长足进步，建设社会主义、共产主义不可能。他殷切希望学校三年至五年之内，八至十年之内，涌现一批名教授，要培养一批人才出来。为此，李达同志含辛茹苦，呕心沥血，不知操劳了多少个日日夜夜。这里我举一个例子。曾昭抡教授，当年是著名的化学家、学部委员、高等教育部副部长，被错划为右派之后，别人都不敢用他，李达校长知道这一消息之后，便大胆地聘请曾昭抡教授来武汉大学任教。这在当时，是要有很大的胆略和远大的战略眼光才能办成的。而这种胆略和战略眼光当然首先来自他的为了办好无产阶级教育事业的爱才之心。曾昭抡教授是戴着"右派帽子"来武汉大学任教的，他来之后，担任化学系元素有机教研室主任。当时的化学系很不景气，有人还说它是老牛拉破车。教师科研风气不盛，学术地位不高。曾先生来了之后，首先倡导创办元素有机新专业，招收研究生，给青年教师开提高课，并主持编写《元素有机化学》丛书。曾先生言传身教，辛勤耕耘，以实际行动改变了武汉大学化学系沉闷的空气，一大批中青年学术骨干脱颖而出，硕果累累，名声大振，至今在化学系还留下了极深的影响。这当然是与曾先生的辛勤耕耘分不开的，但这与李达同志慧眼识才、爱才、不拘一格的用才的思想也有重大的关系。李达同志确实十分爱惜人才，并且到处招贤纳士。如今哲学系的一大批著名的教授像肖像蓬父、陈修斋等就是他从北京大学聘请来的。陈修斋教授清楚地记得；李达同志当时带着病痛到他家中拜访，和他交谈自己重办武大哲学系的意义和打算，并表示了邀请他回武大一道办好哲学系的诚意，使陈修斋教授感动不已。李达同志这种尊重人才，爱惜人才的精神始终是贯彻在他的教育实践过程之中。

第二，我们要学习和继承李达同志一切从实际出发，坚持按照教育规律办学的实事求是的科学精神。教育也是一门科学。办学校不研究教育科学不行，不按教育规律办事不行。过去我们在教育战线上之所以犯这样或那样的错误，归根结底，就是因为违反了教育规律，没有坚持一切从实际出发，实事求是的这一马克思主义的思想路线。

李达同志的革命风范中最重要最核心的内容恰恰就正是这种实事求是的原则精神。李达同志从不说违心话，办违心事。他在理论上始终保持坚定的原则性。他对自己认真研究、确信其正确的观点，决不因为听到什么"风"就轻易改变。当林彪鼓吹什么学习马克思主义要走"捷径"时，他根本不予理睬，埋头写他的书。他反复地对他的助手说，写教科书要注意系统性、逻辑性、科学性，联系实际不能生拉硬扯。他强调说，论述毛泽东同志对马克思主义哲学的发展时要实事求是，不要硬讲这也发展，那也发展，甚至把一个新的用词、新的语句都说成是发展。对 1958 年出现的"共产风"、"浮夸风"、"瞎指挥风"，李达同志也是坚决反对的。他公开表明自己的观点，不止一次地说过：像这样搞下去，共产主义会变成破产主义，大跃进会变成大后退，人民公社会变成人民空社。

对于 1958 年的教育革命，李达同志更是反对的，他一再公开地提出批评。1958 年，哲学系师生下乡劳动时间太长，影响了专业学习，他非常不满。他说："学生尽搞劳动，大学还称其为什么大学吗？"一再指示系里负责同志催促师生赶快返校。他认为当时"拔白旗、插红旗"，师生"打擂台"，让学生"编讲义"，"放卫星"这样的"革命"是"胡闹"，是错误的。有人当时提出要打倒牛顿和爱因斯坦，他说："科学的权威是打不倒的。"历史证明，在武汉大学执行左倾路线时期中，李达同志始终是坚决抵制的。他是站在正确路线一边的，他的意见是正确的。为什么李达同志对当时那股左的东西能够坚决抵制呢？这里，除了李达同志具有高度的马克思主义理论水平和思想觉悟外，还在于他敢于坚持实事求是的原则精神。当时那些左的口号，哪一条不是违反了实事求是的原则精神的呢？破牛顿三大力学定律，破爱因斯坦的相对论，就是否定科学嘛！至于学生超过老师，也不能作形而上学的理解。虽然青出于蓝胜于蓝是一条客观规律，但那是从整个历史时期，一代一代的人才而言的。我们绝不能由此而认为，学生可以与老师打擂台，可以批斗老师。

"文化大革命"期间，林彪鼓吹的"顶峰论"喧嚣一时，李达同志看到当时《羊城晚报》发表鼓吹顶峰论的文章时，不畏权势，挺身而出，理直气壮地进行驳斥说，是"顶峰"就不发展了吗？有人当场提醒他，那是林彪讲的，他毫不犹豫地说："我知道是他说的，不管哪个说的，不合乎辩证法，我不同意！"正因为这样，李达同志遭到林彪、"四人帮"极左路线的残酷迫害，被诬陷为"反毛泽东思想的最凶恶的敌人"，由于他身心受到严重迫害，于 1966 年 8 月 24 日含冤去世了。

回顾李达同志光辉一生，他的这种不畏权势、不怕强暴、敢于坚持真理、敢于实事求是的精神是值得我们永远学习的。

第三，我们还要学习和继承李达同志勤奋刻苦，严谨治学的优良学风。马克思说过："在科学上没有平坦的大道，只有不畏劳苦沿着陡峭的山路攀登的人，才有希望达到光辉的顶点。"在这里，最重要的就在于勤奋刻苦，严谨不苟。凡是在李达同志身边工作过的同志都清楚地记得，李达同志是一个非常勤奋、非常刻苦的学者。他一生著作等身，影响和培养了一代又一代的学者，而这些著作都是他一生的心血，是他一丝不苟严谨治学、辛勤耕耘的结果。1961 年李达同志开始主编《马克思主义哲学大纲》时，已经是年逾古稀，又身患多种疾病，一拿笔手就发抖，但他仍然顽强地学习和写作，只有晚饭后一段时间听听新闻广播，和助手们聊一下。即使后来遭受迫害，他的助手们统统被赶走的时候，他还表示要一个人把书写下去，哪怕一天写五百字，也要把书写完。李达同志自己学风踏实、严谨、实事求是，对助手和别人也要求严格，一丝不苟。他反对人云亦云，因循守旧，要求要有自己的看法，自己的创见。有一次，他的一位助手写了篇文章给他看，他看后觉得没有什么新意，便批了几个字："唯陈言之务去"，要求这位助手重写，使这位同志受了一次深刻的严谨治学的学风教育。

李达同志是学术上造诣深、声望高的专家、学者，但却非常谦虚。他同助手、教师乃至学生讨论问题，总是采取平易近人的态度，坚持真理面前人人平等。他有时和大家进行激烈的辩论，可以争得面红耳赤，没有任何不屑于与青年讨论问题的样子。哲学史教研室的同志曾和李达同志在封建社会分期问题上发生过争论，李达同志主张西周封建说，他们却主张战国封建说，各不相让，但是争过之后，李达同志毫不介意，并不强求别人接受他的观点。

李达同志这种勤奋刻苦、严谨治学的学风不仅反映在他个人作学问上，而且也充分地反映在他的治校过程中，我校的优良学风正是包括了李达同志在内的许多老前辈和著名的学者共同培育的。我们要重视学风建设，把"诚实朴素、勤奋刻苦、严谨治学、勇于创新"的优良学风不断发扬光大。

全国教育工作会议制定的并经过中央通过的《中共中央关于教育体制改革的决定》，是同经济体制改革的决定和科技体制改革的决定配套的纲领性文件。它不仅是为了满足当前社会主义现代建设的需要，而且为本世纪末和下世纪初我国经济和社会的发展作了充分准备。决定公布以后，我国教育战线正在进行深入广泛的教育改革实践，形势一派大好。我们学校和全国一样，也正在积极地进行改革的实验，形势也是喜人的。在当前这种锐意改革的大好形势下，我们学习和继承前贤的革命风范，就一定要发扬改革的精神，努力创新，不断前进，为在我国创造出一个崭新的教育体制，为促进社会主义四化建设贡献自己的力量！

（本文曾发表于《武汉大学学报》（社会科学版），1985 年第 6 期，第 1-4 页。）

五、布衣精神永发扬

——忆武大前党委第一书记刘仰峤同志的佚事

在武汉大学的历史上，自 1949 年 11 月到现在，前后共有 11 人担任过党委（包括党总支、党组）书记。刘仰峤同志于 1958 年 3 月至 1959 年底，任武汉大学党委第一书记兼常务副校长，此前他曾任中共中央工业交通部秘书长、副部长，是当时湖北省仅有的三个 7 级干部之一。他不仅级别高，而且是武大至今为止领导水平最高和工作作风最民主、最清廉的党委书记。

由于仰峤同志在武汉大学任职的时间很短，现在学校里 60 岁以下的人可能都不知道他的情况，甚至很多人都不知道他在武汉大学的功绩。但是，历史毕竟是连续的，今天的武汉大学是集历史上历届领导和无数的学者们贡献之大成。忘记或否定历史，决不是实事求是的，也不符合辩证唯物主义和历史唯物主义的科学态度。本文正是从尊重历史的观点出发，以实事求是的态度，记叙仰峤同志在武汉大学的一些佚事，表示作者对他的缅怀。

为了适应社会主义建设的需要，1952 年国家对高等学校进行了调整，从原来的综合大学分出了许多单科学院。尽管院系调整造成了很大的副作用，但对于满足第一个五年计划建设对人才的需要，也还是有一定积极意义的。高等教育大发展的新形势，要求对高等学校加强领导。同时，为了贯彻毛泽东主席于 1957 年提出的社会主义的教育方针，也需要加强高等学校的领导。于是，中央决定从各部委和各大局抽调一批得力的领导干部，分别派到一些重点大学担任党委书记或行政职务。刘仰峤同志就是在这种形势下，由中共中央工业交通部来到武汉大学，担任中共武汉大学党委第一书记兼常务副校长。对于这所历经沧桑、暮气沉沉的老校来说，无疑带来了新的发展机遇，让广大师生看到了新的希望。

1958年3月在成都会议上，毛泽东主席提出了"鼓足干劲，力争上游，多快好省地建设社会主义"的总路线。在这条总路线的指导下，全国各条战线都掀起了大跃进的高潮，教育战线当然也不例外。刘仰峤同志是1958年3月走马上任的，而且他到校当天就赶到武汉东湖与广大师生一起参加围堤劳动，这给大家留下了深刻的印象。

他来到武汉大学之后，所面对的就是一个"山雨欲来风满楼"的革命形势，不管他的主观愿望如何，他不得不全身心地投入到那场教育大革命中去。

武汉大学1958年教育大革命，是从5月下旬开始的，先后经历了破除迷信、解放思想，大办工厂、下乡下厂、制定教育大纲、编写教材等阶段。对于这场教育革命，从指导思想上来说，本来是明确的。对此，刘仰峤同志曾指出："这个革命的性质是属于人民内部矛盾，是以思想革命为主要内容，自始至终都强调了自我教育自我改造，强调了党员要投入革命和群众一起来提高自己，改造自己，强调了互相交心，正确地运用团结一斗争一团结的公式，强调了打破顾虑敞开思想，要大破大立。"在这种思想的指导下，武汉大学的师生经过思想大辩论（包括个人与集体、为谁教与为谁学和红与专的辩论）、大办工厂、大搞科学研究、下乡下厂、制定教学大纲、编写教材等阶段。革命的确使武汉大学师生的精神状态和学校的面貌发生了巨大的变化。这正如《光明日报》1958年7月21日社论所指出的："武汉大学过去以'老大、落后'著称，但是他们不甘落后，经过整风反右派，尤其是经过这次教学改革，已经从落后跃进到先进行列。"

武汉大学的教学改革引起了毛泽东主席的注意，他从日理万机中挤出时间，于当年9月12日莅临武汉大学视察。中共湖北省委第一书记王任重和武汉大学第一书记刘仰峤始终陪伴毛主席视察。晚7时许，毛主席在王任重第一书记的陪同下，直接到了武汉大学东湖边的校办工厂区，他先后视察了炼焦厂、空气电池厂、硫酸厂、硅胶厂和卡普隆厂。然后，毛主席来到大操场，亲切地接见了珞珈山地区几所大学数万名师生员工，给广大师生以巨大的鼓舞。十分可惜的是，那天晚上，我被部署在树林里担任警卫任务，既没有在工厂受到毛主席的接见，也没有在大操场看到毛主席。当同学们谈起见到毛主席的幸福情景时，我无言以答，只能从同学们的兴奋言谈中分享那种快乐。

刘仰峤同志无疑是武汉大学所有人中最幸福的，因为他始终陪伴在毛主席的身边，寸步不离，聆听到他的每一句话。就在毛主席视察的当天夜里，仰峤同志写下了近两千字的日记，这不仅体现了他对领袖的极大的忠诚，而且也反映出他的高度责任心和惊人的记忆力。他在日记中写道：

"在向大操场走的时候，我向主席简要地汇报了学校的情况，主席指出：'学生自觉地要求实行半工半读，这是好事情，是学校大办工厂的必然趋势，对这种要求可以批准，并应给他们以积极的支持和鼓励。在教学改革中应注意发挥广大师生的积极性，多方面地集中群众的智慧。'"

也许，人们对于半工半读有不同的看法，但是它作为多元化教育体制的一种形式，早在20世纪初的欧洲就已存在，即使在今天它仍然有继续探索它的作用的必要性。毛主席视察武汉大学的真正意义，就在于他充分地肯定工群众的首创精神，体现了他一贯主张对教育必须进行彻底改革的精神。即使在今天，这种对教育彻底改革的精神，也仍然是需要大力发扬的。

毛主席视察武汉大学已经过去45年了，至今仍然是武汉大学的骄傲。每当武大人宣传自己光荣的历史时，首先都是宣传毛主席曾经视察过武汉大学，展示毛主席视察时的巨幅相片。是的，这的确是武汉大学的骄傲，因为在毛主席主政的30多年中，他一共只视察过天津大学、南开大学和武汉大学，这的确是来之不易的。那么，全国有那么多的大学，为什么毛主席偏偏要来武汉大学视察呢？要回答这个问题，就不能不首肯仰峤同志在武汉大学的功绩。实事求是地说，在仰峤同志领导下的武汉大学那场教育革命，尽管出现过很大的偏差，犯过冒进、浮夸和瞎指挥的错误。但是从本质上来说，它是探索教育革新之路，这也是仰峤同志领导教育工作中一贯的精神。毛主席之所以亲临视察，所肯定的恐怕也就是这种教育革新精神。

仰峤同志在武汉大学工作虽然还不到两年时间，但是他的教育思想还是明显地体现出来了。根据我的认识，他的教育思想主要体现在以下几个方面：

首先，他十分注重理论联系实际，主张学以致用。他反复强调："我们也不否定读书，而是要把书读活。所以我们不是抽象地反对书本知识，而是反对迷信书本。"学校的中心工作是教学，而衡量教学工作的标准是教学质量。关于教学质量，也有不同的观念，不同的教育观就有不同的质量观。仰峤同志的教学质量观，也体现了理论联系实际和学以致用的思想。他曾说："因为衡量教学质量高低的标准，不是个人主义者的嗜好，而是实践；不是看你念了多少书，而是看你能不能将书本知识应用到实践中去，能不能解决实际问题。"这些观点无疑都是正确的，即使在今天教育改革中，我们也仍然要摒弃那种以读书多少或以考试分数高低来衡量教学质量的传统教育观点。

其次，他十分重视教学中的群众路线，提倡自学，强调独立思考。所谓教学中的群众联系，也就是教与学的关系、教师与学生关系的问题。教学中的群众路线与教学民主是密切相联系的，没有教学中的群众路线，就没有教学中的民主。在当时教育革命中，仰峤同志曾提出："每个学期开始前都要就教学计划和教学大纲发动全体师生讨论，根据讨论的结果进行修改，在讲授过程中允许学生提问题，递条子，要提倡独立思考，加强对自学的辅导，把课堂教学与自学很好地结合起来。"对于在教学中如何贯彻群众路线，仰峤同志明确地提出："群众路线是党的根本路线，在学校中各个方面的活动只有坚持群众路线，放手发动群众，才能取得辉煌的胜利。在革命时期是如此，在日常的教学工作中也是如此。不把教师的讲授与学生的独立思考、创造性学习结合起来，教师便无法教好，学生也无法学好。"教师与学生的关系，一直是教学中一个争论不休的问题，长期以来都是把教师放在主导地位，而置学生于被动地位，严重地影响了学生学习的主动性、积极性和创造性。早在1958年，仰峤同志就提出，教师与学生的关系"应该是平等民主的关系，是先生可以批评学生，学生也可以批评先生的关系，应该是'人人为师'、'能者为师'、'教学相长'的关系。这种关系是先生爱学生、学生敬先生的真正团结的关系。"他的这些教育观念不仅是十分开明的，而且也是相当超前的。

20年以后，联合国教科文组织出版了《学会生存》一书，其中明确提出："自学，尤其是在帮助下的自学，在任何教育体系中，都具有无可替代的价值。"在谈到教师与学生的关系时又论述道："在解放的教育实践中，教育工作者作为受教育者的教育者必须'死去'，以便作为受教育者的受教育者重新'诞生'。"这些论述与仰峤同志在 20 年以前的观点基本上是一致的。但是十分可惜，他的这些先进的教育理念，没有引起后人的注意，以至于在后来对 58 年教育革命纠偏时，就像在"泼婴儿洗澡水一样，把婴儿也给丢弃了"。这是不符合唯物辩证法的，其教训是十分深刻的。即使在今天，我们在教学改革中，仍然需要大力倡导自学、独立思考和教学民主，尽管遇到的阻力是很大的。这说明，传统的教育观念和教学方法是很顽固的，不发扬彻底改革精神，教学改革是不可能见成效的。

第三，他十分尊重人才，不拘一格用人才。仰峤同志到武汉大学时，他是党委第一书记兼常务副校长，校长是著名哲学家、教育家李达先生。仰峤同志对李校长是十分尊重的，有关教学上的问题，他也时常向李达先生请教。仰峤同志尊重人才的一个突出的例子，是大胆地聘任曾昭抡先生到武汉大学任教。曾先生原是北京大学一级教授、中国科学院学部委员、中国化学会创始人之一，堪为中国化学界的学术泰斗。从 1952 年起，他曾担任国家高教部副部长，同时在北京大学和中国科学院化学研究所担任领导并兼作学术研究工作。1957 年 6 月，他与其他 5 位教授草拟了《对于有关我国科学体制问题的几点意见》和《我们对高等学校领导体制的建议》，因此他们被打成为全国闻名的六大右派分子。像曾昭抡先生这样的所谓大右派，本单位欲想丢包袱，其他单位欲躲避还来不及，有谁敢于聘任呢？可是，仰峤同志却表现出了大无畏的精神，这是他爱才之心的体现。他与李达校长商量，一致同意接受曾昭抡先生到武汉大学工作，并让他担任了新成立的元素有机化学教研室主任，为他配备了多名学术助手，创造了必要的工作和生活条件，使曾先生在教学和科学研究中发挥了重要的作用，在元素有机化学教学与研究领域里，在曾昭抡先生的领导下，创建了许多堪为全国第一的业绩。

在武汉大学工作期间，仰峤同志经常到教授家里访问，了解他们对教学和生活上的意见。对老年知识分子，他提出"在政治上关心，工作上大胆使用，生活上照顾"的方针。并且，他能够与许多老年知识分子交朋友，像数学家、学部委员李国平，病毒学家、学部委员高尚荫，遗传学家何定杰、植物学家孙祥钟、化学家叶峤以及中文系的刘博平等五老，都成了他交往的朋友。他对青年教师和学生也特别爱护，对于那些有才华、有能力的青年人，他大胆启用。例如，当时就从化学系、经济系、法律系、历史系等系的学生干部中，提拔了几名总支副书记，从实践中培养了大批的青年干部。

第四，倡导破除迷信，号召大力开展科学研究。在 1958 年以前，武汉大学除了极少数几个教授作一点零星的科研以外，绝大多数的教师都是抱着"述而不作"的思想，认为大学是"以教学为中心"的。同时，对科学研究不仅有迷信思想，而且也有畏难情绪，于是许多教师干脆就不做研究工作。由于这个原因，武汉大学的学术地位日益下降，从解放前的全国五所名校变成了一所死气沉沉的落后的学校。针对这种情况，仰峤同志到武大以后，号召解放思想，破除对科学研究的迷信，鼓励开展群众性的科学研究。尽管那时科学研究的起点很低，甚至有些单位对科研成果宣传存在浮夸现象，但那时毕竟是迈出了科学研究的第一步。例如，化学系当时开展科学研究是比较好的，完成了许多有实用价值的科研成果。后来，化学系的科学研究一直走在学校理科各系的前头，这与那时开展群众性的科学研究不无关系。实事求是地说，武汉大学解放后科学研究的真正起点，还是从 1958 年开始的，虽然那时不知道什么叫做研究型的大学，但是大力提倡科学研究毕竟是正确的，并且为我们今天创办研究型大学打下了初步的基础。

仰峤同志到武汉大学时，我是化学系的应届毕业生，而且自 3 月到 6 月底，我是在中国科学院大连石油化学研究所作毕业论文。因此，我与仰峤同志并没有工作上的接触，但是他的工作能力、魄力和工作作风在学生中广为传诵，我也是他的许多拥戴者之一。

仰峤同志于 1959 年 11 月离开武汉大学，他被中央任命为中共湖北省委书记，分管文教工作。1961 年 1 月，他又被调到河南省任省委书记，仍然分管文教工作。从 1964 月 1 年开始，他担任国家高教部副部长，分管大学文科教学工作。所以，他的后半生的全部精力都贡献给了我国的教育事业，不愧为一位有思想、有能力、密切联系群众和有革新精神的教育家。

我与仰峤同志的交往，是从"文化大革命"开始的。"文化大革命"开始后不久，高教部的群众就贴出了仰峤同志的大字报，揭发批判他的所谓修正主义教育路线，很快他就失去了人身自由。武大的许多人对他的境遇十分关心，情况很快汇报到了已是中央文革领导小组副组长的王任重同志那里，他明确表示："仰峤同志 17 年执行的是毛主席革命路线，是好同志，是打不倒的。请转告他，要他放心好了。"当时，学校有意派一个人到北京去，设法与仰峤同志取得联系，把王任重同志的指示转告给他，以便让他心中有数。我不知道学校为什么派我去，其实我此前与仰峤同志没有直接见过面，与他的家人也不熟悉。我到了北京以后，给仰峤同志家里打了电话，说明了来意。他的夫人范兆常对我说："你来得正是时候，但是你不能到我们家里来，因为家门口已有造反派把守。"由于我不认识范，我们约定在长安大街电报大楼大厅见面，以扇子作为接头暗号。见面后，我把王任重同志对仰峤同志的指示告诉了她，并请她转告仰峤同志，武汉大学的同志们向他问好，希望他保重身体。那时，我似乎很得意洋洋，好似一名"地下工作者"，为完成了一项神秘的任务而高兴。

1977 年 4 月至 1979 年 4 月，我以借调的名义到教育部帮助筹备全国教育工作会议，不料去后却被中央任命为教育部党组成员兼高等教育司司长。这时，仰峤同志担任国家文物局临时党委书记、中国科学院哲学社会科学部领导小组成员、中国社会科学院党组副书记、秘书长。为了向他请教，我常到他家里讨论教育问题。1979 年 5 月，我因病辞去了教育部的职务，又回到了武汉大学，先后担任常务副校长、校长职务。与此同时，仰峤同志也于 1979 年初，又回到了教育部，担任党组副书记、副部长。此后，我们的联系就多了，经常向他汇报学校的工作，这种联系直到他逝世为止。在他病重期间，我曾到北京阜外医院去探视，他是患心脏主动脉血管瘤，而且瘤子很大。当时，为是否作手术的问题存在两种不同的意见。主张开刀者认为，不开刀，血管瘤子随时都会爆破，其后果是不堪设想的；不主张开刀者认为，开刀的风险太大，甚至可能下不了手术台。然而，仰峤同志总是豁达开朗的，我在探视时他对我说："我们做任何事情，都要采取积极的态度，哪怕只有一线的希望，我们都应当积极地去争取，而不应该放弃。因此，一切等待的态度，悲观的态度，都是不可取的"。仰峤同志接受了手术，他真的没有走下手术台，不幸于1980年8月17日逝世，享年68岁。

仰峤同志虽然身患重病，但是他心胸豁达，乐观地面对人生。就在他逝世前两三个月里，他还先后到内蒙古、新疆等少数民族地区和华东、中南几个省市调查研究，为制定教育事业十年发展规划提出了重要的建设性意见。仰峤同志对教育事业鞠躬尽瘁，对疾病斗争到最后一息，正像他自己所说的，把一线的希望都争取了，因此他走得没有遗憾！

从我与仰峤同志长期的接触中，我认为在他身上凝结着一种最宝贵的精神——布衣精神。依我看，古有布衣孔子，在武大有布衣仰峤。何为布衣精神？布衣是指平民，后来也泛指没有做官的读书人。在以服饰显示等级身份的古代社会，布衣是与贵族相对立的平民百姓的统称。在历史上，布衣一词常常还带有褒义的意思。例如，汉高祖刘邦就是出自于布衣，他在晚年病重时，仍经常提起"吾以布衣提三尺取天下"，显示他不忘布衣的英雄本色。其实，在历史上有不少有成就的人，都是出自于布衣。例如，中国圣人孔子就被尊称为布衣孔子。汉朝的开国功臣大多也都出自于布衣，如韩信、陈平、王陵、陆贾、周勃、樊哙、灌婴……难怪，人们对布衣另眼相看甚至敬重有加，也就不是偶然的了。

何为布衣精神呢？依我之见，所谓布衣精神，就是一种脱离了低级趣味的高尚思想修养境界。它主要表现在：生活简朴，不贪图享受；清正廉明，不谋特权；严以律己，以身作则；深入基层，与群众同甘共苦；调查研究，事必躬亲；无私无畏，勇于开拓创新。这些优秀的品质，在仰峤同志的身上，都充分地表现了出来。在武汉大学工作期间，他总是蓄着光头，穿一身布料衣服，脚穿布鞋，夏天戴着一顶草帽。他除了开会以外，很少坐办公室；他的身影常常出现在教师、学生中，出现在课堂、实验室、食堂、工地上；他到基层调研，从来都是轻车（自行车）简从（不带随从），总是不宣而至；他掌握的情况，甚至是比部门还快而且更真实；他的发言稿、文章都是亲自撰写，从不要人捉刀代笔。在这些方面，他在武汉大学留下了许多脍炙人口的小故事，无论是领导水平或是工作作风，至今仍是无与伦比的。

我本人当然是十分崇尚布衣精神的。我在任武汉大学校长时，也有群众把我称为布衣校长，当然我深感受之有愧。不过，我对自己要求是严格的，如果说在我身上有一点布衣精神的话，那大概是因为我仰慕孔子的原因，同时也是直接受到了仰峤同志思想和工作作风的影响。可惜的是，现在这种布衣精神已不多见了，而取而代之的是官僚主义、讲排场和好大喜功的浮躁风气。我写这篇文章的目的，就是表达我对仰峤同志的怀念之情，同时希望永远发扬布衣精神！

六、轻风细雨见高洁

——怀念武大前党委书记纪辉同志

1988 年 2 月，我被免除了武汉大学校长的职务，在校内外曾经引起了不小的反响。一些为我打抱不平的朋友们给我送来了一幅玻璃镶嵌好的字画，字是一副对联，上联是：轻风细雨见高洁；下联是：朝曦夕照得春晖。画是一幅 65 cm×115 cm 的劲竹，左上角用行书写有"高风亮节"四个字，字画拼在一起，是一幅颇富蕴意的工艺品。我把它挂在客厅的正面墙上，显得格外庄重瞩目。许久以来，我一直把它作为激励人生的箴言，并想考证这幅字画是出自于哪位名家之手，但我没有查出来，后来，我又请教一位专长于诗词学的教授，请他帮我查找出处，他亦没有找到。我们估计可能是一位无名氏之作，不过它的蕴意是十分明确的，那就是告诫人们要做一个品格高尚、节操坚贞的人。

说实在的，对照这幅字画的内容，我深感自己尚不够资格享受朋友们用它对我的赞誉。但是，我时时在想，如果用这幅字画的内容来评价纪辉同志，那是最恰当不过的了。特别是"轻风细雨见高洁"这一联，更能显示他的个性和工作作风。因此，我就以此联为题，写一篇怀念他的文章。

显然，轻风细雨是与狂风暴雨（或大风大雨）相对应的，这是自然界存在的两种截然不同的景象。有不少诗人们赞颂暴风骤雨，无非是借以形容形势的险峻，砥砺人们的意志。"疾风知劲草，板荡识忠臣"是唐太宗的两句诗，常常被人们以成语引用，比喻在恶劣环境中体现出人的正直品质或朋友之间的真正的情谊。毛泽东也说过："大风大浪不可怕，人类的历史就是在大风大浪中成长起来的。"

有时候，人们用轻风细雨和狂风暴雨来形容工作作风，有的人办事雷厉风行，而另一些人却喜欢和风细雨，这是两种不同的工作作风。从我与纪辉同志八年相处的时间里，使我感受最深的就是他的"轻风细雨"式的高洁的品格与和风细雨式的工作作风。在他手下工作的人都知道，他少有激情，但擅长细腻的思考；他不喜欢作大报告，但在小范围谈话，他娓娓而谈，层次清晰而深刻；他不喜欢在大庭广众亮相，更乐于作无名英雄；他清心寡欲、洁身自好，从不张扬自己，无论是工作或是生活，都十分低调。他是一位十分称职的党委书记，深受武汉大学师生们的爱戴。他在任内，虽然没有当上什么优秀党员和劳动模范，但是他比那些当上了优秀党员的人还要高尚，他堪为不是模范的模范。我时常思考一个问题：什么是能人？我的体会是：站在强人后面不露声色但又给人以智慧的人，宁肯自己黯然失色，那样的人才是真正的能人，而纪辉同志就是这样一位受人尊敬的能人！

纪辉同志的这种品格和作风是怎么形成的呢？这无疑是与他的革命经历和工作性质有着密切的关系。他于 1937 年参加革命工作，1938 年加入中国共产党。在三十多年的革命工作经历中，他一直是从事党务、组织和纪律监察工作，这些工作锻炼了他纯洁的党性、高度的原则性和廉洁奉公的思想品德。正是这些可贵的品质，使他在文化大革命中的危急关头，敢于挺身而出，痛击反党乱军的逆流。我最早知道他，是在 1967 年 2 月，那时出现了一股反党乱军的歪风，他（湖北省纪律监察委员会副书记）与柳特（省委组织部部长）联合发表声明，明确表明他们反对把造反矛头指向人民解放军的立场。这样以来，他们招来杀身之祸，成了全省揪斗和批判的对象，受到了难以想象的折磨。但是，他们的大无畏的精神，赢得了全省人民的尊敬。我也就是在这个时候知道他的名字，对他亦怀有崇敬之情，但一直是只知其名而见未见其人。

1970 年春，纪辉同志被调到武汉大学工作，先是担任校党委副书记、校革命委员会副主任。这是一个特殊的时期，那是"工人阶级领导一切"的时代，党委书记、革命委员会主任，是工人解放军毛泽东思想宣传队指挥长武继元同志担任的。那时，我已经被"解放"，在教育革命小组担任副组长，主要管理科的教学与科研工作。据我观察，纪辉同志与工人解放军指挥部负责人的关系十分融洽，彼此互相尊重，工作中相互支持。这表明，纪辉同志顾全大局，是善于作团结工作的领导人，这对于领导武汉大学是至关重要的。

1972 年初，工军宣队的主要负责人都撤离了学校，纪辉同志开始接替了校革命委员会主任和党委书记的职务。1979 年春以后，通过拨乱反正，废除了革命委员会，恢复了党委领导下的校长负责制，庄果被任命为校长，而纪辉同志则专事党委书记一职。

纪辉同志在武汉大学任职期间，是一个非常时期。形势动荡并不定，矛盾盘根错节，资产阶级派性对立，问题成堆，面对的是一个百废待举的局面。他经历的重大事件有："解放"干部，拨乱反正，纠正冤、假、错案，转移工作重心，落实知识分子政策，等等。他凭借着卓越的领导能力、密切联系群众的工作作风、和风细雨式的工作方法，出色地完成了这些任务，为武汉大学后来的发展奠定了思想、组织基础。

当初，他到武汉大学时，学校原有的校系两级干部，还有相当一部分教师，几乎都没有"解放"，有的在立案审查，有的被"挂起来"无所事事。他认为："造成这种局面，是'怀疑一切、打倒一切'的恶果。干部和教师是办学的依靠力量，不解放他们，靠谁来办学呢？"于是，他毫不犹豫地从解放干部抓起，通过批判左倾思想，再加上深入细致的工作，分期分批地把校系两级干部和受审查的教师统统地都解放出来了，使他们愉快地走上了原来或新的工作岗位。

粉碎"四人帮"以后，人人拍手称快，都决心投入到安邦治国的建设中去，把被"四人帮"耽误的时间抢回来。可是，那时人们的思想并未能完全解放，因为还有"两个凡是"（即凡是毛主席作出的决策，我们都坚决拥护；凡是毛主席的指示，我们都要始终不渝地遵循）的精神枷锁束缚。也就是说，对于某些左的东西，不敢去冲破，人们还心有余悸。1978 年 5 月 11 日，《光明日报》以特约评论员的名义，发表了"实践是检验真理的唯一标准"的文章。这是南京大学哲学教师胡福明写的一篇文章，后来中央党校和《光明日报》的人也参加了讨论和修改，可以说是集体智慧的结晶。当时，这篇文章引起了巨大的反响，拥护者有之，但反对者或心存疑虑者却不是少数。因为问题的核心涉及到如何评价毛主席，弄不好，可能会落得否定或反对毛主席的罪名。胡福明同志写这篇文章，的确是冒着很大的风险，他曾对人说："要进地狱，一个人进算了。"

当时，武汉大学与全国的形势一样，干部和群众对"两个凡是"的态度也存在着很大的分歧。我记得有一个系的负责人，分别给纪辉同志和我各写了一封信，他说："'实践是检验真理的唯一标准'这是不言自明的道理，作者是醉翁之意不在酒，他是'打着红旗反红旗'，就是否定毛主席。"他甚至还说："形势充分说明，党内最大的走资派还在走。"看来，这个同志对讨论真理标准的思想抵触情绪很大，我们也知道他的矛头是指向谁。对此，纪辉同志就对我说："不管这个同志的言论是多么的激烈，但还是思想认识问题，再不能重复过去左的那一套作法，把思想认识问题上纲到路线问题，否则，我们又要犯错误。"为了帮助这个同志，纪辉亲自找那位同志谈心，多次做细致耐心的思想转化工作，终于使那个同志提高了认识，并且他还领导所在系的群众开展真理标准大讨论。从纪辉同志处理这封信的做法来看，不仅体现了他的政策水平高，善于作细致的思想工作，而且还表明他对干部满腔热情的关心和爱护。

同时，这件事也使纪辉同志感到，在干部和群众中，对讨论真理标准认识不清的还大有人在。于是，从1978年至1979年的一年时间内，他亲自抓了全校真理标准问题的大讨论。他曾对干部说："'磨刀不误砍柴工'，对待真理标准问题不讨论清楚，我们就不能解放思想，就不能实现工作重心的转移，就不能调动我们工作的主动性、积极性和创造性，最终也就不能把我校各项工作搞上去。"应当说，在纪辉同志的领导下，对真理标准问题的讨论是扎扎实实的。实事求是地说，没有这一段思想工作的基础，就不可能有武汉大学80年代教育改革的大好形势。

中共中央十一届三中全会公报中提出："解决历史遗留问题必须遵循毛泽东同志一贯倡导的实事求是、有错必纠的原则。只有坚决地平反假案、纠正错案、昭雪冤案，才能巩固党和人民的团结，维护党和毛泽东同志的崇高威信。"根据这一指示精神，全国都迅速地投入到解决历史遗留问题的工作中去。

从历史遗留问题来看，相对而言，武汉大学是一个"重灾区"，这是因为自解放后到"文化大革命"，学校都执行了左的路线。要解决那些历史遗留问题，甄别过去的冤、假、错案，既是一件非常繁重又是十分严肃的工作。纪辉同志不畏艰难，他亲自抓这项工作，直接领导一个甄别工作小组，为此他费尽了心血。

1957年那次反右派运动，不仅涉及的人数多，而且对知识分子的伤害也最大。武汉大学在反右运动中，共划定右派分子430人（其中教职工101人，学生329人），甚至还划分了右派、大右派、极右派。为了作好甄别平反工作，纪辉同志在党委会议上说："这项工作一定要做细，哪怕是踏遍山山水水，也要找到受害人的下落，要坚决抓紧完成，决不能留'尾巴'。"自1978年到1984年，历时6年，除了少数几个已经去世的人以外，错案已经全部得到了纠正。

关于王荫庭教授的故事，既可以说明反右派斗争是多么的荒唐，又表明平反错案以后的良好效果。他是北京大学哲学系的学生，毕业以后分配到武大哲学系任教。在1957年的"鸣放"运动中，他参加一次鸣放会，本想借此给党支部提一点批评意见，可是他说话口吃，未等他开口，话筒就别人抢走，他一句话也没有鸣放。后来，在定右派分子时，学校还差一个指标。于是，有人就说："那个想鸣而未鸣出来的人，也应定为右派分子，因为他脑子里有反党思想。"可是，这个倔犟的教师，既不接受强加给他的右派分子帽子，也不接受给他的处分，一气之下回到了湖南老家。他没有工作，生活无着，只有在街上靠拖板车为生。但是，他并没有失去对人生目标的追求，潜心从事普列汉诺夫著作的翻译与研究，这是当时许多人都不愿研究的一个被称为右倾机会主义者的任务。真是功夫不负有心人，他因祸得福，在研究普列汉诺夫方面取得了巨大的成就。纠正他的错案以后，经纪辉同志批准，他被调回学校哲学系工作，晋升为教授，艰难困苦造就了一位研究普列汉诺夫的权威。这再一次说明，纠正错案是非常必要的，否则，一大批优秀人才将各继续被埋没。

与纠正右派分子错案工作相比较，给文化革命中被批斗的人平反，情况更复杂，工作也更艰巨。这不仅人数众多，而且由于文革中派性的原因，使得人们对受审查的人的看法分歧很大。因此，在纠正文化革命中错案的时候，必须同时做好不同观点的群众的思想工作。据统计，文革中受审查的多达300人，不仅要甄别大量的专案材料，而且还要外调获得旁证，工作量十分庞杂。但是，在纪辉同志的领导下，甄别小组夜以继日地工作，最后顺利地完成了平反冤假错案的工作，使冤案得到昭雪、假案得到平反、错案得到纠正。从效果来看，这项工作使受害人放下了包袱，调动了他们从事教学和科学研究的积极性。

在纠正文革中错案的同时，清退被查抄的财物，这又是一件极为复杂和细致的工作。据统计，在文革中我校被查抄的有 132 家，查抄的物品有外文书籍 5600 册，金银首饰 300 多件，金银餐具 250 多套，还有不计其数的外币、银币、手表、照相机、自行车、文物、字画等。通过大量细致的查找，使大部分东西物归原主，即使找不到原物的，也根据政策作了经济赔偿。这项工作深得人心，许多老教授找回了自己心爱的古董和书稿，感动得热泪盈眶。他们纷纷表示，一定要放下包袱，团结一致向前看，积极地投入到"四个现代化"建设中去。

在落实平反冤假错案中，最困难的莫过于给前校长李达同志平反了。

李达同志是在中国最早传播马克思主义的启蒙者和先驱者之一，也是中国共产党的创始人和早期的领导人之一。他对毛主席不仅敬仰，而且还撰写了《〈矛盾论〉解说》和《〈实践论〉解说》两本专著，为宣传毛泽东思想作出了巨大的贡献。他与毛主席常有书信往来，他们之间还有着悠久的友谊。可是，这位共产党的创始人，万万没有想到革命竟然革到自己的头上了；作为学术泰斗，他却解释不了为什么"群众运动是天然合理的?"

1966 年 6 月 3 日，李达被打成了武汉大学"三家村"的黑头目，给他戴上了叛徒、地主分子和反革命修正主义分子的帽子。显然，要批斗这样一位大权威，是不可能没有"高指示"的。当李达同志罹难之时，他给毛主席写了一封信："主席：我有难，请救我一命。"但是，在那个没有法制、没有理性的"怀疑一切、打倒一切"的时代，一切都是无济于事的。8 月 1 日，李达同志被非法地开除党籍，8 月 24 日被迫害含冤去世。这是一桩典型的冤案，是极左路线造成的悲剧，理应彻底予以平反，恢复其名誉。

在纠正文革冤假错案时，李达同志的家属和社会各界人士纷纷提出要为李达同志平反。但是，学校在着手为李达平反时，却遇到了内外、上下的阻力。直到这时，仍然有人认为李达脱党是"黑字写在白纸上"，是不能抹杀的，他的教育思想是修正主义的。这时，"两个凡是"还没有被推翻，于是有人认为李达的案子是最高层批准的，所以不能平反。针对这种情况，纪辉同志以大无畏的精神，坚持要给李达同志平反。1973 年 12 月 30 日，纪辉同志主持了党委常委会议，作出了为李达同志彻底平反的决定，同时向省委呈文请示为李达同志召开追悼会的问题。经省委批准，李达同志的追悼会于 1974 年元月 12 日上午 9 时在武昌殡仪馆隆重举行。在中央书记处批准的给李达平反决定中指出："'文化大革命'中，强加给李达同志的一切诬蔑不实之词应予推倒，为李达同志彻底平反，恢复党籍，恢复名誉。"

至 1978 年为止，学校落实"纠正冤假错案"工作已全部结束。1978 年 12 月 7 日，全校召开落实政策大会，纪辉同志在大会上宣布："文革以来的冤假错案一律平反，现在这项已经基本结束。下一步工作的重心，要尽快地转向教学和科学研究上，要把学校办成既是教学中心又是科研中心，多出入才、多出成果。"

1977 年 4 月，我以借调的名义到教育部去筹备全国教育工作会议，当时我的思想很犹豫，不太想去。纪辉同志对我说："其实，我也不想让你去，你走了以后，我就没有好帮手了，但是，现在正值拨乱反正之际，全国教育界都盼望召开这个会议。你对高等教育比较熟悉，你去了以后，不仅可以为全国教育界作出贡献，而且对武大工作也有好处。我知道，你是不愿意到北京工作，等全教会结束，我一定把你要回来。"就这样，我不情愿地到了教育部，认认真真地干起了"临时工"。可是未料到，去后不久，我却被中央任命为教育党组成员兼高等教育司司长，那时已身不由己了。但是，我仍然是"人在曹营心在汉"，只能择机离开教育部。

1978 年 3 月初，纪辉同志和高尚荫教授到教育部去汇报工作，他们希望了解教育部当前应当抓哪些工作。当时，我告诉他们，三月下旬将召开全国科学大会，会后将制定科学发展规划；77 级统一高考招收的新大学生已经进校，要狠抓教学领域里的拨乱反正，落实综合大学座谈会议纪要精神；5 月下旬将召开全国教育工作会议，会议上将提出一系列教育改革的举措：如要把重点大学办成既是教学中心又是科学研究中心；为了多出人才、快出人才，准备试行学分制、主辅修制、双学位制；准备恢复研究生学位制；准备恢复大学学报；在若干所大学成立出版社，等等。最后，我建议道："鉴于武汉大学科研比较薄弱，应当大力抓科学研究，尽快地试行学分制，要狠抓教师梯队的建设，培养新的学术带头人。"听后，纪辉同志说："我看学分制是个好东西，回去我们就开始试行，以点带面，等取得经验以后，马上就在全校推广。"武汉大学从 1978 年秋开始试行学分制，这与纪辉同志的开明思想有着密切的关系。

1978 年秋，我患了大叶肺炎，于是便托故请假回武汉养病。大约 1979 年 4 月底，我以身体不适应北京气候为由，向教育部提出辞职，要求回武汉大学工作，我的要求得到同意。这样，我又回到了武汉大学，在纪辉同志的领导下开始了我的教育改革之路。

为了实现新时期工作重心的转移，于 1979 年 2 月 5 日至 9 日，纪辉同志主持了党委扩大会议。在会上，他提出要尽快地把学校工作的重点转移到教学和科学研究上来。怎么转呢？他提出了三点要求：一是从思想上转，即要提高建设"四个现代化"重要性和急迫性的认识。教育是百年大计，没有大批合格的人才，怎么能够建设现代化呢？二是抓好教师队伍的建设，一定要肃清"臭老九"的流毒，必须落实知识分子的各项政策，坚定不移地依靠知识分子办学。三是要抓好教学和科学研究这个重点，它们是学校经常性的中心工作，任何时候都不能放松。

我与纪辉同志联手办成头一件大事就是恢复法律系。但是，对恢复法律系在党委领导层是有不同的意见的，有的说法律系既然已经取消了，何必再恢复呢，多一事不如少一事；有的甚至说，就靠几个摘帽的右派能办好法律系吗？根据以法治国新形势的需要，我国将需要大量的法律人才。我也知道，在历史上法律系是武汉大学的一张"王牌"，因此我是坚决主张恢复法律系的。但是，在党委讨论时，主张恢复的人并不占多数，大家争论不休。在关键时刻，纪辉同志明确表示支持恢复法律系，他说："有不同的意见是正常的，我看不必再争论了。我作为党委书记，就当个家，决定恢复法律系，有不同意见的同志可以保留自己的意见。"

根据党委的决定，于 1979 年 7 月 20 日，我召集了法律系筹备小组会议，韩德培教授、马克昌、陈明义、兰远庆参加了。在这个会议上，我曾经说："解放前，我校法律系是一张"王牌"，可是在左倾路线时期，它被撤消合并到另一所学校去了。可是，几个所谓的右派教授因别人不要而留了下来，我们却因祸得福。撤消法律系就像是打破了一块水晶，但幸而晶核尚存，用不了多久时间，就会在这个晶核周围又长出一块更大的水晶来。这晶核就是韩德培教授，他就是我们办好法律系的力量和希望。"1980年1月17日，正式宣布成立法律系，韩德培先生被任命为系主任，陈明义同志被任命为总支书记，当年同时招收本科生和研究生。果然不出所料，在不到十年的时间，我校法学院就成了全国法学的重点基地，再现了昔日的辉煌。当我们看到我校法学院欣欣向荣的局面时，就不应当忘记纪辉同志的功劳。没有他的远见和魄力，就没有我们法学院的今天！

对待改革开放，纪辉同志是衷心拥护的。早在1975年，他就接待了日本创价学会会长池田大作先生的来访，与日本创价大学建立了校际交流协议。这在当时，的确是思想解放的，因为创价学会是日本在家佛教团体，而创价大学是该学会主办的。但是，他并没有因为教会的背景而有所顾虑。同样地，他也大力支持学校与有天主教背景的美国西东大学建立姊妹学校关系，以及与法国全面合作与交流。

纪辉同志在武汉大学工作了十年，他本来体弱多病，加之拨乱反正的艰巨任务，使他身心交瘁。他切身体会到，武汉大学左的思想根深蒂固，这是影响党委班子不团结的主要原因。他本想彻底解决这个问题，但是又深感力不从心。有一次，一个有左倾思想的人粗暴地顶撞了他，把他气得发抖，我第一次见到他拍了桌子。后来，他就病倒了，1979年春节后，他请假到北京去治病，并借机向教育部提出调动工作。但是，教育部没有同意，希望他继续安心工作。可是，他回校以后，病情越来越重，但他仍然坚持工作。他身边工作的同志们感到问题严重，在反复劝说下，他住进了同济医院。经医生检查，发现患了肝癌，而且已到了晚期。虽经千方百计的医治，但终因医治无效于1980年6月4日不幸逝世，享年63岁。从现在平均寿命来看，他走得太早了。他是自解放以后第一位去世的在职的党委书记，他把自己的全部精力贡献给了武汉大学。

对于纪辉同志的逝世，我是很悲痛的。当他的遗体火化时，我们在他身边工作的一部分同志，噙着眼泪把他送到火化炉，伫立在那里久久不肯离去。在那诀别之际，我与纪辉同志交往的情景，又一幕一幕地浮现在我的眼前。纪辉同志走了，永远地走了，但是他把轻风细雨的高洁品格留在了人间！

七、人民公仆的楷模

——追忆武大前党委书记庄果

庄果同志在武汉大学前后工作了二十年，但实际工作的时间只有五六年，其他宝贵的光阴都无谓地浪费在"文化大革命"中去了。我与庄果同志早在 1966 年 5 月就开始有接触，但与他直接共事是从 1975 年开始的。那时，他刚刚被"解放"，担任党委委员、校革命委员会副主任，我是党委副书记。自 1980 年 6 月，他担任武汉大学党委第二书记、校长。1981 年 6 月第一书记纪辉同志不幸逝世，庄果同志继而接任了党委书记的职务，我被任命为武汉大学党委副书记、校长。从此，我们就开始了犹如"政委"和"司令员"一样的亲密合作的关系，时间长达 5 年之久。他 1986 年 6 月离休，但我依然把他当作没有名分的顾问，遇事我总是向他请教，请他帮我拿主意。直到他 2000 年 3 月 7 日逝世以前，我与他还保存着经常的联系，是无话不谈的忘年交的朋友。

庄果同志离开我们已经三年多了，许久以来，我一直想写一篇文字，记叙我们共事中，以及他在武大的一些鲜为人知的逸事，以表示对他的怀念。

受命于危难之际

武汉大学是一所国立大学，在解放以前具有很高的学术地位，被称为全国五所最著名的大学之一。解放以后，中央派军代表接管了武汉大学，时间不到三个月。紧接着，成立了校务委员会，徐懋庸是当时学校党组织的领导人和校务委员会的秘书长。实际上，他把校务委员会的主任、副主任当作摆设，一手独揽了党政大权。在"三反五反"（反对贪污、反对浪费、反对官僚主义）运动和"思想改造运动"中，他执行了左倾路线，方法粗暴，点名批判了许多老教授，严重地伤害了广大知识分子的积极性。

中央对徐懋庸的错误及时地作了处理，他被免职并调离了学校。但是，左倾路线给武汉大学造成的伤害是很深的，以至于元气大伤。当时，许多教师对政治运动心有余悸，无心于教学与科研工作，学术地位日益下降。有人形容说："武汉大学犹如老牛拉破车"，对此人们忧心如焚。

1958年初，中央派中共中央交通部副部长刘仰峤同志任武汉大学党委第一书记兼常务副校长。他作风深入，注重调查研究，事必躬亲，生活简朴，是一位有思想、有水平、有魄力的领导人。他上任不久，很快就得到了全校师生们的信赖与尊敬，人们对他领导办好武大抱有很大的希望。当时，正值贯彻"鼓足干劲，力争上游，多快好省地建设社会主义"的总路线，全国掀起了"大跃进"的高潮。在这种形势的影响下，武汉大学也提出了"破除迷信、解放思想"的号召，掀起了轰轰烈烈的教育大革命，开展了"拔白旗、插红旗"运动。我是那次运动的参加者之一，亲自目睹了运动的全过程。实事求是地说，那次运动的确是执行了左的路线，犯了许多冒进、浮夸、瞎指挥的错误，违背了客观事物发展的规律。但是，从具体问题方面来看，学校的各项事业还是取得了很大的发展，如创办了一些新专业，从不搞科研到兴起了群众性的科研活动，办起了工厂，建立了一些实验室，提倡自学，充实了教师队伍，人们的自信心也增强了。

为了总结经验教训，纠正"大跃进"的错误，自1960年至1961年，学校在省委的领导下，开展了整风运动，中央宣传部副部长张子意亲自主持整风试点。在整风运动中，围绕着如何估价1958年的问题在党内领导层争论不休，并且形成了对立的两派。在整风的后期，对武汉大学党委的领导班子进行了大换班，从武汉地区另一所大学调入了党委书记、副书记、组织部长、宣传部长、党办主任、教务处处长，以及几个系的负责人共十多人，几乎是全面地接管了学校的领导权。但是，此举不仅没有从根本上解决问题，而且人为地制造了对立的两派。学校矛盾依旧，争论仍然不休，两派各持己见，学校各项工作难以开展。

在这种情况下，湖北省委不得不再次介入解决武大"老大难"的问题。时任省长的张体学同志曾坚决表示"一定要彻底解决武大的问题，否则，我就跳长江！"这话无疑表明体学同志解决武大问题的决心，他是一位深受民众爱戴的好省长，作风正派，敢作敢为。他打算如何解决呢？原来，他准备选一位新的党委书记，超脱于学校两派之外。他心中的目标是省计划委员会党组书记、主任庄果，这无疑是一个理想的人选。于是，体学同志找庄果同志谈话说："武大1958年教育大革命搞左了，后来派去的党委书记又全盘否定1958年，所以闹得很僵。要你去武大，一则是你这个人是能团结同志的；二则省委决定把学校原两派的领导人都调离学校，为你的工作创造条件，不团结的矛盾是可以解决的。"体学同志强调说："原来是要你去武汉医学院任党委书记的，现在看来你去武大更合适。这事就算定了。"但是，不料中央没有同意对庄果的任命，原因是说他的级别低了（当时他是干部十级）。无可奈何，省委第一书记王任重同志出面向中央报告说："挑来挑去，就挑了一个庄果，再没有比他更合适的人了。"

的确，庄果同志是合适的人选，这是因为：第一，他是科班出身，早年毕业复旦大学经济系；第二他长期从事经济工作，为人谦和，适合做知识分子的工作；第三，他是原新四军第五师的干部，是李先念、张体学的部下和战友，在工作上得到省委的支持是绝对没有问题的。但是，消息传出以后，庄果的许多老战友均表示反对，他们说："武汉大学是个是非之地，历任党委书记没有一个有好下场的，像你这样的老实人，如何对付得了那种局面呢？"那时，他的夫人燕飞正在疗养院里治病，听到这个消息后，她的思想负担也很重，竟为此失眠了几个晚上。

但是，庄果同志是一个老实人，组织原则性很强，对工作从来不计较个人得失。他原本是湖北省计划委员会党组书记、主任，因为要安排一个副省长兼计委主任，他被调整为副主任，对此他也无怨言。1965年4月，中央对庄果同志的任命终于下来了。就这样，他于1965年5月，正式到武汉大学上任了，来到被许多人认为的是非之地。正如他自己在日记中所写的："我去了那个很多人怕去的地方，经历了一场'风雪夜'。"

莫须有的罪名

庄果同志到任以后，就到各系调查研究。他首先到了在整风中争论最大的数学系。李国平教授创办的"数学试验班"，一直是争论的焦点。他通过调查，发现"数学实验班"的学生虽然没有老师上课，但是他们的成绩还优于其他班的学生，而且分析解决问题的能力也有提高。他根据自己的体会，认为学习要有所得，主要靠自学，于是他明确地表示支持"数学试验班"倡导的自学和理论联系实际的教学原则。他还到经济学系调查，总结了该系在教学改革中把学术问题与政治问题严格区分开的经验，并在全校推广。

自 1965 年 5 月到 1966 年 5 月，仅仅只有一年的时间，这对于施展他的抱负来说，毕竟太短了。那时，已是"山雨欲来风满楼"之势，很快他所预言的一场"风雪夜"终于来临了。

1966 年 4 月底，湖北省委召开动员大会，宣布开展"教育大革命"，并且以武汉大学为试点。5 月上旬，中南局在广州召开文化革命动员大会。庄果率领武汉大学的十名"左派"，浩浩荡荡地参加了那次会议，我也是参加者之一。据说在会前，武大有人已经向省委递送了材料，揭露学校里的"反革命修正主义分子"。实际上，在广州会议期间，有关领导已经给武大阶级斗争定了调子。会议一结束，根据中南局的指示，就把时任中南局科委副主任的原武大党委书记朱劭天同志带回学校接受批判。接着，成立了武汉大学文化革命工作队，省委常委李衍绥同志任队长，庄果和陈明任副队长。6 月 1 日，北京大学抛出了"三家村"，揭开了文化大革命的序幕。时隔两天，也就是 6 月 3 日，武汉大学也抛出了朱劭天、李达、何定华反党"三家村"。

这时，围绕着 1958 年争论的那一幕又重新拉开了。不过，这时形势对"捍卫 58 年成果派"有利。于是，围绕着肯定或否定 58 年教育革命的成果，就成了划分革命的"左派"和"反革命修正主义"的分界线。于是，凡是在整风运动中对 58 年持否定态度或支持朱劭天他们观点的人，几乎都被打成"三家村"的帮凶、黑爪牙。一时间，武汉大学层层揪斗

"三家村"，总共揪出了300多人，并且把他们送到武昌县东升人民公社劳动改造。

然而，形势很快发生了变化，中央文化革命领导小组认定工作队执行了资产阶级反动路线，犯了方向错误。于是，那些原来被打成"三家村"的黑帮或受压制的群众，纷纷起来造反，把先前的左派打成了资产阶级的保皇派，原来的当权派也就被打成了"走资派"（即走资本主义道路的当权派）。短短的几个月，历史完全翻倒了过来。就这样，庄果同志就被打成了"王（任重）刘（仰峤）庄（庄果）蒋（蒋蒲）反党集团"的干将。由于王刘不在学校，于是庄果和蒋蒲同志也就成了这个反党集团的代理人，所有的批判、斗争，也就集中到他们两个人身上了。我也被打成了"走资派"和"现形反革命分子"，因此也就经常与庄果和蒋蒲同志一起接受批斗和劳动改造。

其实，所谓的反党集团完全是莫须有的。王任重那时已调到中央工作了，刘仰峤时任高教部的副部长，庄果与他们既非同事，也无任何特殊的关系，完全是牵强附会的欲加之罪。另外，造反派还把他打成叛党分子，这更是无稽之谈。他原来在上海复旦大学参加了地下党，后来与组织失去了联系。关于这个问题，早在1965年审干时已作了结论，恢复了他这一段党龄，从此他的党龄从1936年算起，比"38式老革命"还要早两年。

作为"王刘庄蒋反党集团"的主要代表人物，他无疑吃了许多苦头，受到了难以想象的折磨。他原来住在学校领导干部住的楼房，把他打成反党分子以后，造反派就把他一家赶到四十八家工人住宅区，一家6口人只住了没有卫生间的两间小房，其困境是可以想象的。生活上的困难尚可以克服，但是批斗时戴"高帽子"、挂"黑牌子"、坐"喷气式飞机"，以及审讯时所施加的酷刑，不仅让人的尊严受到损伤，而且也使身体受到巨大的折磨。

我清楚地记得我和他所经历的一次批斗会，那是我终身难忘的一幕。1967年8月10日，天气炎热难忍。是日，我和庄果、蒋蒲等，被勒令到理学院103教室接受批斗。那次批斗会，我是受批判的主角，造反派揭发、批判我的所谓反对中央文革的反革命罪行，而庄果和蒋蒲同志是揪来陪斗的。那次批斗会，是"7·20"事件后头一次批斗会，目的是反右倾，为以后的批斗会树立样板。因此，批斗会一开始就杀气腾腾，对我们不仅拳打脚踢，而且还用枪托捅打。一个造反派头头，用装有子弹的手枪捅我的胸膛，把我穿的汗衫、衬衣捅了一个大洞，如果他是扣动了扳机，我恐怕就没命了。当时，庄果、蒋蒲也都被打倒在地，并被他们用脚使劲地踢踹，我们都躺在地上不能动弹。批斗结束后，我们又被押着在校园内武装游斗，颈子上挂着几十斤的黑牌子，身后的造反派嘭啪地鸣枪示威，子弹就从我们的头发梢上飞驰而过。那是我和庄果经历的最危险的一次武装游斗，我们也算是死里逃生吧！

工厂科里的"采购员"

1968 年 11 月 18 日，工人解放军毛泽东思想宣传队进驻学校，领导学校的斗批改（斗争走资本主义的当权派，批判反革命修正主义路线，改革旧的教学制度、教学内容和教学方法）。由于我们这些原来的干部被造反派列入打倒的对象，于是庄果随全校师生到襄阳红旗厂劳动改造，我被下放到葛店化工厂当工人。同时，我们还要接受所谓的政治审查。

1969 年春天，工宣队的副指挥长黄廷约到襄阳，通知庄果同志到沙洋分校，临时负责抓那里的农场和工厂。可是，他回到总校以后，情况却发生了变化，工宣队指挥部要他留在总校，暂时安排在教育革命小组下属的工厂科工作。当时，学校兴起了大办工厂的运动，一下子办起了近十个工厂，如机械厂、印刷厂、计算机厂、无线电厂、粉末冶金厂、"9. 12"化工厂、单晶硅厂、生化厂、中草药工厂等。但是，那时物质供应十分紧张，几乎一切都是按计划供应的。显然，工宣队知道庄果曾经当过省计委主任，也了解他与张体学同志的关系，因此他们想借助这些关系，请庄果帮助学校解决一些短缺的物质材料和设备。就这样，庄果同志作为一名尚未"解放"的领导干部，就认认真真地干起了"采购员"的工作。

工宣队副指挥长刘殿臣对庄果说："现在办分校需要钱，希望你去找张体学主任（省革命委员会主任）要钱，这也是'解放'的一种方式。"对此，他没有拒绝，心想这也是对建设武汉大学作贡献。他找到了昔日的老上级张体学同志，向他开口要 350 万元（这在当时是一个不小的数目），理由是中央给北大、清华上千万元办分校。张体学同志答应了，并当场找来管物质的单位，要他们给武大予支持。这样，由于得到了体学同志的支持，就为庄果"采购"开了方便之门。

那时候，我已被"解放"，担任教育革命小组副组长。我看到庄果同志在工厂科当"采购员"，心里觉得很不是滋味，虽然认为他应该"解放"，但我又爱莫能助，我惟一能做的是，在工厂科旁边给他安排了一间小房作办公室，使他有个地方放茶具，也可以在里面看报和休息。

当时，校办工厂需要的物质设备是多种多样的，例如锅炉、鼓风机、马达、钢材、紫铜、电焊条、硫酸、盐酸、烧碱，等等。反正，不管哪个工厂需要什么，都去找他，而他也都是有求必应，尽力去帮助各工厂解决困难。在平常的交往中他和大家相处得十分融洽，人们都称他"老庄"。他对自己要求很严，出门从不找车队要车，宁肯自己搭公共汽车。学校离省政府不是很远，有时他就步行到水果湖。我曾建议他找学校车队要车，可是他却说："现在我身体还行，挤公共汽车也是一种锻炼。再说，能省就省，勤俭节约是我们应当发扬的革命老传统。"

这样一干就是三年，可是他从无怨言。但是，他既没有宣布"解放"也没有参加斗、批、改，因此造反派说他是一个"神秘人物"，似乎想找他的麻烦。工宣队指挥部看到了这一点，于是1971年底，武继元指挥长找庄果谈话，再三地对他说："把你留在学校当'采购员'不合适，你还是应当到沙洋分校'五七战士'中去，以便为将来的'解放'创造条件"。于是，庄果同志就结束了'采购员'的工作，以"准五七战士"的身份到沙洋分校参加劳动。在那里，他作了一次"斗私批修"的检查，群众也基本上通过了。

1972年夏天，工宣队指挥部通知庄果回总校休息，并且让他从工人的住宅区又搬回到原校领导住的楼房。这意味着他很快就要"解放"了，可是阻力仍然不小，这一托又是三年，直到1974年才恢复他的党员组织生活，1975年才安排他担任校革命委员会的副主任，而且还未能进入党委常委。对这一安排，许多人为他打抱不平，但是他总是不着急，他曾经对我说："一个人不论职务高低，都是为人民服务的，只要能作好工作就算是没有辜负人民的信托。"对于这个安排，张体学同志是有看法的，但是他也知道阻力还是来自左的思想，他几次托人给庄果带口信："不要着急，等左的思潮冷下来，庄果的问题就可以彻底解决了。"作为庄果同志的老上级，他对庄果始终是信任的，认为庄果同志是勤勤恳恳为人民服务的好同志！

改革开放力争先

1979 年春节以后，庄果同志被任命为武汉大学党委第二书记兼校长。1980 年 6 月，党委第一书记纪辉同志逝世，经中央批准，庄果同志重新被任命为武汉大学党委书记。直到这时，庄果同志才算是官复原职（1965 年他在武大担任的职务），时隔已经整整 15 年了。这时，庄果同志已经 68 岁了，虽然他年近古稀且体弱多病，但是他十分珍惜来之不易的大好形势，决心投入到改革开放的大潮中去。

1981 年 7 月，我被中央任命为校党委副书记兼校长。从此，我就和庄果同志进行长达 5 年的直接共事合作，为开创武汉大学改革的新局面而携手共进！我们的合作是真诚的，我对他十分尊重，他对我也极为放心，从而开创了武大历史上党政密切合作从未有过的新局面。

改革开放以后，全国各重点大学纷纷发展与国外著名大学的合作关系，建立校际之间的姊妹学校。可是，我校原有到欧美国家留学的教授都年事已高，他们早年在国外的同学或同事，也早就退休了，缺少了牵线搭桥的人。我校虽然有一批解放后到苏联、东欧国家留学的教师，可那时我国与这些国家的关系仍处于对立状态，不可能建立什么姊妹学校关系。从报道得知，像北京大学、清华大学、南开大学、上海交通大学、同济大学、南京大学等，都纷纷与国外名大学建立了姊妹学校关系，而我校却苦无良策。对此，我与庄果同志都十分焦虑。

一次偶然的机会，使我校与法国建立了全面合作的关系。1979 年初秋，我到教育部去办事，见到了常务副部长李琦同志，我们是老熟人了。我原在教育高教司任司长时，对他的领导能力极为佩服，而他对我的改革开拓精神也十分欣赏，因此我们之间的关系比较密切。我们见面后，他开门见山地问我："道玉呀，你来了，现在法国意犹找一所学校，想进行全面合作，模仿南京大学与美国和上海同济大学与德国，建立中法交流中心，不知你们是否感兴趣？"听后，我当然喜出望外，因为我们正想找合作的对象。于是，我对李琦副部长说："我们不仅有兴趣，而且我校与法国合作交流亦有良好的条件。"接着，我列举了有利的条件：一是中法两国都是数学大国，我校数学系力量很强，有多位数学家是留法的，他们与法国数学界已有合作关系；二是湖北省承担了中央分配的援助非洲法语国家的任务，急需培训大量法语人才；三是我校设有法语专业，已形成了一支法语教学与研究队伍。听后，李琦副部长很高兴，他说："好，就这样定了，我们马上照会法国驻华使馆，全力推荐你们与法国合作。"

回校后，我立即把这个好消息告诉了庄果同志。他听后，很高兴地说："道玉，你这回可是为学校办成一件大事，打开了我校对外交流的局面。"对此，法国的态度十分积极，他们马上派大使馆的文化参赞来校考察，对我校的历史、环境和学术地位十分满意。经过法国外交部的批准，正式照会我国教育部，同意与武汉大学全面合作，建立中法教育交流中心。很快，我们从教育部收到了法国外交部的邀请函，请我们派一个十人代表团，于年底赴法访问，并签定合作协议。

党委第一书记纪辉同志主持了党委常委会议，研究代表团的组成。会议一致决定：由党委第二书记、校长庄果任团长，党委副书记、副校长刘道玉任副团长，并从数学、计算机、物理、空间物理、化学、生物、病毒学和学校外事处各选一人参加代表团。另外，教育部指定物质供应局局长庄前昭和外事局姜少晨参加，由庄前昭任顾问。代表团一行 12 人，自 1980 年 1 月 20 日至 2 月 10 日访问了法国，历时 20 天。在法期间，先后参观、访问了 6 个城市的 50 多个学校和科研单位，获得了巨大的收获。

那时，我国尚处于改革开放初期，出国参观访问的人还不多，许多禁区尚未打破，外事纪律也十分严格。为此，我与庄果同志商量，我们既要遵守国家的外事纪律，又要解放思想，大胆地开展对外活动，特别是要真诚地与法国合作，力争取得实质性的访问成果。

在访问后期，要与法国外交部谈判实质性的合作协议，这是最敏感和最关键的一个问题。据分析，当时比较敏感的问题有三个：一是在武大创办中法数学试验班，使用法国教学大纲，用法语授课。这是一个敏感的问题，那时尚无先例，弄不好有丧失教育主权的危险。二是法国方面愿意支持我们创办《法国研究》杂志，并表示资助办刊经费。有人担心，这是法国拿钱收集情报，是否有文化渗透之嫌？三是法国有一个世界运用法语教学协会，其成员大多是法国前殖民地以法语为官方语言的国家，如果法国要我们参加，我们应该如何表态呢？

那时，我们都还有神秘思想，不敢在饭店里开会，怕法方在房间里安了窃听器。因此，我们代表团常常到旅馆附近的拿破仑墓或塞纳河边，佯装旅游者，商量与法国外交部谈判的对策。针对这些问题，庄果同志召集代表团全体成员反复商量，最后我们统一了认识。上面三个问题，实际上都是业务方面的问题，而且对我方有利，可以大胆地去做。庄果同志甚至还说："这些问题，实际上是检验我们真解放思想或是假解放思想，是真开放或是假开放。"他还说："道玉，我长期搞党务工作，对教学、科研领域里的业务问题不熟悉，下一步的谈判以你为主，你就大胆地搞，有什么问题，我来负责。"为了慎重起见，我们又去向驻法大使馆黄镇大使作了汇报，他表示完全赞成我们的观点。

在正式的会谈中，我受团长的委托，全面地阐明了我方对与法国合作交流的建议。法方对我们的要求，一般地都予以采纳，表现出了他们真诚合作的愿望。看来，我们原来的担心都是多余的，谈判进行得非常顺利。经过两天的会谈，先后两次修改了协议文本，最后形成并签定了《法国与武汉大学合作与交流会谈记要》。由一个大学与法国外交部签定合作协议，这是很少见的，它充分说明法国政府对与武汉大学的合作是高度重视的，也是十分诚恳的。

后来，我校与法国又多次互访，每两年交换和签定一次协议文本。当年，武汉大学与法国的合作，在全国影响很大，是名副其实的中法教育交流与合作的中心，令许多学校刮目相看。这项合作，一直持续到1994年，无论是派出留学生的数量或是获得法国捐赠的图书资料、仪器设备的数量，都位于全国之冠。十分可惜的是，由于武汉大学自己的原因，这项合作计划于1994年终止了。后来，我和庄果同志知道了这个消息，都感到十分惋惜，但又爱莫能助。

我与庄果同志合作进行的另一件大事，就是共同策划召开全校科研工作会议。庄果同志重新担任党委书记以后，工作千头万绪，为什么我们要首先召开科研工作会议呢？这就必须要从武汉大学地位大滑坡说起。自解放以后，武汉大学的学术地位连连下降，从解放前的五所名校沦落到教育部直属大学末后几名。这究竟是什么原因？一个学校的学术地位，主要是由他们的科学研究水平来决定的，没有高水平的教授，也就没有高质量的学术成果，这二者是相辅相成的。如果再追问下去，为什么科研上不去呢？这是因为自解放后，武汉大学就执行了一条左的路线，许多教授都受到了批判，他们"谈科色变"，认为教书保险、科研危险，此宁肯当一个"教书匠"。

既然科研是决定学校学术地位的关键，武大教师对科研心有余悸，那么就应当从科研抓起。于是，我与庄果同志商量并经党委决定，于 1980 年 9 月 25 日至 29 日，召开全校科学研究工作会议。在 9 月 25 日的开幕会上，庄果同志代表党委，作了"总结经验教训，发展优势，多出成果"的报告。这是我们俩商量的提纲，由我代表党委起草的一份发言稿。他在报告中指出："武大科研搞不上去，根本的原因是政治上的左倾路线，组织上的宗派主义，学术上的'述而不作'的保守思想。至今还有一些人认为，教书保险，科研危险；搞应用保险，研究理论危险；编教材保险，写论文危险。不少人还是坚持学校应当以教学为中心，不赞成'把重点大学办成既是教学中心又是科研中心'的提法。如果这些思想认识问题不解决，要把武大科研搞上去，那是根本不可能的。"这次会议，首先是解决思想认识问题，然后制定科研规划，迅速解决教师青黄不接的问题，努力创造良好科研条件，树立良好的科学学风，下决心把科研搞上去，改变学校落后的局面。

这次科研工作会议于 9 月 29 日休会，10 月 15 日召开了总结会议，我代表党委作了"加强领导，改善管理，促进科研发展"的总结发言。在会议结束时，我甚至提出：我们要"卧薪尝胆，十年生聚，励精图治，十年雪耻"的号召。从效果来看，会议的确提高了思想认识，调动了大家的感情，促进了广大教师奋发图强的精神，达到了预期的目的。应当说，这次会议是我校重视科学研究工作的开始，它为学校长期的发展奠定了基础。

　　会议以后，庄果同志病倒了，他到解放军武汉陆军总医院住院治疗，大约住了三个多月。1981 年、1982 年他又两次住院，他自感身体越来越差了，于是多次向教育部申请离休，但是教育部一直没有同意。在他住院期间，我定期去向他汇报工作，遇到棘手问题，我随时去与他商量。他切身体会到，武大左的思想根深蒂固，而且在组织上还有表现。他虽然在病中，但仍然耐心地作那些坚持派性人的工作，希望加强领导班子的团结。在工作不果的情况下，他与教育部和省文办负责同志商量，希望把那些坚持左倾思想的人调离学校，其目的是想为我今后的工作排除障碍。虽然他有离休的打算，但是他并没有放弃一个革命老干部的职责，希望把班子配备好，把班交好。他思想开明，主张启用年轻的、有改革精神的干部。经过他亲自考察，1983 年拟提拔了两个党委副书记和一个副校长，充实了领导班子，方案已报到教育部，只等待批准。

　　这时，他有一种如释重负的感觉，心里特别高兴。1983 年除夕晚上，他吟咏了一首诗，表达了他的心怀：

> 珞珈激风雷，喜有创业才。
>
> 豪情向四化，宏图巧安排。
>
> 群英齐抖擞，新苗着意栽。
>
> 会见参天绿，万木尽成材。
>
> 浮云曾蔽日，蜚语播疑猜。
>
> 逆流砺壮志，勇进岂徘徊。
>
> 除夕困病榻，百感涌心怀。
>
> 爆竹迎春到，伫庆捷音来。

　　可是，这个领导班子调整方案一直拖了一年半，直到 1984 年秋天才批下来。我又重新被任命为党委副书记、校长，开始了我的第二个任期，这时庄果同志由于身体的原因，已基本上不再管学校的工作了，直到 1986 年 6 月教育部批准他离休，享受副部级的待遇。此后，党委书记一直空缺，我以常务副书记、校长的身份主持学校党政全面的工作。对于我来说，失去了依靠，无疑工作更艰巨了。不过，我还是一如既往地把他当作我的顾问，他也不断地指点和鼓励我的工作，总算是把学校的教育改革继续推向了前进。

庄果同志是一位老革命，但是他从不以功自居，始终是谦虚谨慎；他严以律己，宽以待人，忠于职守，敢于负责；他能上能下，能官能民，荣辱不惊，因而他深得人心。在我的记忆中，有几件小事，充分体现了他的廉洁奉公的作风。他的女婿是我校毕业生，因工作需要，我们把他提升为科长，他知道后对我说提升太快了，这对年轻人没有好处。我们看到他年岁已高而且多病，为了照顾他的身体，将他的小女儿从校外调入学校，他知道后批评我不该这样作。他因病经常住院，但是他生怕住院费用多了，于是能不检查的项目就不检查，能用普通的药就不用进口药。这些虽然都是一些小事，但是从中可以看到他身上的高贵的品德，他的确不愧为人民的好公仆。

庄果同志离休以后，一方面治病调养身体，另一方面他得以有时间陪伴40多年相濡以沫的夫人燕飞。她也是一位早年参加革命的老干部，1965年随庄果同志一起调来武汉大学，任纪律监察委员会副书记，文化革命中她的身心也倍受折磨。落实政策以后，她于1980年又重新担任校纪律监察委员会副书记，带病坚持工作。可是，从1981年以后，她的身体就每况愈下，一直在医院治疗。1985年以后，她的病情恶化，经检查确诊为肺癌，但已不能做手术了。1986年1月7日，燕飞生命处于垂危，抢救无效不幸逝世，享年64岁。燕飞同志去世以后，庄果同志一方面经历了丧妻的巨大悲痛，同时又以顽强的毅力与疾病作斗争。他感到最大欣慰的是，他的儿女们都十分孝顺，时常陪伴左右，使他的晚年过得幸福。但是，庄果同志毕竟年事已高，生命主要器官出现衰竭，不幸于2000年3月7日逝世，享年88岁。在我校的历史上，他算是领导干部中年高德劭的了。2000年3月13日，庄果同志的遗体告别仪式在武昌殡仪馆举行，我以悲痛的心情参加了与他的诀别仪式。我以晚辈和部下的身份写了一幅挽联，被学校治丧委员会悬挂在庄果遗像两旁：

闽东俊少复旦高材投笔从戎功勋垂千秋

五师秀才理财专家弃政育桃护李传美名

谨以此联表达我对庄果同志的敬仰与哀思！

八、儒仕风范风高洁

——深切怀念武汉市前市长黎智同志

　　武汉地区人们所熟悉、所敬重的黎智老市长，于 2001 年 8 月 23 日不幸逝世。我是从 8 月 23 日《武汉晚报》上才得知这一噩耗的，而且头一天已举行了他的遗体告别仪式，以致于我未能与他作最后的告别，真是遗憾之极。在悲痛之际，当即写了一首吊唁诗：

吊唁黎智老市长

迟到噩耗揪我心，

疾病缠身未送行。

悲痛之中书祭文，

寄托哀思吊英灵。

　　黎智同志的名字我是在建国初期就已知道的，因为当他担任团市委书记时，我还是武汉大学化学系的一名团员，但是却一直与他没有直接的接触。

　　我最早了解黎智同志的一些情况，还是从北京大学西语系教授闻家驷先生那里知道的，他是黎智同志的叔父。说来也是一种缘分，1978 年 9 月，我时任教育部高教司司长，因大叶肺炎住在北京医院，正好与闻家驷先生住在一个病房。我们同为湖北人，又都是从事高等教育工作，因此我们相处得十分融洽。在余暇交谈中，除了大学教育以外，我的兴趣自然聚焦到了闻家趣闻轶事。闻一多先生的故事当然是谈得最多的，其次也谈了不少有关黎智同志的情况，显然他是为有这一位侄儿感到骄傲的。据闻家驷先生介绍，黎智同志从小聪颖过人，勤奋好学，成绩优秀，家人希望他走求学从文的道路。可是，他思想早熟，16 岁就投笔从政，并参加了中国共产党，成为一个革命的领导者。他之所以走上革命的道路，一方面是受他叔父闻一多思想的影响；但最重要的还是他自幼性格耿直，主持正义，同时他又接受了进步思想，追求革命真理和人类的正义的事业。

1982 年 9 月 16 日，黎智市长率领武汉市人民政府代表团，赴美访问娣妹友好城市匹兹堡，我是代表团的成员之一，这是我第一次在他的直接领导下开展活动。据说，是他直接点名叫我参加访问代表团的。他曾说："娣妹友好城市之间的交流，应当是全面的，不仅仅光考虑到商贸往来，而且还要发展大学间的交流与合作，人才是四化建设的关键。"仅从这一点看，他的思想在当时是十分先进的，其作法也是开明的。据我所知，很多政府代表团出国访问，都只考虑政府各有关部门的人，生怕部门之间摆不平，怎么会把本来不多的名额分配给不属于市政府领导的一所大学呢？在这件事上，反映了他不同于常人的思维方法，体现了他的睿智与襟怀，也使我看到了一个儒仕的风范。

匹兹堡是我们访问的第一站，除了参观工业、文化、教育、名胜等机构以外，还将由两市市长签订友好城市交流协议。匹兹堡的地理环境与产业结构与武汉市很相似，它位于俄亥俄河与伊利湖的交汇处，拥有美国最大的钢铁企业美钢联（UA Steel），是美国东部工业重镇。美方陪同介绍说："在 20 年以前，匹兹堡是一座烟雾城市（Smoking city）。自 60 年代中期美国兴起了新的技术革命，匹兹堡应用高新技术改造了传统的工业，大力发展知识密集型的产业，使这座城市变成了一个明净的城市（Clearing city）。"对此，曾经担任过武钢一米七轧机工程常务副总指挥长的黎智同志对我们说："我们与美国的差距太大了，我们那里的工业区里烟囱林立，污水四溢，不改造不得了。我们必须加强环保意识，建设不能破坏环境，要对子孙后代负责。"

代表团在匹兹堡参观期间，黎智同志对参观大学和科研机构很重视。应我们的要求，主人安排我们参观了匹兹堡大学和卡内基—梅隆大学，它们都是属于美国最好的大学之列。特别是，那次我们有机会参观了匹兹堡大学医学院的艾滋病研究中心和卡内基—梅隆大学的机器人研究所，这在当时都是十分前沿的研究。在参观过程中，黎智同志不断提醒我说："道玉同志，这些参观很重要，对我们这些外行来说，只不过是看看热闹而已。你是专家，要注意看门道，要把好的东西带回去，注意与他们保持联系，建立交流与合作关系。"

黎智同志思想开明，作风民主。在参观中他允许"大集中、小分散"，每个人可以单独参观自己感兴趣的单位或项目。他曾对我说："你是搞教育的，可以多选择一些大学参观，代表团的一些应酬活动，你可以不参加。我们不搞形式上的大统一，应该实事求是，以达到我们访问的实际效果。"根据他的意见，我第二次又访问了匹兹堡大学，与普斯法校长讨论了两校的交流与合作协议，并签订了第一个合作协议。另外，我一个人还乘飞机到俄亥俄州首府哥仑布，参观了俄亥俄州州立大学，与该校校长詹宁格斯签订了两校的合作协议。这是我随黎智市长访问美国的两大成果，进一步扩大了武汉大学的国际教育交流与合作。

除匹兹堡以外，主人还安排访问了纽约、华盛顿和旧金山。利用在这些城市访问的机会，我还单独地参观了哥伦比亚大学、西东大学、加州大学伯克莱分校和斯坦福大学，使我对美国大学的教育制度有了进一步的了解，从而也激励了我在教育改革中的开拓创新精神。

在从旧金山离开美国的头一天晚上，黎智同志用电话通知我，约我去他下榻的房间"聊天"，名曰"聊天"，实际上是他让我谈谈这次访美的观感。他说："十多天的访问就要结束了，我想听一听你的想法，你认为这次访问有什么收获，你对市政府今后的工作有什么建议？"

我回答道："沿途参观安排得很紧张，还未来得及很好地消化参观中的见闻。粗略地说来，收获是很大的，过去我们夜郎自大，总认为中国什么都比人家的好，通过参观才发现我们太落后了，就拿科研水平来说，我们与美国的差距大约有30年，有的甚至还要长。"黎智同志插话说："是呀，我们再不能搞'唯意识形态论'那一套了，科学和教育的成果是人类的共同财富，我们不能拒绝学习资本主义国家有益的经验，特别是发展科学与教育的成果和经验。"

至于对市政府工作的建议，我提出了以下三点：

首先，要优先支持教育和科技事业的发展，这是经济发展的关键。美国之所以成为经济大国和军事大国，那是因为它首先是一个教育大国和科技大国，拥有全世界三分之一的大学，享有全世界40％的发明专利。虽说武汉地区的高等学校和科研机构数目居全国第三位，但那是中央各部委领导的,武汉市没有支配的权力,这是必须引起高度重视的。

其次,武汉是一个重工业城市,传统产业占着统治地位,必须要加速技术改造和转型。否则,在市场经济的竞争中,将会失去优势甚至被淘汰。

再次,一定要加速市政交通的改建,促进商贸发展。匹兹堡仅有50万人口,市内水道交通纵横,拥有桥梁多达200座以上。武汉市有300多万人口,至今只有一座长江大桥和一座汉江公路桥,这是多么大的差距呀!

听后,黎智同志颇为感叹地说:"你的体会很深刻,建议也很好。这说明,我们此次访问收获确实很大,真是百闻不如一见啦!"接着,老市长把话题转到了市政府领导班子建设上采,他说:"我已60岁了,应该退到二线了,让更年轻的伺志来挑重任。根据中央的精神,领导干部应当实现'革命化、年轻化、专业化、知识化',我看像你这样优秀的年轻同志,就是很合适的人选。"

听后,我说:"黎智同志,60岁算什么,现在不是流传着:'七十不算稀,八十多来兮,六十小弟弟嘛',你现在正值人生的第三个创造的黄金时期,也是领导经验最丰富的时候,应当继续领导武汉的经济改革,我想上级是不会同意你退到二线的。从发展的眼光看,年轻化是必要的,但也不能为年轻而年轻化,大学里的知识分子书生气太足,担任领导工作是不合适的,应当从实际工作部门选拔那些既受过良好的教育又受过实际工作锻炼的人。"

1983年3月,中央派了办公厅副主任陈伯村和外交部副部长张灿明两同志为首的工作组来汉,负责调查和调整武汉市的领导班子。3月20日,两位领导约我到东湖"百花村"一号去谈话,陈主任首先问了有关我的一些基本情况,然后他说:"省市里有不少人推荐你任武汉市的市长,中央书记处已研究决定,拟任命你为武汉市委副书记、市长。我们受中央书记处的委托,正式把这一决定告诉你,并想听听你的想法。"我感到很突然,由于一贯不愿当官,于是我从多方面陈述理由,说明自己不适合担任这个职务。同时,我也请求他们向中央反映我的请求,并希望中央千万不要下任命文件,否则组织上和我都会很被动的。张部长接着说:

"我们只有传达和执行中央决定的义务，没有打折扣的权力，如果你有什么想法，个人有向中央反映意见的权力。不过，我们还是希望你再认真考虑一下，服从中央的决定。

回到家里以后，我想来想去，觉得这事可能与黎智同志有关，联想到去年9月在旧金山的那次谈话，那不是一种暗示吗？于是，我第二天到黎智同志办公室，向他报告了中央调查组谈话的内容，请求他给我出主意，怎么推掉这份差使。听后，他笑着对我说："这是好事嘛，我举双手赞成！推荐的人比较多，我也是一个。依我看，你的能力是没有问题的，关键是你要下决心，放弃你的学术研究。"我说："问题就在这里，我实在舍不得丢掉我矢志追求的化学专业，也不能割舍我所钟情的教育事业。所以，我来请求你帮助，设法推却这项决定。"黎智同志似有些为难地说："我的本意你是知道的，希望你接替我的职务，这是中央经过慎重考察后作出的决定，我是坚决拥护的。因此，无论从哪一个角度，我只能促成而不能促退。当然啦，如果你执意不肯干，你可以向中央反映自己的要求，如获中央同意，我也支持你留在学校干。不过，我还是觉得很遗憾！"

在求助黎智同志未果的情况下，我一方面继续向中央工作组反映我的要求，另一方面我已买好车票，准备进京上访，请求不要对我进行任命。到了第三天，也就是我准备赴京的前夕，事情突然出现了变化，工作组陈主任又一次通知我去谈话，他笑着对我说："这两天你大概没有睡好觉吧！听说你准备进京上访，事情没有那么严重嘛，思想包袱要放下来。关于你的任职，我们已向中央反映了你的要求，耀邦同志很重视，他指示说：'道玉同志既然不愿意干，我看就不要勉强他了，人各有志嘛！他热爱教育，矢志教育改革，就让他留在学校干吧，反正办大学也需要有改革精神的年轻干部。'"真是知我者，耀邦也！他没有用"铁的纪律"来约束我，而是以开明的思想圆了我的教育之梦！

1983年3月，黎智同志辞去武汉市市长的职务，我虽然没有接他的班，但并未因此而影响我们之间亲密的关系。他对我关心有加，而我一往深情地尊敬他，遇事总是向他求助和求救。

1983年6月，武汉市人民政府咨询委员会成立，我当选为第一届委员会的主任，中国科学院武汉分院院长钱保功和华中工学院副院长陈挺分别担任副主任。黎智同志参加了成立大会，我与他坐在一起，他对我说"市长你不愿意当，给市长当个顾问总可以吧！成立市政府咨询委员会，这在全国是第一家，目的是借用'外脑'，把市政府的重大决策纳入科学化的轨道，避免主观主义和官僚主义，减少工作中的失误和损失。"我说："市委和市政府决定成立咨询委员会，的确是开明之举，我有幸担任咨询委员会的主任，这是对我的信任。我认为，与其说是给政府当顾问，倒不如说是市政府给了我一个了解市情的机会，我将尽力而为。"就这样，我这个布衣幕僚，从1983年至1990年连任了两届咨询委员会的主任。也由于这个缘故，使我与武汉前后几届领导结下了深厚的情谊，也使我更加关注武汉的经济建设。

为了迎接新的技术革命的挑战，发展武汉市的高新技术产业，市咨询委员会向市委、市政府建议，面向市各委办局领导干部举办新的技术革命讲座。这一倡议，立即得到了新老市长黎智和吴官正同志的大力支持。自1983年10月至1984年3月，每个月讲一个专题，共报告了新技术革命的5个前沿领域，如微电子、计算机、激光技术、新材料和基因工程等。这些报告都是邀请该领域里的著名学者作的，他们都是以科普形式讲解的，深入浅出，联系实际，颇受各级领导的欢迎。黎智同志和市委、市政府的其他领导同志以身作则，带头听报告。黎智同志就对我说："现在我们面临的是信息时代，新成果、新技术日新月异，不学习就跟不上形势，不学习就不能领导现代化的建设。"黎智同志的谦虚、好学的态度，给咨询委员会的专家们留下了深刻的印象，因而他也与钱保功、陈挺等许多专家成了知心的朋友。

1981年，我经过多次努力，国家教育部和国家出版局正式批准成立武汉大学出版社。为了建设国内一流的大学出版社，必须建立相应的出版印刷基地。正在这时，武汉市的江汉印刷厂的领导来找我，要求将该厂并入武汉大学。我们正式与市印刷出版公司和第二轻工业局协商，但是遭到了拒绝。然而，江汉印刷厂的领导和全厂职工，强烈要求并入我校，并宣布与市印刷公司脱离关系，事情闹得很僵。为了使问题得到妥善的解决，我去向黎智同志汇报，希望得到他的帮助。听了我的汇报以后，他十分明确地表示："这是一件好事嘛，为什么不支持呢？我看是部门所有制在作梗，江汉印刷厂是武汉市的企业，是国有资产，那武汉大学又是属于谁的呢？如果江汉印刷厂并入武大比留在武汉市的作用大，那就应当并入武大。再说，过去武汉大学为武汉市所作的贡献太大了，我们支援一个印刷厂是应该的，是武汉市为办好武汉大学所作的一份贡献。在这个问题上，市委、市政府的态度是明确的，如果主管部门行使否决权，那么我们就来个否定之否定。"

在黎智同志和市委其他领导同志的支持下，一个拥有480万元固定资产和近300名技术工人的市属企业江汉印刷厂，无偿地划归武汉大学所有。1984年12月30日，举行武汉市人民政府与武汉大学的签字和交接仪式。会前，我曾正式邀请他参加和讲话。可是他却说："会议我就不参加了，工作我可以多作一些，出头露面的事还是请别的同志去为好。"这反映了他一贯的作风：工作留给自己，而荣誉都让给别人，这是他儒仕风范的又一表现。

闻一多先生于1928年任武汉大学文学院院长，也是首任院长。他是武汉大学的骄傲，他的进步思想和伟大的业绩，永远激励着武汉大学一代又一代的年轻的学子。为了纪念这位伟大的诗人，弘扬他的爱国精神，我校于1985年5月，在原文学院东侧的绿茵之中建立了闻一多先生塑像，这是在珞珈山的校园内建立的第一尊校史上名人的塑像。在塑像落成的仪式上，黎智同志应邀参加仪式，并为塑像揭幕，他与我校领导和数百名师生代表一起缅怀了这位德高业伟的先烈。

1988年2月10日，我突然被免去了武汉大学校长的职务，时年54岁。消息传出，全校哗然，全国震惊。时值春节前夕，校内外许多人向我表示慰问。其中，令我十分感动是黎智同志派他的夫人赵慧同志带着礼品，亲临寒舍慰问，转达了他的真情实意。此后，我们之间的联系一直没有中断，我们之间的情谊也在相互理解和价值的认同中延续着。

我与黎智同志交往有20多年了，他是我的一位老领导，是一位知心的朋友。对于他的不幸逝世，我是极为悲痛的。

我在本文的标题中，用了一个儒仕的名词，这是我20多年对黎智同志认识的心得，也是他为官的最重要的特征。

所谓儒，《后汉书·杜林传》曰："博洽多闻，时称通儒。"我之所以称黎智同志为儒仕，显然是要区别于那些市俗的仕官。他不仅出身于书香之家，受着良好的书香家教；而且在他身上反映出很多儒家修身的高尚品德，如"重义轻利"，"重节轻权"，"清政廉明"，"洁身自好"，"尊贤而容众"，"君子思不出其位"，"君子矜而不争，群而不党"等等。总之，我认为在黎智同志的身上，充分地体现了至圣先师孔子的"用行舍藏"的为官哲学。在这里，用，指被任用；舍，指不被任用。行，谓之出仕；藏，谓之退隐。这是儒家的一种处世态度，意思是如果任用就出来干一番事业，不用则退隐，进退可度，坦荡无所求。正因为黎智同志树立了这样开明的"作官"的哲学理念，所以他才在长达60年的革命生涯中，做到了去留无意，荣辱不惊，从而谱写出了一曲豁达的人生赞歌！

　　黎智同志安息吧！

　　您的高风将永远沐浴着后人！

　　　　（本文曾发表于《武汉春秋》2001年第4期，第17－20页。）

九、缅怀与教益

——在曾昭抡先生诞辰一百周年纪念大会上发言

今天，是著名化学家、教育家曾昭抡先生百年华诞纪念日，作为他非嫡系弟子和半路从师的不才的学生，我愿意利用这个机会，表达对先师的崇敬之心和深深怀念之情。

我一生最信奉的格言有两条："树高万丈，叶落归根。"这是讲乡情。另一句是："才高八斗，蒙育有师。"这是讲师情的。因此，无论在何时，也无论在何地，不管是荣升之时，也不管是身处逆境，我永远不会忘记乡情，也永远不会背叛师情。我以下的发言，就是对曾师——一位才华横溢但又是身遭不幸的伟大化学家、教育家的缅怀！

曾先生是于 1958 年 3 月，实际上是以"充军"的方式，被发配到当时被认为是最革命的"大熔炉"——武汉，目的是要改造这位赫赫有名的全国"大右派分子"。当时，自上而下还交待了对曾昭抡先生的政策："政治上改造、工作上使用、生活上关心。"学校由一名副校长分工管理曾先生工作，每月谈话一次，其他任何人不得插手。

我是这一年 7 月毕业留校任教的，被分配在新成立的元素有机化学教研室，曾先生是教研室主任。幸好，这个教研室基本上都是青年教师，我们对曾先生以师长相待，尊重尤加，从没有把他当作"阶级敌人"看待，甚至没有丝毫的恶意。曾先生虽然是被"下放"到武汉大学的，但无论是对于他或是对于我们这批青年教师，都是因祸得福。就曾先生而言，他本是一介书生，得以重操旧业，从事化学教学与研究工作，并从中得到慰藉。对于我们来说，得以有机会拜教于这位名师，在他的指导下，从事教学与研究工作，的确是机会难得。因此，我们都十分珍惜这种特殊原因组成的师徒关系，并决心干出一番事业来。

根据曾先生的建议，在元素有机化学研究大方向之下，成立了有机硅化学科研组、有机氟化学科研组、有机磷化学科研组、有机硼化学科研组和元素有机高分子化学科研组，分别由当时都不到 30 岁的几个年轻教师担任科研组组长，我被指定为有机氟化学科研组组长。当时国家没有给我们下达科研任务，由我们结合国防、工业建设的需要和基础理论自己选题，自行进行研究。在"解放思想、破除迷信"精神的鼓舞下，曾昭抡先生率领我们这批青年人，奋战在各个研究领域里，打破了武大化学系的教师们长期不作研究的"万马齐喑"的局面，不仅对于化学系而且对于全校，兴起研究的风气，起了极大的推动作用，其影响是深远的。

我作为曾先生的科研助手，前后两段共四年多的时间。自 1958 年 8 月至 1960 年 12 月，在曾先生的指导下，我担任有机氟化学科研组的组长，研究人员共 5 人，先后开展过聚四氟乙烯、氟油的研究，由于这两项研究所需的全部原料和设备，在当时的武汉，是完全不能解决的，因此被迫中断。后来，我向曾先生建议研究含氟航空灭火剂，他赞成我的研究方案，给予了更多的文献资料上的帮助。这项研究，于 1960 年获得了成功，又经过许多同事的努力，最终完成了中间试验，建立了"9·12"化工厂，批量生产含氟航空灭火剂，广泛用于新疆油井、东北森林、飞机、舰艇上的灭火。这项成果获 1978 年全国科学大会特等奖，它凝聚着包括曾先生在内的众多人二十年所付出的心血！

1961 年元月至 1963 年 7 月，我在苏联科学院元素有机化学研究所，攻读副博士学位研究生，师从国际著名有机氟化学家 N. L. 克努扬茨院士。这是根据曾先生的建议选定的，他对我抱着很大的希望，期盼我学成以后，为发展我国的有机氟化学和有机氟工业作出贡献。然而，由于国际变故，我被苏方宣布为不受欢迎的人，被迫中断学习回国，重新回到了曾先生身边，直至灾难性的"文化大革命"暴发之前。

在这两年中，根据曾先生的安排，我一边从事科学研究，一边参加由他任主编的《元素有机化学》一书的编写工作。我担任这套大型参考书《元素有机化学》第二分册《有机氟化学》的撰写，经过一年半的艰苦的努力，一部 25 万字的书稿，终于在 1965 年 3 月杀青，经曾先生审定后交给科学出版社。由科学出版社委托专家审查通过，由责任编辑作了编辑加工，于年底发至印刷厂排印。至 1966 年春，已是"山雨欲来风满楼"之势，一场腥风血雨式的大革命即将来临。可想而知，《有机氟化学》被迫停止出版，原稿部分散失，以至最终未能补充修改出版。这与曾先生的遭遇相比，只是一桩小事，"文化大革命"不仅剥夺了他的自由，最终夺去了他的生命。

我作为曾先生助手，虽然时间不算太长，但受到的教益却是很多的。归纳起来，主要体现在十二个字上："道德文章、勤严治学、开拓创新。"

首先是道德文章，什么叫道德文章呢？可以有两种理解：一是把它作为单词意来理解，每个知识分子，都要学好修身这一课，作好道德这篇文章；二是把它作双词意来理解，道德文章分别代表道德修养和学术文章两方面内容，每一个文人都要一肩挑两头，既要有高尚的道德又要有高深的学问。古人说："学高为师、身高为范"，而曾先生就是这样的一位大师，他的炽热的爱国之情、献身科学的精神和洁身自好的美德、坚实的理论功底、娴熟地驾驭多种外语的能力和下笔如有神的才思等，都为我们树立了楷模，无时不激励着我奋发前进。

其次是勤严治学，勤与严是相辅相成的。"勤而不严必疏"，而"严而不勤必惰"。同时聪与勤，有时又是难得两全的，聪慧的人往往不勤奋，而刻苦的人往往又缺乏天资，凭着"笨鸟先飞"的信念实践着人生。如果一个人既聪明又勤奋，那简直是"如虎添翼"，而曾先生就是这样一位不多见的著名化学家。对于一位年届花甲的老人，自早到深夜不倦地工作，决不浪费分秒光阴。为了节约时间，他中午不回家，就到餐馆吃一碗面条。他每晚都要到图书室阅览国外文献资料，在漆黑的夜晚，沿着半山腰的小路回家，不止一次发生碰到树上或跌倒在沟渠里的不幸事故，但这一切都没有难倒他。他的这种精神，极大地激励着我们青年人上进，也催产出了更多的科研成果。

再次是开拓创新，要不断有所发明、有所创新。曾先生在武大工作近十年，但有效工作仅有七年时间，这是开拓新领域的七年，创办了全国第一个元素有机化学专业，开展了许多兴新领域科研项目，招收研究生，培养进修教师，开设选修课，等等。曾先生的创新精神，对我影响很大，逐渐地使我养成了一种"求异、求变、求新"的思维习惯。后来我担任了学校的领导工作，开始转向研究创造教育，着力培养创造性的人才；同时，率先在全国开展金属有机固体光电子材料的研究，这一切都与受到曾先生创新思想影响不无关系。

曾先生离开我们已经32年了，当我们缅怀他的业绩、追思他的教诲，特别是回想起他所遭受的不幸，我的内心总是极不平静。历史虽然已经过去，但我认为，应当从中吸取有益的教训，肃清错误的影响，这对于办好武汉大学，乃至于发展我国教育和科学研究事业，都是十分必要的。概括起来，其教益主要有三点：

（1）一定要坚持"把大学办成既是教学中心又是科学研究中心"的办学方针。关于"两个中心"的办学思想，最早是于1809年德国的著名教育改革家洪堡提出的。美国人一向对新思想是很敏感的，他们很快引进了德国的教改经验，倡导在美国办研究型的大学。目前，世界著名大学几乎无一例外都是研究型大学，而且大多数都分布在美国。

1956年，曾先生等六人在《关于科学与教育工作的意见》中，提出要加强大学的研究，是在国内"要把大学办成两个中心"的最早倡导者。然而不幸的是，他们的这一真知灼见，被诬蔑为向党进攻的"毒箭"，他们也都因此而罹难。既便如此，曾先生被"下放"到武大工作期间，他仍以身作则，既搞教学又搞科研，亲自实践"两个中心"的办学思想，对只搞教学、不搞科研的保守思想占主导地位的武汉大学是一个冲击。

实践已反复证明，"两个中心"的办学思想是完全正确的，现在国内少数的重点大学正在这样作。但是，阻力和干扰还是存在的，具体表现在：一是对"两个中心"的认识问题，相当多的学校的作法是，分配一部人专搞教学，而另一部分人专搞科研，以为这就是实现了"两个中心"的模式。其实，这不是结合，是两张皮，对于每个教师来说，依然还是单打一。真正的教学与科研相合，必须要落实到每个教师身上。对于一个教师来说，如果只搞科研而不搞教学，那是一个未履职的教师；反过来只搞教学而不搞科研，那是一个不合格的教师。

二是目前有不少的重点大学，没有把主要精力放在"两个中心"上，为国家培养高质量的人才和担负起科学研究一个重要方面军的作用，而是花费很大的精力搞成人教育、函授、自学考试、办封闭班和从事一些乡镇企业都可以开发的技术项目。这实际上是不务正业，放弃了重点大学的奋斗目标，也是违背要把重点大学办成"既是教学中心又是科研中心"的办学方针。

（2）一定要坚决纠正宗派主义的用人路线，坚持"用人唯贤"，集天下英才而用之。曾先生早年就学于清华，留学于美国，长期在中央大学、北京大学、西南联大和中国科学院化学所工作，他来到武大似有掺沙子的作用，给抱着"武大人办武大"的保守思想吹入了一缕新鲜的空气。但是这块冻土太硬，绝非几粒沙子所能够松动的。曾几何时，现在较过去有过之而无不及。配备领导班子，按照"唯亲"和"唯顺"标准挑选，姑且不论才华，甚至连代表性也没有。选拔科研助手，情况也是令人忧虑的，有的竟然成了"夫妻店"、"父子兵"式的家天下，不仅作不到"远缘杂交"，甚至连最起码的人事回避也置之不顾了。因此，宗派主义或变相宗派主义用人路线不革除，优秀人才就会受到压抑或打击，振兴教育、科学的目标就不能实现。

（3）一定要彻底摒弃左倾路线。曾先生是被左倾路线迫害致死的，这不是追究哪个人的责任，而是那个时代造成的。他是1967年12月8日不幸去世的，其惨景是不堪想象的。他去世时，身边没有亲人，甚至没有人收尸，我们这些学生，当时也没有人身自由，也未能向先生作最后的诀别。每当回想起这件事，内心里总是感到无限的疚憾，并痛恨那种缺乏基本人性的整人路线。

被迫害致死的知识分子，当然不止曾先生一人，武汉大学前校长李达也是被残酷迫害致死的，全国各地也有很多人遭此厄运。冤假错案不仅过去有，现在也还有。这说明，纠正左倾路线决不是搞一两次就能完成的，是长期的任务。特别是教育战线，是历次政治运动的重灾区，必须继续肃清左倾路线的影响，彻底落实知识分子政策，充分调动他们的积极性和创造性，惟有如此，才能落实科教兴国的方针，也才能使我国跻身于世界先进国家之列！

（本文原载于《化学通报》1999年第11期，第49-50页。）

十、纪念曾昭抡先生百年华诞诗三首

（一）

书香门第受启蒙①，

麻省理工一博闳②。

近代化学开山祖③，

先师风范苍穹。

（二）

"六君"上书坦诤言④，

忠心被诬放"毒箭"。

有口难辩是与非，

进步教授遭屈冤⑤。

（三）

负重只身来珞珈⑥，

时年已是花白发。

———————

① 他出生于清末曾国藩的家族，为曾国藩第五子的孙子，其祖父、父亲均为进士、举人。

② 曾先生于1920年赴美国留学，在著名的麻省理工学院攻读化工和化学，由于成绩优秀，于1926年获博士学位，堪为"博士闳才"。

③ 他是中化学会、《中国化学会志》、化学专业名词委员会的创始人之一。

④ 是指当时民盟召开一个座谈会，由曾昭抡先生主持，起草了"对我国科学院体制问题的几点意见"，有6个教授签了名。

⑤ 1985年5月，美国加州大学伯克莱分校数学教授钟开莱先生来武大访问，在交谈中他说："曾昭抡于1938年春拒绝了南京国民政府的委聘，却率学生由长沙步行到昆明，坚决主张抗日，明明是进步的左派，你们却把他打成右派，完全颠倒了黑白。"

⑥ 曾先生是戴着右派分子的帽子，只身被"充军"到武汉大学接受改造的，时年已59岁。

老骥志在开新域，

元素有机冠中华①。

（本诗曾发表于《化学通报》1999 年第 11 期，第 51 页）

---

① 当时元素有机教学研究室获得全国三个第一：创办了全国第一个元素有机化学专业、召开了全国高等学校第一届元素有机化学学术报告会和出版了第一套《元素有机化学》专著。

十一、叶茂根深
——悼念叶峤教授不幸逝世

国庆过后，当我们得知叶峤先生病重住院时，我和夫人刘高伟于10月9日搭公共汽车前往湖医附属第一医院去探视。到达病房后，叶师正在艰难地接受输液和输氧，虽气色尚好，但语言已十分困难。我问道："叶先生，学生道玉和高伟来看望您来了。"他会意地点了点头。在病室，我们呆了半个时辰。当我们告辞时，叶师的眼角里流出了泪水，我们也不禁热泪盈眶。

离开病室以后，高伟对我说："叶先生已有几次病重，如果这一次顶过去就好了。"我们真希望如此，并真诚地为他祝愿。但不幸的是，就在我们探视后的第二天午夜过后，年高德劭的叶师与我们长辞了，噩耗传来，我们无比悲痛！

人非生而知之，蒙育有师。叶师是我们的蒙师、导师和恩师。我们不仅直接受业于叶师，而且在近40年的时间里，他无时无刻不在关心和爱抚着学生。每年春节，我们无例外地去给叶师拜年，师生言谈无拘，广涉古今，论及人生与学术。今年春节，我因术后不便，请夫人代为拜年。叶师也时时垂念学生，他委托梅初兄来看望我，使学生感动不已。在这数十年里，我们不仅从叶师那里获得了知识，作学问的方法；而且还学得了做人的道理，像陶行知先生所说："做一个整个的人"。叶师就是这样的"一个整个的人"。

从1935年起，叶师就一直任教于武汉大学，在教学与科学研究这片文苑里默默地耕耘了55个春秋。他学术造诣深广，治学严谨，培育了一批又一批的优秀人才，真堪为桃李满天下。他爱才若渴，对有才华的学生，倍加栽培，委以重任。他对化学系的建设，呕心沥血，从煤气厂、玻璃厂到化学大楼；从教学仪器到科学研究设备；从师资培养到教材建设，都渗进了他的心血，留下了他的业绩。在叶师身上，充分体现了一个进步知识分子的高度责任感、正义感和自豪感。这责任感主要体现在他那"学而不厌，诲人不倦"的精神之中；正义感主要体现在他敢于直谏和勇于坚持真理；自豪感反映他为自己有一批杰出的学生而感到自豪。每当提及到高怡生、钱保功、江元生、王佛松……等人的名字时，他都流露出了十分骄傲和自豪的神情。这是每一位教师的师德，也是他们毕生的追求和欢乐之所在。

叶师虽然走了，但是他毕生所从事的事业和严谨治学的精神却永垂后世。我们这些深受叶师教诲的学生，要化悲痛为力量，发扬他毕生献身教育与科学事业的精神，为振兴祖国的科学文化事业和现代化建设而不懈的努力！

叶师的追悼会于 1990 年 10 月 18 日举行。我和高伟送了花圈，并书写了一副挽联以示吊唁：

求进步为真理光明磊落贯一生
育英才著文章宗师风范垂后世

（此文发表在《化学通讯》1990 年第 5 期第 26 页）

又及：2000 年 6 月 12 日，是叶师诞生 100 周年，我正在医院住院，不能参加纪念，特写了一首诗表达我对叶师的怀念。

纪念叶峤先生百年华诞

叶茂根深庆百年，

两世三朝不同天。

有机生命诚可贵，

巍巍师魂驻人间。

十二、悼念中国科学院院士钱保功教授

我最早知道钱保功教授是在 1957 年，那时我尚是武汉大学三年级的学生。当时，化学系只有一个大化学专业，下属有机合成、高分子化学、矿物原料分析化学三个专门化。现在看来，那时的指导思想是培养通才的，至少比现在还要开明一些。我是选修高分子化学专门化的，显然是受到当时正在兴起的高分子合成材料的吸引，决心为发展我国高分子科学事业贡献的自己的一份力量。

讲授高分子化学的是林颐庚老师，他是北京大学冯新德教授的高足，他知识渊博，解决问题的实践能力很强，但是他不善于讲课，亦不擅长于文字。因此，我们没有教材，指定惟一的参考书是原苏联科尔沙克院士撰写的《高分子化合物化学》这本专著是由中国科学院应用化学研究所翻译的，总译校就是钱保功研究员。我从这本书获益匪浅，实际上钱保功先生也是指引我进入专业学习的间接导师之一。

那时，钱保功先生是我心目中高分子化学的大权威，可是我无缘与他见面。记得 1959 年在北京的一次学术会议上，我听了他的一个学术报告，但未敢造次与他相识。自那以后，我也没有机会与钱保功先生直接接触，但他仍然是我的学术研究的精神导师。

后来，听说钱先生在"文化大革命"中被打成了美国特务，吃尽了苦头，他的夫人也被迫害致死。再后来，听说他是武汉大学 1940 年的毕业生，我们为有这样一位知名的校友而感到高兴。大概上个世纪 70 年代末，他与武汉铁路局的杜微女士结婚，她是他早年的红颜知己。原来，他们是同乡、同学，后来一个到了美国留学，一个到了延安参加革命，就这样两人失去了联系。但是，40 多年以后，他们终于喜结连理，有情人终成眷属。

　　他们很珍惜这晚到的爱情，于是他毅然决定离开他已经熟悉了的长春应用化学研究所，调到武汉来筹备湖北化学研究所，并担任了中国科学院武汉分院院长。这时，我以地地道道学生的身份去拜会钱先生，并以校长的名义正式聘请他为武汉大学的兼职教授，在我校化学系招收高分子物理化学博士研究生。从此，我与钱先生之间开始了长达15年的往来与合作。

　　1983年秋天，武汉市人民政府成立咨询委员会，我担任了主任，钱先生担任了副主任，我们一起成了市政府的智囊团。在长达7年的时间内，我们就武汉市的高新技术开发区的建立，以及教育、科技、机场、港口、金融和第三产业的发展提出了许多有益的咨询方案，受到了武汉市人民政府的好评。在与钱先生合作共事期间，我从他的人品和学识中，学到了许多东西，终身难以忘怀。

　　可是，自90年代初，他就患病住院，先后在武汉铁路医院、武汉同济医院、梨园医院住院医治。但是，终于医治无效，于1992年3月17日不幸逝世，终年76岁。十分遗憾的是，他去世时我正出差在外，未能与他诀别。为此，我特意写了一首诗以示悼念。

悼念钱保功先生

南归惊闻钱师亡，

无限哀思涌满腔。

一世经历阅沧海，

人生百味皆品尝。

未料大去疾如许，

百千万事相与商。

科苑耕耘半世纪，

德劭功勋昭穹苍。

（这首诗发表在《化学通讯》1992年第3期，第30页）

十三、悼念张远达教授

我最后一次去探望张先生是七月二十四日下午，也就是在他弥留之际。

当我靠近他的病榻的时候，只见他骨瘦如柴，两眼迷离，艰难地呼吸着，不过仍然可以看出，他心底是明净的，并且还在顽强地迸发出一种精神。

我噙着眼泪，贴近他的耳边对他说：张先生，党委的同志都来了，您还有什么话要说吗？他吃力地睁开了眼睛，张着嘴巴，想说而又未说出来。接着我又说：张先生，您是一位优秀的共产党员，是全省的模范教师，全校师生员工都十分敬佩您，向您学习。您的遗言我们记住了，一定照你的意见办，请放心吧！他轻微地点了一下头，似乎明白了我的意思，于是会心地又眯上了双眼。

这就是我最后看到张先生的情景。此时此景，多么令人痛心啊！一颗对党、对人民、对教育事业炽热的心停止了跳动，一只发强光的红烛熄灭了。张远达教授的逝世，是我校的一大损失，是我国教育界的一大损失。

张远达教授在校执教近五十个春秋，他无私地贡献出了自己的一切，直至最后向医院献出他的遗体。数十年如一日，他勤奋耕耘，桃李满天下；他刚直不阿，敢于直言，坚决抵制左的错误；他一心为公，从不计较个人得失；他是负荷最重的人，从不知疲倦，一个人干几个人的工作；他诲人不倦，言传身教，堪为一代宗师。总之，张远达教授是中国共产党的优秀党员，是人民教师的楷模。他鞠躬尽瘁，死而后已。

张远达教授是我的师辈，我虽没有直接受教于他，但却从他那里获得了许多的支持、帮助和教益。我印象最深的是，张远达教授具有热爱党、热爱社会主义的深厚感情，他爱校如家，爱教如命，爱生如子。这些高尚的品德，正是他顽强拼搏到生命最后一息力量源泉。

张远达教授已经永远地离开了我们，但是他给人们留下了宝贵的财富，这就是他的精湛的学术成果、顽强的拼搏精神和高尚的师德。今年九月十日，是我国颁布的第一个教师节。我们深感痛惜的是，张远达教授已不能和我们一起来欢庆自己的光辉节日，不能亲身洒浴在这欢乐之中。在此我愿把这篇悼念短文献给您——尊敬的张远达教授！

1985．9．2晚

（本文曾发表于《武汉大学报》1985 年 9 月 7 日）

十四、原子分子穷一生

——悼念焦庚辛教授不幸逝世

焦庚辛先生是武汉大学 1942 年的毕业生，他师从著名物理化学家邬保良先生，是邬先生最得意的研究生。解放以后，他是卢嘉锡先生举办的物质结构培训班第一期学员，有物质结构"黄埔一期"的美誉。他长期担任物理化学、物质结构、量子化学、普通化学等课的教学任务。

我大学三年级时，上焦先生的物质结构课程。这是一门理论很强的课程，除了抽象的概念以外，就是数学公式推导，因此学起来十分枯燥无味。但是，焦先生教授有方，能够深入浅出地把深奥的理论讲得通俗易懂。所以，同学们都很喜欢听他的讲授，而且大家都获得了好成绩。这是与他循循善诱的教学法和耐心的教学态度分不开的。他教学态度和蔼，治学严谨，教书育人，深受同学们的欢迎。

自那以后，我虽然再没有直接受业于焦先生，但是他长期担任化学系的副系主任，我们直接或间接地还是受益不少。过去，搞理论教学与研究工作是很危险的，运动以来就拿这些人开刀，动辄给他们扣上"理论至上"或"理论脱离实际"的帽子，因此焦先生自然吃了不少的苦头。但是，他仍然不后悔，认为理论是十分重要的，没有坚实的理论基础，无论是学习或科学研究都是不可能上去的。我这篇追忆短文，用了"原子分子穷一生"这个标题，它是我在他逝世后写的挽联的下联，其意思是他穷其一生研究原子分子的结构，虽九死而不悔矣！

焦先生的生活是很简朴的，无论是饮食或是穿着都是最普通的。1987年分配住房时，还是我特意打了招呼，他才分得了一套三室两厅的房屋。可是，他的住房既没有装修也未配置像样的家具。我们每年春节都要去给他拜年，看到他家里的摆设，真不敢相信那是教授的住宅。在客厅里，没有沙发，只有一个木制茶几，两旁放着两把木靠背椅，还是解放初期的样式。所以，我在挽联中用了一个"穷"字，大家都说这个"穷"字用得好，既反映了先生在学术研究上孜孜以求的精神，也是他简朴生活的写照。

先生患有严重的肾盂肾炎，历时十多年，最后因肺积水，经抢救无效于1999年2月11日不幸逝世，享年80岁。在先生的追悼会上，化学系的领导约请我撰写一副挽联，悬挂在先生的遗像两侧：

出名师著文章身高学高垂千秋

执杏坛育英才原子分子穷一生

谨以此联悼念尊敬的焦庚辛教授！

十五、我大学的启蒙老师
——追忆李培森先生

1953年9月中旬，我怀着一颗对未来无限憧憬的心，进入了美丽如画的珞珈山——武汉大学的所在地。那时，正好开始社会主义建设第一个五年计划，国家需要大批建设人才。为此，国家大力发展高等教育事业，经过院校调整，增加了大批单科学院，扩大招生规模，以适应贯彻社会主义建设总路线的需要。就拿武汉大学化学系来说，仅53级就招收了160多名学生。由于招生人数太多，学生宿舍不够住，入校后我们化53级的120多个男生，不得不暂时住在法学院四楼顶层的一个大开间里。虽然很拥挤，彼此也互有干扰，但是大家都能和睦相处，团结友爱，以饱满的热情和自信心迎接新的学习任务。

新学期开始了，大学的一切都使我们感到无比的新奇，包括大学里的一草一木、琉璃瓦宇、阶梯教室、扶手桌椅、游泳池、舢板赛艇、分门别类的实验室、免费四菜一汤的伙食、特别是那些西装革履、风度翩翩的讲师和教授们。我们对他们顶礼膜拜，把未来成才的希望寄托在他们身上。

作为化学系新生，第一门化学课是普通化学，教材是翻译苏联涅克拉索夫俄文版的同名书，主讲教师是李培森先生，此外还配备了几名助教担任实验课和辅导课教学。当时，李先生的职称是讲师，那时讲师为数不多，是属于享受特殊照顾的高级知识分子。李先生于1945年毕业于武汉大学，接着他考取著名物理化学家、理学院院长邬保良教授的研究生。后来，他又到北京大学进修，师从著名物理化学家傅鹰教授研修物理化学，深受傅鹰先生的赏识。

那时，化学系是大化学专业，普通化学是化学系学生的第一门基础课，也是大一年级惟一的一门化学课。因此，普通化学是是化学系各门课程的基础,打好这门课的基础,无疑对学好以后化学系各门基础课和专业课都是十分重要的。李先生作为普通化学课的主讲教师,被称作我们学习化学专业学生的启蒙老师,是当之无愧的。

李先生是四川人,他的普通话虽然带有一点四川口音,但是却十分清晰可辨。他的课是排在理—104 阶梯教室上课,每周两次,每次两节课。他虽然刚过而立之年,但身体显得瘦弱,似乎语气欠洪亮,讲课时胸前带着一个微型麦克风,以便让 160 多人都能听清他讲授的内容。那教室真大,由于有麦克风的辅助,听力问题不大,但是坐在后面的同学,看黑板上的板书就有些不太清楚,特别是眼睛近视的同学,更是叫苦不迭。于是,那时出现了一股抢座位风,每天一大清早,去排队,在扶手椅上放一本书,以示该座位已被人占了。我的眼睛有点近视,但尚没有配眼镜,所以我是抢座位的积极分子。我希望坐得离李先生近一些,不仅要听得真,而且要看得清、笔记记得全,决心要学好这门基础课。

在武汉大学化学系教师当中,最会讲课的有"三森"之称,即普通化学的李培森、分析化学的张懋森、物理化学的屈松生(与森为谐音)。无论是论资历和学历,李先生都是他们当中最高的一位,也是最博学的一位。除了普通化学以外,李先生还教授过我胶体化学(三年级专业基础课)和高分子物理化学(四年级专业课),使我受益匪浅,终身难忘。

教育学上有一个约定俗成的法则,那就是教无定法,但这并不是说教学无法可依,而是说一个优秀的教师必须要有自己的教学风格,形成从本课程实际出发、具有自己独到的、深受学生欢迎的教学法。那么,李先生的教学风格是什么呢?根据我个人的体会,他的教学风格可以用两句话来概括:春风化雨,润物于无声。具体来说,他采用启发式教学,深入浅出,循循善诱,就像是剥萝卜一样,一层一层地剥去,最后现出核心部分。这种教学法,条理清楚,系统性强,重点突出,既便于理解又有助于记忆。西方一个教育家说:"能够深入浅出的教师是高明的教师,能够浅入深出提出问题的学生是可怕的学生。"我是一个爱提问题的学生,但不是那种可怕的学生,但李先生却是高明的教师。

李先生讲授的普通化学,理论联系实际做得比较好,因此深受学生们的欢迎。除了课堂讲授以外,还有课堂演示和实验课。为了配合课堂演示，李先生翻译出版了俄文著作《普通化学课堂实验》一书。李先生早年是学习英文的，为了适应苏联的教学大纲，他速成学习俄文，并翻译了这本书。这再一次说明，李先生才华出众，适应能力也很强。当时，配合课堂教学做演示实验的是陈怀九老师，他是一位资深教师，实验经验很丰富。这种教学法，无疑是一个创新，使我们受益匪浅。

李先生不仅教学得法，而且为人师表，言传身教。陶行知先生曾说过："千教万教教人求真。"李先生就是一位讲真话的老师，他的道德情操十分高尚。他从来没有奴颜媚骨，也决不随波逐流。不管在任何情况下，他都敢于说真话，追求真理。他无私无畏的勇气，给我留下了难忘的印象。

在 1971 年的一次教学改革大辩论的大会上，他义无返顾地登上四区大饭厅的讲台，直言不讳地发表了对教改的看法。当时的背景是在工人解放军毛泽东思想宣传队领导下，批判十七年修正主义教育路线，提出了"工农兵上大学、管大学、用毛泽东思想改造大学"的口号。那时定的基调是，"三基四性"（三基是指：基础理论、基本知识和基本技能；四性是指：系统性、科学性、逻辑性、严密性），"三层楼"（即基础课、专业基础课和专业课三个层次）都是修正主义的一套，必须要破除。于是，提出了砸烂"三基四性"，火烧"三层楼"。

然而，李先生从教育规律出发，本着自己的良知，坚决不同意这些观点。他在大会上旗帜鲜明地说："'三基四性'是科学的，是符合教育规律的，因此是砸不烂的。'三层楼'不是人为地搭建的，是几十年经验的总结，是符合唯物辩证法的，因此也是不能否定的。"他甚至动情地大声说："'三层楼'是钢筋水泥建造的，是砸不烂、烧不毁的！"这是多么铿锵有力的声音啊！他讲这话需要有极大的勇气，甘冒不接受"工人阶级再教育"，为"修正主义路线"辩护的风险，但他毕竟说出了当时还带着"臭老九"帽子的许多知识分子想说而不敢说的话。当时，我是学校教育改革小组的负责人，就坐在听众的后面听他的发言。就在那一刹那间，我看到了一个高大的形象，听到了一个真正知识分子的心声，这使我更加敬佩这位昔日的蒙师了。

1977 年 4 月，我被借调到教育部筹备全国教育工作会议，未料去了以后，我竟被中央任命为教育部党组成员兼高等教育司司长。那时，正值拨乱反正之际，工作千头万绪，百废待举。我吃住在办公室，每天几乎工作 18 个小时，先后主持召开了一系列的拨乱反正会议。其中，制定教材编写规划就是一个很重要的工作，因为恢复统一高考以后，急需要科学性的新教科书以代替"以典型产品带教学"的教材。就是在那次会议上，我建议把《无机化学》这本化学系最重要的教材交给武汉大学编写，并正式向武汉大学下达了任务书。我之所以提出这个建议，就是因为我授业于李培森先生，了解他的学术水平和严谨治学的学风，相信他能够很好地完成任务。果然不出所料，在武汉大学、吉林大学、南开大学、北京大学、山东大学等校的共同努力下，终于一套高水平的《无机化学》（上下两册）于 1978 年出版了，以后经反复修改，多次再版，一直使用到至今。李先生作为主编之一，对这套教科书的编写费尽了心血，为我国无机化学课程建设作出了不可磨灭的贡献！

1984 年，一个我意想不到的情况发生了，李先生通过化学系提出要调到中南民族学院去工作。化学系虽然极力挽留，但是对方答应为他的小儿子安排工作，而武大人满为患，无法安排他儿子的工作，因为这是一个牵一发动全身的问题。我虽然也出面挽留，但已无济于事，看来去意难留了。我心想，中南民族学院文革中被停办，现在复校不久，现在正是急需人才之时，也许李先生去了以后将会比在武大发挥更大的作用。确实如此，李先生去了以后，担任了中南民族学院化学系的系主任，对该校化学系的学科建设和人才培养，作出了重要的贡献。

李先生虽然离开了武汉大学，但是我们师生之间的情谊并没有中断，每年春节我和夫人都去给他拜年。可惜，他于 1987 年就离休了，我也于 1988 年被免除了校长职务。1988 年 5 月，我们师生在海南岛通什自治州会见的愉快情景，使我终身难忘。原来，李先生的夫人万德琼老师退休后，被聘请到通什师范学院教授外语，李先生也一同前往在那里休息。我被免去校长以后，海南大学和新成立的海南省政府邀请我和夫人去参观海南岛，并意欲聘请我去任海南大学校长。海南大学党委书记林亚珉陪同我们一行游览美丽的宝岛，第二站就到了通什。李先生也分外高兴，亲自陪我们游览了一个著名的风景区。那的确是一个美丽如画的地方，山岭起伏，青松翠柏，瀑布飞泻，空气宜人，使我们流连忘返！

1991 年 4 月 19 日，我收到李先生自通什师范学院寄给我的一封信，字里行间充满了师爱。那时，我身处囹圄，但我保持了一个知识分子的尊严。李先生也许通过什么渠道知道了我的境遇，他的信正是表达了对我的关心与支持。在收到信的次日，我立即给先生写了回信，表示了我的感谢与对他的敬佩之情。在收到李先生来信的那一刻，我反复琢磨"先生"二字的真正意义。意大利教育家亚米契斯在《爱的教育》一书曾说："先生的名字，永远须用敬意来称呼，因为除了父亲的名字，先生的名字是世间最尊贵、最可怀慕的名字呢！"我国东汉学者郑玄说："出生于前，年龄高者为先生。先生，老人者之学者。"我认为，先生不仅年龄要高于学生，而且更重要的是在做人和做学问上都要长于学生。李先生在这两方面，都给学生作出了榜样，他不愧为德劭材高的楷模！

2001 年 5 月 3 日，李先生不幸逝世。遗憾的是，当时我们不在武汉，不知这一噩耗，未能给先生送别。两年以来，我一直心情不安，总想表达我对先生的怀念。这篇文章就是在这种心境下写的，寄托我们的哀思，希望李先生在九泉之下有知，你的学生永远怀念你，永远尊敬你！

十六、"老黄牛"精神永生
——怀念我的老同学黄裕源

　　我的老同学黄裕源逝世已经 20 多年了，每当清明祭祀之日，我都会追思我失去的亲人和好友。黄裕源就是我时常思念的同窗好友之一，此外我和夫人高伟也常去看望他的遗孀许晓梅和女儿玲玲，尽可能地给她们以帮助，以尽生者之责。

　　"老黄牛"是 1982 年 12 月 26 日，因病医治无效去世的，时年仅 53 岁，是真正的英年早逝。他是一位勤奋学习、刻苦钻研的研究工作者，尚未竟报国之责，不幸患不治之症，过早地离开了我们。这正是：出师未捷身先死，长使亲友泪不止。这些年以来，我总想以某种方式表达我们对他的思念，但一直没有机会。去年年底，我打算写一本名叫《良师益友》（最后定名为《心印》的书，于是就写了这篇文章，准备把它收入该书内，以表示我们这些尚在世的同学对他的怀念！

　　我和裕源兄都是 1953 年同时考入武汉大学的，我被编到 752 班，他在 755 班。1954 年 7 月，武汉市遭遇百年未见的特大洪水，我俩又同时被挑选为防汛斗争中抢险队的队员，在长江堤畔奋战了一百天，他荣立了三等功。1955 年 4 月，我们又同时脱产参加肃反（即肃清暗藏的反革命分子）运动，历时一年。运动结束后，由于耽误了一年的学习，所以我们跟下一届学生学习，我被编入 852 班，他在 853 班。1956 年 3 月，我们又同时加入共产党，在一个党支部过组织生活。在大学五年的学习生活中，虽然我俩不在一个小班，但是我们经历了许多共同的活动，经常在一起交流学习经验，因此我们成了同窗好友。

　　本文标题用了"老黄牛"的诨名来称呼他，这不是大为不敬，而是对他的赞美。那时，同学之间关系融洽，互爱互助，亲密无间。虽然不是所有的同学都有诨名，但是我敢说大多数同学都有绰号，这是他们友好的一种表现。例如，裕源兄叫"老黄牛"，我的绰号叫"丘八"、"奈温"，我夫人当时的诨名叫"鸦雀"。此外，还有的口叫"熊猫"、"狗熊"、"小皮球"、"老干部"、"小老大"、"大力士"、"居里夫人"、"普希金"，等等。一般来说，无论是诨名也好，绰号也好，大多源于他们的外貌特征，或性格特点，或人生价值的取向。

依我看，"老黄牛"无疑是最有意义的一个绰号，也是最能体现裕源兄精神特点的，它绝对是一个褒义词。无论是在农耕社会，或者即使在今天，牛不仅是农业的生产工具，而且也是农民们重要不动产的一部分。因此，牛也就成了人们的朋友，是从事农业生产不可缺少的工具，是人类营养食品重要的来源。一般来说，牛与狗不同，有关狗的成语都是贬义的，而与牛有关的语词多是褒义的。最有名的词句，就是鲁迅先生在《集外集·诗·自嘲》中所说："横眉冷对千夫指，俯首甘为孺子牛"。他还说："我好像一只牛，吃的是草，挤出的是牛奶，血。"于是，孺子牛、拓荒牛、老黄牛、牛性、牛气、牛劲……就成了褒义词，用以形容和颂扬那些学习与工作有干劲、事业心强、工作勤勤恳恳、任劳任怨、埋头苦干，全心全意为人民服务的人。

在裕源兄身上，无疑充分凝结着这种"老黄牛"的精神。这种精神是怎么形成的？我对他少年时代的情况不甚了解，但从人的个性形成的规律来看，他无疑从青少年时代开始，就逐步养成了这种倔强的精神。他的独生女儿玲玲告诉我，在解放前读高中时，他曾与郭志坚、陈叙之等人在共产党地下组织的领导下，创办了"沙源报社"，揭露国民党的黑暗和反动派的丑恶行径。这在当地永新县《地方志》中，曾有专门的记叙，郭志坚等人现在都是离休干部待遇。可是，裕源兄在大学学习期间未能享受调干生的待遇，更没有等到享受离休干部待遇这一天。

在大学学习期间，他的这种"老黄牛"精神就十分明显地表现了出来，他的这个绰号也就是在这时叫出来的。在学习中，他的这种"老黄牛"精神表现得尤为突出，因而他一直保持着优异的学习成绩。他在中学是学习英语的，我在高中是学习俄语的，所以他的英语比我好，而我的俄语在全年级是拔尖的。但是，我们谁也不满足于只掌握一门外国语，于是我俩就互补，相互交流学习外语的经验。为了增加外语的词汇量，他常常背诵英汉和俄汉字典，他刻苦的精神和记忆力令我吃惊。那时，无论是系内或系外，凡是认识他的人，从不叫他的名学，都是叫黄牛或老黄牛。甚至他的女儿在评价她的爸爸时，也认为"他不枉'老黄牛'的美称"。可见，裕源兄身上体现的"老黄牛"精神，最充分地体现了他的精神品格，也获得了普遍的认同。

我们在大学共同渡过了十个春秋，可是五年中无论是暑假或寒假，我一次家也没有回过。无独有偶，裕源兄在五年中居然也没有回去探过亲。这在当时绝对是不可多见的。为什么我们有家不能回呢？主要是两个原因：一是经济条件不允许，也就是说没有回家的盘缠；二是没有时间，我们都惜时如金。我们上大学的那个时代是特殊的，政治运动和其他突发事件一个接着一个，所有的假期都被占用了。例如，54 年暑假参加防汛，55 年暑假参加肃反运动，56 年暑假补课，57 年暑假参加反右斗争，58 年暑假参加教育大革命。至于寒假，时间太短，有些同学倒是利用寒假回家团聚过年，而我们总是想利用这一点时间来摆功课。我的情况比较简单，父母已故，家中只有哥嫂，并无太多牵挂。可是，裕源兄不同，他家里尚有父母、妻子和幼小的女儿。然而，他以学习和工作为重，割舍亲情，直到 1958 年毕业留校任教以后，他才回家看望已 6 岁的独生女儿和妻子。仅此一点，就足以看出他具有多么顽强的毅力，他的公而忘私的精神也是许多人无与伦比的！

1958 年 3 月，我们面临大学毕业最后的一个教学环节，即毕业论文实习。按照当时教育革命的形势，毕业论文要强调理论联系实际，绝大多数的同学都被安排到工厂、工厂中心实验室和工业研究所去做毕业论文。但是，惟独要派两个毕业论文实习队，到中国科学院的两个著名的研究所去做毕业论文，一个是长春应用化学研究所，另一个是大连石油化学研究所。这一次，我和裕源兄又被选中了，他被指定为长春应用化学研究所实习队队长，我是大连石油化学研究所实习队队长。我们深知任务艰巨，出发前我俩促膝谈心到深夜，共同表示决不辜负组织上的信任和同学们的期望，一定要出色地完成任务，为学校争光。我还记得，在做毕业论文期间，我们相互通过几封信，交流了搞好毕业论文实习的经验。经过 4 个多月的努力，我们终于胜利地完成了任务，受到了化学系领导的表扬。我和他的毕业论文都获得了优秀的评语，他的论文题目是："在液相中以分子氧进行环己烷的氧化研究"；我的论文题目是："硫化物对铂重整催化剂中毒影响的研究"。这两篇论文，同时发表在武汉大学《自然科学学报》1959 年第 5 期上，在 58 届毕业生中是比较突出的。

大学毕业以后，我俩又都留校任教，我们同时被分配到新成立的元素有机化学教研室，师从著名化学家曾昭抡先生。不过，我们的研究方向不同，他研究元素有机高分子，而我领导了一个有机氟化学科研小组。当时，正值三年自然灾害，物质条件极端匮乏，研究条件十分困难，科研工作进展缓慢。即使这样的科研工作，也没有维持多久，一场狂风暴雨式的大革命开始了。

对于这场文化大革命，我们都没有任何思想准备，并且不自觉地被卷入进去了。曾几何时，原来的落后分子变成了造反派，共产党员和劳动模范变成了保皇派，党的领导干部都变成了被打倒的死不改悔的"走资派"。学校学生不上课了，工厂停产，"红卫兵"到全国大串连，各级政府瘫痪了，军队要害部门随便可以冲击，文物古迹遭到打砸抢。一切都变了，黑白混淆了，是非颠倒了，人们百思不得其解，中国到底怎么啦？

全国已经成了无政府状态，人们按观点形成了各种组织，或战斗队，或报刊社。具有牛脾气的裕源兄，心急如焚，认为共产党员应当站出来，抵制错误的思潮和行为，捍卫真理。于是，他和一些志同道合者成立了"辽源报社"，被推选为社长。当时，两派观点尖锐对立，他所代表的观点已不是主流，但是他心想革命真理之火，一定会成燎原之势，燃遍全中国。看来，他一生与"源"有不解之缘，他的名字叫裕源，在高中时他办过"沙源报社"，文革中他又办"辽源报社"，总是离不开一个"源"字。他所领导的"辽源报社"，写出了许多观点鲜明、有说服力的文章和评论，至少是当时化学系一面有战斗力的旗帜。

可是形势发展之快，令人不可想象，很快造反派成了独霸的一统天下。原来的"保守"派组织，要么已被冲垮，要么遭到造反派的揪斗。那时，我作为"炮打中央文革的黑炮手"和"走资派"，早已被批斗，失去了人身自由。可是，裕源兄什么官衔也没有，只是一个普通的教师，然而"辽源报社"却使他遭到杀身之祸。当时，在化学系内遭到毒打的只有少数几个人，其中刘基万（也是我的同学）和黄裕源是受折磨最严重的。基万兄仅仅只是在上个世纪 60 年代初当过化学系党总支的负责人，但是他很快就辞去了领导职务，到兰州大学进修学习。可是，造反派蛮不讲理，把化学系十七年的所谓问题（实际上十七年的教育路线是正确的）加罪于他，对他进行了惨无人道的迫害。造反派为什么不放过裕源兄呢？原因有两个：一是欺负他出身于地主家庭，把他视为"黑五类"加以迫害；二是他个性倔强，原则高于一切，他拒绝揭发别人，从不做落井下石的事。因而，造反派对他恨之入骨，把仇恨全部发泄到他身上，使他受尽了折磨。

1967 年 10 月初的一个晚上，那是一个十分恐怖的场面，我始终忘不了那可怕的一幕。那天晚饭后，我被化学系"9·12"先锋队的几个造反派押解到四区 11 舍的一个"地下审讯室"。我进去后，看到室内沿着墙壁已跪了一排人，我下意识地瞟见裕源兄也跪在那里。我尚未站稳，一个人高马大的造反派对着我踹了几脚，吼道："还不快跪下，等什么，是不是等死呀！"看那阵势，不难看出当晚肯定又是一场武打。这时造反派头头黎进军冲了进来，他站在屋子中间，一只手叉腰，一只脚踩在一条长凳上。他大声吼道："你们这些坏蛋，没有一个老实的，今天晚上就给你们'端正态度'，让你们尝尝它（指着脚下的老虎凳）的味道！谁不老实，今晚就别想走出这个房门。"

说时迟，那时快，我的同学"老黄牛"已被他们拉到老虎凳上了。可怜啦，裕源兄什么官衔也没有，他只是对文革持强硬的正统观点，所以造反派每每总是拿他开刀，致使他的腰腿严重受伤，他如何经得起这般折磨啊！大约十分钟后，裕源兄已经大汗淋漓，只听扑通一声从老虎凳上摔了下来，再未听到他呻吟的声音。造反派端来了一盆凉水，对着他的头部泼了下去。正在这时，楼道里又响起了高音喇叭，很清楚地听到："紧急通知，紧急通知，请我革命造反派战士全副武装，立即到'工农楼'前集合，执行紧急任务。"这时，黎进军又骂了起来："他妈的，算你们走狗屎运，统统滚蛋，老子改日再收拾你们。"造反派都走了，我们又躲过了一劫。裕源兄也开始慢慢地苏醒了，我扶起了他，解开了捆绑在他腿上的绳子，小声地对他说："造反派紧急集合走了，可能又去搞打、砸、抢，我们虽然躲过了一劫，但这股祸水不知流向哪里，灾难又将落在谁的身上？"那天晚上，不知裕源兄是如何艰难地走回家的，那一夜又是如何在痛楚中熬过的？

在文革中，裕源兄受到的折磨是严重的，致使他身心受到极大的伤害。据我所知，文革后很长的时间内，他的伤痛不时发作，长期服用中药调理。

粉碎"四人帮"以后，他异常振奋，决心以实际行动投入到科学研究中去。当时，化学系接受了一项国防科研任务，成立了以"3·25"命名的攻关小组。由于裕源兄具有"老黄牛"一样的拼搏精神，所以他被攻关小组组长选中了，他确实全身心地投入到了这项攻关任务中去了。在这项攻关任务中，常常遇到毒性大、易燃爆炸物质，但是他总是冲锋陷阵在前，通宵达旦地在实验室做实验。不少人都评论说："如果武汉大学有不要命干活的，'老黄牛'就是最典型的一个。"

可是，裕源兄高度的原则性和率直的性格，使他在工作中遇到了不少麻烦。原来，攻关组的组长也是我们的同学，他作风简单粗暴，私心很重，更重要的是他与一个女助手（也是他的学生）关系暧昧，群众舆论很大。裕源兄以关心的态度，直接向这位组长反映群众的舆论，要他注意影响，收敛自己的行为。可是，这位老同学不仅不领情，反而记恨在心，处处刁难裕源兄的工作，散布他没有成果，学术水平不高。据我观察，在那一段时间里，他的心情极不舒畅，他本来有抽烟的习惯，结果他的烟瘾越来越大，以此来缓解精神上的压力。

经验表明，一个人如果心情抑郁或烦躁，往往是导致疾病的诱因。果然不出所料，1980年初夏开始，裕源兄自觉身体不舒服，胃部时常疼痛，但是并没有引起他高度重视，他依然坚持工作。然而，到了1981年6月，他的病情加重了，明显的出现了黄疸，他不得不住入武汉市第七医院。经过两个多月的治疗，病情有所缓解，他出院后住在学校半山卢住院部。可是，到了1982年6月，他的病情又一次发作，我出面帮他联系住进了同济医院肝病科。但是，一切都已为时过晚，医生终无回天之力，裕源兄于1982年12月26日不幸逝世，终年53岁。

　　对于裕源兄的早逝，我们都无比悲痛，他是我们同时代同学之中走得最早的一个。在现代，他这个年纪正是事业的黄金年龄，壮志未酬，事业未尽，他一定是带着许多的遗憾而走的。他尚未看到自己播撒的科研种子开花结果，未能等到提升高级学术职称，未能看到他最盼望的刚刚出生不久的外孙，未能享受到与妻女团圆后的天伦之乐，未能参加校庆100周年时我们53级同学的集会……但是，如果裕源兄在九泉之下有知，他的女儿玲玲牢记他教她的做人的教诲，一边工作一边学习，完成了大学本科学业，她的工作受到大家一致的好评；他的妻子享尽了女儿的孝道，76岁而终，也算是长寿了；他的外孙亮亮2001年高考以678分的优秀成绩被北京大学计算机系录取……更重要的是，凝结在他身上的"老黄牛"精神是宝贵的，是永生的，无论是在科学研究中，还是在改革创业中，都是要永远发扬光大的！

　　裕源兄安息吧！

十七、中美人民友好的使者

——追思美国波斯顿大学教授大卫·佩里先生

　　大卫·佩里（David Perry, 1930. 4. 2—2000. 7. 25）是美国西蒙斯大学的终身教授。他于1983年，受中美交换学者项目的派遣，正式到武汉大学任教，因此我们成了很好的朋友。自那以后，他就一直在中国任教，致力于英美文学的教学与研究工作。他于2000年7月25日因食道癌在武汉不辛去世，享年70岁。

　　佩里先生离开我们已经三年了。2003年7月6日，湖北省、武汉市有关部门的领导、他的部分生前好友和学生，在石门峰都市陵园"名人文化公园"举行追思会和骨灰落葬仪式。

　　这个仪式是与有关部门商定的，早在半个月以前就正式发出了邀请函。可是天公不作美，连日都是大雨和雷阵雨。是日，仪式照常举行，也许上天有意要用纯洁的雨水冲去人们心中的忧伤！

　　我作为他的老朋友，义不容辞地担当了追思仪式的主持人。仪式在"名人文化公园"接待大楼的大厅举行，会场布置得庄重、肃穆。正前方的幕布上悬挂着佩里先生的肖像，那是一幅3尺见方的大型彩照，他满头银丝，穿着红色的T恤衫，笑容可掬。武汉市副市长胡绪鲲和省市有关方面的负责人，以及佩里先生的生前好友、学生数十人参加了追思会。接着，"名人文化公园"的总经理周琪林和湖北省教育厅副厅长张继年讲话。然后，在"英雄"交响乐演奏中，放飞了千只和平鸽，使追思的气氛更加浓郁。那千只洁白的和平鸽，确实蔚为壮观，它们好像使者，虽然佩里先生长眠在神州大地，但它们却把他的英灵捎回了美国故土。

　　紧接着，安葬仪式开始。天空下着大雨，参加追思的车队驰向"名人文化公园"的墓地。它座落在一个山坡上，坐北朝南，右边是一座不高的山岭，长着茂密的青松翠柏。在名人文化公园的入口处，竖立着一排雕凿精致的欧式大理石立柱，参加安葬的人群，在柱外排成两路纵队，前面是两位手捧花蓝、穿着素雅的小姐和八个男青年组成的葬仪队。在音乐和雨声的协奏下，我们缓缓拾级而上，直到墓地前停下来。大雨不停地下，虽然有服务小姐给我撑着雨伞，但是我的衣裤的右半边还是湿透了。待佩里的骨灰落葬后，我们每人在他的墓碑前献上了一束黄色菊花，并向他深深鞠躬永决。我默默地祷告："佩里先生，你太累了，现在你终于可以永远地休息了。这是一片净土，你并不孤独，让青山、绿水、白云和鲜花永远伴随着你！"

在返回的路上，雨仍然不停地下着。我的心情依然没有平静下来，雨中生情，我突然想起了苏轼的诗句："大江东去，浪淘尽，千古风流人物。"是呀，佩里先生就像东去的江水，一去永不得复返了，但是，像历史上无数的风流人物一样，他有着自己崇高的人生追求。最后，他终于了却了他的中国情结，因此他的人生是无悔的。我的思绪仍然起伏不平，多愁的苦雨，又把我带回和佩里先生相处的岁月。

1983 年金秋，佩里先生首次聘到武汉大学任教。一天上午，我在学校第二会议室会见当年应聘的十多名外国专家。他们来自法国、美国、日本、奥地利等国，佩里先生是其中惟一的教授。我向他们介绍了武汉大学的历史，特别说明了我们所进行的各项教学改革。我希望他们不仅仅是教书，而且还要参加到教学改革中来，把他们所在国的和自己的教育经验传授给我们的教师和学生。显然，他们觉得有点奇怪，作为外国人，怎么好参加中国大学的改革呢？我看出了他们的疑惑。于是，向他们解释道："你们虽然是外国公民，但是我们正式聘请的专家，因此也就是学校的主人。所以，你们参加我们的教学改革，既是一个教师的职责，又是作为朋友对我们的帮助。"佩里先生对于我的开明态度显得很高兴，表示要尽力支持我的改革。从此，我们就成了知己，我总是征求他并通过他征求其他专家对教学和专家管理工作的意见，他也乐于向我提出各种建议。

佩里先生在武汉大学主要是教授英语系研究生和本科高年级的课程，他先后教授的课程有英国文学、圣经文学、希腊神话、美国短篇小说和莎士比亚戏剧等，颇受学生们的欢迎。他对培养中国学生极为关心，先后自己解囊资助十多名中国学生赴美留学，他们有的获得了博士学位，有的成了音乐家，有的当了教授，也有的回国成了教学与研究的骨干。

佩里先生是一个独身主义者，他的敬业精神极强，全部精力均投入到了工作之中。除了教学以外，他还从事研究工作，著有《新编西方故事》（武汉大学出版社出题），审定书稿、词典数十部。此外，他还在华中科技大学、江汉大学、武汉音乐学院等校举办讲座，系统介绍西方文化；在武汉电视台用英语主讲《想象的里程碑》，受益者数以千万计。鉴于佩里先生对中国人民的友好情谊和突出的贡献，中华人民共和国公安部出入境管理部门授予他"永久居留权"的绿卡，湖北省人民政府授予他首届"编钟奖"，他还获得了武汉市优秀教师的称号。

1988年2月，我被免除了校长职务。佩里先生是寒假开学后才知道这件事的，他感到很沮丧，打电话对我说："这是为什么？你还年轻，至少还可以再领导武汉大学十年，这对武汉大学有好处。"他还说："或许，我也应该离开武汉大学了，我想听听你的意见。"我对他说："佩里先生，你不能离开武汉大学，你是为学校工作而不是为我工作，更何况你的学生们离不开你呀！"他听取了我的建议，虽然留在了学校工作，但缺少了与他沟通的知心朋友，所以工作起来不像从前那样心情舒畅了。到了1993年，他应聘到海南大学任教，终于离开了工作十年之久的武汉大学。

在海南大学工作期间，他感到自己的年龄越来越老了，总不能老是教书。许久以来，他一直思考着一个问题："我怎样才能帮助中国人提高英语水平做更多的工作？或许，我应该在中国留下点什么。"为了实现他的"中国梦"，他通过他的学生熊杰平找到我，表明他想重返武汉，自己投资或合资创办以他名字命名的英语培训中心。我完全理解他的想法，表示一定要帮助他实现梦想。但是，在实际办理过程中，却遇到了一大难题，因为他是外国人，不能申请举办教育机构，也不能作独立的法人。为了解决这一难题，经商量由我来申请，除佩里出资20万元外，他的学生熊杰平拿出10万，另一家民办学校也投资20万元，注册资金为50万元，由我出任法人代表并兼任中心主任，而佩里作执行主任。就这样，以大卫·佩里命名的英语培训中心正式挂牌了。

　　武汉大卫·佩里英语培训中心成立后，他异常兴奋，把全部精力都投入到中心的教学与管理工作中。他亲自主讲"高级口语"、"口语与写作"、"西方文化"、"美国文学选读"等课，深受学员们的欢迎。他诲人不倦，课堂上声情并茂，既有学者的风度又有表演的才华。他自己就主演过英语小品《学语言》（武汉电视台）、电视剧《英国侦探与东方大侠》（武汉电视台）、《女船长》（中央电视台）。大卫·佩里把自己的藏书全部捐献出来，建立了图书室，免费公开对外开放，它是本市英文原版书最多的藏书机构。他还定期举办"英语角"、"英语剧社"、音乐会，全面地培养学员的综合素质。由于佩里先生的努力，中心办得很成功，每年都有数千名学员来接受培训，其中还有归国的留学生和外籍学生。

　　大卫·佩里英语培训中心的成功，引起了各媒体的广泛关注。湖北经济电视台在"英语20分钟"节目中，对佩里作了《名人专访》；中央教育电视台以《他的中国情结》为题，介绍了他的办学事迹；《长江日报》、《武汉晚报》、《武汉晨报》和《市场指南报》等媒体，都以醒目的标题，对他的事迹作了报道。人们称赞他是武汉人的朋友，是武汉人的英语老师。

　　但是，培训中心的条件是不理想的，他吃住在中心的一间10多平方米的小房，可以想见困难是很多的。特别是冬天，中心住房没有暖气，开空调电力不足，于是他不得不住到离中心不远的亚洲大酒店，食宿费自理。此外，他还自己拿钱给上课的教师乘出租汽车，自己购买啤酒、可乐，用以开展"英语角"的活动。他的无私奉献的精神，令我无比感动，也给所有的中国学员留下了难忘的印象。

　　由于长期的劳累，佩里先生病倒了。1999年10月，他回美国检查身体，被确诊为食道癌。医生警告他："如果再到中国，就可能永远回不来了。"可是，就在中国传统春节过后，他又回到了武汉。他忍着病痛，坚持给学员上课。到了5月初，他的病情加重了，先是在同济医院住院治疗，后来又转到梨园医院。当时，我也生病住在协和医院。我先后多次到医院去探望他，试图说服他停止授课，劝他回美国去治疗，但是他谢绝了我的好意。看得出，他的心意已定，最终要了却他的"中国梦"。他留下遗嘱："……把骨灰撒在中国的土地上，永远和中国人民在一起。"

到了 6 月初，他的病情更加严重了，吃东西已很困难。但是，就是在这种情况下，他仍然坚持给学生上课，直到生命的最后一息。这种精神着实令人感动，他的学生们是噙着眼泪听他讲课。台湾著名作家李敖说："善歌者使人继其声，善教者使人继其志。"佩里先生无疑是最善教者，他在生命垂危之时，仍然站在教坛上，这本身就是一种精神力量的象征，是后人应当继承的遗志。

2000 年 7 月 25 日凌晨 5 时，佩里先生的心脏停止了跳动，永远地离开于我们。当时，我因膀胱颈狭窄刚做完手术不久，听到这不幸的消息，无比悲痛。7 月 29 日上午，在汉口殡仪馆为佩里先生举行了追悼会，我带着刀伤参加了追悼会，并讲话介绍他的生平。有关方面的负责人，以及佩里先生生前的朋友、学生百多人参加了追悼会，美国驻中国大使馆和他在加拿大的胞姐发来了唁电。这是一个中国式的追悼会，但是也尊重了美国的风俗，没有陈放他的遗体（这是美国大使馆特别强调的），他的骨灰用红色丝绸包裹，上面覆盖着一面美国国旗。在介绍他的生平时，我全面追述了他在武汉大学和创办英语培训中心的事迹。最后我说："天使接走了 70 岁的佩里先生，但是他留下的精神财富将在江城发扬光大，大卫·佩里英语培训中心将永远办下去，这是我们对他最好的纪念！"

后　记

　　近几年以来，我的身体一直不好，本手记是我近三年中抱病撰写的第三本书，承受的病痛是自不待言的。

　　本来，按照现代人寿命的标准衡量，古稀之年也充其量只能算是中老年而已。但是，我先天不足，后天失调，以至于酿成了多种慢性病。所谓先天不足，是指我自幼生活在贫穷落后的农村，食不果腹，致使体质瘦弱；所谓后天失调，是指自而立之年以后，我就陷入到一段长达二十多年的紧张工作时期，一个运动接着一个运动，一个高潮连着一个高潮，不分昼夜，没有节假日，致使因劳成疾。对此，我并不后悔，我毕竟做了我能够做的一切。问题是，我对保健意识觉悟得太晚，在紧张工作的同时，没有注意锻炼身体。直至到了花甲之年，诸多的疾病暴露出来以后，我才开始意识到要加强锻炼，虽说失去了最佳的时机，但"亡年补牢，未为迟也"。

　　1996年8月，我去美国参加国际学术会议，在回国的飞机上突发脑梗塞。我过去没有三高（高血压、高血脂、高血糖），故未意识到是患了脑中风，以至于丧失了最有效的治疗时间，造成右肢麻木，留下了右手书写的障碍。自此以后，我仍坚持写作，虽然字体有些颤抖，但仍然可以辨认。但是，到了2001年以后，颤抖越来越严重，不仅字体难辨，而且一分钟只能写一二十个字。这时，有人建议我用电脑写作。但我习惯于在稿纸上写，似乎文思只能流于"笔端"，而用电脑写作却找不到灵感。经过大约一年的练习，我终于实现了由用笔和稿纸到用电脑写作的转变，这时我才体会到，文思也是可以流于"指尖"的。

　　鉴于我的健康每况愈下，许多朋友关切地对我说："以后不要再写了，身体要紧啦！"我深知，这是朋友们的一片好心，我真心地感谢他们对我的关心。可是，我没有任何嗜好，我不读书、写作，又能做什么呢？更何况，"每日必思，思有所得；每日必写，写有新意"是我的信条，怎么可以轻易地放弃呢？古往今来，文人们都是把读书与写作当作精神食粮，是不可以须臾离开的。南宋诗人杨万里曾深有感触地说："不是老夫朝不食，半山绝句当早餐。"对此，我亦有体会，如果我停止了阅读、思考与写作，也许我会衰老得更快。毛泽东曾说："人还是要有一点精神的。"我坚持这一点。我在研究创造教育时，曾经提出了两句自勉的话：创新不死，精神不倒。我之所以能在困境和病痛中笔耕不辍，就是这种力量在支撑着我。

我说了上面那一段话，无非是想说明这本手记是在什么境况下写的。现在看来，今后我还得继续写下去，直到我丧失思考与写作的能力为止。当然，朋友们的忠告我也不能置若罔闻。在继续坚持阅读、思考与写作的同时，我也要适当地锻炼身体，做到有张有弛，劳逸结合，希望我的自然生命与学术生命能够尽可能地延长一些。

最后，本杂记得以完成，我得到不少人的帮助与鼓励，谨向他们表示感谢。特别是庄果同志的儿子庄克强，李培森先生的女儿李燕，黄裕源兄的女儿黄玲凤，仰峤同志小女儿刘进，广西电视厅前厅长邓生才兄，武汉大学档案馆徐正榜等，他们在为我写作相关文章时，提供了一些资料，在此，我谨向他们表示衷心的感谢。

作者谨识

2006 年 4 月 25 日

图书在版编目（CIP）数据

心印：我的教育人生手记 / 刘道玉著. —长沙：湖南教育出版社2009.11
ISBN 978-7-5355-6334-7

Ⅰ. 心… Ⅱ. 刘… Ⅲ. 教育工作－研究 Ⅳ. G4

中国版本图书馆CIP数据核字(2009)第207034号

XINYIN—WO DE JIAOYU RENSHENG SHOUJI
心印—我的教育人生手记

刘道玉 著

责任编辑 龙育群
责任校对 邓勇林
出版发行 湖南教育出版社（长沙市韶山北路443号）
客　　服 电话0731-85118546
经　　销 全国各新华书店
印　　刷 长沙金鹰印务有限公司
开　　本 710×1000　1/16
印　　张 27.75
字　　数 430500
版　　次 2009年11月第1版 2018年1月第2次印刷
书　　号 ISBN 978-7-5355-6334-7
定　　价 60.00元

湖南教育出版社图书若有印装错误可向客服联系调换
提供盗版线索者给予重奖